COST & MANAGEMENT ACCOUNTING

원가관리회계

황국재 · 김도형 · 이성욱 지음

ΛL 생능

원가관리회계

초판발행 2018년 9월 3일
제1판3쇄 2021년 10월 7일

지은이 황국재, 김도형, 이성욱
펴낸이 김승기, 김민정
펴낸곳 (주)생능 / **주소** 경기도 파주시 광인사길 143
출판사 등록일 2014년 1월 8일 / **신고번호** 제2014-000003호
대표전화 (031)955-0761 / **팩스** (031)955-0768
홈페이지 www.booksr.co.kr

책임편집 김민보 / **편집** 신성민, 이종무, 유제훈 / **디자인** 유준범, 표혜린
마케팅 최복락, 김민수, 심수경, 차종필, 백수정, 송성환, 최태웅, 명하나, 김범용
인쇄 / 제본 새한문화사

ISBN 979-11-86689-19-6 93320
정가 23,000원

머 리 말

　본 교재는 원가관리회계 입문서로서 대학에서 원가회계과목 혹은 관리회계과목의 한 학기 교재로 사용될 것을 염두에 두고 집필하였다. 원가관리회계를 원가회계와 관리회계로 굳이 구분하자면 원가회계는 기술적인 원가계산과 밀접한 관련성이 있고 관리회계는 그보다는 매우 포괄적이고 비재무적인 정보를 활용하는 경영의사결정과 밀접한 관련성이 있다. 그러나 최근에 와서는 원가회계정보가 과거에서처럼 재무보고 목적으로만 활용되던 것에 그치지 않고 기업경영 의사결정 상황에 다양하게 변형되어 활용되고 있다. 따라서 원가회계와 관리회계의 구분이 득보다는 실이 더 많다는 저자들의 판단에 따라 본서는 원가회계와 관리회계의 구분 없이 정보의 사용목적에 따라 필요한 원가회계정보 또는 관리회계정보를 어떻게 생산할 것인지에 초점을 두고 있다. 그런데 가장 기본적인 원가계산방법은 재무보고 목적의 원가정보를 산출하는 방법이므로 본서에서도 이를 기초로 다양한 원가정보의 산출방식을 소개한다.

　본서는 대부분의 대학에서 한 학기의 수업이 중간시험과 기말시험을 제외하고 14주에 이루어지는 점을 고려하여 14개의 장으로 구성하였다. 본서의 앞부분에서는 원가관리회계정보의 대부분을 차지하는 다양한 원가정보 산출방법이 소개되고 있고 뒷부분에는 조직 및 조직구성원의 통제에 필요한 관리회계정보의 산출방법이 소개되고 있다.

　기업경영의 목적은 기업조직의 가치 극대화이다. 가치 극대화를 위해서는 기업조직이 갖고 있는 자원의 최적배분이 필수적이다. 자원의 최적배분에는 두 가지 요인이 반드시 요구되는데 하나는 정보이며 또 다른 하나는 의사결정을 수행하는 조직 혹은 조직구성원의 통제이다. 결국 원가관리회계는 의사결정에 유용한 정보와 조직구성원 통제에 유용한 정보를 산출하여야 한다. 그런데 의사결정에 유용한 정보의 상당부분은 원가정보이고 통제에 유용한 정보는 조직구조, 성과평가, 보상제도에 대한 정보이다. 기존의 대부분의 교재들이 원가관리회계의 기능 중 하나인 의사결정에 유용한 정보의 산출에 초점을 맞추고 있으나 본서는 부족하나마 중요한 다른 하나의 기능, 즉 조직구성원 통제 정보의 산출에도 또한 초점을 맞추고 있다. 저자들은 본서의 개정을 통하여 계속하여 이 부분에 대한 내용을 추후에 보완할 계획이다.

　본 교재는 입문서인 관계로 서술에 있어서 가능한 평이한 용어를 사용하고자 하였으며 익힘문제, 연습문제 등의 구성에 있어서도 기본적인 개념을 중심으로 또한 기출문제 중심으로 구성하였다. 그리고 원가관리회계가 경영실무를 떠나서는 존재할 수 없으므로 가능한 실무에서 원가관리회계가 어떻게 활용되고 있는지를 소개하고자 노력하였다.

2018년 8월
저자 일동

차·례

CHAPTER **3**   **원가의 흐름과 원가추정**

CHAPTER **4**   **간접원가 배분과 부분별 원가계산**

CHAPTER **5** 　**개별원가계산**

CHAPTER 8 **결합원가와 부산물회계**

CHAPTER 9 **전부원가계산과 변동원가계산**

CHAPTER **10**   **원가-조업도-이익 분석**

CHAPTER **11** **표준원가계산**

1
CHAPTER

경영과 원가관리회계

원가관리회계는 경영자의 자원배분 의사결정에 유용한 원가회계 및 관리회계 정보를 산출하는 학문이다. 원가회계는 기업이 재무보고를 위해 반드시 수행하여야 하는 기술적인 원가계산과정이다. 그러나 최근 경영자의 자원배분 의사결정 과정의 복잡성이 증가함에 따라 관리회계에서는 재무보고 목적의 원가회계 정보 이외에 다양한 원가회계정보의 산출이 요구되고 있다. 최근 원가관리회계 분야에서 그 중요성이 점차 확대되고 있는 분야가 통제정보의 필요성이다. 원가관리회계에서는 이 통제에 필요한 정보를 성과평가, 보상제도 등을 통해서 제공한다.

1. 원가관리회계 정보의 필요성
2. 원가회계정보와 관리회계정보의 차이점
3. 원가관리회계의 개념적 구조

1.1 경영자의 활동과 원가관리회계 정보

우리의 일상생활 특히 경제활동은 우리에게 재화 및 서비스를 제공하는 많은 조직, 즉 제조기업, 유통기업, 비영리단체 및 정부 등으로부터 영향을 받고 있다. 이와 같은 조직은 일련의 목표와 목적을 가지고 있다. 유통기업인 대형 할인매장은 보다 많은 수익을 창출하면서, 고객에게 품질 좋고 저렴한 재화를 공급하는 것을 목표로 하고 있다. 또한 이러한 조직의 경영자는 조직의 목표를 달성하기 위하여 다양한 정보를 필요로 한다. 경영자가 필요로 하는 정보는 회계정보, 생산정보, 시장정보, 법적 규제 및 경영환경 등을 포함한다. 그리고 일반적으로 조직의 규모가 크면 클수록 경영자가 요구하는 정보의 양은 증가한다.

원가관리회계는 조직이 목표달성을 위해 필요한 각종 정보, 특별히 원가를 중심으로 하는 회계정보를 분류하고, 측정하고, 분석하고, 해석하는 과정이다. 따라서 원가관리회계는 조직의 경영자에게 매우 중요한 정보를 제공하는 전략적 수단이다. 조직의 경영자는 원가회계정보를 활용하여 조직의 목표를 효과적으로 달성하기 위하여 자원과 활동과 사람을 효율적으로 관리함으로써 조직의 가치창출을 위해 노력한다.

조직의 경영자는 예를 들어 조직 내 기획부서의 지원을 받아 조직의 목표를 설정한다. 이렇게 설정된 목표를 달성하기 위하여 조직은 자원을 획득하고 사람을 고용하며, 그 다음으로 조직화된 활동들을 수행한다. 조직의 경영자는 조직의 목표달성을 위하여 조직이 가지고 있는 자원, 사람 및 활동을 가장 효율적으로 이용하는 방안을 강구한다. 따라서 경영자의 일상 업무는 계획, 조직화, 통제 및 의사결정 등의 4가지 활동으로 이루어져 있다.

1. 계획(Planning)

계획(Planning)이란 조직의 목표를 달성하기 위하여 여러 가지 대안들을 개략적으로 설정하는 것이다. 이들 계획에는 중장기계획과 단기계획이

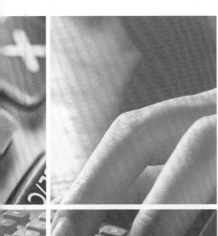

포함된다. 중장기 계획은 전략적 계획이라고도 하는데 여기에서는 생산할 제품이나 제공할 서비스를 결정하고, 생산된 제품이나 제공할 서비스를 판매할 판매 전략이 수립된다. 중장기계획이 수립되면 이를 보다 구체화하기 위하여 단기계획을 수립한다. 이들 계획은 조직 전체에 전달되며, 계획은 계획의 실행과정에서 조직의 모든 부문의 노력이 조직의 목표를 향하도록 조정하는 역할을 수행한다.

2. 조직화(Organizing)

조직화(Organizing)는 경영자가 수립된 계획을 가장 효과적으로 달성하기 위하여 조직 내의 물적 · 인적자원을 어떻게 투입할 것인가를 결정하는 것이다. 즉 수립된 계획을 가장 효율적으로 수행하기 위해서는 어떠한 조직구조를 유지해야 하며, 어떠한 인사정책을 수립해야 하는가, 그리고 종업원 각자에게는 어떠한 역할을 부여해야 하는가에 대하여 의사결정을 한다.

3. 통제(Controlling)

통제(Controlling)란 경영자가 조직의 모든 활동이 계획대로 진행되고 있는가를 확인하는 절차를 말한다. 따라서 경영자는 통제라는 과정을 통하여 조직의 모든 부문이 설정된 목표를 달성하고 있는가를 확인할 수 있다. 경영자가 조직 활동을 통제하기 위해서는 조직의 실제 활동결과를 정리한 성과보고서 등을 검토하고 사전에 설정된 계획과 대비하여 성과를 평가한다. 이러한 성과보고서를 통해 어떠한 활동이 비효율적으로 수행되고 있는지, 더 지원해야 할 활동은 어떠한 활동인가를 판단할 수 있게 된다. 경영자에 보고되는 이러한 성과보고서는 원가관리회계정보의 일부이다.

4. 의사결정(Decision Making)

의사결정(Decision Making)은 조직의 목표를 달성하기 위하여 기업에게 주어진 여러 가지 행동대안 중에서 최선의 것을 선택하는 것을 말한다. 의사결정은 반복적인 것(예: 중장기계획)과 비반복적인 것(예: 신규투자 계획)으로 이루어진다.

모든 의사결정은 정보(information)를 바탕으로 이루어진다. 대부분의 경우 경영자가 선택하는 의사결정의 질은 회계정보 및 기타정보의 질에 달려있다. 회계정보의 질이 우수하면 경영자가 효과적이고 효율적인 의사결정을 내릴 수 있으며, 반면에 회계정보의 질이 낮으면 잘못된 의사결정이 이루어질 가능성이 많게 된다.

1.2 원가관리회계의 역할

앞에서 언급하였듯이 경영자는 경영활동을 수행하는데 있어서 정보가 필요하다. 이와 같은 정보는 경제학자, 재무전문가, 생산전문가, 판매전문가 및 조직의 관리회계시스템 등과 같은 다양한 원천을 통해 얻을 수 있다. 다양한 원천을 통해서 획득되는 경영정보 중에서 원가관리회계정보를 살펴보면 다음과 같다.

1. 원가관리회계의 목적

원가관리회계의 주요 목적은 다음과 같이 구분할 수 있다.

- 의사결정 및 계획과정에서 경영자에게 정보 제공
- 조직화 및 통제활동에 있어서 경영자를 지원
- 조직의 목표달성을 위하여 경영자, 관리자 및 종업원의 동기부여
- 조직 내에서 활동, 하부조직, 관리자 및 종업원의 성과측정
- 조직의 경쟁력 평가 및 산업 내에서 중장기 경쟁력 확보를 위한 방안 추구

오늘날 원가관리회계는 기업경영에 필요한 핵심 정보를 제공하기 때문에 원가관리회계 담당자는 기획부서의 핵심요원이다. 원가관리회계 담당자는 정보의 제공자로서 기업이 직면하는 전략적이거나 일상적인 의사결정에 자신의 역할을 능동적으로 수행해야 한다.

과거에는 원가관리회계시스템으로부터 제공되는 정보 대부분이 재무정보(financial information)였지만 최근에는 비재무정보(nonfinancial information)가 제공되는 경향을 보이고 있다. 원가관리회계 담당자는 경영자에게 모든 종류의 정보를 제공하고, 조직의 활동관리 및 의사결정에 있어서 경영자를 지원하는 전략적 파트너 역할을 수행한다. 다음에서 보는 바와 같이 현대의 원가관리회계시스템은 조직의 모든 수준에서 발생하는 활동에 초점을 맞추고 있다. 결국 원가관리회계 담당자가 조직경영에서 발생하는 자원의 소비를 측정하고, 관리하여 끊임없이 개선하는 것은 조직의 핵심 성공요인(critical success factor)이다.

(1) 의사결정 및 계획과정에서 경영자에게 정보를 제공

경영자는 조직의 모든 의사결정을 내리는데 원가관리회계정보에 의존한다. 예로서 기업이 신

규설비를 도입하기 위한 의사결정은 설비도입에 대한 구입원가 및 내용연수 동안 유지를 위한 원가(cost)에 대한 예측정보에 의해 영향을 받는다. 또한 경영자는 기업의 경영계획을 수립하는데 원가관리회계정보에 의존한다. 이와 같은 계획의 대표적인 예로서 예산편성과정을 들 수 있다.

따라서 관리회계담당자는 기업 경영을 위해 계획을 수립하고 실행하는 의사결정의 핵심 참가자이다.

(2) 조직화 및 통제활동에 있어서 경영자 지원

경영자의 조직화 및 통제는 기업의 재화 및 서비스를 제공하는 과정에서 다양한 자료를 요구한다. 예로서 조직화 과정에서 경영자는 재화 및 서비스 제공에 대한 가격을 산정하기 위하여 각 부문의 원가에 관한 정보를 필요로 하고, 통제과정에서 경영자는 예산과 실제 원가를 비교하여 예외적인 활동이 이루어졌는가를 판단한다.

원가관리회계정보는 주의환기기능을 통해 경영자를 지원하고 원가관리회계 보고서는 의사결정문제를 해결하는데 필수적인 요소이다.

(3) 조직의 목표달성을 위하여 경영자, 관리자 및 종업원의 동기부여

조직은 목표를 가지고 있으며, 또한 조직은 자신들의 목표를 가진 개인을 포함하고 있다. 개인의 목표는 다양하고 개개인의 목표가 조직의 목표와 항상 일치되는 것은 아니다. 원가관리회계의 핵심목적은 조직의 목표달성을 위해 개개인을 고무시키기 위해 경영자 및 종업원에게 동기를 부여하는 것이다. 이와 같은 목적을 달성하기 위해 조직에서는 예산 등이 활용된다. 조직의 중장기 목표를 달성하기 위해 각 연도 예산을 수립함에 있어서 조직의 경영자는 자원을 어떻게 배분하고 어떠한 활동을 강조해야 할지를 지적한다. 조직을 경영하는 과정에서 실적이 예산과 일치하지 않을 경우 경영자는 그 차이에 대한 이유를 각 부분의 책임자에게 설명하도록 요구한다.

조직의 목표달성을 위해 종업원에게 동기를 부여하는 하나의 방법은 권한을 부여하는 것이다. 종업원에게 권한을 부여하는 것은 종업원이 자신의 업무를 솔선수범하여 원가를 절감하고, 품질을 향상시키며, 고객을 만족시킴으로써 경영성과를 개선할 수 있도록 권한을 부여하는 것을 말한다.

(4) 조직 내에서의 활동, 하부조직, 관리자 및 종업원의 성과측정

조직의 목표를 위해 조직구성원들에게 동기를 부여하는 또 하나의 방법은 조직의 목표를 달성하는데 있어서 공헌한 조직구성원 각각의 성과를 측정하는 것이다. 이러한 성과측정 결과는 피드백을 통해 성과에 대한 보상의 기초자료로 활용되어야 한다. 예로서 대기업은 각 부문의 책임자가 관리하는 부문이 달성한 성과에 기초하여 부문의 구성원과 책임자에게 보상한다.

원가관리회계시스템은 조직구성원의 각각의 성과측정과 더불어 사업부, 생산공장 및 지역본부 등과 같은 하부조직의 성과도 평가한다. 이와 같은 성과평가는 하부조직이 좋은 성과를 달성할 수 있도록 하부조직 관리자를 지원한다. 또한 이러한 평가는 최고경영자가 특정 하부조직의 효율적인 운영에 대한 평가를 할 수 있도록 지원한다.

(5) 조직의 경쟁력 평가 및 산업 내에서 중장기 경쟁력 확보를 위한 방안 추구

오늘날의 경영환경은 불확실하고 급격히 변하고 있다. 이러한 변화는 글로벌 경쟁, 급격한 기술변화 및 인터넷과 같은 정보통신의 발달로 대변할 수 있다. 올해 기업의 성공요인이 다음 해에 더 이상 성공요인이 될 수 없다. 원가관리회계 핵심 역할은 어떻게 조직이 경쟁력을 확보하고 유지할 것인가를 지속적으로 평가하는 것이다. 경쟁력 평가는 다음과 같은 질문을 통해 평가할 수 있다.

- 조직이 내부 운영에 있어서 얼마나 효율적으로 운영되고 있는가?
- 조직이 고객의 요구를 얼마나 잘 파악하고 이를 제공하고 있는가?
- 조직이 혁신, 학습 및 끊임없는 경영의 개선의 견지에서 얼마나 잘하고 있는가?
- 조직이 신제품, 새로운 서비스 및 신기술을 받아들이는 데 선도적인 역할을 하고 있는가?
- 조직의 재무성과는 좋으며, 조직이 영속할 수 있는가?

만약 조직이 급변하는 경영환경 하에서 생존하기를 원한다면 조직의 경영자는 지속적으로 위와 같은 질문을 자문하고 답해야 한다. 그리고 경영자는 끊임없이 고객의 요구를 모니터하고, 제공된 재화와 서비스에 대한 고객의 만족수준을 평가해야 한다.

2. 재무회계와 관리회계의 비교

원가관리회계의 목적은 기업의 경영자에게 정보를 제공하고, 제공된 정보는 경영자의 경영활동에 활용되는 것이므로 원가관리회계는 기업 외부의 정보이용자보다는 기업 내부의 경영자를 대상으로 하고 있다.

한편 재무회계는 기업 외부정보이용자에게 제공하는 회계정보를 생산한다. 기업이 주주들에게 제공하는 재무보고는 재무회계시스템의 성과물의 한 예이다. 재무회계정보의 이용자는 현재 및 미래의 주주, 채권자, 투자분석가, 노동조합, 소비자 및 정부 등이다.

재무회계정보와 원가관리회계정보는 모두 조직의 회계정보시스템으로부터 산출되기 때문에 많은 점에서 동일하다. 회계정보시스템은 운영, 인사시스템을 포함하고 있으며, 조직 내의 재무자료를 축적하기 위해서 컴퓨터를 이용하는 시스템이다. 회계정보시스템 중 관리회계 및 재무회계에서 이용하기 위해 원가자료를 추적하는 원가시스템이 있다. 예를 들면 제품원가자료는 경영자가 가격을 책정할 때 활용되며, 또한 재고자산 평가에도 활용된다.

[그림 1-1]은 조직의 원가회계시스템, 관리회계시스템 및 재무회계시스템 등 회계시스템 간의 관계를 설명하고 있다.

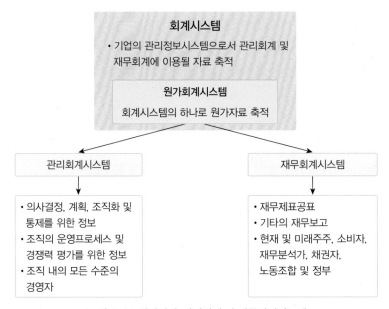

[그림 1-1] 원가회계, 관리회계 및 재무회계시스템

관리회계와 재무회계가 유사한 점이 있다고 할지라도 많은 점에서 차이점을 가지고 있다. 이러한 차이점을 정리하면 〈표 1-1〉과 같다.

〈표 1-1〉 관리회계와 재무회계의 비교

	관리회계	재무회계
정보이용자	내부 경영자	조직외부의 주주, 채권자, 정부
정보의 원천	기본적인 회계시스템 및 생산운영 시스템, 인사시스템 등과 같은 보조시스템이 통합된 전사적 자원 관리(ERP)시스템	재무정보를 축적한 기본적인 회계정보시스템
정보의 형태	• 조직의 하부조직에 대한 정보 • 역사적 거래기록 및 평가와 미래에 대한 예측정보	• 전사적인 정보 • 역사적 거래기록
규제	경영의사결정 등 내부적으로 필요하기 때문에 회계기준에 적용 받지 않음	외부정보이용자를 위해 제공되는 정보이므로 회계기준과 일치해야 함

1.3 원가관리회계의 개념적 구조

1절에서 원가관리회계는 경영자들에게 정보를 제공하는 전체 경영정보시스템의 중요한 일부분이라고 간단히 정의하였다. 본 절에서는 위의 간단한 정의 속에 포함되어 있는 원가관리회계의 의미를 좀 더 깊이 살펴보기 위하여 원가관리회계의 개념적 구조를 살펴보겠다.

원가관리회계의 개념적 구조는 [그림 1-2]에 함축적으로 요약되어 있다.

[그림 1-2]에 의하면 경영자가 궁극적으로 추구하는 바는 기업가치 극대화이다. 이를 위해 경영자는 자원배분 의사결정을 실제 수행하는 종업원이 기업가치를 극대화하도록 종업원을 동기부여하여야 한다. 조직이론에 의하면 기본적으로 인간은 자기 자신의 이익을 우선시하기 때문에 경영자의 입장에서는 종업원이 기업의 목표를 개인의 이익에 우선하여 추구하도록 하는 것이 매우 중요한 과제이다. 결국 원가관리회계란 첫째, 경영자가 기업의 가치를 극대화하는 데 필요한 수많은 의사결정에 필요한 정보를 생산하고 둘째, 종업원의 동기부여를 위하여 종업원의 행동을 통제하는 데 필요한 정보를 생산하는 정보시스템이라고 정의될 수 있다.

위와 같이 정의되는 원가관리회계는 기업의 전략에 의하여 그 특성이 결정되어지며 기업의 전략은 기업을 둘러싼 많은 환경요인에 의하여 규정된다. 환경요인으로는 기술, 시장, 규제 등이 있다.

한편 최근 행동경제학, 경제심리학 등의 연구들에 의하면 인간의 행동이 반드시 경제학적인 모형(간단히 말하면 이 모형에 의하면 인간은 자신의 경제적 이익을 최우선시 한다)에만 의해서 이루어지지만은 않는다. (부록 참조)

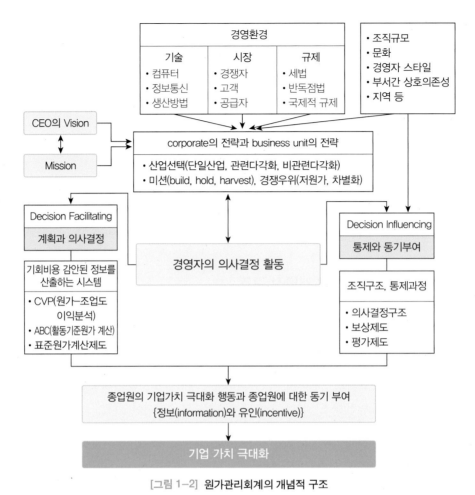

[그림 1-2] 원가관리회계의 개념적 구조

출처: Brickley, Smith, Zimmerman(2001), Managerial Economics and Organizational Architecture, MaGraw-Hill, 2nd edition, p. 268 수정.
Demski, Feltham(1976), Cost Determination. The Iowa State University Press.

1.4 원가관리회계 담당자의 역할

조직 내에서 원가관리회계의 역할을 이해하기 위해서는 조직구조를 이해하여야 한다. 조직의 목표를 달성하기 위해서는 관리활동이 이루어지는데 이러한 관리활동은 인간을 통하여 이루어진다. 조직의 전반적인 관리활동은 최고경영자에 의해서 이루어지지만 최고경영자 혼자서 모든 관리활동을 수행할 수 없기 때문에 관리의 권한과 책임을 하부조직에 위임하고 이를 통하여 조직을 구성한다.

권한과 책임이 위임된 공식적인 조직구조를 하나의 표로 나타낸 것을 조직도라 하는데 이를 통하여 우리는 하부 경영자의 권한과 책임이 어떻게 구분되는지 알 수 있고, 보고 및 의사소통의 루트를 알 수 있다.

철강제품을 생산·판매하는 기업의 간략한 조직도는 [그림 1−3]과 같다. 사장은 구매, 생산, 판매, 인사, 재무담당 임원에게 각 기능별 의사결정권한을 위임하고, 구매담당 임원은 원료별 담당자에게 의사결정권한을 위임한다. 각 원료별 구매담당자는 각 원료구매에 책임을 지고 구매담당임원은 모든 원료구매에 대해 책임을 진다. 구매담당 임원은 자기 책임과 권한 하에서 각 원료별 구매담당자의 성과를 평가하고, 사장은 구매담당 임원의 성과를 평가하고 그 성과에 따라 인센티브 및 페널티를 부여하여 통해 기업의 목표를 달성한다.

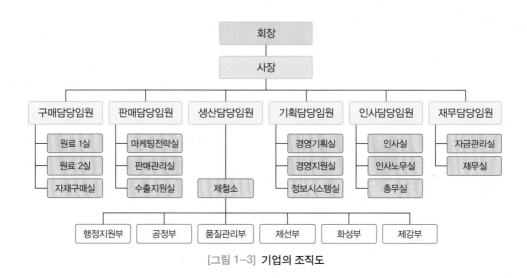

[그림 1−3] **기업의 조직도**

(1) 라인과 스텝의 관계

대부분의 조직들은 권한과 책임에 따라 라인(line)과 스텝(staff)으로 구분한다. 라인관리자는 조직의 목적달성을 위해 재화나 서비스를 제공하거나, 재화나 서비스를 생산하는 설비 등의 운영 등에 직접적으로 관여하고 책임을 지고 있다. [그림 1−3]의 사장, 생산 및 판매담당 임원 등이 이에 해당한다. 관리회계 담당자와 같은 스텝관리자는 기업의 목표달성을 위해 수행되는 활동을 감독하나, 기업경영에 직접적으로 관련되어 있지 않다. 따라서 스텝관리자의 기능은 라인관리자들이 필요로 하는 의사결정을 지원하거나, 정보 등을 제공하는데 있다.

예를 들어, 최고경영자는 설비 등의 투자에 대한 책임을 지고 있지만, 관리회계 담당자는 여러 대안 설비들의 운영원가에 대한 상세한 비교정보를 제공하여야 한다.

(2) 콘트롤러(controller)와 트레저러(treasurer)

콘트롤러와 트레저러는 조직의 회계담당 임원이다. 스텝부문의 두 회계담당 임원의 책임에 대하여 기술하면 〈표 1−2〉와 같다.

〈표 1−2〉 **콘트롤러와 트레저러의 책임**

콘트롤러	트레저러
• 회계담당부문의 감독 • 외부 정보이용자를 위한 모든 보고 준비 • 내부 정보이용자를 위한 모든 보고 및 정보 준비 • 관리회계 정보를 이용한 모든 라인부문의 경영자 평가 • 세무관련 정보 보고 준비	• 주주, 채권자, 투자자, 정부와의 관계 관리 및 감독 • 현금 및 기타자산 유지관리 • 신용평가 및 자금회수에 대한 책임

콘트롤러는 관리회계 및 재무회계 모두를 담당하는 임원이다. 콘트롤러는 회계부문을 감독하고 회계시스템을 이용한 보고와 정보를 준비하는 책임이 있다. 조직의 관리회계 임원으로서 콘트롤러는 회계정보의 보고 및 해석을 통해 라인의 경영자들이 보다 나은 정보를 바탕으로 의사결정을 하도록 영향을 미친다. 대부분의 콘트롤러는 기업의 기능부서 및 모든 수준에서 의사결정과 계획에 참가한다. 이와 같은 역할은 관리회계 담당자가 조직의 최고경영층이 될 수 있도록 하고 있다. 최근에 GM, GE 등의 최고경영층은 이전에 회계담당자로 종사했던 경력을 소유하고 있다.

트레저러는 조직의 자산을 관리하고 자본을 조달하는 책임이 있다. 트레저러는 기업과 외부에서 자금을 제공하는 주주, 채권자, 투자자와 정부 등과의 관계를 관리, 감독한다. 또한 트레저러는 부가적으로 기업의 현금 및 기타 자산, 투자관리 등을 수행하고, 신용평가 등에 대한 책임이 있다.

1.5 최근 원가관리회계의 동향

재무회계와 비교하여 원가관리회계는 많은 혁신이 요구되고 있다. 오늘날 기업이 당면하고 있는 경영환경은 최근 급격히 변화하고 있다. 원가관리회계는 이러한 변화에 대응하기 위해 경영자에게 보다 유용한 정보를 제공하기 위하여 새로운 개념과 도구 등이 개발되고 있다. 원가관리회계 관련 변화는 다음과 같다.

(1) 서비스 산업의 규제 철폐(service deregulation)

정보통신업, 금융업 등의 규제철폐 및 서비스산업의 성장으로 그 중요성이 증가하고, 서비스산업의 경쟁이 가속화되고 있다. 이러한 환경 하에서 서비스 기업의 경영자도 관리회계 정보 및 기법을 필요로 하고 있으며, 또한 이러한 정보 및 기법을 도입하고 있다. 즉, 제조업의 원가측정 및 성과평가에 관한 기법 및 정보들이 이미 서비스기업에서 성공적으로 활용되고 있다.

(2) 새로운 사업의 출현(emergence of new industries)

과학의 발달로 새로운 산업이 출현하고 있다. 즉, 유전자공학 및 인공심장의 발견은 새로운 사업을 부화하고 있다. 원가관리회계는 이러한 새로운 하이테크 산업에 관련된 정보를 제공하기 위하여 새로운 도전에 직면하고 있다.

(3) 글로벌 경쟁(global competition)

기업은 정보통신의 발달로 전 세계시장을 하나의 시장으로 경쟁하게 되었다. 과거의 국내기업들과의 경쟁에서 일본, 독일 및 미국의 기업들과 경쟁을 하고 있다. 이와 같은 경쟁에서 생존하기 위해 이전에 제공한 제품의 품질과 서비스 이상의 품질과 서비스를 제공하여야 한다. 이를 위해 보다 진화된 원가관리회계 정보가 요구되고 있다.

(4) 고객중심(focus on the customer)

오늘날 기업은 '고객은 항상 옳다'는 시대에서 생존하기 위하여 고객중심 경영을 실행하고 있다. 경영자는 자신의 제품에 대한 고객의 가치 증대에 노력하고 있다. 고객의 가치는 고객이 구매한 제품으로부터 받는 효익과 이를 구매하기 하기 위해 지불한 희생의 차이를 말한다. 따라서 고객의 가치는 제품의 가격, 품질, 기능성, 사용자 편이, 고객서비스 및 제품보증 등에 의해서 결정된다. 이러한 고객중심 경영에 대응하기 위해 원가관리회계시스템은 고객의 가치에 영향을 미치는 속성을 측정하고 정보를 제공한다.

(5) 범기능적 가치사슬(cross-functional value chain)

과거에는 기업의 각 기능은 각각의 효율에 초점을 두어 왔다. 즉, 생산부문은 최고의 품질로 제품을 생산하고, 마케팅 부문은 제품과 서비스의 판매에 중점을 두었고, 원가관리회계시스템은 의사결정, 계획, 통제 및 성과 평가에 초점을 두어 왔다.

오늘날 기업의 가치사슬은 협의 가치사슬에서 기능의 범기능적 가치사슬로 대체되고 있다. 범기능적 가치사슬은 제품의 개발, 원자재 조달, 생산, 품질관리, 제품판매 및 고객서비스까지 기업의 전체 가치사슬의 효율에 초점을 두는 것이다. 예를 들어 고객이 요구하는 제품을 생산하기 위해서 마케팅 부문은 고객의 니즈를 파악하고, R&D 부문은 고객의 요구에 부응하는 제품을 개발하고 최저 원가로 생산 가능한 제품 및 공정 설계를 한다. 구매부문은 최고의 품질 및 최저의 원가로 제품을 생산하도록 원자재를 조달하고, 생산부문은 가능한 기술로 최고품질의 제품을 생산한다. 이와 같이 범기능적 가치사슬에서 원가관리회계시스템은 기업의 외부 환경 변화와 내부 가치사슬에 관련된 모든 정보를 분석하고 제공한다.

(6) 제품의 수명주기의 단축과 다양화(product life cycles and diversity)

생산시스템의 자동화로 제품은 다양화되고 제품의 수명주기는 짧아지고 있다. 그 예로 컴퓨터 산업에서는 보다 진화된 모델의 교체시간이 축소되고 있음을 들 수 있다. 경쟁에서 생존하기 위하여 기업은 시장을 신속히 변화시키고 있다. 경영자는 경쟁에 효과적으로 대응하기 위하여 다른 제품의 원가 및 특성을 파악하고 있어야 한다. 앞에서 살펴본 최근동향을 고려한 원가관리회계의 변화를 요약하면 [그림 1-4]와 같다.

[그림 1-4]에 의하면 경쟁의 심화로 효율적인 자원배분이 과거 어느 때보다 조직의 성장 발전에 중요하게 되었고 이를 위해서 자동화, 유연생산시스템 등의 경영기법을 도입하게 되었다.

[그림 1-4] 원가관리회계의 변화

이러한 새로운 경영기법의 도입은 원가계산 측면에서는 고정원가의 증가를 초래하였다. 또한 조직구조의 측면에서 고객의 요구를 정확히 파악하고 이를 반영하여 최단 시간에 고객을 응대하기 위해서 계층구조를 단순화하고 많은 권한을 하위 관리자에게 위양하게 되었다.

결국 조직이 경쟁 환경 아래에서 도태되지 않고 살아남아 성장 발전하기 위해서는 원가관리회계제도(원가계산제도와 통제제도)의 변화가 필수적인 요소가 되었다. 원가계산 측면에서는 절대적 상대적 비중이 확대된 고정원가의 적절한 배분, 고정원가의 원가동인을 파악한 이의 관리가 중요하게 되었으며 통제제도의 측면에서는 종업원에 대한 적절한 동기부여를 통한 통제가 조직가치 극대화에 과거보다 더욱 중요하게 되었다.

[부록 1A]

3절 원가관리회계의 개념적 구조에 의하면 원가관리회계정보는 경영자의 자원배분 의사결정에 유용한 정보를 제공하는 것 이외에 조직 구성원의 행동을 통제하는데 유용한 정보를 제공한다. 그리고 조직 구성원의 행동을 통제하기 위해서는 인간(조직 구성원)행동의 모형들을 이해하는 것이 무엇보다도 중요하다. 아래에서는 인간행동을 설명하는 제 모형들에 대해서 간략히 살펴본다. 아래 모형 중에서 현재 경제학적 모형이 인간행동을 설명하는 대표적인 모형으로 간주되고 있으며 그에 따라 이 모형이 인간행동의 통제에 주로 사용되고 있다. 아래 제 모형들은 Managerial Economics and Organizational Architecture(Brickley, Smith, Zimmerman(2009)), Irwin MaGraw-Hill, 5th edition의 2장을 참고하였다.

경제적 모형 (Economists' view of behavior)

경제적 모형에 의하면 인간은 선택 가능한 대안 중에서 한계비용과 한계효용에 기초한 한계분석(marginal analysis)에 의하여 경제적 선택을 행한다. 그리고 한계비용과 한계효용의 계산시 또한 최적 대안의 선택 시 인간은 그들이 원하는 것을 우선시한다. 일반적인 정보의 불균형적인 존재 아래에서 이 모형에 의하면 많은 비용(대리인 비용)의 발생이 예견된다.

배금주의 모형 (Only-money-matters model)

이 모형에 의하면 사람들이 업무를 수행함에 있어서 영향을 미치는 가장 중요한 요소가 금전적 보상의 수준이다. 그러나 우리가 익히 잘 알고 있듯이 화폐는 용이한 가치측정의 수단이지 목적은 아니다.

직무 만족 – 생산성 모형 (Happy is productive Model)

경영자들은 직무에 만족한 종업원이 직무에 불만족한 종업원보다 생산성이 높다고 이야기하곤 한다. 이러한 직무 만족 – 생산성 모형을 따르는 관리자들은 종업원을 만족시키는 직무환경 설계에 목적을 두고 있는 것을 볼 수 있다.

경제적 모형과 직무 만족 – 생산성 모형은 인간의 관심사에 근거한다는 점에서 다르지 않다. 경제적 모형은 식량, 의류, 주거지 같은 일반적인 경제재뿐만 아니라 애정, 존경, 직무, 작업환경 등의 개인별 가치측정을 수용한다. 이들 모형 사이의 다른 점은 인간의 행동은 무엇으로부터 유발되는가이다. 직무 만족 – 생산성 모형에서는 종업원이 직무 만족 시에 직무에 최선을다하며, 경제적 모형에서는 보상을 위해 직무에 충실하다고 본다.

모범시민 모형 (Good-Citizen Model)

모범시민 모형의 기본 가정은 종업원은 우수한 직무 수행에 대하여 강하게 개인적으로 선호한다는 것으로, 그들은 업무 자부심과 탁월함을 희망한다. 이러한 관점에서 관리자는 세 가지주요한 역할을 수행한다. 우선 관리자는 조직 종업원의 목적과 목표에 관한 의사소통을 수행하여야 한다. 두 번째로, 관리자는 종업원이 그들의 목표와 목적을 달성시키는 방안을 찾는데 도움이 되어야 한다. 끝으로 관리자는 종업원들이 그들의 노력을 증진 시킬 수 있도록 지속적인성과 피드백을 제공하여야 한다.

이 모형에 의하면 조직에서 어떤 문제가 발생하면 이는 종업원이 근무하는 조직에 무엇이 이익이 되는가에 대한 종업원의 잘못된 이해에서 야기되었다는 것이다.

환경 결정 모형 (Product - of - the - Environment model)

환경 결정 모형은 인간의 행위는 대부분 성장과정에서의 교육으로 결정된다고 주장한다. 몇몇 문화와 가정은 개인에게 근면과 도덕성 같은 긍정적 가치를 강조하는 반면 다른 몇몇은 나태와 부정과 같은 부정적 가치를 유도한다.

위에서 간략히 설명한 모형들이 조직관리에 있어서 중요한 이유는 조직 내에서 어떤 문제가발생하는 경우 모형에 따라 그 해결 방안이 다르다는 점이다. 이에 대한 좀 더 자세한 설명은 위모형의 참고문헌을 살펴보기를 바란다.

윤석헌 "내부통제 강화해 금융사고 예방을", 금감원 '내부통제TF' 가동…학계·법조계 전문가 포함

다음은 인간행동 통제의 중요성을 강조한 최근 신문기사 내용이다.

"눈앞의 이익만 쫓는 영업 행태와 단기성과를 중시하는 경영진의 인식이 금융사 내부통제 사고의 원인입니다."

윤석헌 금융감독원장이 20일 열린 '금융기관 내부통제 혁신 태스크포스(TF)' 첫 번째 회의에 참석해 금융사 임직원들의 도덕 불감증을 강하게 비판했다. 윤 원장은 모두발언을 통해 "최근 삼성증권 배당 사고와 육류담보 대출사기 사건, 농협은행 뉴욕지점에 대한 미국 감독 당국의 자금세탁방지 제재는 국내 금융사 내부통제 수준의 민낯을 그대로 드러낸 부끄러운 사건"이라면서 "견고한 내부통제는 비용이 아니라 수익과 성장 기반이라는 인식 대전환이 절실히 필요하다"

고 강조했다. 그는 회의에 참석한 TF 위원들에게 "내부통제 사고를 야기하는 원인을 면밀히 파악해 근본적인 해결책을 제시해 달라"며 "대증 처방보다 증상의 본질적인 원인을 찾아 치료하는 것이 필요하다"고 당부했다.

금감원은 지난 4월 발생한 삼성증권 배당사고를 계기로 이전에 있었던 사례들을 분석한 결과 금융사들의 내부통제에 대한 인식이 낮다고 판단해 학계와 법조계, 연구소 등 외부전문가 6명으로 구성된 TF를 구성했다. TF는 앞으로 회의를 거쳐 내부통제 운영과 제도상 미비점을 파악해 오는 9월 종합적인 혁신 방안을 발표할 예정이며 금감원은 관련 부서장 등으로 구성된 실무지원단을 통해 TF 활동을 도울 예정이다. TF 위원장을 맡은 고동원 성균관대 로스쿨 교수는 "내부통제는 사실상 금융회사 업무 전반에 걸쳐 있고 지배구조와도 밀접한 관련이 있으므로 내부통제라는 글자에 얽매이지 않고 종합적으로 검토하겠다"고 밝혔다. 그는 이어 "해외 주요 국가 사례까지 참고해 제3자적 입장에서 사회적 공감대를 형성할 수 있는 합리적인 혁신 방안을 마련할 것"이라고 덧붙였다.

출처: 중앙일보 2018년 6월 20일

"Deviations from the mean"

다음은 인간행동 통제의 어려움에 관한 글이다.

2002년 3월 23일자 Economist(Vol. 362, Issue 8265)에 "Deviations from the mean"이란 글이 실렸는데 이 글에서는 인간이 항상 자신의 경제적 이익만을 추구하는 방향으로 행동하지는 않는다는 것을 Ernst Fehr and Simon Gächter의 두 가지 실험(공공재화실험–public goods experiments, 최후통첩게임–ultimatum games)을 통해서 설명하고 있다. 이들 실험에 의하면 인간은 물질적 효익(material benefits)뿐만 아니라 형평성(fairness)과 상호호혜성(reciprocity)을 의사결정 시 중요하게 고려한다는 것이다. 따라서 비록 자신이 경제적 손실을 보더라도 이를 감수하고 형평성과 상호호혜적인 행동을 하는 구성원에게는 보상을 그렇지 않은 구성원에게는 처벌을 기꺼이 부여한다.

이는 경영자가 조직구성원을 통제하는 것이 매우 어렵다는 것을 암시한다. 앞에서 설명한 인간행동모형 중에서 경제적 모형에 따라서 인간의 행동을 통제하고자 한다면 통제받는 인간의 입장에서의 한계효익과 한계비용만을 고려하여 통제제도를 구축하면 될 것이나 위의 글은 이 방법이 항상 효과적이지는 않다는 것을 암시한다.

최근 경제심리학 분야의 글(예, "The Upside of Irrationality", Dan Ariely, 2010)을 살펴보면 인간은 직장과 가정에서 비합리적 행동을 자주 한다. 저자에 의하면 경제는 감정으로 움직인다. 직장에서의 대표적인 비합리적인 행동을 살펴보면 인센티브제도가 항상 효과적이지만은 않다는 것이다. 동기부여의 수준이 낮을 때에는 더 많은 인센티브가 더 높은 성과로 이어지지만 동기부여의 수준이 높을 때에는 더 많은 인센티브를 지급하는 것이 오히려 역효과를 유발해 성과를 떨어뜨린다. 저자는 이를 지나친 보상이 불러온 스트레스라고 부르고 있다. 이는 최근 많은 조직에서 주식매입선택권(stock option) 보상제도가 종업원 보상수단으로 사용되는 빈도가 줄고 있는 상황과 맥을 같이 한다고 하겠다.

결국 조직구성원을 통제하고자 한다면 이러한 인간의 모든 면(합리적인 면과 비합리적인 면)을 고려하여야 한다. 이는 인간을 통제한다는 것이 기술이 아니라 예술에 가깝다는 것을 말해준다고 하겠다.

익 ·힘 ·문 ·제

1. 경영자가 조직에서 수행하는 활동을 열거하고 각각의 활동이 무엇인지 간략히 설명하시오.

2. 조직에서 원가관리회계의 역할을 설명하시오.

3. 재무회계와 원가회계, 그리고 관리회계에 대해서 설명하시오.

4. 원가관리회계의 조직에서의 기능을 크게 두 가지로 분류한다면 무엇인가?

5. 조직에서 라인과 스텝의 차이점을 설명하시오.

6. 콘트롤러(controller)와 트레저러(treasurer)의 차이점을 설명하시오.

7. 최근 원가관리회계의 동향을 간략히 설명하시오.

2
CHAPTER

원가의 개념 및 원가의 분류

원가는 일반적으로 특정 목적을 달성하기 위해서 희생된 자원을 화폐가치로 표현한 것으로 정의된다. 원가는 원가정보를 필요로 하는 목적에 따라서 다양하게 분류된다. 본장에서는 원가 사용목적에 따른 다양한 분류방법을 살펴본다. 또한 가장 기본적인 재무보고목적의 원가정보 산출을 위한 원가계산방법을 기초로 하여 다양한 원가계산방법을 살펴본다.

1. 원가의 개념
2. 사용목적에 따른 다양한 원가의 분류
3. 다양한 원가계산방법

2.1 원가의 개념

1. 원가의 정의

원가(cost)란 특정목적의 달성을 위해 희생되거나 잠재적으로 희생될 경제적 자원을 화폐단위로 측정한 것을 말한다. 이러한 원가는 기업이 수익을 획득하기 위하여 여러 가지 경제활동을 수행하는 과정에서 발생하는데, 원가가 발생하면 이를 자산(asset) 혹은 비용(expense)으로 구분하여야 한다. 발생한 원가가 자산으로 계상되기 위해서는 원가의 발생으로 인하여 미래의 경제적 효익을 기대할 수 있어야 한다. 따라서 발생한 원가가 미래의 경제적 효익을 기대할 수 없으면 그 원가는 발생한 기간의 비용으로 인식하여야 하는데 이는 비용인식의 대응원칙(matching principle)에 의해서 이루어진다. 그리고 발생한 원가로부터 미래의 경제적 효익을 기대할 수 있는 것은 자산으로 계상하였다가 수익획득에 기여한 부분은 비용으로 인식하고, 수익획득에 기여하지 못한 부분은 손실(loss)로 인식한다. 따라서 원가, 자산, 비용, 손실의 관계를 요약하면 [그림 2-1]과 같다.

경영의 과정은 계획, 조직화, 통제 및 의사결정 활동을 포함하고 있다. 경영자는 원가관리회계 정보를 통해 이와 같은 활동을 보다 효과적으로 수행할 수 있다. 이러한 정보의 많은 부문은 조직에서 발생하는 원가에 초점이 맞추어져 있다. 예를 들어 항공회사의 비행 스케줄 및 비행 항로에 대한 계획수립에 있어서 경영자는 연료비, 승무원 인건비 및 공항사용료 등을 고려해야 한다. 철강회사의 제조원가에 대한 통제는 생산원가의 추적과 측정에 주의를 기울여야 하며, 신규점포 개설에 대한 의사결정시 대형 할인매장의 경영자는 건물구입 및 유지에 관한 원가 및 종업원 인건비 등에 대한 원가정보가 필요하다. 조직화의 경우, 기업의 경영자는 임금, 전력 및 동력비 등과 같은 원가에 대한 정보가 필요하다.

이와 같은 예들은 하나 또는 다른 형태의 원가에 관한 정보에 초점을 맞추고 있다. 원가관리회계를 공부함에 있어서 가장 중요한 것은 조직에서 발생하는 다양한 원가형태에 관해 이해하는 것이다.

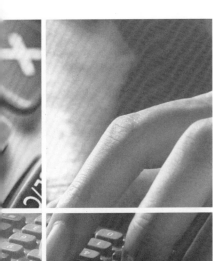

[그림 2-1] 원가, 자산, 비용, 손실의 관계

원가는 그것이 이용되는 목적에 따라 그 의미가 상이하다. 따라서 특정한 목적을 위해 기록되고 분류된 원가자료를 다른 목적을 위해 그대로 사용하는 것은 부적절하다. 예를 들어 지난해 철강제품을 생산하기 위해 발생하는 원가는 그 해의 철강회사의 이익을 산정하기 위해서는 중요하다. 그러나 철강 생산방법의 개선 등에 따라 원가가 변동하였을 경우 이와 같은 원가는 내년도 경영을 위한 운영계획 수립에 유용한 원가가 될 수 없다.

2. 제품원가와 기간비용

원가관리회계와 재무회계에서 주요 이슈는 재화와 서비스의 획득에 사용된 원가를 비용으로 인식하는 시기(timing)의 문제이다. 비용(expense)은 수익을 창출할 목적으로 자산을 이용하거나 처분하였을 때 발생되는 원가(소멸원가)로 정의된다. 제품원가와 기간비용은 다양한 비용이 인식되는 시기를 기술하기 위해 이용된다.

제품원가는 판매를 위해 생산된 제품이나 구매된 상품에 할당된 원가이고, 재화가 판매될 때까지 제품이나 상품의 재고가치를 평가하기 위해 이용된다. 제품 및 상품이 판매된 후에는 제품원가나 상품 취득원가는 매출원가라는 비용으로 인식된다. 소매상이나 도매상에 의해서 구매된 상품의 제품원가는 매입가격에 운임을 포함하고, 제조된 제품의 제품원가는 직접재료원가, 직접노무원가와 제조간접원가로 구성된다.

기간비용은 제품원가를 제외한 모든 원가를 말한다. 기간비용은 생산된 제품이나 구매된 상품의 단위보다는 그 비용이 발생한 기간에 의해서 분류한다. 기간비용은 발생하면 모두 그 기간의 비용으로 인식된다. 예를 들어 연구개발비, 판매비 및 일반관리비 등이 기간비용으로 간주된다.

연구개발비는 신제품개발에 들어간 모든 비용으로 실험실 운영비용, 시제품 개발 및 테스트

비용 등을 포함한다. 판매비는 판매사원의 판매성과급, 광고비 및 판매촉진비를 포함한다. 일반관리비는 본사 조직운영에 관련된 모든 비용으로 임직원의 급여, 공공기관에 납부하는 세금, 본사 건물에 대한 감가상각비 등이 포함된다.

[예제 2-1]

제조기업에서 제품제조에 발생한 모든 제조원가(직접재료원가, 직접노무원가, 제조간접원가)를 원가발생 시에 비용 처리하지 않고 제품이 판매되는 시점에서 판매된 제품의 제품원가만을 매출원가라는 비용으로 인식하는 이론적 근거는 무엇인가? 단, 외부 공표용 재무제표 작성을 가정한다.

● 재무보고를 위한 개념체계 활용 – 대응원칙

비용은 발생된 원가와 특정 수익항목의 가득 간에 존재하는 직접적인 관련성을 기준으로 포괄손익계산서에 인식한다. 수익에 원가를 대응시키는 과정에는 동일한 거래나 그 밖의 사건에 따라 직접 그리고 공통으로 발생하는 수익과 비용을 동시에 또는 통합하여 인식하는 것이 포함된다. 재화의 판매에 따라 수익이 발생됨과 동시에 매출원가를 구성하는 다양한 비용요소가 인식되는 것이 그 예이다.

경제적 효익이 여러 회계기간에 걸쳐 발생할 것으로 기대되고 수익과의 관련성이 단지 포괄적으로 또는 간접적으로만 결정될 수 있는 경우 비용은 체계적이고 합리적인 배분절차를 기준으로 포괄손익계산서에 인식된다. 이러한 비용 인식 절차는 유형자산, 영업권, 특허권과 상표권 같은 자산의 사용과 관련된 비용을 인식하기 위하여 자주 필요하다. 이러한 경우에 관련된 비용은 감가상각비 또는 상각비로 표시된다. 이 배분절차는 해당 항목과 관련된 경제적 효익이 소비되거나 소멸되는 회계기간에 비용을 인식하는 것을 목적으로 한다.

3. 제조원가의 구성

기업의 계획수립 및 통제에 있어서 경영자를 지원하기 위하여 관리회계 담당자는 원가와 관련된 기업의 기능에 의하여 원가를 분류하여야 한다. 기업의 기능은 생산, 마케팅, 관리 및 연구개발 등을 말한다. 제조원가는 직접재료원가, 직접노무원가 및 제조간접원가 등 3요소로 구분할 수 있다. 한편 원가와 비용은 구분하여야겠으나 혼용되어 사용되고 있고 이 책에서도 혼용되고 있다.

직접재료원가(direct materials cost)는 생산과정에서 소비된 원재료가 물리적 또는 화학적으로 변화하여 완제품이 되는 것으로, 원가를 최종제품으로 직접추적이 가능하기 때문에 직접재료원가라 한다. 예를 들어 철강회사의 철광석, 자동차 제조회사의 철강재 및 신문사의 종이 등이 이에 해당한다.

직접노무원가(direct labor cost)는 완제품 생산에 직접적으로 참여하는 종업원의 급여 및 상여금 등을 말한다. 예를 들어 직접노무원가는 제조업체 생산공장의 종업원의 급여 및 상여금을 말한다.

제조간접원가(manufacturing overhead cost)는 생산공장에서 발생하는 모든 원가 중 직접재료원가 및 직접노무원가를 제외한 모든 기타 원가를 제조간접원가라 한다. 이에는 간접재료원가, 간접노무원가 및 기타 제조원가로 구분할 수 있다.

간접재료원가(indirect materials cost)는 완제품 생산과정에서 요구되는 원재료이지만 완제품 생산에 필수적으로 필요로 하는 부품은 아니다. 예를 들어 금속가공업자가 사용하는 천공기의 송곳원가 등이 이에 해당한다. 송곳은 마모되어 사용할 수 없을 때 이를 교환한다. 그러나 이는 제품의 부품은 아니다. 또한 완제품의 필수적인 부품이나 원가에 있어서 중요하지 않은 경우에도 간접재료원가로 분류한다. 철강회사의 경우 철강재의 포장재료는 그 원가가 미미하기 때문에 특정제품의 직접재료원가로 추적할 가치가 없다.

간접노무원가(indirect labor cost)는 완제품생산에 직접 참여하지 않은 종업원이나, 생산과정을 지원하는 종업원의 급여 및 상여금을 포함한다. 예를 들어 생산공장의 공장장, 물류관리 관리 종업원 및 안전요원 등의 급여 및 상여금이 이에 해당한다.

재료원가 또는 노무원가가 아닌 모든 기타 제조원가(other manufacturing cost)도 제조간접원가로 분류한다. 이에는 생산과정을 지원하는 부문을 운영하는데 소요되는 비용으로 건물 및 설비의 감가상각비, 세금과 공과, 보험료 및 전력비 등이 이에 포함된다. 생산과정을 지원하는 부문은 직접 제품을 생산하지 않지만 생산과정에서 꼭 필요한 부문을 말한다. 예를 들면 철강회사의 경우 전력 등을 관리하는 환경에너지부나 설비정비를 위한 기계설비부 등이 이에 속한다.

제조원가의 구성요소는 직접재료원가, 직접노무원가 및 제조간접원가의 3요소로 구분한다. 또한 이러한 3요소 중에서 직접재료원가와 직접노무원가를 합쳐서 기초원가(prime cost)라고도 한다. 이는 완제품별로 직접추적이 가능한 원가를 말하는 것이다. 그리고 직접노무원가와 제조간접원가는 가공원가(conversion cost)라고도 한다. 이는 직접재료인 재료를 완제품으로 가공하는데 소요되는 원가이기 때문에 가공원가라 한다.

2.2 원가의 분류

1. 추적가능성에 따른 분류

원가관리회계의 주요 목적은 경영자의 원가통제를 지원하는 것이다. 따라서 원가가 발생하는 부문에 따라 원가를 추적하는 것이 원가통제에 도움이 된다. 이와 같이 각 부문별로 원가를 추적하는 것을 책임회계라고 한다. 특정부문에 대하여 직접추적이 가능한 원가를 직접원가(direct cost)라고 한다.

예를 들어 자동차회사의 조립라인 조립공의 급여는 조립라인의 직접원가이다. 페인트부문에서 사용한 페인트는 페인트부문의 직접원가이다.

특정부문에 대하여 직접 추적할 수 없는 원가를 간접원가(indirect cost)라 한다. 철강회사의 TV광고에 대한 광고선전비는 제철소별로 추적이 불가능하므로 간접원가이다.

부문의 직접원가와 간접원가의 구분은 부문에 의하여 결정되므로 동일한 원가라 할지라도 원가를 추적하는 부문이 달라지면 추적가능성이 달라질 수 있다. 예로써 특정제철소 소장의 급여는 해당제철소 열연공장의 경우에는 간접원가이나 해당제철소에서는 직접원가이다.

2. 원가행태에 따른 분류

원가분류 중 가장 중요한 분류방법은 원가행태에 의한 분류방법으로 기업의 활동(activity)변화에 관련하여 원가가 변화하는 것을 분류하는 방법이다. 활동은 기업이 생산하는 재화 및 서비스에 관련된다. 철강회사가 생산하는 철강재의 양, 자동차제조회사가 생산하는 자동차 대수 및 경영컨설팅 회사에서 수행하는 프로젝트의 수 등은 활동의 모든 측정 대상이다. 또한 원가를 유발하는 활동을 원가동인(cost driver)이라 한다.

(1) 변동원가

변동원가(variable costs)는 활동(혹은 원가동인)수준의 변화에 따라 총액이 비례적으로 변화하는 원가이다. 만약 활동이 10% 상승하면 총변동원가는 또한 10%까지 상승한다. 예를 들어 철강회사의 철강재 생산량이 약 5% 증가하면, 철강생산에 사용되는 철광석의 원가도 5%까지 상승할 것이다.

[그림 2-2]에서 총변동원가 그래프에서 보는 바와 같이 활동이 증가하면 총변동원가는 비례적으로 증가한다. 즉, 활동이 10에서 20으로 배가 증가하면 총변동원가도 1,000원에서 2,000원

으로 배가 증가한다. 그러나 단위당 변동원가는 활동의 증가와 관계없이 일정하다는 것을 알 수 있다. 총변동원가표에서 보는 바와 같이 활동의 단위당 원가는 100원이다.

이를 요약하면 활동의 변화에 관련하여 총 변동원가는 비례적으로 증가하거나 혹은 감소한다. 그러나 단위당 변동원가는 일정하다.

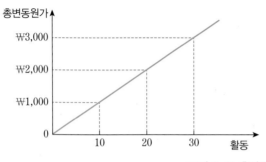

활동	총 변동원가	단위당 변동원가
1	100	100
2	200	100
4	400	100
10	1,000	100
14	1,400	100
18	1,800	100
30	3,000	100

[그림 2-2] 총변동원가

(2) 고정원가

고정원가(fixed costs)는 활동수준의 변동에 관계없이 총액이 일정한 원가이다. 따라서 활동이 약 10% 증가하거나 감소하여도 총고정원가는 일정하다. 공장설비의 감가상각비, 건물에 대한 재산세 및 노무비 등이 이에 해당한다.

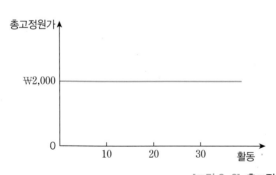

활동	총 고정원가	단위당 고정원가
1	2,000	2,000
2	2,000	1,000
4	2,000	500
5	2,000	400
10	2,000	200
20	2,000	100
25	2,000	80

[그림 2-3] 총고정원가

[그림 2-3]에서 총고정원가는 활동에 관계없이 일정하다. 활동이 10에서 30으로 3배가 증가해도 총고정원가는 2,000원으로 일정하다. 그러나 단위당 고정원가는 활동이 증가함에 따라 점점 감소하고 있음을 알 수 있다. 만약 활동수준이 1일 때 단위당 고정원가는 2,000원이고 활동

수준이 10일 때 단위당 고정원가는 200원으로 감소한다. 이를 요약하면 활동수준이 증가할 때 총 고정원가는 일정하나, 단위당 고정원가는 감소한다.

고정원가를 이해하는 데 있어서 고정원가는 관련범위 내에서 일정하다는 것이다. 따라서 고정원가는 관련범위(relevant range)를 벗어나면 그 금액이 얼마든지 변할 수 있다. 관련범위란 한 기업이 단기간 동안에 활동을 효율적으로 수행할 수 있는 범위로 정상적인 조업상태를 유지하면서 생산할 수 있는 최소의 생산량과 최대생산량을 말한다.

(3) 준변동원가

준변동원가(semi-variable costs)는 변동원가와 고정원가의 두 요소를 가지고 있는 원가로 혼합원가(mixed costs)라고도 한다. 활동이 0인 경우에 고정원가와 같이 일정하고, 활동이 증감함에 따라 변동원가와 같이 총원가가 비례적으로 증가한다. 예를 들어 핸드폰요금, 수도요금 및 가스요금 등이 준변동원가에 해당된다. 이러한 준변동원가는 그림으로 표시하면 [그림 2-4]와 같다.

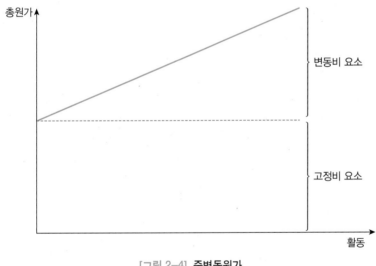

[그림 2-4] 준변동원가

(4) 준고정원가

준고정원가(semi-fixed costs)는 계단원가(step costs)라고도 하며 일정한 관련범위 내에서 활동이 변화하여도 총원가가 일정하지만, 그 관련범위를 벗어나면 총원가 달라지고 새로운 관련범위 내에서 총원가가 일정한 원가를 말한다. 이러한 준고정원가를 그림으로 표시하면 [그림 2-5]와 같다.

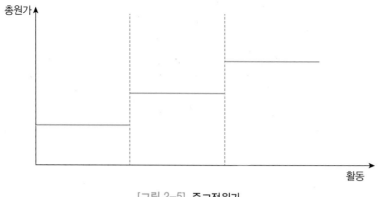

[그림 2-5] 준고정원가

3. 통제가능성에 따른 분류

특정 경영자의 통제가능성에 따라 원가를 분류하면 통제가능원가와 통제불가능원가로 구분할 수 있다. 만약 경영자가 원가수준에 영향을 미치거나 통제가 가능하다면 이는 통제가능원가(controllable costs)라 하고, 경영자가 중대한 영향을 미치지 못하는 원가는 통제불가능원가(uncontrollable cost)라 한다.

　많은 원가들을 한 개인이 완전히 통제할 수 있는 것은 아니다. 원가를 통제가 가능한 원가와 불가능한 원가로 분류할 때 관리회계 담당자는 경영자가 원가에 영향을 미칠 수 있는가에 초점을 맞춰야 한다. 아래의 표는 각 원가항목에 대하여 관리자의 통제가능성에 따라 분류하고 있다. 예를 들어 자동차제조회사의 TV 광고는 최고경영자의 입장에서는 통제가 가능하지만 각 대리점 소장의 입장에서는 통제가 불가능한 원가이다.

〈표 2-1〉 통제가능한 원가와 통제불가능한 원가

원가항목	관리자	통제가능성에 따른 분류
철강회사의 철광석원가	제철소의 원료관련 부장	통제가능한 원가
음식점체인점의 음식원가	체인점의 관리자	통제가능한 원가
자동차제조사의 광고원가	대리점 소장	통제불가능한 원가

　어떠한 원가는 중장기적으로는 통제가능하나 단기적으로는 불가능하다. 예를 들어 기업이 10년 동안 복사기 리스계약이 이루어질 때 복사기와 관련된 장기원가는 통제가능하지만, 단기적으로 리스계약에 서명한 후에 리스료는 리스계약이 완료될 때까지 통제불가능한 원가이다.

4. 의사결정과의 관련성에 따른 분류

경영자가 경영활동을 수행하는 과정에서 끊임없이 의사결정에 직면하게 된다. 이러한 의사결정과정에서 올바른 의사결정을 하도록 지원하기 위해서는 그 의사결정에 적합한 원가정보가 제공되어져야 한다. 의사결정 관련성에 따라 원가를 구분하면 기회원가, 매몰원가, 차액원가 및 관련원가와 비관련원가로 나눌 수 있다.

(1) 기회원가

기회원가(opportunity cost)는 하나의 대안을 배제하고 다른 대안을 선택하였을 때 희생된 효익 (benefit)으로 정의할 수 있다. 만약 어느 한사람에게 저녁식사로 한식과 양식 중 하나를 선택하여야 할 때, 이 사람이 한식을 선택한 경우의 기회원가는 양식을 선택 시 얻을 수 있는 즐거움에 대한 포기와 관련되어 있다.

기회원가는 많은 경영의사결정에서 발생한다. 예를 들어 산소생산을 주 영업으로 하는 서울산소가 질소에 대한 특별주문을 받았다고 가정하자. 만약 서울산소의 경영자가 이 주문을 수락하면 현재의 생산능력 하에서는 자신의 고객에게 산소공급을 충분히 할 수 없다. 질소주문의 수락에 따른 기회원가는 산소생산으로 얻을 수 있는 효익의 포기를 말한다. 이와 같이 포기한 효익은 산소를 판매함으로써 발생 가능한 잠재적 수익금액에서 산소생산에 소요된 원가를 차감한 금액을 말한다.

(2) 매몰원가

매몰원가(sunk costs)는 과거에 발생된 원가로서 현재나 미래의 의사결정에 영향을 주지 않고 또한 미래의 원가에 영향을 미치지 않는 원가를 말한다. 매몰원가의 예로써 이전에 구입한 비품의 취득원가와 보유재고자산의 제조원가를 들 수 있다. 비품과 재고자산의 현재 유용성을 무시하면 이들의 취득원가는 어떠한 의사결정에 의해서도 변화되지 않는다. 따라서 이와 같은 원가는 미래의 모든 의사결정에 관련성이 없기 때문에 의사결정에 고려할 필요가 없다.

(3) 차액원가

차액원가(differential costs)는 두 대안 사이에서 나타나는 원가차이를 말하며 증분원가라고도 한다. 예를 들어 서울시는 추모공원 부지 선택에 대한 대안으로 서초구와 강서구라는 대안이 있다고 가정하자. 만약 서울시장이 서초구를 선택한 경우 추모공원을 관리하는 원가가 연간

1,000만 원으로 예측되고, 강서구를 선택한 경우 관리원가가 연간 750만 원으로 예측된다면, 관리원가에 대한 연간 차액원가는 250만 원이다.

차액원가는 항공회사의 신노선 개설에 관한 의사결정 그리고 제조기업에 있어서 부가적 생산 및 병원의 간호사 증원 등과 같은 다양한 의사결정에 이용된다.

(4) 관련원가와 비관련원가

관련원가(relevant costs)란 여러 대안 간에 차이가 있는 미래의 원가로서 특정 의사결정에 직접적으로 관련되는 원가를 말하며, 비관련원가(irrelevant costs)는 여러 대안 사이에 차이가 없는 원가로서 특정 의사결정에 관련이 없는 원가를 말한다. 어떠한 원가가 관련원가인가 아닌가의 여부는 항상 정해진 것이 아니라 의사결정의 내용에 따라 결정된다. 즉, 하나의 의사결정을 할 때는 의사결정과 관련된 원가이지만 다른 의사결정을 할 때는 그 의사결정과 관련이 없는 비관련원가일 수 있다.

2.3 원가계산방법의 구분

조직이 외부보고용 재무보고서를 작성하는 경우 다양한 이해관계자의 정보욕구를 충족시킬 필요가 있기 때문에 정해진 기준에 따라 원가계산을 하고 이를 기초로 재무보고서를 작성하여야 한다. 그러나 조직이 특수 목적에 따른 내부관리목적으로 원가계산을 해야 하는 경우 외부보고용 재무보고서 작성에서와 같이 외부보고용 원가계산기준을 따를 필요가 없다. [그림 2-6]은 제조기업의 경우 외부보고용 재무보고서 작성 시 또는 여러 내부관리 목적에 따라 원가계산을 수행하는 경우 채택 가능한 다양한 원가계산방법을 소개하고 있다.

제조기업의 원가는 기본적으로 제조원가와 비제조원가로 구분된다. 제조원가에는 직접재료원가, 직접노무원가 그리고 제조간접원가가 포함되고 비제조원가에는 판매비와 일반관리비가 포함된다.

재무보고서 작성 목적에 따라서 원가계산방법을 구분하면 전부(흡수)원가계산, 변동원가계산, 그리고 초변동원가계산 등이 있다. 현재 외부보고용 재무보고서를 작성하는 경우에는 전부원가계산을 사용하여야만 한다. 전부원가계산에서는 제조원가를 제품원가로 비제조원가를 기간비용으로 구분하여 원가의 소멸로 인한 비용인식을 행하고 있다. 즉, 이들 세 가지 원가계산방법은 제품원가와 기간비용의 구분에 따라서 각각 구별된다.

제조원가/비제조원가		

원가계산제도 구분

전부원가계산/변동원가계산/초변동원가계산
〈① 제품원가/기간비용〉–재무보고서 작성

개별원가계산/종합원가계산/operation–costing
〈② 제품생산방식〉

실제원가계산/정상원가계산/표준원가계산
〈③ 원가〉

단일배부율/부문별 배부율/활동기준원가계산
〈④ 간접원가 배부율〉

[그림 2–6] 다양한 원가계산방법

　한편 제품생산방식에 따라서 원가계산은 개별원가계산, 종합원가계산, 오퍼레이션코스팅 (하이브리드 코스팅)으로 구분될 수 있다. 오퍼레이션 코스팅은 개별원가계산과 종합원가계산의 혼합형태로서 원가요소에 따라서 직접재료원가는 개별원가계산방법에 의해서 원가계산이 이루어지고 가공원가는 종합원가계산에 의해서 이루어지는 원가계산방법을 일컫는다. 주로 신발, 의복 등을 생산하는 기업의 경우 이 원가계산방법을 사용한다.

　또한 원가의 조기 산정, 원가 통제 등의 목적으로 원가계산은 실제원가계산, 정상원가계산, 표준원가계산 등으로 구분할 수 있다. 정상원가계산은 직접재료원가와 직접노무원가는 실제원가를 제조간접원가는 예정금액을 사용하여 원가계산을 하는 방법으로 정상원가계산을 사용하는 경우 제조간접원가의 실제 발생액과 배부액의 차이를 조정하는 절차가 반드시 수행되어야 한다. 표준원가계산은 원가계산 보다는 원가통제에 초점이 있는 원가계산 방법이다.

　한편 간접원가를 배부하는 방법에 따라서 단일배부율, 부문별 배부율, 활동기준원가계산 등 다양한 방법으로 원가계산을 수행할 수 있다. 이들 각각의 방법은 주어진 상황에 따라서 가장 적합한 방법을 원가의 정확성, 원가계산제도의 경제성 등의 목적에 따라 선택 적용할 수 있다. 위의 각각의 방법에 대한 자세한 설명은 이 교과서의 전반에 걸쳐 나와 있다.

원가시스템의 이해

원가는 원가대상별로 직접 추적된 직접원가와 배부받은 간접원가로 구성된다. 직접원가와 간접원가의 분류는 기업회계기준에서 요구하는 분류는 아니다. 원칙적으로 기업 내부적으로 제품별 원가계산과 원가관리를 위해서 적용하는 개념이라고 할 수 있다. 직접원가로 분류되는 항목이 많을수록 원가정보가 정확해질 가능성이 크고 간접원가로 분류하는 항목이 많으면 원가정보가 왜곡될 가능성이 커질 것이다. 직접 추적하는 원가항목이 많을 경우 원가정보의 정확성이 높아짐은 물론 원가정보가 정확히 제공될 경우 원가절감도 가능하다는 것을 명심해야 한다.

예컨대, 같은 과 동료직원 10명이 5명씩 두 팀으로 나누어 음식점에 들어갔다고 가정하자. 한 팀은 같이 먹고 다섯 명이 통일한 금액을 나누어 내는 방식을 택했고 다른 팀은 각자 자기가 먹은 것을 내기로 하고 음식점에 들어갔다. 어느 팀이 음식값이 많이 나올까. 다섯 명이 같이 나누어 내는 팀일 것이다. 후자의 경우는 개인별로 음식값을 부담하기 때문에 꼭 필요한 음식만을 주문하여 먹을 가능성이 크다. 전자의 경우는 개개인이 원하는 비싼 음식을 시켜도 다섯 사람이 나누어 부담한다고 생각하기 때문에 푸짐하게 주문을 할 것이다. 전자에서는 음식비를 간접원가로 분류한 것이라면 후자는 음식비를 직접원가로 분류한 것이다. 따라서 원가를 정확하고 투명하게 추적할 경우 원가절감효과는 예상보다 클 수 있다.

한국경제신문, 2002년 5월 28일

치킨원가도 모르면서⋯군기만 잡은 농식품부

다음은 원가가 금액으로 표현되기 때문에 절대적이라고 생각할 수 있으나 그 계산과정을 알기 전에는 그 금액을 제대로 이해할 수 없다는 점을 보여주는 기사 내용이다.

가맹점포 원가 산정때 농식품부, 인건비 제외⋯
생닭 매입가도 실제와 차이
업계 "치킨 한마리 팔아 세금 내고나면 손해볼판"

■ BBQ 가격인상 철회 논란

생닭이 치킨으로 판매되는 과정에서 생닭 원가에 대한 논란이 일고 있다. 정부가 치킨 프랜차이즈 대표 업체인 BBQ의 가격 인상 움직임을 '세무조사와 공정거래위원회 조사'라는 엄포까지 놓고 과도하게 간섭해 철회시키면서 벌어진 일이다. 치킨업계는 최근 BBQ가 가격 인상 추진을 철회한 것을 두고 농림축산식품부가 잘못된 원가 계산을 바탕으로 가격 인상을 억제했다고 평가했다.

A치킨회사 관계자는 16일 "치킨 한 마리에 드는 원가만 1만5285원 수준"이라며 "치킨 판매가격이 부가세까지 포함해 1만6000원이란 점을 감안하면 가맹점주가 치킨 한 마리를 팔아 쥐는 이익이 거의 없다"고 말했다. 그는 "1억 원을 투자해 점포를 연 부부가 이 같은 가격으로 치킨을 팔면 한 달에 54만6000원밖에 수익을 얻지 못한다"며 "이는 도시 기준 1인당 최저 인건비인 월 250만원의 10분의 1도 안 되는 금액

이라 적자를 볼 수밖에 없다"고 한숨을 내쉬었다. 앞서 농식품부가 치킨 한 마리의 생닭 원가가 판매가격의 10% 수준이라고 주장한 게 오류라는 것이다. 가맹본사의 마진을 붙이지 않아도 치킨 한 마리 원가는 판매가격의 37% 수준이라는 게 관계자의 설명이다.

치킨업체 A사에 따르면 살아있는 닭 1㎏의 가격은 지난 13일 기준 평균 2500원. 이때 치킨 '한 마리'에 생닭이 1.6㎏ 정도 들어간다는 것을 감안해야 한다. 이럴 경우 지불해야 할 생닭 가격은 3985원 정도가 된다. 농식품부가 공개한 닭 1㎏ 평균 가격과 순수 생닭 값인 1600원, 2560원과는 차이를 보인다. 생닭을 도축해 프랜차이즈 치킨 가맹본부가 납품받는 과정에서 치킨 한 마리 가격은 5385원으로 뛴다. 여기에 가맹본부 마진을 붙이면 결과적으로 가맹점 출고 가격은 한 마리당 6385원이 된다.

이제부터는 가맹점 비용이 붙는다. 튀김용 파우더, 올리브유, 양념, 무 등 재료 값, 포장 가격 등을 합치면 치킨 한 마리당 원재료비만 9385원이 된다. 최근 디지털 환경이 변화한 것도 가격 인상 요인 중 하나다. 배달앱 주문 비용과 배달 대행수수료 등을 내면 치킨 한 마리 원가는 1만3785원으로 훌쩍 뛴다. 임차료, 기타 인건비 등을 모두 포함하면 총원가가 무려 1만5285원으로 오른다. 부가세를 포함시키지 않은 판매가가 1만4545원이란 점을 고려하면 740원의 손해를 보는 것이나 다름없다. 그러나 농림식품부는 치킨 원가 계산에 인건비도 포함하지 않고 있다.

축산계열화업체 A사 관계자는 "농식품부가 이야기한 대로 공급을 장기 계약 형태로 하는 건 맞지만, 고정 가격으로 제공한다는 내용은 틀렸다"며 "실제 공급계약이 어떻게 이뤄지는지도 파악하지 못한 것 같다"고 비판했다. 이 관계자에 따르면 닭 공급계약은 생계 시세를 일정한 가격 구간대로 나눠 최종 공급가격을 변동할 수 있다는 내용을 넣는 게 일반적이다.

바뀐 가격을 액면 그대로 공급가격에 반영하는 것은 아니지만 일정 범위 내에서 유동적으로 조정하고 있다는 얘기다.

한편 BBQ의 치킨 가격 인상 움직임에 농식품부가 과격하게 대응한 것은 조류인플루엔자(AI) 발생 확대에 대한 책임 논란이 있는 계열화업체에 대해 강한 경고를 보내기 위한 조치였다는 이야기도 나온다. 프랜차이즈 사업을 직접 운영하는 일부 계열화업체가 AI 예방에 소홀하면서 닭고기 가격을 인상하는 움직임이 일어나자 '군기 잡기'에 나선 측면이 있다는 것이다.

매일경제 2017년 3월 17일

익·힘·문·제

1. 원가, 자산, 비용의 차이점을 설명하시오.

2. 제품원가와 기간비용이 이익에 미치는 영향을 설명하시오.

3. 제품원가와 기간비용이 비용으로 인식되는 시점에 차이가 있는 이유는 무엇인가?

4. 직접원가와 간접원가의 차이점을 설명하시오.

5. 변동원가, 고정원가, 준변동원가, 준고정원가의 차이점을 설명하시오.

6. 통제가능원가, 통제불가능원가를 설명하시오.

7. 기회비용(원가), 매몰원가, 차액원가, 관련원가, 비관련원가를 각각 설명하시오.

8. 전부원가계산제도, 변동원가계산제도, 초변동원가계산제도를 설명하시오.

9. 개별원가계산제도, 종합원가계산제도, operation-costing을 설명하시오.

10. 실제원가계산제도, 정상원가계산제도, 표준원가계산제도를 설명하시오.

11. 간접비 배부방법에는 어떠한 대안들이 있는지 각각을 설명하시오.

3 CHAPTER

원가의 흐름과 원가추정

제조기업의 원재료 구입에서부터 제품의 완성으로 계산된 제품제조원가는 재고자산으로 분류하고 판매된 회계기간에 매출원가로 처리하는 원가의 흐름을 다룬다. 또한 과거의 원가자료를 활용하여 미래의 원가를 추정하는 일은 원가결정, 의사결정 및 계획과 통제에 매우 중요한 부분이다. 원가행태를 분석하는데 사용할 수 있는 공학적 추정, 산포도법, 회귀분석 및 학습효과에 영향을 고려한 학습곡선의 방법을 다룬다.

1. 제조기업의 원가흐름
2. 제조기업의 재무제표 작성
3. 원가의 추정의 의미 및 추정방법

3.1 제조기업 원가의 흐름

3.2 제조기업의 재무제표 작성

3.3 원가추정의 의의

3.4 원가행태의 추정방법

3.1 제조기업 원가의 흐름

일반적으로 기업은 고객에게 제공하는 제품을 공급업자로부터 매입하여 판매하는 유통기업과 고객에게 제공할 제품을 직접 제조하여 판매하는 제조 기업으로 구분할 수 있다. 유통기업은 이미 완성된 제품을 구매하여 다시 판매함으로써 이익 창출하므로 구매한 제품의 원가를 파악하기 용이하며, 그 원가의 흐름도 매우 단순한 편이다. 그러나 제조기업의 경우 원재료를 구매하여 이를 가공하여 제품을 생산한 후에 이를 고객에게 판매함으로써 이익을 창출하기 때문에 제조기업의 제조원가를 파악하기란 상대적으로 어려우며, 원가의 흐름도 복잡하다. 따라서 본 절에서는 제조 기업을 중심으로 원가흐름을 살펴보고자 한다.

1. 제조원가의 흐름

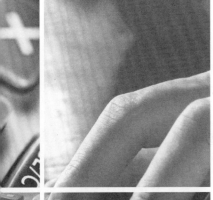

직접재료원가, 직접노무원가 및 제조간접원가는 제조 기업에서 유발하는 제조원가의 3요소이다. 이와 같은 원가는 제조기업의 제품이 판매될 때까지 재고로 저장되어 있기 때문에 제품원가이다. 제조 기업은 제품의 제조과정에서 원재료의 투입부터 완제품이 판매될 때까지의 원가의 흐름을 추적하기 위한 원가시스템을 보유하고 있다. 이와 같은 제조원가의 흐름은 [그림 3-1]에 나타나 있다.

제품 생산을 위해 소비된 직접재료원가는 재공품에 집계되고 또한 직접노무원가 및 제조간접원가도 재공품에 집계되고, 제품이 완성되면 재공품에서 제품으로 이전된다. 그리고 제품이 판매되면 제품원가는 매출원

[그림 3-1] 제조기업의 원가의 흐름

가라는 비용으로 인식된다.

2. 원가계산절차

위의 제조원가의 흐름을 바탕으로 제품의 원가계산 절차를 살펴보면 다음과 같다. 일반적으로 원가계산은 당기총제조원가의 집계, 당기제품제조원가의 결정, 매출원가의 산정으로 이루어진다.

(1) 당기총제조원가

당기총제조원가는 당기에 제조과정에 투입된 제조원가를 말한다. 이는 직접재료원가, 직접노무원가 및 제조간접원가를 포함한다.

> 당기총제조원가 = 직접재료원가 + 직접노무원가 + 제조간접원가

이중 직접재료원가는 당기에 제조과정에서 투입된 원재료의 원가를 말한다. 그런데 원재료는 재고자산이므로 기초 및 기말 재고가 존재한다. 따라서 당기의 제조과정에서 투입한 직접재료원가는 기초원재료재고액에 당기원재료매입액을 가산한 후 기말원재료재고액을 차감하여 계산한다.

> 직접재료원가 = 기초원재료재고액 + 당기원재료매입액 − 기말원재료재고액

그리고 직접노무원가는 당기의 제조과정에 투입한 생산직 근로자의 임금을 의미하며, 제조간접원가는 직접재료원가와 직접노무원가를 제외하고 당기의 제조과정에 투입된 제조원가로 공장건물 및 설비의 감가상각비, 보험료, 설비의 수선유지비, 전력비 및 감독자의 임금 등을 말한다.

(2) 당기제품제조원가

당기제품제조원가는 당기에 완성된 제품의 제조원가를 말한다. 제조과정에 투입된 직접재료원가, 직접노무원가 및 제조간접원가는 모두 재공품으로 집계된다. 그러나 재공품은 재고자산이므로 기초 및 기말 재고가 존재한다. 따라서 당기제품제조원가는 기초재공품재고액에 당기총제조원가를 가산한 후 기말재공품재고액을 차감하여 계산한다.

> 당기제품제조원가 = 기초재공품 + 당기총제조원가 − 기말재공품

당기총제조원가와 당기제품제조원가는 개념적으로 서로 유사하나 실제적으로는 차이가 있으므로 명확히 구분하여야 한다. 당기총제조원가는 당기의 제조과정에서 투입된 원가로서 제품의 완성여부와 관련이 없다. 그러나 당기제품제조원가는 당기에 완성된 제품의 원가로서 투입된 시기와는 관련이 없다.

(3) 매출원가

매출원가란 당기에 판매된 제품의 원가를 말한다. 제품이 완성되면 재공품에서 제품으로 대체된다. 제품 또한 재공품과 마찬가지로 재고자산이므로 기초 및 기말 재고가 존재한다. 따라서 당기에 판매된 제품의 원가는 기초제품재고액에 당기제품제조원가를 가산한 후 기말제품재고액을 차감하여 계산한다.

> 매출원가 = 기초제품 + 당기제품제조원가 − 기말제품

앞의 원가계산절차를 T계정으로 표시하면 [그림 3−2]와 같다.

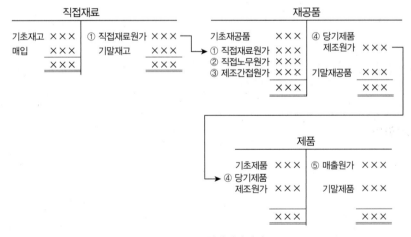

[그림 3−2] **원가계산절차**

> **[예제 3-1] 원가계산절차**
>
> (주)포항강재의 20×5년 기초 및 기말재고와 관련된 자료는 다음과 같다.
>
> | | 기초재고 | 기말재고 |
> |---|---|---|
> | 원 재 료 | ₩50,000 | ₩75,000 |
> | 재 공 품 | 30,000 | 45,000 |
> | 제 품 | 60,000 | 40,000 |
>
> 20×5년의 원가자료는 다음과 같다.
> 원재료매입액 ₩100,000, 직접노무원가 ₩60,000, 제조간접원가 ₩150,000
>
> ▶ 요구사항
> 20×5년의 당기총제조원가, 당기제품제조원가 및 매출원가를 구하시오.

1. 당기총제조원가: 75,000+60,000+150,000=₩285,000

   * 직접원재료원가: 50,000+100,000−75,000=₩75,000

2. 당기제품제조원가: 30,000+285,000−45,000=₩270,000

3. 매출원가: 60,000+270,000−40,000=₩290,000

3. 회계처리

위에서 제조원가의 흐름과 원가계산절차를 간단히 설명하였다. 지금까지의 설명을 토대로 제조원가의 회계처리에 대하여 살펴보면 다음과 같다.

(1) 직접재료원가[1]

직접재료원가를 산정하기 위해서는 기업은 직접재료 계정을 이용한다. 제조과정에 투입할 원재료를 구입하면 구입 시 금액을 원재료 계정의 차변과 매입채무나 혹은 현금 계정의 대변에 기록한다.

원재료를 제조과정에 투입한 경우, 원재료 사용에 대응되는 금액만큼을 재공품 계정의 차변과 원재료 계정의 대변에 기록한다. 원재료를 제조과정에 투입에 대한 회계처리는 사용시점이 아닌 기말에 일괄하여 처리한다. 기중에는 원재료의 입출고에 관한 기록은 원재료재고장에 기

---

1) 원재료는 직접재료와 간접재료를 포함하나 본서에서는 원재료는 직접재료만을 포함하고 있다고 가정한다.

록하고 기말에 원재료 사용액을 산출하여 그 금액을 재공품 계정에 대체한다.

```
[재료 구입]
( 차 ) 직  접  재  료        ×××          ( 대 ) 현          금        ×××
                                              매  입  채  무        ×××

[원재료 투입]
( 차 ) 재      공      품      ×××          ( 대 ) 직  접  재  료      ×××
```

(2) 직접노무원가

제조과정에 투입된 생산직 근로자에 대한 직접노무원가를 산출하기 위해서 노무원가 계정을 사용한다. 생산직 근로자에 대한 임금이 지급기일이 도래하면 그 금액을 노무원가 계정의 차변과 현금 또는 미지급임금의 대변에 기록한다. 그리고 기말에 당기 직접노무원가가 확정되면 이를 재공품 계정의 차변과 노무원가 계정의 대변에 기록한다. 직접노무원가도 직접재료원가와 마찬가지로 기말에 재공품에 대체한다.

```
[노무원가 발생]
( 차 ) 노  무  원  가      ×××          ( 대 ) 현          금        ×××
                                              미  지  급  임  금      ×××

[직접노무원가 대체]
( 차 ) 재      공      품      ×××          ( 대 ) 노  무  원  가      ×××
```

(3) 제조간접원가

제조간접원가는 직접재료원가와 직접노무원가를 제외한 모든 제조원가 항목이 포함되며, 이에는 기계장치의 감가상각비, 공장소모품비, 전력비, 생산감독자 임금 등이 있다. 제조간접원가가 발생하면 각 계정에 기록한다. 예를 들어 공장소모품비를 현금으로 지급하면 그 금액을 공장소모품비 계정의 차변에 기록하고, 당기에 발생한 감가상각비와 기말 현재까지 지급하지 않은 전력비는 기말에 감가상각비 계정과 전력비 계정의 차변에 감가상각누계액과 미지급비용 계정의 대변에 기록한다. 제조간접원가는 다양한 항목으로 구성되어 있으므로 이러한 항목들은 기말에 제조간접원가 계정에 집계한 후 재공품 계정으로 대체한다.

```
[제조간접원가 발생]
 (차) 수 선 유 지 비            ×××        (대) 현          금          ×××
      감 가 상 각 비            ×××             감가상각누계액          ×××
      전    력    비            ×××             미 지 급 비 용          ×××

[제조간접원가 집계]
 (차) 제 조 간 접 원 가         ×××        (대) 수 선 유 지 비          ×××
                                                감 가 상 각 비          ×××
                                                전    력    비          ×××

[제조간접원가 대체]
 (차) 재    공    품           ×××        (대) 제 조 간 접 원 가        ×××
```

(4) 재공품계정

당기에 발생된 모든 제조원가 즉 직접재료원가, 직접노무원가 및 제조간접원가는 재공품계정에 집계되며 당기에 완성된 제품은 재공품계정에서 다시 제품계정으로 대체한다.

```
[제조원가의 집계]
 (차) 재    공    품           ×××        (대) 원 재 료 원 가          ×××
                                                노    무    비          ×××
                                                제 조 간 접 원 가        ×××

[제품의 완성]
 (차) 제          품           ×××        (대) 재    공    품          ×××
```

(5) 당기제품제조원가 및 매출원가

당기에 완성된 제품의 원가는 당기제품제조원가로서 재공품 가운데 당기에 완성된 제품의 원가를 산정하여 제품계정으로 대체한다. 그리고 제품가운데 당기에 판매한 제품의 원가, 즉 매출원가를 산정하여 이를 매출원가 계정으로 대체한다.

```
[제품판매]
 (차) 매 출 원 가              ×××        (대) 제          품          ×××
```

(주)광양강재의 ××년 10월 1일 기초재고자산은 다음과 같다.

  원재료 ₩50,000   재공품 ₩30,000   제 품 ₩60,000

10월중 제품생산 및 판매에 관련된 정보는 다음과 같다.

① 원재료 ₩100,000을 외상매입하다.
② 원재료 ₩120,000을 제조과정에 투입하다.
③ 생산직 근로자에게 발생한 직접노무원가는 ₩60,000인데, 이 중 ₩50,000은 현금지급하였고,
   ₩10,000은 10월말 현재 미지급상태로 있다.
④ 10월중 제조간접원가는 감가상각비 ₩5,000, 수선유지비 ₩20,000, 수도광열비 ₩15,000이며, 수선
   유지비는 전액 현금으로 지급하고 수도광열비는 10월말 현재 미지급 상태이다.
⑤ 기말재공품 원가는 ₩45,000이고, 기말제품은 ₩80,000이며, 10월중 매출액은 ₩200,000으로 전액
   현금으로 판매하다.

▶ 요구사항

1. 10월중 모든 거래를 분개하시오.
2. 원재료, 재공품, 제품을 T계정으로 작성하시오.
3. 제조원가명세서와 손익계산서를 작성하시오.

1. 거래분개

① 원재료 구입

(차) 원　재　료　　　　100,000　　　　　　(대) 매 입 채 무　　　　100,000

② 원재료 제조과정 투입

(차) 재　공　품　　　　120,000　　　　　　(대) 원　재　료　　　　120,000

③ 노무원가 발생

(차) 노 무 원 가　　　　60,000　　　　　　(대) 현　　　　금　　　　50,000
　　　　　　　　　　　　　　　　　　　　　　　　　미 지 급 임 금　　　　10,000

④ 직접노무원가 대체

(차) 재　공　품　　　　60,000　　　　　　(대) 노 무 원 가　　　　60,000

⑤ 제조간접원가 발생

(차) 감 가 상 각 비	5,000	(대) 감 가 상 각 누 계 액	5,000
수 선 유 지 비	20,000	현　　　　금	20,000
수 도 광 열 비	15,000	미 지 급 비 용	15,000

⑥ 제조간접원가 집계

(차) 제 조 간 접 원 가	40,000	(대) 감 가 상 각 비	5,000
		수 선 유 지 비	20,000
		수 도 광 열 비	15,000

⑦ 제조간접원가 대체

(차) 재 　 공 　 품	40,000	(대) 제 조 간 접 원 가	40,000

⑧ 제품완성

(차) 제 　 　 품	205,000	(대) 재 　 공 　 품	205,000

⑨ 제품판매

(차) 매 출 원 가	185,000	(대) 제 　 　 품	185,000

2. 원재료, 재공품, 제품 T계정으로 작성

원재료

기 초 재 고	50,000	직 접 재 료 원 가	120,000
당 기 매 입	100,000	기 말 재 고	30,000
	150,000		150,000

재공품

기 초 재 고	30,000	당 기 제 품 제 조 원 가	205,000
직 접 재 료 원 가	120,000	기 말 재 고	45,000
직 접 노 무 원 가	60,000		
제 조 간 접 원 가	40,000		
	250,000		250,000

제품

기 초 재 고	60,000	매 출 원 가	185,000
당 기 제 품 제 조 원 가	205,000	기 말 재 고	80,000
	265,000		265,000

3. 제조원가명세서 및 손익계산서 작성

1) 제조원가명세서 작성

제조원가명세서

1. 직접재료원가		
1) 기초원재료재고	50,000	
2) 당기원재료매입	100,000	
계	150,000	
3) 기말원재료재고	(30,000)	120,000
2. 직접노무원가		60,000
3. 제조간접원가		
1) 감가상각비	5,000	
2) 수선유지비	20,000	
3) 수도광열비	15,000	40,000
4. 당기총제조원가		220,000
5. 기초재공품		30,000
합계		250,000
6. 기말재공품		(45,000)
7. 당기제품제조원가		205,000

2) 손익계산서 작성

손익계산서

1. 매출액		200,000
2. 매출원가		
1) 기초제품	60,000	
2) 당기제품제조원가	205,000	
계	265,000	
3) 기말제품	(80,000)	(185,000)
3. 매출총이익		15,000

3.2 제조기업의 재무제표 작성

제조기업의 재무제표 작성하는 절차는 유통업과 동일하다. 즉, 수정전시산표를 작성하고 원가
계산분개를 포함하는 기말 수정분개를 한 뒤에 수정후시산표를 작성하고 이를 토대로 기업회
계기준양식에 따라 재무상태표와 손익계산서를 작성한다. 유통업과 차이가 있다면 기말 수정
분개에 원가계산분개를 추가하여야 하고, 제조원가명세서를 작성하여야 한다는 점이다. 특히
제조기업의 재무제표작성시 수정전시산표상의 제품계정과 재공품계정은 원가계산분개를 시

행하기 전이므로 기초잔액이지만 원재료계정잔액은 기초금액에 당기매입금액 포함되어 있는 금액임을 주의해야 한다.

[예제 3-3] 제조기업의 재무제표작성

(주)안산강재의 ××년의 수정전잔액시산표와 기말정리사항은 다음과 같다.

수정전잔액시산표

현 금 및 현 금 성 자 산	350,000	매 입 채 무	106,000
매 출 채 권	200,000	사 채	1,500,000
원 재 료	1,900,000	대 손 충 당 금	2,000
재 공 품	100,000	기 계 감 가 상 각 누 계 액	1,200,000
제 품	150,000	건 물 감 가 상 각 누 계 액	800,000
기 계 장 치	6,000,000	자 본 금	5,000,000
건 물	4,000,000	매 출	6,500,000
급 여	1,200,000	이 자 수 익	92,000
동 력 비	800,000		
수 선 비	300,000		
이 자 비 용	200,000		
	15,200,000		15,200,000

〈기말정리 사항〉

1) 감가상각비는 정액법을 적용하며 기계의 내용년수가 10년, 건물은 5년이다. 기계 및 건물의 잔존가 액은 0원이다. 그리고 건물은 50%가 본사분이다.
2) 급여미지급액은 ₩300,000이며 급여의 80%는 공장분이다.
3) 대손충당금: 매출채권 잔액의 2% 설정
4) 이자비용 미지급액 ₩60,000
5) 이자수익 미수액 ₩8,000
6) 기초재고자산
　　– 원재료 ₩200,000,　재공품 ₩100,000,　제품 ₩150,000
7) 기말재고자산
　　– 원재료 ₩150,000,　재공품 ₩80,000,　제품 ₩220,000

▶ 요구사항

1. 결산수정분개를 하시오.
2. 원재료, 재공품, 제품을 T계정으로 작성하시오.
3. 수정후시산표를 작성하시오.
4. 제조원가명세서, 손익계산서 및 재무상태표를 작성하시오.

1. 결산수정분개

① 감가상각비 계상

(차) 감 가 상 각 비	1,400,000	

(대) 기계감가상각누계액	600,000
건물감가상각누계액	800,000

② 급여미지급액 계상

(차) 급　　　　여　　　300,000　　　　　　(대) 미 지 급 급 여　　　300,000

③ 대손충당금 설정

(차) 대 손 상 각 비　　　2,000　　　　　　(대) 대 손 충 당 금　　　2,000

　　　　　₩200,000×2%-2,000=2,000

④ 이자비용 미지급액 계상

(차) 이 자 비 용　　　60,000　　　　　　(대) 미 지 급 이 자 비 용　　　60,000

⑤ 이자수익 미수액 계상

(차) 미 수 이 자 수 익　　　8,000　　　　　　(대) 이 자 수 익　　　8,000

⑥ 원가계산분개

－ 제조간접원가 집계

(차) 제 조 간 접 원 가　　　2,100,000

(대) 동 　력　비	800,000
수 　선　비	300,000
감 가 상 각 비	1,000,000

－ 재공품 집계

(차) 재 　공　품　　　5,050,000

(대) 원 　재　료	1,750,000
급여(노무원가)	1,200,000
제 조 간 접 원 가	2,100,000

－ 제품완성

(차) 제 　　품　　　5,070,000　　　　　　(대) 재 　공　품　　　5,070,000

－ 제품판매

(차) 매 출 원 가　　　5,000,000　　　　　　(대) 제 　　품　　　5,000,000

2. 원재료, 재공품, 제품을 T계정으로 작성하시오.

원재료

기 초 재 고	200,000	직 접 재 료 원 가	1,750,000
당 기 매 입	1,700,000	기 말 재 고	150,000
	1,900,000		1,900,000

재공품

기 초 재 고	100,000	당 기 제 품 제 조 원 가	5,070,000
직 접 재 료 원 가	1,750,000	기 말 재 고	80,000
직 접 노 무 원 가	1,200,000		
제 조 간 접 원 가	2,100,000		
	5,150,000		5,150,000

제품

기 초 재 고	150,000	매 출 원 가	5,000,000
당 기 제 품 제 조 원 가	5,070,000	기 말 재 고	220,000
	5,220,000		5,220,000

3. 수정후시산표를 작성하시오.

수정후잔액시산표

현 금 및 현 금 성 자 산	350,000	매 입 채 무	106,000
매 출 채 권	200,000	미 지 급 급 여	300,000
원 재 료	150,000	미 지 급 이 자 비 용	60,000
재 공 품	80,000	사 채	1,500,000
제 품	220,000	대 손 충 당 금	4,000
미 수 이 자 수 익	8,000	기 계 감 가 상 각 누 계 액	1,800,000
기 계 장 치	6,000,000	건 물 감 가 상 각 누 계 액	1,600,000
건 물	4,000,000	자 본 금	5,000,000
매 출 원 가	5,000,000	매 출	6,500,000
감 가 상 각 비	400,000	이 자 수 익	100,000
대 손 상 각 비	2,000		
급 여	300,000		
이 자 비 용	260,000		
	16,970,000		16,970,000

4. 제조원가명세서, 손익계산서 및 재무상태표 작성

1) 제조원가명세서 작성

제조원가명세서

1. 직접재료원가		
1) 기초원재료재고	200,000	
2) 당기원재료매입	1,700,000	
계	1,900,000	
3) 기말원재료재고	(150,000)	1,750,000
2. 직접노무원가		1,200,000
3. 제조간접원가		
1) 동력비	800,000	
2) 수선비	300,000	
3) 감가상각비	1,000,000	2,100,000
4. 당기총제조원가		5,050,000
5. 기초재공품		100,000
합계		5,150,000
6. 기말재공품		(80,000)
7. 당기제품제조원가		5,070,000

2) 손익계산서 작성

손익계산서

1. 매출액		6,500,000
2. 매출원가		
1) 기초제품	150,000	
2) 당기제품제조원가	5,070,000	
계	5,220,000	
3) 기말제품	(220,000)	(5,000,000)
3. 매출총이익		1,500,000
4. 판매 및 일반관리비		
1) 급여	300,000	
2) 감가상각비	400,000	
3) 대손상각비	2,000	(702,000)
5. 영업이익		798,000
6. 영업외수익		
1) 이자수익	100,000	100,000
7. 영업외비용		
1) 이자비용	260,000	(260,000)
8. 법인세차감전이익		638,000
9. 당기순이익		638,000

3) 재무상태표 작성

재무상태표

현 금 및 현 금 성 자 산	350,000	매 입 채 무	106,000
매 출 채 권	200,000	미 지 급 급 여	300,000
원 재 료	150,000	미 지 급 이 자 비 용	60,000
재 공 품	80,000	사 채	1,500,000
제 품	220,000	대 손 충 당 금	4,000
미 수 이 자 수 익	8,000	기 계 감 가 상 각 누 계 액	1,800,000
기 계 장 치	6,000,000	건 물 감 가 상 각 누 계 액	1,600,000
건 물	4,000,000	자 본 금	5,000,000
		당 기 순 이 익	638,000
	11,008,000		11,008,000

3.3 원가추정의 의의

앞에서 우리는 고정원가와 변동원가를 구별하였는데, 실무적으로 이 구별을 어떻게 하느냐를 알아보기에 앞서 그것이 왜 필요한가 하는 이유를 이해하는 것이 중요하다. 이 절에서는 ① 원가결정기능 ② 의사결정 및 계획기능 ③ 통제기능을 보조하기 위해서 원가행태를 아는 것이 얼마나 중요한가를 살펴보기로 하겠다.

1. 원가결정을 위해서

4장에서 8장까지 논의될 원가시스템 중 일부는 원가를 변동원가와 고정원가로 분리할 수 있다고 가정한다. 표준원가와 변동원가시스템이 바로 그것이다. 변동원가-고정원가의 구별을 요하는 그러한 시스템이 왜 사용되게 되었는지를 살펴보면 원가의 행태를 파악하는 것이 왜 필요한지가 더욱 분명해질 것이다.

실제원가시스템은 회계기간 동안 발생한 모든 원가를 그 기간의 실제산출물에 할당한다. 그러나 시간이 지남에 따라 실제원가시스템의 사용과 관련된 불만족스러운 특성들이 나타나게 되었다. 다음의 예를 살펴보자. 한양공장에서는 20×7년에 제품 20,000개를 생산하고 원가는 총 ₩800,000이 발생하였다. 20×8년에는 10,000개가 줄어들었으며 총제조원가는 ₩500,000이 발생하였다. 20×7년의 개당 생산원가는 ₩40이고 20×8년에는 ₩50이다. 만일 이 단가가 재무보고목적상 재고가치로 사용된다면, 경제이론적인 측면에서 이 차이를 설명하기가 힘들게 된다. 자산은 미래의 잠재력을 나타낸다고 할 때, 앞의 예에서 20×8년의 재고자산은 20×7년의 재고 자산보다 더 많은 용역잠재력이 있다고 할 수 있을까? 그렇지 않다면 우리는 이러한 원가의 차 이를 어떻게 설명할 수 있을 것인가?

앞의 예에서 차이의 원인은 고정원가의 존재에 있다. 이러한 경우 원가행태는 y가 총원가, x가 생산량일 때 다음과 같이 표시할 수 있다.

$$y = 200,000 + 30x \qquad\qquad (3-1)$$

즉, 연간고정원가는 ₩200,000이고 변동원가는 단위당 ₩30씩 발생한다. 여기서 우리는 단 위당 평균고정원가가 20×7년에는 ₩10(₩200,000÷20,000)이며, 20×8년에는 ₩20(₩200,000÷ 10,000)임을 알 수 있을 것이다. 이것이 사전적인 원가율로 원가를 할당하는 회계시스템을 개발 한 유일한 이유는 아닐지라도 충분한 하나의 이유가 된다. 예정원가율을 사용하는 시스템 하에 서는 제품에 할당되는 고정원가는 일정하다. 고정원가가 지니고 있는 본질적인 특성이 회계담 당자로 하여금 고정원가를 제품에 할당하지 않도록 하는 회계시스템(즉, 변동원가시스템)을 선 호하도록 하기도 한다. 이러한 유형의 시스템을 사용하기 위해서는 고정원가를 분리할 수 있는 능력이 절대적으로 필요하다는 사실은 두말할 나위가 없는 것이다.

2. 의사결정과 계획수립을 위해서

제1장에서 살펴본 것처럼, 의사결정과 계획수립은 미래지향적인 활동이며, 이들 활동에 관련된 원가는 계획된 원가임에 틀림없다. 어떤 활동이나 의사결정과 관련된 원가계획을 수립하기 위해 서는, 원가들이 여러 의사결정상황에 대응해서 어떻게 행동하고 반응하는가를 알 필요가 있다.

한양공장의 예를 다시 검토하여 보자. 이 기업이 20×9년에는 8,000개를 생산하기로 가정하 다면, 현금지출계획을 수립하기 위해서 기업은 예상되는 원가를 파악할 필요가 있다. 이들 원 가를 얼마로 계획해야 하는가? 만일 총평균원가(20×7년 ₩40, 20×8년 ₩50)가 이용할 수 있는 자료의 전부라면, 20×9년에 대한 총원가는 얼마로 계획해야하는가? 우리는 평균단가는 조업 도에 따라 달라지며 8,000개의 조업도에 대한 직접적인 정보를 갖고 있지 않음을 안다. 물론 식 (3-1)을 안다면 예측은 훨씬 쉬울 것이다.

확실히 예측활동이 여기에서 설명한 것처럼 단순하지는 않지만 원가의 발생에 영향을 미치 는 변수를 결정하고 이 변수와 총원가 사이의 관계를 파악해야 할 경우가 자주 발생하게 마련이다. 또한 입찰가격결정, 프로젝트의 평가, 가격수용도의 결정, OR 모델(이를테면 선형계획, 재고모델, 대기행렬모형, 시뮬레이션 등), 종합예산, 자본예산 등과 같이 원가행태와 관련된 지식으로부터 효익을 얻을 수 있는 여러 가지 의사결정상황이 존재한다.

3. 통제를 위해서

경영자는 원가를 고정원가와 변동원가로 분리하여 파악함으로써 통제기능에도 많은 도움을 받는다. 첫째로, 고정원가는 변동원가처럼 통제가능한 원가가 아니며, 둘째로 의미 있는 예산을 편성하기 위해서는 변동원가와 고정원가의 구별이 절대적으로 필요하기 때문이다. 예를 들어, 한양회사의 경우 20×8년에 예산을 8,000개에 대하여 ₩400,000(8,000×₩50)으로 하였다면 이는 달성될 수 없는 것이다. 달성가능한 금액은 ₩440,000(₩200,000＋8,000×₩30)이며 ₩400,000은 잘못된 원가행태를 적용한 결과이다. 만일 여러분이 경영자라면 실제원가와 예산을 비교할 때, 예산액 ₩400,000은 다소 혼란을 가져다 줄 것이다. 사실이 아닌 것과의 비교를 통해서 여러분이 보다 많은 원가를 쓴 것처럼 파악될 수도 있는 것이다.

3.4 원가행태의 추정방법

이 절에서는 원가행태를 분석하는데 사용할 수 있는 몇 가지 방법들을 살펴보기로 하겠다. 그 대표적인 방법이 공학적 추정, 산포도법, 회귀분석 등이지만 때로 학습효과가 영향을 미치는 상황에서 원가예측을 해야 할 경우도 생긴다. 학습곡선이 적용되는 상황에 대해서는 이 절의 마지막 부분에서 다루도록 하겠다.

실제로 원가의 발생은 다양한 변수의 함수이다. 예를 들면 공장의 절삭부문에서 발생하는 제조간접원가는 직접노동시간, 직접노무원가, 기계시간, 처리된 주문수, 기상상태, 종업원의 사기, 일반적 경영상태 등 여러 변수의 함수가 될 수 있다. 만일 총원가에 영향을 미치는 변수를 X_1, X_2, X_3, $\cdots$, X_n 이라고 하고, 그 관계가 선형(linear)이라면 원가함수는 다음과 같다.

$$y = a + b_1 X_1 + b_2 X_2 + \cdots + b_n X_n \tag{3-2}$$

이때 : $y =$ 예측되는 총원가(종속변수)

$a =$ 고정원가 부분

$b =$ 독립변수 $X_j (j=1, 2, \cdots, n)$ 에 대응해서 변화하는 원가 y 의 비율

사실상 n개의 독립변수를 전부 고려하는 것은 불가능하며 더욱이 독립변수와 종속변수가 선형이 아닐 수도 있는 것이다. 여기서 첫 번째 한계점은 다음 두 가지 요인에 의해서 생기게 된다. 즉, 원가발생에 영향을 미치는 모든 변수를 명확히 결정하기가 불가능하다는 점과, 모든 변수를 고려할 수 있다 하더라도 실질적으로 분석에 드는 비용이 효익보다 더 크게 될 수도 있다는 점이다. 따라서 분석은 n개의 변수 중 이 추정식에 포함시킬 수 있는 일부를 선택함으로써 단순화된다. 이때 어떤 변수가 선택되느냐 하는 것은 분석의 목적을 포함한 여러 요인에 달려 있게 된다. 두 번째 한계점은 비선형관계를 선형추정치로 나타내든가, 비선형함수(비선형 회귀식)를 사용함으로써 해결될 수 있다.

이제 적당한 추정식을 선택하는 방법을 살펴보도록 하자. 먼저 잠재적으로 관련 있는 변수들을 분명히 하고, 둘째로 선형이나 구체적인 비선형의 형태로 관계의 일반형식이 선택되어야 한다. 셋째, 방정식의 모수(parameters)를 추정하기 위해서 자료를 모으고 이를 처리할 수 있는 메커니즘을 갖출 필요가 있다. 마지막으로는 결과의 충분성을 평가하는 평가방법이 존재해야 한다. 이러한 배경지식을 바탕으로 하여 앞서 언급한 추정방법들을 하나씩 검토하여 보자.

1. 공학적 방법

이 방법은 산업공학자들이 처음으로 사용했기 때문에 공학적 방법(engineering method)이라고 한다. 이 접근법은 실물투입양을 추정함으로써 원가의 행태를 설명하려고 한다. 예를 들면 재료의 투입량은 제품의 청사진이나 명세서를 분석하여 추정될 수 있고, 노동투입량은 시간 및 동작연구를 통해서 추정된다. 만일 추정식의 변수가 생산된 제품의 수라면, b_j의 값은 현행원가율을 적용하여 투입물의 가격을 결정함으로써 구할 수 있다.

이 방법은 자연적으로 회피불가능한 손실이나 정상적인 비능률 등을 고려하지 않는다면 실제원가를 정확하게 추정하기 어려울 것이다. 즉, 이 방법은 자동적으로 이러한 회피불가능한 원가를 포함하고 있는 과거의 경험치에 기초하고 있는 것이 아니다. 더욱이 방법 자체에 신뢰성을 평가할 만한 내재적인 장치가 마련되어 있지 않다.

2. 산포도법

만일 우리가 단 하나의 유일한 관련독립변수를 가정한다면 산포도법이 사용될 수 있다. 이 분석과 관련하여 원가행태가 다음의 선형관계를 지닌다고 가정하자.

$$C = a + bx \qquad (3-3)$$

이러한 분석을 행하기 위해서는 수집된 실제관찰치를 그래프로 표시하고 시각적으로 그 행태를 추정하면 된다. 이 장에서 설명되는 여러 기법들을 위해서 다음의 예를 가정하자. 한양회사는 어느 한 부문에 대해여 지난 5개월 동안의 직접노동시간과 제조간접원가에 대한 자료를 수집하였다. 이 부문은 10개의 서로 다른 모델의 공구를 조립하고 있다. 이들 자료가 [그림 3-3]과 [그림 3-4]에 나타나 있다. [그림 3-4]에서의 선은 적당한 선을 찾기 위해서 자의적으로 그은 것이다. 관찰치들이 선의 위·아래에 골고루 있으므로 이 선의 y절편은 일단은 합리적이라고 할 수 있다. 이때 원가축과 만나는 절편이 약 ₩12,000임에 주의하라. 이 직선의 기울기를 정하기 위해서 (0, ₩12,000)과 다른 한 점 (2,354, ₩30,057)을 잡을 수 있다. 이때 다른 한 점은 [그림 3-4]에서 선상에 가장 밀접해 있다.

월	제조간접원가	직접노무시간
1	₩32,457	2,416
2	29,570	2,324
3	30,057	2,354
4	27,176	1,840
5	28,062	1,892
합계	₩147,322	10,826
평균	29,464.4	2,165.2

[그림 3-3] 한양회사의 예시자료

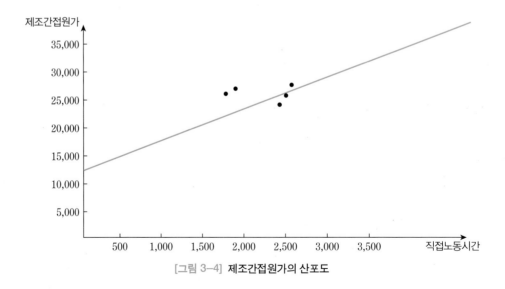

[그림 3-4] 제조간접원가의 산포도

물론 [그림 3-4]만큼 합리적인 선들이 자료에 맞게 그어질 수 있지만, 산포도는 단지 원가행태의 개략적인 추정에 불과하며 가장 적합한 선을 구하고자 하는 것은 아니다. 그러나 이 방법은 몇 가지 면에서 유용하다. 자료를 점으로써 표시하는 것이 관계가 거의 선형에 가까운지의 여부를 알려준다. 물론 앞의 예에서는 표본이 너무 작아 그 관계가 선형임을 가정하는 데에는 다소 무리가 따른다. 그러나 우리는 설명목적으로 그러한 가정을 하게 될 것이다. 또한 산포도는 우리의 표본에서 불규칙한 관찰치가 있는지를 알려준다. 불규칙한 관찰치란 선 밖으로 많이 벗어난 것들이다. 예를 들면 앞의 경우에서 (2,100, ₩50,000)이라는 관찰치가 있었다면, 무엇이 발생하였는지에 대한 면밀한 검토를 필요로 하게 된다. 이는 측정상의 오차로 인하여 생긴 것일 수도 있고 어떤 원가정상적이거나 드물게 발생하는 현상일 수도 있다. 어찌되었건, 우리는 우리의 추정식에 영향을 미치는 관찰치는 원치 않으므로 불규칙한 항목은 표본에서 제외되어야 한다. 여러분이 방정식의 모수를 결정하기 위해서 어떤 기법을 사용하든지, 자료를 도면 위에 점으로써 표시하여 볼 것을 권한다. 그렇게 함으로써 특정한 관계식의 사용이 정당화될 수 있고 적절한 표본의 구성이 가능해질 것이다.

3. 고저점법

고저점법(high-low method)은 추정선을 그리는 데 두 개의 관찰치를 사용한다. 그러나 효과적으로 이 방법이 사용되기 위해서는, 상한값과 하한값이 무조건적으로 선택되어서는 안 될 것이다. 만일 이 두 극한값이 어느 하나가 예외적인 항목으로 판단된다면 이를 대표치로 사용할 수 없으므로 제외되어야 한다.

앞서 예를 든 한양회사의 자료에서, 1월의 직접노동시간이 2,416으로 가장 높은 활동수준임을 알 수 있다. [그림 3-4]에서 이 점이 예외적인 사항이 아니므로 이를 상한값으로 사용할 수 있다. 4월의 노동시간 1,840이 가장 낮은 활동수준이며, 이 또한 정상적인 항목으로 볼 수 있다.

고저점법에서는 원가가 활동수준과 선형의 관계, 즉 식 (3-3)과 같은 관계를 갖고 있는 것으로 가정한다. 이때 a, b의 값은 다음과 같이 결정된다. C_H와 C_L을 각각 선정된 고 · 저점하에서의 원가로 놓고, X_H, X_L을 각 점에서의 활동수준으로 놓으면, 다음과 같은 선형관계를 가정할 수 있다.

$$C_H = a + bX_H \qquad\qquad (3-4)$$

$$C_L = a + bX_L \qquad\qquad (3-5)$$

말하자면 각 수준에서의 총원가는 고정값 a와 변동율 b에 활동수준을 곱한 값을 더한 것이 된다.

이제 식 (3-5)를 식 (3-4)에서 빼면 다음과 같다.

$$C_H - C_L = bX_H - bX_L \qquad (3-6)$$

이를 풀면

$$b = C_H - C_L / X_H - X_L \qquad (3-7)$$

이 되며, 일단 b를 구하면 식 (3-4)나 식 (3-5)중 어느 하나에 대입하여 a의 값을 구할 수 있다.

$$a = C_H - bX_H \text{ 혹은 } a = C_L - bX_L \qquad (3-8)$$

위의 예에서 살펴보면 다음과 같이 a, b 값이 결정된다.

$$b = C_H - C_L / X_H - X_L = 32,457 - 27,176 / 2,416 - 1,840 = 5,281 / 576 = 9.1684 \qquad (3-7)'$$

$$a = C_H - bX_H = 32,457 - 9.1684(2,416) = 10,306.1456 \qquad (3-8)'$$

이제 고저점법을 사용한 결과 추정식을 구성하면 다음과 같게 된다.

$$y = 10,306.1486 + 9.1684x \qquad (3-9)$$

이 방법의 단점은, 대부분의 정보가 추정선을 구성하는 데 있어서 무시된다는 점이다. 다음에 논의될 회귀분석은 이러한 문제점을 극복하고 있을 뿐만 아니라 추정식의 적정여부를 판단할 몇 가지 측정값들을 제공하여 주기도 한다.

4. 회귀분석

단순회귀분석(simple linear regression)은 고저점법의 경우처럼 추정선이 식 (3-3)의 관계를 가지고 있는 것으로 가정한다. 말하자면 하나의 유일한 독립변수만이 존재하고 그 독립변수와 종속변수와의 관계는 선형이라는 것이다. 이 절에서는 우선 단순회귀분석의 기초와 아울러 회계담당자들이 이를 어떻게 분석에 응용할 수 있는가를 살펴보고 이 장의 보론에서 이 방법의 기술적 측면을 검토하기로 한다.

회귀분석(regression analysis)의 기본적인 아이디어는 매우 단순하다. 즉, 산포도법이나 고저점법의 경우처럼, 목적은 표본의 자료를 이용해서 가장 적합한 추정선을 그리는데 있다. 그러나 다른 방법과는 달리 최선의 추정선을 보장할 수 있는 몇 가지 수학적 원리에 기초를 두고 있다. 먼저 "최선"이라는 것이 어떻게 정의되는지 알아보자.

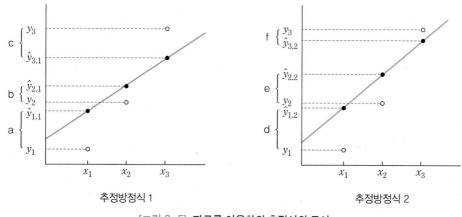

[그림 3-5] 자료를 이용한의 추정선의 도시

단순화를 위해서 [그림 3-5]에는 단지 세 개의 실제 값만이 나타나 있다. 양 그래프에서 직접노동시간(direct labor hour: DLH) x_1, x_2, x_3 에 대한 실제원가는 동일하며 동그라미로 표시되어 있다. 즉, y_1은 DLH가 x_1 일 때 실제발생한 금액이고, y_2는 DLH가 x_2 일 때 실제 발생한 금액이다. 두 개의 그래프는 가능한 추정선을 나타낸다. 그릴 수 있는 추정선은 무한정으로 많지만, 최적의 추정선을 선택하는 방법에 대한 설명의 편의를 위해서 두 개가 임의로 선정된 것이다. 회귀분석에서는 전통적으로 종속변수 y의 추정치를 $\hat{y}$으로 표시하고 이를 'y햇'으로 읽는다. [그림 3-5]에서 방정식 1은 x_1, x_2, x_3 에 대한 원가를 $\hat{y}_{1,1}$, $\hat{y}_{2,1}$, $\hat{y}_{3,1}$으로 추정하였고, 방정식 2에서는 이에 대한 원가를 $\hat{y}_{1,2}$, $\hat{y}_{2,2}$, $\hat{y}_{3,2}$으로 각각 추정하였다.

이때 최선의 추정식이란 독립변수의 실제관찰치와 방정식에서 주어진 추정값과의 차이를 제곱한 합계가 최소의 값을 지니는 추정식을 말한다. 방정식 1에서 그 차이는 구간 a, b, c로 표시되어 있고, 방정식 2에 대해서는 d, e, f로 표시되어 있다. 차이 중에서 일부는 정의 값을 갖고($c. f$), 일부는 부의 값을 갖는다(a, b, d, e). 따라서 이 차이를 그대로 더한다면 서로 상계되는 효과를 지니게 되므로 전통적으로 회귀분석에서는 차이를 제곱함으로써 모든 차이가 정의 값을 갖도록 한다. 이러한 계산과정과 정의들이 특정한 추정식을 구성하기 위한 모수 a, b를 결정하기 위해서 사용된다.

실제로 회귀분석에서 얻어진 값들은 진정한 관계에 대한 추정치(estimates)에 불과하다. a, b에 대한 추정치를 $\hat{a}, \hat{b}$으로 정의하면, 독립변수 x에 대한 y의 추정값은 다음과 같이 일반화될 수 있다.

$$\hat{y} = \hat{a} + \hat{b} X_i \qquad (3-10)$$

[그림 3-3]의 자료를 이용한 회귀식은 다음과 같이 나타낼 수 있다.[2]

$$\hat{y} = 15,180,600 + 6,596.99 X_i \qquad (3-11)$$

표본으로부터 결정된 최선의 추정식이라 하더라도 이것이 완전한 (차이의 제곱의 합계가 0이 되는 것)것으로 기대할 수 없음은 분명하다. 따라서 종속변수의 i번째 관찰치인 x_i를 식 (3-11)에 대입하여도, 그 결과가 종속변수의 실제관찰값인 y_i와 반드시 일치하지는 않는다. 일반적으로 y_i와 $\hat{y}_i$의 차이를 오류항이라 하며 e_i로 표시한다. 표본자료에서의 실제관찰지와 추정치 사이의 관계는 다음과 같이 요약된다.

$$y_i = \hat{y}_i + e_i = (\hat{a} + \hat{b} x_i) + e_i \qquad (3-12)$$

회귀분석에서는 그 유용성을 평가할 수 있는 몇 가지 속성(properties)이 존재한다. 추정치의 표준오차(S_e), 결정계수(r^2), 방정식 모수에 대한 추정치의 표준오차(S_a, S_b) 등이 그것이다. 이 속성에 대한 보다 상세한 논의는 이 장의 부록에 기술되어있다.

먼저 추정식의 표준오차(S_e)에 대하여 알아보자. 앞서 언급하였듯이 회귀방정식이 표본자료에 대한 완벽한 관계를 설명하지는 못한다. 통계량 S_e는 표본에 있어서의 종속변수의 실제관찰값과 회귀식에 의해서 예측된 값과의 차이를 평균한 것이다. 만일, 회귀식이 미래의 제조

---

2) 회귀식을 유도하는 데 사용되는 기술적인 측면에 대해서는 보론에 상세히 기술되어 있으므로 이를 참조하기 바란다.

간접원가금액을 예측하는 데 사용된다면, S_e 는 실제결과가 추정치와 다르게 될지도 모르는 금액에 대한 추정치를 나타낸다.

결정계수(r^2)의 범위는 0과 1사이가 되며, 기술적으로 이는 독립변수를 알게 됨으로써 설명될 수 있는 종속변수의 표본분산의 원가율이다. 표본분산은 $(y_i - \hat{y}_i)^2$ 의 합계이다. 회귀오차인 $(y_i - \hat{y}_i)^2$ 이 더해지면, 우리는 그 합계가 설명될 수 없는 분산을 나타낸다고 한다. 표본분산에 대한 설명될 수 없는 분산의 원가율은 회귀식에 의해서 설명될 수 없는 분산의 범위를 나타낸다. 이 원가율을 1에서 빼면, 이것이 바로 설명될 수 있는 분산의 원가율, 즉 r^2 의 값이 되는 것이다.

통계량 r^2 은 몇 가지 가능한 회귀식 중에서 어느 것을 선택하느냐 하는 결정에 사용될 수 있다. 예를 들어 제조간접원가가 ①직접노동시간 ②기계시간 ③직접노동시간 및 기계시간에 대하여 회귀되었다고 가정하자. 이때 세 가지 결과 중에서 어느 것이 선정되어야 할까? 아마도 가장 높은 r^2 의 값을 갖는 것이 선택되어야 할 것이다. 왜냐하면 r^2 은 의미있는 값이며 회귀분석과 관련된 다른 통계량들도 이러한 결론에 대하여 갈등을 일으키지 않을 것이기 때문이다.

마지막으로 검토될 회귀분석의 통계량은 모수 b 에 대한 추정치의 표준오차(S_b)이다. 이 통계량은 모집단에 존재하는 진정한 계수에 대한 추정으로부터 얻게 되는 표본오차에 대한 측정값이다. S_b 의 용도 중 하나는 "모집단 내에서 종속변수와 독립변수 사이에는 선형관계가 존재하지 않는다." 라는 가설을 검증하는 것이다. 만일 이 가설이 채택된다면, 종속변수의 설명변수로서의 독립변수는 기각되어야 한다.

위에서 설명한 세 가지 통계량을 [그림 3-3]에 있는 자료를 사용하여 살펴보자. 부록에서 구한 값을 적어보면 다음과 같다.

$$S_e = 1,046.34$$
$$r^2 = 0.8012$$
$$S_b = 1.89725$$

$r^2 = 0.8012$ 는 상당히 높은 값이며, 따라서 식 (3-11)의 사용을 정당화한다. 둘째, 직접노동시간을 독립변수로 사용하는 것에 대한 타당성을 검토하여 보자. 만일 제조간접원가가 직접노동시간에 대하여 선형관계가 없다는 가설을 설정한다면 b 는 0이 될 것이다. 만일 실제값 b 가 0일 경우 $\hat{b}$ 이 6.59699가 되었을 가능성은 얼마인가? 6.59699는 0으로부터 오른쪽으로 표준편차 3.48(6.59699 ÷ S_b, 1.89725)을 갖는다. 실제로 우리가 제조간접원가와 직접노동시간 사이에 어떤 관계도 존재하지 않는 모집단에서 표본을 추출하였다면 실제관계로부터 6.59699라는 계

수의 표준편차가 나타날 가능성은 전혀 없는 것이다. 따라서 우리는 이 가설을 기각한다. 이때 3.48을 t값이라고 하는데, 이에 대해서는 부록에 잘 설명되어있다.

마지막으로, S_e의 가능한 용도에 대해서 살펴보자. 식 (3-11)을 사용하여 직접노동시간 2,000에 대한 제조간접원가를 추정하여 보면 다음과 같다.

$$\hat{y} = 15,180.6 + 6.59699(2,000) = 28,374.58$$

만일 회귀분석이 큰 표본(30개 이상)에 기초한다면 S_e를 다음과 같이 사용할 수 있다. 즉, 2,000시간에 대한 실제제조간접원가가 95%의 확률로 포함될 수 있는 값의 범위를 결정할 수 있다. 만일 오류항이 정상적인 분포를 갖고 직접노동시간과 무관하다면, 95%의 신뢰구간 (confidence interval ; CI)은 대략 $\hat{y} \pm (2)$(표준편차)와 일치하게 될 것이다. 즉

$$\begin{aligned} CI_{0.95} &= \hat{y} \pm 2 \cdot S_e = 28,374.58 \pm 2(1,046.36) \\ &= [26,821.9, \ 30,467.26] \end{aligned}$$

이 개념이 또한 부록에 상술되어 있다.

회귀분석을 사용함에 있어서 중요한 것은 가정과 한계를 이해하는데 있다. 중요한 가정에 대하여 개략적으로 기술하여 보겠다.

한계의 하나는 방정식이 사용되어야 할 값의 범위를 결정하는 일이다. 즉 표본에서 관찰된 범위를 벗어난 독립변수에 대한 원가를 추정하는데 추정식이 사용될 경우, 그 결과가 오도될 가능성이 있다는 것이다. 예를 들어 [그림 3-3]에서 직접노동시간의 범위는 1,840~2,416이다. 만일 이 범위를 벗어난 범위에 대하여, 앞에서 추정된 내용을 적용하려 한다면 그 범위에서의 실제관계가 추정식이 결정될 범위에서의 관계와 매우 다르다는 문제가 생긴다. 예를 들어 모집 단에서의 관계는 매우 원가선형적인데, 표본은 상대적으로 선형적인 모집단의 한 부분에서 추출되었다면, 표본의 범위를 벗어난 독립변수의 가치에 대해서는 극단적인 추정오류를 가질 수도 있는 것이다. 따라서 만일 모델이 여전히 적용가능 하다는 확신이 없다면, 이러한 활동수준에 대해서 모델을 사용하는 데에는 매우 신중을 기해야한다.

단순회귀분석은 모집단내의 두 변수 사이에 선형관계가 존재한다고 가정하고 있음을 상기하라. 비록 실제관계는 비선형이더라도 모델은 선형의 추정식을 구성하게 되는 것이다. 이러한 부담은 자료와 그 처리과정을 검토하는 사용자의 몫이 되는 것이다. 산포도법을 사용하면 그 행태가 원가선형이라는 것을 보여주고, 이에 따라 약간의 수정을 통하여 모수를 결정하는 데

회귀식이 이용될 수 있는 가능성이 제기되기도 한다. 이와 관련된 몇 가지 방법들이 부록에 설명되어 있다.

두 번째 가설은 오류항의 분산은 모든 x값에 대하여 일정하다는 것, 다시 말하면 x에 대해서 무관하다는 것이다. 이를 동분산(homoscedasticity)이라 한다. 이러한 속성이 없는 경우는 이분산(heteroscedasticity)이라 한다. 만일 이 가정이 없다면, 주어진 독립변수 값에 따른 추정원가에 대한 신뢰구간을 형성할 수가 없는 것이다. 만일 실제로는 x에 대해서는 더 작은데, 모든 x에 대해서 일정하다고 가정한다면 독립변수의 어떤 값에 대한 신뢰구간을 잘못 표시하게 될 것이다. 만일 단지 하나의 독립변수만 존재한다면, 이 가정의 타당성의 정도는 오류항들의 점들을 살펴봄으로써 판단할 수 있다. 주변의 오류항의 범위가 모든 x에 대해서 거의 동일하다면, 이 가정은 타당성이 있다고 할 수 있다.

세 번째로 오류항은 연속적으로 상관되어 있지 않다는 가정이다. 이는 t 시점에서 관찰했을 때 발생한 추정오류가 $t+1$ 시점에서 관찰했을 때 발생하는 오류와는 상관관계가 없다는 뜻이다. 연속적인 상관성이 존재하는 경우를 자기상관(autocorrelation)이라 부른다.

네 번째로 오류액은 0의 평균값을 가지며 정규분포를 이룬다는 것이다. 정규분포의 여부는 오류항들을 도표로 표시해 봄으로써 파악될 수도 있고 컴퓨터 패키지를 사용하여 파악될 수도 있다. 만일 이 가정이 정당화되지 않는다면 우리는 보론에서 서술된 신뢰구간을 구하는 방법을 사용할 수 없게 된다.

5. 비선형적인 원가행태(학습곡선)

앞에서 우리는 원가행태가 선형이거나 혹은 실제적인 오류없이 선형방정식을 사용하여 원가의 추정이 가능하다는 가정을 하였다. 그러나 선형관계를 사용하는 것이 항상 적절한 것은 아니므로 이런 경우에는 사용할 수 있는 몇 가지 접근법을 여기서 간단히 살펴보기로 하고 추가적으로 발생하는 기술적인 문제는 부록에서 다루기로 한다.

사람들이 어떤 활동을 수행할 때 처음에는 다소 비능률적이다가 그 활동을 반복적으로 하다 보면 성과가 개선된다. 효율성의 향상은 천천히 나타날 수도 있고 빠르게 나타날 수도 있다. 이러한 작업효율성의 향상을 학습효과라 한다. 학습효과(learning effect)란 동일한 작업을 반복 수행함에 따라 숙련도가 증가되어 단위당 노동시간 및 단위당 원가가 감소하는 현상을 말한다. 학습효과는 학습곡선으로 측정 기술될 수 있다. 즉 학습곡선(learning curve)은 과업을 반복적으로 수행함으로써 발생하는 효율개선을 기술한다. 학습곡선은 과업을 수행하는 데 요구되는 노력이 더 이상 학습이 나타나지 않을 시점까지 계속 감소됨을 보여 준다.

원가의 분석 및 예측을 위해 학습효과는 수학적 모형으로 표현될 수 있다. 이를 학습곡선모

형이라 하는데 학습곡선모형은 종속변수를 단위당 누적평균시간을 사용하느냐 또는 증분단위
시간을 사용하느냐에 따라 누적평균시간모형과 증분단위시간모형으로 구분할 수 있다.

(1) 누적평균시간모형

학습곡선효과는 활동이 반복됨에 따라 특정활동수행에 소요되는 작업시간이 감소되는 것을
의미한다. 가령 첫번째로 제품 한 단위를 생산하는 데 20시간이 소요된다고 가정하자. 두 번째
단위를 생산하는 데는 단지 19시간이 소요되고 세 번째 단위를 생산하는 데에는 이보다 덜 소
요된다. 학습이 멈춰지면 감소상태(declining state)에서 정지상태(steady state)에 도달된다. 학
습곡선의 구체적 모양은 학습의 정도 또는 효율향상의 정도를 기술하는 학습률(learning rate)에
의존한다. 학습은 80%, 95% 등과 같이 퍼센티지로 나타낸다. 이는 산출물이 두 배가 될 때마다
산출물의 평균누적(작업)시간(average cumulative labor hour)이 이전의 평균누적작업시간에
학습곡선퍼센티지를 곱한 것과 같음을 의미한다.

[예 3-4] 생산소요 시간의 결정

첫 단위생산에 20시간이 소요되고 80% 학습곡선을 지닌다고 하자.

▶ 요구사항
이때 두 번째 단위생산에 소요되는 시간은 얼마인가?

해답

두 단위 생산의 평균누적시간 = 학습곡선퍼센티지 첫 단위의 평균누적시간(또는 첫 단위 생산 소요시
간)=80%×20시간=16시간
두 단위 생산소요 누적시간 = 16시간×2 = 32시간
두 번째 단위 생산 작업시간 = 두 단위 생산소요 누적시간－첫 단위 평균누적시간
= 32시간－20시간=12시간

학습곡선퍼센티지가 작아질수록 학습은 증대된다. 즉 80% 학습곡선을 지닌다면 두 단위 생
산의 평균누적시간은 16시간이고 총누적시간은 32시간이다. 그런데 첫 단위 생산에 20시간이
소요되므로 두 번째 단위생산 소요시간은 12시간이 된다. 예제 1에서는 학습률이 95%인 경우
두 번째 단위생산소요시간은 18시간이었다. 이와 같이 학습곡선퍼센티지가 작아질수록 학습
효과는 더 많이 나타난다.

누적평균시간모형(cumulative average-time model)에서는 누적생산량이 두 배로 증가될 때마다 단위당 누적평균시간이 일정률로 감소된다. 예로서 첫 단위생산소요시간이 100시간이고 학습곡선퍼센티지가 80%인 누적평균시간 학습곡선모형을 가정한다.

누적평균시간모형에서 80% 학습곡선이란 누적생산량이 두 배로 증가될 때마다 단위당 누적평균시간이 이전의 단위당 누적평균시간의 80%가 됨을 의미한다. 즉 단위당 평균시간이 20% 절감됨을 의미한다.

〈표 3-1〉 80% 누적평균시간 학습곡선 모형

누적생산량(X)	단위당 누적평균	누적총작업시간	증분작업시간	
	작업시간(Y)	(X · Y)	(△X · Y)	
1 단위	100시간	100시간	100시간	첫째 단위(1 단위)
2 단위	80(100×0.8)	160(80×2)	60	둘째 단위(1 단위)
3 단위	.	.	.	
4 단위	64(80×0.8)	256(64×4)	96	셋째와 넷째단위(2 단위)

〈표 3-1〉에서 첫 단위생산 소요시간이 100시간이고 학습곡선퍼센티지가 80%이므로 두 번째 단위를 생산해서 누적생산량이 두 배가 될 때 단위당 누적평균작업시간은 80시간(100시간×0.8)이 된다. 이때 누적 총작업시간은 160시간(80시간×2)이므로 두 번째 단위생산에 소요되는 시간은 60시간(160시간-100시간)이 된다. 또한 누적생산량이 4단위인 경우 단위당 누적평균작업시간은 64시간(80시간×0.8)이 되고 이때의 누적 총작업시간은 256시간(64시간×4)이 된다. 누적생산량이 두 단위인 경우 누적총작업시간이 160시간이므로 셋째와 넷째 단위의 두 단위생산에 소요되는 시간은 96시간(256시간-160시간)이 된다.

누적평균시간모형을 수학적으로 표현하면 다음과 같다.

$$Y = aX^b \qquad\qquad (3-13)$$

여기서 Y = 누적생산량이 X단위일 때 소요되는 단위당 누적평균작업시간

a = 첫번째 단위를 생산하는 데 소요되는 작업시간

X = 누적생산량

b = 학습지표

학습지표 b는 학습곡선퍼센티지의 수학적 표현인데 학습곡선퍼센티지의 로그값을 로그2로 나누어서 계산한다.

[예 3-5] 학습지표 b값의 산출

80% 학습곡선 모형에서 학습지표 b값은 얼마인가?

해답

첫 단위 생산에 소요시간이 a라면 80% 학습곡선 모형에서 두 단위 생산하는 데 소요되는 단위당 누적평균작업시간은 $0.8a$이다. 또한 등식 (14-1)에 의하면 두 단위 생산하는 데 소요되는 단위당 누적평균작업시간, $Y_{X=2}$ 는 $a.2^b$ 이다. 따라서 80% 학습곡선 모형에서는, $0.8a = a.2^b$ 이다.

$$0.8a = a.2^b$$
$$0.8a = 2^b$$
$$\ln 0.8 = b \ln 2$$
$$\therefore b = \frac{\ln 0.8}{\ln 2} = -0.3219$$

따라서 예에서의 학습곡선형태를 수학적 모형으로 나타내면 다음과 같다.

$$Y = 100 X^{-0.3219}$$

(3-14)

〈표 3-1〉에서는 누적생산량이 두 배로 증가될 경우에만 단위당 누적평균작업시간과 누적총작업시간을 산출하였는데 위의 수학적 등식을 사용하면 어떠한 누적생산량에 대하여서도 필요한 자료를 산출할 수 있다. 가령 등식 (3-14)를 사용해서 누적생산량이 8단위일 때와 10단위일 때의 단위당 누적평균작업시간을 각각 구해 보면 다음과 같다.

$$Y_{X=8} = 100(8)^{-0.3219} = 51.20 \text{ 시간}$$
$$Y_{X=10} = 100(10)^{-0.3219} = 47.65 \text{ 시간}$$

(2) 증분단위시간모형

증분단위시간모형(increamental unit-time model)에서는 누적생산량이 두 배로 증가될 때마다 증분단위시간이 일정률로 감소된다. 위에서 설명한 누적평균시간모형에서는 종속변수로 누적평균시간을 사용한 데 반해 여기서는 증분단위시간을 사용한다. 증분단위시간이란 맨 마지막 단위를 생산하는 데 소요되는 시간을 의미한다. 〈표 3-2〉는 첫 단위 생산소요시간이 100시간이고 학습률이 80%인 증분단위시간 학습곡선모형을 나타내 준다.

〈표 3-2〉 80% 증분단위시간 학습곡선 모형

누적생산량(X)	X번째 단위작업시간(Y)	누적총작업시간 (ΣY)	단위당 누적평균 작업시간(ΣY÷X)
1 단위	100.00시간	100시간	100시간
2 단위	80.00(100×0.8)	180(100+80)	90(180/2)
3 단위	70.21	250.21(180+70.21)	83.40(250.21/3)
4 단위	64.00(80×0.8)	314.21(250.21+64)	78.55(314.21/4)

증분단위시간모형에서 80% 학습곡선이란 누적생산량이 두 배로 증가될 때마다 가장 마지막 단위를 생산하는 데 소요되는 시간이 이전의 맨 마지막 단위 생산소요시간의 80%가 됨을 의미한다. 〈표 3-2〉에서 첫 단위 생산소요시간이 100시간이고 학습곡선퍼센티지가 80%이므로 두 번째 단위를 생산하는 데 소요되는 시간은 80(100×0.8)시간이 된다. 따라서 두 단위 생산하는 데 소요되는 누적총작업시간은 180(100+80)시간이며 단위당 누적평균작업시간은 90(180/2)시간이다. 참고로 80% 학습곡선퍼센티지에서 누적평균시간모형에서는 두 단위 생산하는 데 단위당 누적평균작업시간은 80시간이었다. 이상에서 볼 수 있는 바와 같이 학습곡선퍼센티지가 같을 때 누적평균시간모형의 학습효과는 증분단위시간모형의 학습효과보다 크게 나타남을 알 수 있다.

[부록 3A] 회귀모형의 확대

여기서는 회귀분석과 관련된 몇 가지 기술적인 주제들을 확장해서 다루고자 한다. 논의될 사항은 다음과 같다.

① 기본모형의 구성
② r^2의 계산
③ S_e의 계산
④ S_b의 계산 및 사용
⑤ 회귀추정치를 사용한 신뢰구간의 설정
⑥ 다변량회귀분석
⑦ 비선형회귀분석

Ⅰ. 기본모형의 구성

본문에서 우리는 e_i를 표본 i에 대한 종속변수와 실제값과 추정값의 차이라고 정의하였다.

$$e_i = yi = \hat{y}_1 \qquad (3A-1)$$

이 차이의 자승은 다음과 같다.

$$e_i^2 = (yi - \hat{y}_1) \qquad (3A-2)$$

$\hat{y}_1$은 식 (2-10)과 같이 쓸 수 있으므로

$$e_i^2 = (yi - \hat{a} - \hat{b}x_i)^2 \qquad (3A-3)$$

따라서 오차의 제곱의 합계는 다음과 같다.

$$\sum_{i=1}^{n} e_i^2 = \sum_{i=1}^{n} (yi - \hat{a} - \hat{b}x_i)^2 \quad (n = \text{표본관찰계수}) \qquad (3A-4)$$

최선의 추정식은 (3A-4)의 값을 최소로 하는 식이다. 식 (3A-4)는 두개의 변수 $\hat{a}$, $\hat{b}$를 지니고 있으므로 최솟값은 두 개의 편미분 값을 동시에 0으로 하는 $\hat{a}$, $\hat{b}$의 값을 구하면 될 것이다. 따라서 이들을 미분하여 이를 0으로 놓고 구한 결과가 식 (3A-5와) 식 (3A-6)으로 표시되어 있다.

$$\hat{b} = \frac{n(\Sigma xy) - (\Sigma x)(\Sigma y)}{n(\Sigma x^2) - (\Sigma x)^2} \qquad (3A-5)$$

$$\hat{a} = \frac{(\Sigma y)(\Sigma x^2) - (\Sigma x)(\Sigma y)}{n(\Sigma x^2) - (\Sigma x)^2} \qquad (3A-6)$$

(3A-6)의 대안으로써 b을 먼저 구한 다음에 $\hat{a}$ 을 다음과 같이 구할 수 있다.

$$\hat{a} = \bar{y} - \hat{b}\bar{x} \qquad (3A-7)$$

이때 $\bar{x}$, $\bar{y}$ 는 표본에 있어서 x, y 의 평균을 뜻한다.

(3A-5)와 (3A-7)의 결과를 가지고, 이제 본문에 있는 식 (2-11)을 유도할 수 있다. 먼저 [그림 3-3]에 있는 자료에서 다음 값들을 구할 수 있다.

$$\sum y = 147,322 \qquad \sum x = 10,826$$
$$\bar{y} = 29,464.4 \qquad \bar{x} = 2,165.2$$
$$\sum xy = 320,988,144 \qquad \sum x^2 = 23,744.612$$

따라서

$$\hat{b} = \frac{5(320,988,114) - (10,826)(147,322)}{5(23,744,612) - (10,826)^2} = \frac{10,032,598}{1,520,484} = 6.59699$$

이를 (3A-7)에 대입하면

$$\hat{a} = 29,464.4 - 6.59699(2,165.2) = 15,180.60$$

II. 결정계수

본문에서 언급하였듯이 회귀분석은 주어진 변수와 자료를 사용하여 최선의 추정치를 확인하는 것이다. 그러나 이 말은 추정식이 항상 유용하다는 것을 의미하지는 않는다. 분석을 위한 적절한 변수를 선정하는 부담은 사용자에게 귀속되는 것이다. 만일 우리가 지난 주말의 프로야구의 총득점의 함수로써 조립부문의 제조간접비를 추정한다고 하더라도 회귀분석모델은 우리에게 어떤 방정식을 제공하기는 할 것이다. 그러나 이러한 방정식이 무슨 의미를 지닐 수 있겠는가? 이것이 바로 우리가 살펴보고자 하는 것이다.

결정계수(coeffcient of determination) r2은 회귀분석의 잠재적인 유용성을 나타내는 비율이다. 이 값은 0에서 1까지의 값을 가지며, 이는 독립변수를 앎으로써 설명되어지는 종속변수의 표본분산의 비율이다. 요약하면, 이것은 표본자료에 대한 추정식의 적정성에 대한 측정치가 된다.

그러면 r^2는 어떻게 결정되는가? 기본적으로 우리는 독립변수에 대한 지식이 종속변수를 추정할 수 있는 우리의 능력에 미치는 영향을 알고자 한다. 예를 들면 제조간접비를 추정하고자 할 때, 직접노동시간에 대하여 알고 있는 사실이 무슨 효과가 있느냐 하는 것이다. 이 효과를 측정하기 위해서는 비교를 위한 기준을 지니고 있어야 한다. 만일 우리가 직접노동시간에 대한 어떠한 정보도 갖고 있지 않다면 제조간접비를 어떻게 추정할 수 있겠는가? 이러한 상태에서는 과거자료로 부터 얻은 원가의 평균값 $\bar{y}$가 가장 합리적인 추정치가 될 것이다. 즉 한양회사의 예에서 우리는 월평균제조간접비를 $\bar{y}$를 ₩29,464.40으로 추정할 수 있다.

$\bar{y}$를 추정치로 사용하면, 표본의 실제 관찰치와 $\bar{y}$의 차이를 제곱한 합계를 구할 수가 있다. 이를 $SS_{\bar{y}}$라 하면 이는 대체적인 추정치를 평가하는 기준으로 삼을 수가 있을 것이다.

$$SS_{\bar{y}} = \sum_{i=1}^{n}(y_i - \bar{y})^2$$

독립변수를 알고 있을 때, 우리는 회귀식을 이용하여 원가의 추정치 $\hat{y}_y$을 구할 수 있고, 이것과 실제원가 yi와의 차이의 제곱의 합계 $SS_{\hat{y}}$를 구할 수 있는데 이는 다음과 같이 표시된다.

$$SS_{\hat{y}} = \sum_{i=1}^{n}(y_i - \hat{y}_i)^2$$

$SS_{\hat{y}}$을 $SS_{\bar{y}}$로 나누면 이는 독립적변수를 앎으로써 설명되지 않은 표본분산의 비율을 나타내게 되며, 이 값을 1에서 빼면 이것이 바로 설명되는 분산의 비율, 즉 r^2의 값이 되는 것이다.

$$r^2 = 1 - \frac{SS_{\hat{y}}}{SS_{\bar{y}}} \tag{3A-8}$$

그림 3A-1은 한양회사의 자료로부터 유도된 것이다. 여기에서

$$r^2 = 1 - \frac{3,284,466.0}{16,521,481.2} = 0.8012$$

가 된다.

　방정식이 "수용 가능한 것이다"라고 말할 수 있으려면 r^2 의 값은 얼마가 되어야 하는가? 이 것은 상황에 따라 다르다. 우리의 예에서 r^2 값은 얼마가 되어야 하는가? 이것은 상황에 따라 다르다. 우리의 예에서 r^2 값 0.8012는 회귀모형이 적용되는 상황의 유형으로 보아서 충분히 높 은 값이다. 물론 r^2 값이 높을수록 더욱 좋겠지만 이 이상으로 확정적일 수는 없다. 종속변수 가 독립변수와 큰 상관관계가 존재하지 않는다면 r^2 값이 높게 나타날 수는 없는 것이지만, 상 관성이 높다 하여 두 변수 사이에 반드시 상관관계가 있다고 이야기할 수는 없는 것이다. 즉, 두 개의 변수가 고도의 상관성을 지니고 있다 하더라도 이것이 각 변수의 발생에 대한 요인으로 될 수는 없는 것이다. 따라서 독립변수를 선정하는 데에는 전문가적 판단이 필요하게 되는 것 이다.

(1)	(2)	(3)	(4)	(5)	(6)	(7)
i	y_i	x^i	$\bar{y}$	$(y_i - \bar{y})^2$	$\hat{y}*$	$(y_i - \hat{y}_i)^2$
1	32,457	2,416	29,464.4	8,955,654.76	31,119	1,790,244
2	29,570	2,324	29,464.4	11,151.36	30,512	887,364
3	30,057	2,354	29,464.4	351,174.76	30,710	426,409
4	27,176	1,480	29,464.4	5,236,774.56	27,319	20,449
5	28,062	1,892	29,464.4	1,996,725.76	27,662	160,000
Σ				16,521,481.20		3,284,466
				$SS_{\bar{y}}$		$= SS_{\hat{y}}$

*yi=15,180.60 +6.59699xi

[그림 3A-1]　r^2 계산을 위한 자료

Ⅲ. 추정치의 표준오차(S_e)

　표본에 있는 x_i 의 값을 회귀식에 대입하면, 그 결과는 yi 와 일치하지 않는다([그림 3A-1]에 서 6열과 2열을 보라). 이 오차는 표준화되어 추정식이 예측하는데 적용될 때 가져올 예측오차 를 추정하는 데 사용될 수 있다.

　표본으로부터의 자료를 이용한 예측에 따른 자승의 합계 $SS_{\hat{y}}$ 은 모집단에 대한 예측을 할 때 기대되는 오차를 추정하기 위해서 평균된 것이다. 이 평균치가 만족스런 통계적 특성을 지 니기 위해서는, 자승의 합계 $\Sigma(y_i - \hat{y}_i)^2$ 을 n 대신 자유도로 나누어야 한다. 자유도(degree of freedom)란 관찰수에서, 회귀식에서 결정되어야 할 모수의 수(우리의 예에서 a 와 b)를 뺀 값이 다. 모수를 구하기 위해서는 최소한 모수의 수만큼 관찰치를 가지고 있어야 한다는 점에 주의 하라. 이 말은 우리가 m 개의 변수를 구하기 위해서는 m 개의 방정식을 갖고 있어야 하는 것과 동일한 이치이다. 모수의 수를 초과한 관찰의 수를 우리는 자유도라 부르는 것이다. 독립변수가 하나인 회귀분석모델에서 자유도는 $(n-2)$가 된다. $\Sigma(y_i - \hat{y}_i)^2$을 $(n-2)$로 나누면 평균 분산을 구할 수 있고, 이 값에 루트를 씌우면 추정치의 표준오차 S_e를 구할 수 있게 된다.

$$S_e = \sqrt{\frac{\Sigma(y_i - \hat{y}_i)^2}{n-2}}$$

(3A-9)

한양회사의 경우에 관찰수는 5이므로

$$S_e = \sqrt{\frac{3,284,466}{5-2}} = \sqrt{1,094,822} = 1,046.34$$

추정오차는 여러 요인에 기인한다. 타당한 변수가 제외되었거나 완전히 예측 불가능한 행태를 보이는 요소가 있는 경우, 혹은 측정상의 오차가 존재하는 경우에 추정오차가 생기게 된다.

Ⅳ. 모수의 표본오차

표본자료는 또한 회귀식의 모수(이를테면 절편 a, 각변수의 계수등)의 표준오차를 구하는데 사용될 수 있다. 단일변수로 된 회귀식에서 b에 대한 통계량은 다음과 같다.

$$S_b = \frac{S_e}{\sqrt{\Sigma(x_i - \bar{x})^2}}$$

(3A-10)

한양회사의 경우에 $\bar{x}$는 2,165.2([그림 3–3]을 보라)이므로 다음의 값이 구해질 수 있다.

i	x_i	$(x_i - \bar{x})^2$
1	2,416	62,900.64
2	2,324	25,217.44
3	2,354	35,645.44
4	1,840	105,755.04
5	1,892	74,638.24
합계		304,156.80

따라서

$$S_b = \frac{1,046.34}{\sqrt{304,156.8}} = 1.89725$$

다른 표준오차와 마찬가지로 S_b는 모수 b에 대한 신뢰계수를 설정하는데 사용될 수 있다. 신뢰구간이란 모수의 실제값이 포함될 확률을 나타내주는 값의 범위를 말한다. 그래프로 문제를 예시하기 위해서 b의 실제값이 포함될 확률이 p인 범위를 설정하는데 관심이 있다고 가정하자. 추정치는 6.59699는 분포의 평균으로 볼 수 있다. 당분간 평균값이 6.59699이고 표준편차가 σ인 정규분포를 가정한다면 그림 3A-2를 갖게 될 것이다. p의 신뢰구간을 얻기 위해서는 평균값에다 표준편차 z를 더하고 뺀 것과 일치하는 범위를 구해야만 할 것이다.

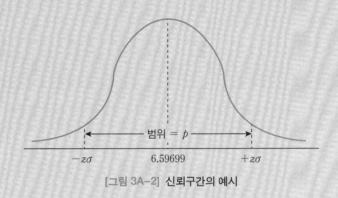

[그림 3A-2] 신뢰구간의 예시

만일 표본규모가 크고(보통 30개 이상) 분포가 정규적일 때에는 확률 p를 가져오는 z값을 정규분포표에서 찾을 수 있지만, 아주 작은 표본규모에서는 t-분포표가 사용된다.

앞의 예에서 모수 p에 대한 95% 신뢰구간을 구해보도록 하자. 자유도는 3(5-2)이며, 자유도 3에서 $t_{0.025}$의 값은 3.18이다. 따라서

$$CI\,0.95 = 6.59699 \pm 3.18(1.89725)$$

V. 회귀추정치에 대한 신뢰계수의 설정

독립변수의 값이 주어져 있을 때 종속변수의 값을 예측하기 위해서 회귀식을 사용하면 추정치가 실제값으로부터 달라지게 되는 정도를 예측할 수 있다. 만일 우리가 여러 번에 걸쳐서 주어진 활동 하에서 경험할 수 있는 기회를 갖는다면 추정치는 종속변수에 대해서 기대되는 평균값을 나타낸다고 할 수 있다. 회귀추정치와 관련된 불확실성을 설명하기 위해서는 몇 가지 신뢰구간을 형성해 보는 것이 바람직하다.

x_k를 예측하고자 하는 독립변수의 값이라고 정의하면, y_k는 식 (3-12)에서 주어진 것이므

로 먼저 y_k의 분산을 추정함으로써 신뢰구간설정을 위한 표준편차의 추정치를 구할 수 있을 것이다.

$$V(y_k) = V(\hat{a} + b\hat{x}_k + e_k) \tag{3A-11}$$

이는 다음과 같이 나타낼 수 있다.[3]

$$V(y_k) = S_e \cdot^2 \left[1 + \frac{1}{n} + \frac{(x_k - \bar{x})^2}{\Sigma(x_i - \bar{x})^2} \right] \tag{3A-12}$$

$V(y_k)$에 루트를 취하면 신뢰구간을 설정하는데 사용되는 추정치의 표준편차를 구할 수 있다.

비교적 작은 표본(30이하)에 있어서는, 신뢰구간설정을 위한 표본계수의 값을 구하려면 정규분포표 대신에 t-분포표를 사용한다. 우리의 예에서는 자유도가 3이므로 95%신뢰구간 $(CI_{0.95})$에 대한 값은 3.18이다. 이때 $\hat{y} = \hat{a} + \hat{b}x_k$이므로 $(CI_{0.95})$는 다음과 같이 표시될 수 있다.

$$CI_{0.95} = \hat{y}_k \pm 3.18 \times S_e \times \sqrt{1 + \frac{1}{n} + \frac{(x_k - \bar{x})^2}{\Sigma(x_i - \bar{x})^2}} \tag{3A-13}$$

식(3-11)을 사용하여 직접노동시간 2,00시간에 대한 제조간접비를 추정하면 다음과 같다.

$$\hat{y} = 15,180.60 + 6.59699(2,000) = 28.374.58$$

앞에서 계산된 바에 의하면 S_e는 1,046.34, $\bar{x}$는 2,156.2 그리고 $\Sigma(x_i - \bar{x})^2$은 304,156.80이었다. 따라서

$$CI_{0.95} = 28,374.58 \pm 3.18(1,046.34)\sqrt{1 + \frac{1}{5} + \frac{(2,000 - 2,156.2)^2}{304,156.80}}$$
$$= 28,374.58 \pm 3.18(1,188.29)$$
$$[24,595.82 \qquad 32,153.34]$$

---

3) 이는 고급의 통계학 책에서 다루어지는 내용이다. 우리는 여기서 이에 대한 구체적인 설명은 생략하며 단지 그 결과만을 가지고 설명하기로 하겠다.

VI. 다변량회귀분석

다변량회귀분석(혹은 다중회귀분석)은 단순회귀분석을 확대한 것이다. 여러 가지 변수가 원가의 발생에 의미있게 관련되어 있다는 느낌이 들면, 최선의 추정식을 구하여 그 적정성을 검증해 볼 수 있을 것이다. 모델을 몇 가지 변수로 확대하려면 우선 몇 가지 추가적인 개념들을 살펴볼 필요가 있다.

다중회귀분석의 기본모델은 다음과 같이 구성될 수 있다.

$$\hat{y} = \hat{a} + \hat{b}_1 x_1 + \hat{b}_2 x_2 + \cdots + \hat{b}_m x_m \qquad (3A-14)$$

이 때 $x_1, x_2, \cdots, x_m$ 은 여러 독립변수들이며 $\hat{b}_1, \hat{b}_2, \cdots, \hat{b}_m$ 은 계수 $b_1, b_2, \cdots, b_m$ 에 대한 추정치들이다.

예를 들어 한양회사의 경우 제조간접비가 직접노동시간 및 기계시간의 함수라는 생각이 든다면, 이 두 가지 모두를 회귀분석의 설명변수로 사용할 수 있을 것이다. 이때 표본자료에서 각 경우에 대한 기계시간에 대한 정보가 필요로 되어짐은 당연한 것이다.

다중회귀분석의 사용과 관련하여 발생되는 문제점은 다중공선성과 관련된 것이다. 다중공선성(multicollinearity)이란 한 설명변수와 다른 설명변수 상이의 관련성에 관한 것이지, 독립변수와 종속변수 사이의 상관성에 대한 것이 아니라는 점에 유의하라.

다중공선성의 존재는 그것이 그 결과의 사용에 제한을 가져온다는 것이지, 상관되는 설명변수들을 회귀식에 포함시키는 것이 부적절하다는 것을 의미하지는 않는다. 식(3A-14)에서 흔히 b값은 한계원가를 나타낸다고 말한다. 즉 b_1 은 x_1 의 단위당 증가에 따른 y 의 증가분을 나타낸다고 할 수 있다. 이 때 전제되어야 할 것은 $x_2, x_3, \cdots, x_m$ 은 고정되어 있는 채로 x_1 을 증가시킬 수 있어야 하는 것이다. 만일 x_1 과 x_2 사이에 상관관계가 있다면, x_2 는 고정된 채 x_1 만을 변동시킬 수는 없다. 상관성은 x_2 로 변하게 됨을 암시하는 것이고 따라서 x_1 의 단위당 변화가 b_1 만큼 y 에 영향을 미치지 않게 된다는 것을 의미한다. 그러므로 다중공선성이 존재할 때, 한계원가를 구성한다는 것은 상당히 어려운 작업이 되는 것이다.

익 · 힘 · 문 · 제

1. 원가계산절차를 간단히 설명하시오.

2. 제조기업의 결산절차를 간략히 설명하시오.

3. 원가의 추정방법에는 공학적 방법, 산포도법 및 고저점법이 있다. 이에 대하여 간단히 설명하시오.

4. 원가의 추정방법에는 또한 회귀분석법과 비선형적인 원가행태가 있다. 이에 대하여 간단히 설명하시오.

연·습·문·제

1. 본사와 생산공장이 동일 건물에 소재하는 (주)대한의 3월 중 발생한 비용과 재고자산 자료는 다음과 같다. 3월 중 직접재료 매입액은 ₩1,200,000이며, 매출액은 ₩7,400,0000이다.(세무사1차 2009년)

〈3월 중 발생비용〉	
직접노무원가	₩3,000,000
공장감독자급여	100,000
기타 제조간접원가	200,000
전기료(본사에 40%, 공장에 60% 배부)	200,000
감가상각비(본사에 20%, 공장에 80% 배부)	500,000
본사의 기타 판매관리비	400,000
합 계	₩4,400,000

〈재고자산〉	3월초	3월말
재공품재고	₩1,000,000	₩800,000
직접재료재고	300,000	100,000
제품재고	700,000	400,000

위의 자료를 토대로 (주)대한의 3월 1일부터 3월 31일까지의 영업이익을 구하면 얼마인가?

① ₩1,000,000   ② ₩1,100,000   ③ ₩1,280,000

④ ₩1,600,000   ⑤ ₩1,680,000

2. 다음 중 원가추정방법에 관한 설명으로 옳지 않은 것은?(세무사1차 2009년)

① 회귀분석법은 결정계수(R^2)가 1에 가까울수록 만족스러운 추정을 달성한다.

② 고저점법은 원가자료 중 가장 큰 원가수치의 자료와 가장 작은 원가수치의 자료를 사용하여 추정하는 방법으로 두 원가수치의 차이는 고정비라고 가정한다.

③ 계정분석법을 사용하면 각 계정을 변동원가와 고정원가로 구분하는 데 자의성이 개입될 수 있다.

④ 산업공학분석법(또는 공학분석법)은 간접비 추정에 어려움이 있다.

⑤ 산업공학분석법(또는 공학분석법)은 과거자료 없이 미래원가를 추정하는 데 사용된다.

3. (주)국세의 4월 매출액은 ₩20,000이며, 매출총이익률은 30%이다. (주)국세의 공장에서 4월에 발생한 원가관련 자료는 다음과 같다.

- 재고자산 현황

일자	직접재료	재공품	제품
4월 1일	₩1,000	?	₩3,000
4월 30일	₩2,000	₩3,000	₩4,000

- 4월에 매입한 직접재료금액은 ₩4,500이다.
- 4월 1일 미지급임금은 ₩2,000이며, 4월 30일 미지급임금은 ₩4,000이다.
- 4월에 지급한 임금은 ₩6,000이다.
- (주)국세의 공장에서 발생한 임금의 50%는 생산직 종업원의 임금이다.
- 4월에 발생한 제조간접원가 중 임금을 제외한 나머지 부분은 ₩1,500이다.

(주)국세의 4월 1일 재공품 금액은 얼마인가?(세무사1차 2011년)

① ₩2,500   ② ₩3,000   ③ ₩3,500
④ ₩4,000   ⑤ ₩5,000

4. (주)국세의 20×1년도 매출총이익은 ₩120,000이며, 매출총이익률은 30%이다. 기말제품재고는 기초제품재고에 비해 ₩50,000 감소하였다. (주)국세의 20×1년도 당기제품제조원가는 얼마인가?(세무사1차 2012년)

① ₩130,000   ② ₩180,000   ③ ₩230,000

④ ₩280,000   ⑤ ₩330,000

5. (주)국세는 단일제품을 생산·판매하고 있으며, 7월에 30단위의 제품을 단위당 ₩500에 판매할 계획이다. (주)국세는 제품 1단위를 생산하는데 10시간의 직접노무시간을 사용하고 있으며, 제품 단위당 변동판매비와관리비는 ₩300이다. (주)국세의 총제조원가에 대한 원가동인은 직접노무시간이며, 고저점법에 의하여 원가를 추정하고 있다. 제품의 총제조원가와 직접노무시간에 대한 자료는 다음과 같다.

	총제조원가	직접노무시간
1월	₩14,000	120시간
2월	17,000	100
3월	18,000	135
4월	19,000	150
5월	16,000	125
6월	20,000	140

(주)국세가 7월에 30단위의 제품을 판매한다면 총공헌이익은 얼마인가?(세무사1차 2012년)

① ₩1,700   ② ₩2,100   ③ ₩3,000

④ ₩12,900   ⑤ ₩13,800

6. (주)세무는 실제원가계산을 사용하고 있으며, 20×1년 원가자료는 다음과 같다. 20×1년 직접재료매입액은 ₩21,0000이었고, 매출원가는 ₩90,000이었다. 가공원가의 40%가 직접노무원가라면 기초원가(prime cost)는?(세무사1차 2013년)

	기초잔액	기말잔액
직접재료	₩3,000	₩4,000
재 공 품	50,000	45,000
제 품	70,000	60,000

① ₩42,000   ② ₩44,000   ③ ₩50,000

④ ₩53,000   ⑤ ₩55,000

7. (주)세무의 제조간접원가는 소모품비, 감독자급여, 수선유지비로 구성되어 있다. 이 회사의 제조간접원가의 원가동인은 기계시간으로 파악되었다. (주)세무의 20×1년 1월, 2월, 3월 및 4월 각각에 대해 실제 사용한 기계시간과 제조간접원가의 구성 항목별 실제원가는 다음과 같다.

월	기계시간	소모품비	감독자급여	수선유지비	총제조간접원가 합계
1월	70,000	₩56,000	₩21,000	₩121,000	₩198,000
2월	60,000	48,000	21,000	105,000	174,000
3월	80,000	64,000	21,000	137,000	222,000
4월	90,000	72,000	21,000	153,000	246,000

(주)세무는 원가추정에 고저점법을 이용한다. 20×1년 5월에 75,000기계시간을 사용할 것으로 예상되는 경우 설명이 옳은 것은?(세무사1차 2014년)

① 5월의 예상 소모품비는 ₩55,000이다.
② 5월의 예상 수선유지비는 ₩129,000이다.
③ 5월의 예상 변동제조간접원가는 ₩170,000이다.
④ 5월의 예상 고정제조간접원가는 ₩21,000이다.
⑤ 5월의 예상 총제조간접원가는 ₩220,000이다.

8. (주)세무의 20×1년도 기초 및 기말 재고자산은 다음과 같다.

	기초잔액	기말잔액
원재료	₩34,000	₩10,000
재공품	37,000	20,000
제 품	10,000	48,000

원재료의 제조공정 투입금액은 모두 직접재료원가이며, 20×1년 중에 매입한 원재료는 ₩76,000이다. 20×1년의 기본원가(prime costs)는 ₩400,0000이고, 전환원가(가공원가: conversion costs)의 50%가 제조간접원가이다. (주)세무의 20×1년 매출원가는 얼마인가?(세무사1차 2014년)

① ₩679,000　　　　② ₩700,000　　　　③ ₩717,000
④ ₩727,000　　　　⑤ ₩747,000

9. (주)세무의 20×1년 5월 중 자료는 다음과 같다.

	5월 1일	5월 31일
재 공 품	₩30,000	₩25,000
제 품	20,000	10,000

5월 중 기초원가(prime cost)는 ₩325,000이고, 가공원가(conversion cost)가 직접재료원가의 40%이며, 제조간접원가는 ₩25,000이다. ㈜세무의 5월 매출원가는?(세무사1차 2016년)

① ₩320,000   ② ₩345,000   ③ ₩350,000
④ ₩360,000   ⑤ ₩365,000

10. (주)관세가 A제품 1,000단위를 생산하기 위해서는 단위당 기초원가 ₩3,500, 단위당 가공원가 ₩5,500, 기계설비(최대조업능력은 1,000단위)의 감가상각비를 비롯한 고정제조간접원가 ₩1,000,000이 발생한다. 기초원가의 60%가 직접노무원가일 경우, 제품 단위당 제조원가는 얼마인가?(관세사 1차 2014년)

① ₩6,900   ② ₩7,600   ③ ₩7,900
④ ₩8,600   ⑤ ₩8,900

4
CHAPTER

간접원가 배분과
부분별 원가계산

제품의 제조원가는 제조활동을 직접 수행하는 제조부문에 발생하는 제조직접원가와 제조활동을 지원하는 보조부문에서 발생하는 제조간접원가로 분류한다. 제품의 원가는 경영의사결정 및 보고된 이익에도 중대한 영향을 미치기 때문에 일반적으로 제품의 원가를 산정하기 위해서는 제조활동과 관련된 모든 제조원가, 즉 제조직접원가와 제조간접원가의 파악이 필요하다. 이를 위해 보조부문의 제조간접원가를 각 제품별로 배분하는 방법을 설명한다.

1. 원가배부의 의의 및 목적
2. 2단계적 원가배분
3. 보조부문이 다수인 경우의 원가배분

4.1 원가배부의 의의

1. 원가배부의 의의

기업의 경영자는 계획, 통제 및 의사결정을 위해 그 목적에 적합한 원가 정보를 필요로 하는데 이러한 원가정보를 얻기 위해 구매, 생산, 판매활동 및 지원활동에 관한 원가정보를 추적하고 배부하여 집계하는 과정을 거쳐야 한다.

원가는 특정 원가대상(cost object)[1]에의 추적가능성에 따라 직접원가(direct costs)와 간접원가(indirect costs)로 구분된다. 직접원가는 특정 원가대상에 관련이 있는 원가로서 직접 추적이 가능한 원가를 말하며 간접원가는 특정 원가대상에 관련이 있으나 직접 추적할 수 없는 원가이다.

원가추적이란 원가대상에 직접원가를 할당하는 하는 것을 말하며, 원가배부는 간접원가를 원가대상에 할당하는 것을 말한다. 이와 같이 원가대상에 할당된 원가를 모으는 것을 원가집계라 한다.

2. 원가배부의 목적

원가를 배부하는 목적은 크게 ① 외부보고를 위한 제품원가계산 ② 경제적 의사결정을 위한 정보제공 ③ 동기부여 및 성과평가 ④ 원가의 정당화 등으로 구분하여 설명할 수 있다.

(1) 외부보고를 위한 제품원가계산 및 이익측정

기업의 외부이해관계자인 주주, 채권자, 정부 등에게 정보를 제공하기 위해서는 재고자산의 평가가 이루어져야 한다. 재고자산을 평가를 위해서는 제품의 제조원가를 파악하여야 한다. 제품의 제조원가는 직접원가와 간접원가로 구성되는데 직접원가는 원가추적으로 용이하게 계산할 수 있다. 그러나 간접원가를 구하기 위해서는 추적이 불가능하므로 원가대상

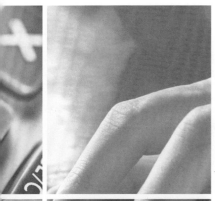

---

1) 원가대상(Cost object)이란 원가를 산정하고자 하는 목적물을 말하며 이에는 제품, 제조부문, 고객, 활동 등이 속한다.

에 배부하여야 한다. 또한 원가배부로 인하여 매출원가가 결정되므로 이익에도 영향을 미친다.

(2) 경제적 의사결정을 위한 정보제공

기업의 경영자는 경제적 의사결정을 합리적으로 수행하기 위해서 원가정보를 활용한다. 이러한 원가정보는 원가대상에 따라 제품원가 및 부문별 원가 등으로 대별할 수 있다. 제품원가에 대한 정보는 제품별로 직접 추적할 수 없는 간접원가의 원가배부를 통해서 파악할 수 있다. 제품원가정보를 알게 되면 판매가격 결정, 부품의 자가제조 여부 등에 대한 경제적 의사결정을 하는데 도움이 된다.

(3) 동기부여 및 성과평가

기업의 성과평가를 위해 원가배부가 이루어짐에 따라 원가배부는 경영자 및 종업원에게 동기를 부여한다. 원가배부가 이루어진 원가자료를 통하여 각 부분의 경영자가 일정기간동안 얼마나 효율적으로 원가를 통제하였는지를 평가하고, 또한 각 부문의 성과평가에 활용되기 때문에 종업원들은 간접원가를 절감시킬 유인을 갖게 된다.

(4) 원가의 정당화

원가를 정당화하고 보상액을 결정하는데 원가가 배부된 원가자료가 활용된다. 건설부문에서 건설회사와 협력회사와의 계약에서는 원가보상계약이 많은데 이때 원가정보가 중요한 역할을 한다. 원가보상계약이란 협력회사가 발생한 원가에 일정금액의 이익을 가산하여 보상하는 계약을 말한다. 이때 협력회사가 보상받을 금액을 결정하기 위해 정해진 일정한 기준에 의해 원가를 배부하게 된다.

3. 원가배부기준

원가배부는 일정한 기준에 의해 원가대상에 배부하는 말한다. 배부기준을 정함에 있어서 임의적이라는 한계가 있다. 경영자는 이를 극복하기 위해서 특정원가를 배부하는 목적을 선정하고 이 목적에 적합한 원가기준을 선정해야 한다. 이와 관련된 지침이 되는 기준은 ① 인과관계기준 ② 수혜기준 ③ 부담능력기준 ④ 공정성기준으로 구분할 수 있다.

(1) 인과관계기준

인간관계기준(causality criterion)은 원가배부에 있어서 가장 우선시 되는 기준으로 원가의 발생과 원가대상간의 인과관계에 따라 원가를 배부하는 기준이다. 예로는 구매부문의 원가를 구매 주문 횟수에 비례하여 배부하는 것을 들 수 있다. 이러한 인과관계는 기초원가의 경우에는 높 으나 제조간접원가의 경우 낮다.

(2) 수혜기준

수혜기준(benefits received criterion)은 배부하려고 하는 원가로부터 원가대상이 제공받은 경제 적 효익에 따라 배부하는 기준이다. 예로는 수도비를 배부할 경우 각 원가대상이 사용한 물의 양에 따라 원가를 배부하는 것을 들 수 있다. 수혜기준은 물을 많이 사용한 공장이 물을 적게 사 용한 공장보다 물의 혜택을 더 받았기 때문에 수도비를 더 많이 배부 받아야 한다는 사고에 기 초한 것이다.

(3) 부담능력기준

부담능력기준(ability to bear criterion)은 원가대상이 원가를 부담할 수 있는 능력에 따라 원가 를 배부하는 기준이다. 예로서 매출액이나 이익이 많은 사업부가 원가를 부담할 능력을 더 많 이 가지고 있기 때문에 보다 많은 원가를 배부하는 것을 들 수 있다. 이런 경우 각 사업부에 대 한 평가가 왜곡되어 각 사업부문의 경영자 및 종업원의 사기를 저하시킬 우려가 있음으로 주의 해야 한다.

(4) 공정성기준

공정성(fairness criterion)은 원가대상에 원가를 배부할 때는 공정하게 배부해야 한다는 기준이 다. 이 기준은 원가를 기준으로 가격이 정해지는 정부와의 계약에서 많이 활용되고 있다. 이 기 준은 공평성기준(equity criterion)이라고도 하며 원가를 배부하는 방법을 의미하기보다는 원가 배부를 통하여 달성해야 할 목표를 의미한다.

4.2 보조부문 원가의 배분

1. 보조부문 원가배부의 의의

기업의 제조활동은 생산 공장에서 이루어진다. 이러한 생산 공장은 제조활동을 직접 수행하는 제조부문(production department)과 제조활동을 지원하는 보조부문(support department)으로 나누어진다. 예로는 철강업의 경우 제조부문은 기업이 제공하는 철강재를 생산하는 부문으로서 제선부, 제강부, 열연 및 냉연부 등으로 구성되어 있는 반면에 보조부문은 철강생산에 직접적으로 관여하지 않지만 제조활동을 촉진시키기 위한 활동을 수행하거나 제조활동을 보조하는 활동을 수행하는 부문으로서 설비기술부, 환경에너지부, 행정지원부 등을 들 수 있다.

제조부문과 제품(혹은 개별 작업)은 생산과 직접적으로 관련이 있으므로 제조부문의 원가는 각 제품과 관련하여 직접적으로 추적이 가능하기 때문에 제조직접원가로 분류한다. 그러나 보조부문은 제품과 생산과 직접적인 관련이 없으므로 보조부문의 원가는 각 제품과 관련하여 직접적으로 추적할 수 없기 때문에 제조간접원가로 분류한다.

일반적으로 제품의 원가를 산정하기 위해서는 제조활동과 관련된 모든 제조원가를 제품에 배부하여야 하기 때문에 보조부문의 원가도 각 제품별로 배부되어야 한다. 따라서 보조부문의 원가는 다음과 같은 절차에 의해서 제품에 배부된다.

첫째, 제조부문과 보조부문의 제조간접원가를 각 부문별로 집계한다.

둘째, 집계된 보조부문의 원가를 제조부문에 배부한다.

셋째, 제조부문 자체의 제조간접원가와 보조부문에서 배부된 제조간접원가를 합하여 제품에 배부한다.

이러한 배부방법을 2단계 배부법(two-stage allocation)이라고 하며 이를 간단히 요약하면 [그림 4-1]과 같다.

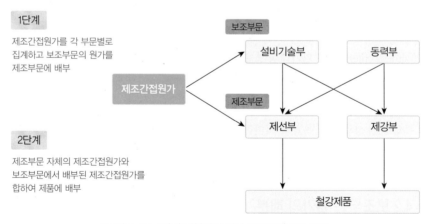

[그림 4-1] 2단계 배부법에 의한 제조간접원가 배부

2. 단일배부율법과 이중배부율법

보조부문의 원가를 배부함에 있어서 변동원가와 고정원가로 구분하여 배부하는지의 여부에 따

라 ① 단일배부율법 ② 이중배부율법으로 구분할 수 있다. 단일배부율법(single rate method)은 보조부문의 원가를 변동원가와 고정원가로 구분하지 않고 하나의 배부기준으로 배부하는 방법을 말한다. 반면에 이중배부율법(dual rate method)은 보조부문의 원가를 변동원가와 고정원가로 구분하고 각각 다른 기준으로 배부하는 방법을 말한다. 이때 변동원가는 실제사용량을 기준으로 배부하고 고정원가는 최대사용량(예산사용량)을 기준으로 배부한다.

보조부문의 변동원가는 인과관계를 볼 때 실제사용량과 관련이 많으므로 실제사용량을 기준으로 배부하는 것이 합리적이다. 보조부문의 고정원가는 설비의 감가상각비 및 설비 임차료 등과 같이 용역을 제공하기 위한 설비와 관련하여 발생하는데 이러한 설비는 각 보조부문 또는 제조부문의 최대조업도(예산조업도)에 맞추어 구입되는 것이 일반적이다. 따라서 보조부문의 고정원가는 최대사용량을 기준으로 배부하는 것이 합리적이다.

3. 보조부문에서 수익이 창출되는 경우

대부분의 보조부문에서는 수익이 발생되지 않으며 원가만 발생하는 것이 일반적이다. 그러나 간혹 보조부문에서 수익이 창출되는 경우가 있다. 예를 들면 POSCO의 에너지부문에서 생산한 전력의 일부를 한국전력에 판매하는 경우에 수익이 발생한다. 이때에는 에너지부문의 총원가를 배부하는 것이 아니고 총원가에서 수익을 차감한 순원가를 배부해야 한다. 만약 총원가를 배부하게 되면 한국전력이 구매한 전력에 대하여 지급한 대가를 다시 부담하는 경우가 발생하기 때문이다.

4. 공장전체 및 부문별 제조간접원가배부율과의 관계

제조기업이 제품을 생산하기위하여 두개이상의 제조부문을 가지는데 이때 제조간접원가를 개별 제품에 배부하는 방법으로는 두 가지가 있다. 첫 번째 방법은 제조간접원가를 각 제조부문별로 집계하여 배부하지 않고 공장전체의 총제조간접원가를 단일배부기준으로 배분으로 나누어 단일 제조간접원가배부율을 적용하여 각 제품별로 배부하는 방법이다. 이때의 제조간접원가배부율을 공장전체 제조간접원가배부율이라고 한다.

$$\text{공장전체 제조간접원가배부율} = \frac{\text{공장전체 제조간접원가}}{\text{공장전체 배부기준(조업도)}}$$

공장전체 제조간접원가배부율법은 보조부문의 제조간접원가를 제조부문에 배부할 필요가 없다. 보조부문의 원가를 다음에 설명할 직접배부법, 단계별배부법 및 상호배부법 중 어떠한 방법에 의하여 제조부문에 배부하여도 공장전체 제조간접원가는 변함이 없다. 따라서 공장 내에서 발생한 모든 제조간접원가를 집계한 후 이를 단일 배부기준에 의하여 개별제품에 배부하면 된다.

두 번째 방법은 각 제조부문별로 제조간접원가를 집계하고 이를 각 제조부문의 특성에 따라 배부기준으로 나누어 각 제조부문별로 서로 다른 제조간접원가배부율을 적용하여 각 제품별로 배부하는 방법이다. 이때의 제조간접원가배부율을 부문별 제조간접원가배부율이라고 한다.

$$\text{부문별 제조간접원가배부율} \;=\; \frac{\text{부문별 제조간접원가}}{\text{부문별 배부기준(조업도)}}$$

부문별 제조간접원가배부율법은 발생한 제조간접원가를 부문별로 집계한 후 보조부문의 제조간접원가를 제조부문에 배부하고, 제조부문 자체의 제조간접원가와 보조부문으로부터 배분받은 제조간접원가를 합하여 각 제조부문별로 서로 다른 제조간접원가배부율을 적용하여 각 개별제품에 배부한다. 이때 보조부문원가를 어떠한 방법에 의하여 배부하느냐에 따라 각 제조부문에 집계된 제조간접원가가 달라지게 된다. 따라서 보조부문의 원가를 제조부문에 배부하는 것이 중요한 문제로 대두된다.

4.3 보조부분이 다수인 경우 보조부문의 원가배부

1. 보조부문원가의 배부방법

보조부문은 제조부문에 용역을 제공할 뿐만 아니라 보조부문 상호간에도 용역을 주고받는다. 따라서 보조부문이 제조부문에 용역을 제공하는 경우에는 보조부문의 원가를 배부하는 데에는 논란의 여지가 없지만, 보조부문 상호간에 용역을 주고받는 경우에는 보조부문의 원가의 배부가 복잡해진다. 예를 들면 수선부문이 제조부문뿐만 아니라 동력부문과 같은 보조부문에 용역을 제공하며, 반대로 동력부문으로부터 용역을 제공받아 수선유지 활동을 수행한다. 이러한 경우 보조부문의 원가배부방법은 보조부문 상호간의 용역 수수 관계를 어느 정도 고려하는가에 따라 다음과 같이 세 가지로 나누어진다.

(1) 직접배부법

직접배부법(direct allocation method)은 보조부문 상호간의 용역수수를 완전히 무시하고 보조부문원가를 제조부문에만 직접 배부한다. 이 방법은 보조부문 상호간의 용역수수 관계를 무시하므로 정확한 원가배부가 이루어지지 않는다는 단점이 있다. 따라서 1단계에서 정확하지 못한 보조부문원가배부가 이루어짐에 따라 2단계에서도 부정확한 원가배부가 이루어져 제품에 대한 원가정보가 왜곡될 수가 있다. 그러나 직접배부법은 간단하다는 장점이 있기 때문에 보조부문 상호간의 용역수수관계가 중요하지 않을 때 적절한 방법이다.

(2) 단계별배부법

단계별배부법(step allocation method)은 보조부문 상호간의 용역수수를 부분적으로 인식하는 방법으로 보조부문원가의 배부순서를 정하여 그 순서에 따라 순차적으로 제조부문과 다른 보조부문에 배부한다. 이 방법에 의하면 특정 보조부문의 원가를 다른 보조부문에 배부한 후에는 다른 보조부문의 원가를 그 부문에 재배부하지 않는다.

단계별배부법에서는 보조부문의 원가 배부순서에 따라 배부 결과가 달라지며, 배부순서가 합리적이지 못할 경우 오히려 직접배부법보다도 정확하지 못할 결과를 초래할 수 있다. 따라서 배부순서를 합리적으로 정하는 것이 매우 중요하다. 이러한 보조부문 배부순서에는 일반적으로 정해진 규칙이 없으나 보통 다음과 같은 규칙이 많이 이용된다.

① 다른 보조부문에 제공하는 보조부문 원가의 금액이 큰 보조부문부터 우선적으로 배부한다.
② 다른 보조부문에 제공하는 용역의 비율이 큰 부문부터 우선적으로 배부
③ 자신의 용역을 제공받는 다른 보조부문의 수가 많은 보조부문부터 우선적으로 배부

(3) 상호배부법

상호배부법(reciprocal allocation method)은 보조부문 상호간 용역수수를 완전히 인식하는 방법으로 보조부문원가를 그 보조부문이 제공하는 용역을 소비하는 다른 모든 보조부문에 배부한다. 즉, 보조부문간 용역을 주고받는 사실을 그대로 반영하여 보조부문원가를 배부하는 방법이다. 상호배부법에 의해 보조부문원가를 배부하는 경우 다음과 같은 세 단계를 거친다.

① 보조부문간 용역수수관계를 고려하여 보조부문원가에 대한 연립방정식을 표시한다.
② 연립방정식을 푼다.
③ 연립방정식에서 구한 원가를 각 보조부문 및 제조부문에 배부한다.

이 방법은 모든 용역수수관계를 완전히 인식하므로 가장 정확한 방법이기는 하지만 실무에서 적용하는데 번거롭고 복잡하다는 단점 때문에 실무에서 많이 사용되지 않는다.

[예제 4-1]

(주) 한국자동차는 두 개의 보조부문(수선부문과 동력부문)과 두 개의 제조부문(조립부문과 포장부문)으로 구성되어 있다. 각 부문의 용역 수수관계와 각 부문의 자체발생원가는 다음과 같다.

사용부문 제공부문	보조부문		제조부문		합계
	수선부문	동력부문	조립부문	포장부문	
수선부문	–	20%	50%	30%	100%
동력부문	20%	–	65%	15%	100%
자체발생원가	₩40,000	₩20,000	₩80,000	₩60,000	₩200,000

요구사항 : 다음의 각 방법에 의하여 보조부문의 원가를 제조부문에 배부하시오.
1. 직접배부법
2. 단계별배부법(수선부문부터 배부)
3. 단계별배부법(동력부문부터 배부)
4. 상호배부법

1. 직접배부법

1) 수선부문 배부:

조립부문: $40,000 \times \dfrac{50\%}{80\%} = ₩25,000$

포장부문: $40,000 \times \dfrac{30\%}{80\%} = ₩15,000$

2) 동력부문 배부:

조립부문: $20,000 \times \dfrac{65\%}{80\%} = ₩16,250$

포장부문: $20,000 \times \dfrac{15\%}{80\%} = ₩3,750$

	보조부문		제조부문		합계
	수선부문	동력부문	조립부문	포장부문	
자체발생원가	₩40,000	₩20,000	₩80,000	₩60,000	₩200,000
수선부문 배부	(40,000)	–	25,000	15,000	–
동력부문 배부	–	(20,000)	16,250	3,750	–
총원가	–	–	₩121,250	₩78,250	₩200,000

2. 단계별배부법(수선부문부터 배부)

1) 수선부문 배부:

동력부문: $40,000 \times 20\% = ₩8,000$

조립부문: $40,000 \times 50\% = ₩20,000$

포장부문: $40,000 \times 30\% = ₩12,000$

2) 동력부문 배부:

조립부문: $28,000 \times \dfrac{65\%}{80\%} = ₩22,750$

포장부문: $28,000 \times \dfrac{15\%}{80\%} = ₩5,250$

	보조부문		제조부문		합계
	수선부문	동력부문	조립부문	포장부문	
자체발생원가	₩40,000	₩20,000	₩80,000	₩60,000	₩200,000
수선부문 배부	(40,000)	8,000	20,000	12,000	–
동력부문 배부	–	(28,000)	22,750	5,250	–
총원가	–	–	₩122,750	₩77,250	₩200,000

3. 단계별배부법(동력부문부터 배부)

1) 동력부문 배부:

수선부문: $20,000 \times 20\% = ₩4,000$

조립부문: $20,000 \times 65\% = ₩13,000$

포장부문: $20,000 \times 15\% = ₩3,000$

2) 수선부문 배부:

조립부문: $44,000 \times \dfrac{50\%}{80\%} = ₩27,500$

포장부문: $44,000 \times \dfrac{30\%}{80\%} = ₩16,500$

	보조부문		제조부문		합계
	수선부문	동력부문	조립부문	포장부문	
자체발생원가	₩40,000	₩20,000	₩80,000	₩60,000	₩200,000
수선부문 배부	(44,000)	–	27,500	16,500	–
동력부문 배부	4,000	(20,000)	13,000	3,000	–
총원가	–	–	₩120,500	₩79,500	₩200,000

4. 상호배부법

수선부문과 동력부문의 배부될 총원가를 각각 X, Y라하고 이를 연립방정식으로 표시하면

$X=₩40,000+0.2Y$,

$Y=₩20,000+0.2X$ 이다.

이 연립방정식을 풀면 $X=45,833$ $Y=29,167$

1) 수선부문 배부:

동력부문: $45,833 \times 20\% = ₩9,167$
조립부문: $45,833 \times 50\% = ₩22,916$
포장부문: $45,833 \times 30\% = ₩13,750$

2) 동력부문 배부:

수선부문: $29,167 \times 20\% = ₩5,833$
조립부문: $29,167 \times 65\% = ₩18,959$
포장부문: $29,167 \times 15\% = ₩4,375$

	보조부문		제조부문		합계
	수선부문	동력부문	조립부문	포장부문	
자체발생원가	₩40,000	₩20,000	₩80,000	₩60,000	₩200,000
수선부문 배부	(45,833)	9,167	22,916	13,750	–
동력부문 배부	5,833	(29,167)	18,959	4,375	–
총원가	–	–	₩121,875	₩78,125	₩200,000

(주) 서울자동차는 한 개의 보조부문(수선부문)과 두 개의 제조부문(조립부문과 포장부문)으로 구성되어 있다. 수선부문은 제조부문에 설비수선 용역을 제공하고 있는데, 각 제조부문에 최대 공급노동시간과 실제공급노동시간은 다음과 같다.

	조립부문	포장부문	합계
최대 공급노동시간	700시간	500시간	1,200시간
실제 공급노동시간	500시간	500시간	1,000시간

그리고 각 부문별 자체발생원가는 다음과 같다.

	수선부문	제조부문		합계
		조립부문	포장부문	
변동원가	₩60,000	₩80,000	₩20,000	₩160,000
고정원가	30,000	120,000	80,000	230,000
합계	90,000	200,000	100,000	390,000

요구사항 : 다음의 각 방법에 의하여 보조부문의 원가를 제조부문에 배부하시오.
1. 단일배부율법
2. 이중배부율법

1. 단일배부율법

1) 수선부문 배부

조립부문: $90,000 \times \dfrac{500}{1,000} = ₩45,000$

포장부문: $90,000 \times \dfrac{500}{1,000} = ₩45,000$

	수선부문	제조부문		합계
		조립부문	포장부문	
자체발생원가	₩90,000	₩200,000	₩100,000	₩390,000
수선부문 배부	(90,000)	45,000	45,000	–
총원가	–	245,000	145,000	390,000

2. 이중배부율법

1) 변동원가 배부

조립부문: $60,000 \times \dfrac{500}{1,000} = ₩30,000$

포장부문: $60,000 \times \dfrac{500}{1,000} = ₩30,000$

2) 고정원가 배부

조립부문: $30,000 \times \dfrac{700}{1,200} = ₩17,500$

포장부문: $30,000 \times \dfrac{500}{1,200} = ₩12,500$

	수선부문	제조부문		합계
		조립부문	포장부문	
자체발생원가	₩90,000	₩200,000	₩100,000	₩390,000
변동원가 배부	(60,000)	30,000	30,000	0
고정원가 배부	(30,000)	17,500	12,500	0
총원가	0	247,500	142,500	390,000

익·힘·문·제

1. 제조간접원가의 2단계배부과정을 간단히 설명하시오.

2. 보조부문의 원가배부방법에는 직접배부법, 단계별배부법, 상호배부법으로 나누어진다. 이를 간단히 기술하시오.

3. 보조부문의 원가를 배부함에 있어서 단일배부법과 이중배부율법이 있다. 이를 간단히 설명하시오.

연·습·문·제

1. (주)세무는 제조부문(P1, P2)과 보조부문(S1, S2)을 이용하여 제품을 생산하고 있으며, 단계배부법을 사용하여 보조부문원가를 제조부문에 배부한다. 각 부문 간의 용역수수관계와 부문원가가 다음과 같을 때 P2에 배부될 보조부문원가는? (단, 보조부문원가는 S2, S1의 순으로 배부한다.)(세무사1차 2013년)

	제조부문		보조부문		합계
	P₁	P₂	S₁	S₂	
부문원가	−	−	₩100,000	₩120,000	
S1	24시간	40시간	20시간	16시간	100시간
S2	400kWh	200kWh	200kWh	200kWh	1,000kWh

① ₩92,500   ② ₩95,000   ③ ₩111,250
④ ₩120,500   ⑤ ₩122,250

2. (주)세무는 두 개의 제조부문인 P1, P2와 두 개의 보조부문인 S1, S2를 운영하여 제품을 생산하고 있다. S1은 기계시간, S2는 전력소비량(kWh)에 비례하여 보조부문원가를 제조부문에 배부한다. (주)세무의 각 부문에서 20×1년 4월 중 발생할 것으로 예상되는 원가 및 용역수수관계는 다음과 같다.(세무사1차 2014년)

	보조부문		제조부문		합계
	S₁	S₂	P₁	P₂	
부문원가	₩10,800	₩6,000	₩23,000	₩40,200	₩80,000
부문별 예상 기계시간 사용량	20시간	20시간	30시간	50시간	120시간
부문별 예상 전력소비량	160kWh	100kWh	320kWh	320kWh	900kWh

(주)세무는 상호배부법을 이용하여 보조부문원가를 제조부문에 배부한다. 이 경우 20×1년 4월말 제조부문 P2에 집계될 부문원가의 합계액은 얼마인가?

① ₩32,190   ② ₩33,450   ③ ₩35,250
④ ₩49,450   ⑤ ₩49,850

3. 부문별 원가계산에 관한 설명으로 옳지 않은 것은?(세무사1차 2016년)

① 단계배부법은 보조부문의 배부순서가 달라져도 배부금액은 차이가 나지 않는다.
② 단계배부법은 보조부문 간의 서비스 제공을 한 방향만 고려하여 그 방향에 따라 보조부문의 원가를 단계적으로 배부한다.

③ 상호배부법은 보조부문 간의 상호배부를 모든 방향으로 반영한다.

④ 단계배부법은 한 번 배부된 보조부문의 원가는 원래 배부한 보조부문에는 다시 배부하지 않고 다른 보조부문과 제조부문에 배부한다.

⑤ 직접배부법은 보조부문 간에 주고받는 서비스 수수관계를 전부 무시한다.

4. (주)관세의 보조부문과 제조부문은 각각 두 개의 부문으로 구성되어 있다. 보조부문 1은 노무시간을, 보조부문 2는 기계시간을 기준으로 각 보조부문의 원가를 배부한다. 부문간 용역수수관계와 부문별 발생원가는 다음과 같다.

	보조부문		제조부문	
	보조부문 1	보조부문 2	제조부문 1	제조부문 2
보조부문 1 (노무시간)	-	480시간	640시간	480시간
보조부문 2 (기계시간)	280시간	-	560시간	560시간
발생원가	₩80,000	₩70,000	₩300,000	₩250,000

(주)관세가 상호배부법에 의하여 보조부문의 원가를 배부할 경우, 제조부문 2의 총원가는 얼마인가?(관세사 1차 2014년)

① ₩320,000   ② ₩380,000   ③ ₩400,000
④ ₩550,000   ⑤ ₩600,000

5. (주)관세는 부문별원가계산제도를 도입하고 있으며, 20×1년 각 부문간의 용역수수관계는 다음과 같다.

제공 \ 사용	보조부문		제조부문	
	A	B	X	Y
A	-	30%	30%	40%
B	20%	-	40%	40%

20×1년 보조부문 A와 B의 부문원가는 각각 ₩200,000과 ₩300,000으로 집계되었다. 단계배부법을 이용하여 보조부문원가를 배부할 때 제조부문 X에 배부되는 보조부문원가는 총 얼마인가? (단, 보조부문 A부터 배부한다.)(관세사 1차 2011년)

① ₩180,000   ② ₩210,000   ③ ₩240,000
④ ₩260,000   ⑤ ₩270,000

6. 부문비의 배부에 관한 설명 중 옳지 않은 것은?(관세사 1차 2010년)

① 보조부문 서로간의 용역수수를 배부계산 상 어떻게 고려하느냐에 따라 직접배부법, 단계배부법, 공통배부법의 세 가지로 대별된다.
② 직접배부법은 계산이 간편하다는 장점 때문에 실무에서 환영받고 있으나 정확성이 떨어진다.
③ 원가관리를 위해서는 부문비의 1차 집계에 있어 제조간접비 모두를 가급적 부문 개별비로 파악하는 것이 좋다.
④ 공장 건물에 하나의 계량기만 설치되어 있으면, 공장 건물 내의 각 원가부문의 입장에서 전력비는 부문공통비가 된다.
⑤ 보조부문비 배부방법에서 복수기준 배부법이 단일기준 배부법보다 각 원가의 인과관계를 더 명확히 하는 방법이다.

7. (주)감평은 수선부문과 동력부문의 두 개의 보조부문과 도색부문과 조립부문의 두 개의 제조부문으로 구성되어 있다. (주)감평은 상호배부법을 사용하여 보조부문의 원가를 제조부문에 배부한다. 20x1년도 보조부문의 용역제공은 다음과 같다.

제공부문	보조부문		제조부문	
	수선	동력	도색	조립
수선(시간)	–	400	1,000	600
동력(kwh)	2,000	–	4,000	4,000

20x1년도 보조부문인 수선부문과 동력부문으로부터 도색부문에 배부된 금액은 ₩100,000이고, 조립부문에 배부된 금액은 ₩80,000이었다. 동력부문의 배부 전 원가는?(감정평가사1차 2018년)

① ₩75,000   ② ₩80,000   ③ ₩100,000
④ ₩105,000   ⑤ ₩125,000

8. (주)감평은 두 개의 보조부문(X부문, Y부문)과 두 개의 제조부문(A부문, B부문)으로 구성되어 있다. 각각의 부문에서 발생한 부문원가는 A부문 ₩100,000, B부문 ₩200,000, X부문 ₩140,000, Y부문 ₩200,000이다. 각 보조부문이 다른 부문에 제공한 용역은 다음과 같다.

제공부문	사용부문	보조부문		제조부문	
		X부문	Y부문	A부문	B부문
X부문(kWh)		–	50,000	30,000	20,000
Y부문(기계시간)		200	–	300	500

(주)감평이 단계배부법을 이용하여 보조부문원가를 제조부문에 배부할 경우, A부문과 B부문 각각의 부문원가 합계는?(단, 배부 순서는 Y부문의 원가를 먼저 배부한다) (감정평가사1차 2015년)

	A부문원가 합계	B부문원가 합계
①	₩168,000	₩172,000

②	₩202,000		₩328,000
③	₩214,000		₩336,000
④	₩244,000		₩356,000
⑤	₩268,000		₩372,000

9. (주)감평은 두 개의 보조부문(수선부문과 동력부문)과 두 개의 제조부문(조립부문과 포장부문)으로 구성되어 있다. 수선부문에 집계된 부문원가는 노무시간을 기준으로 배부하며, 동력부문에 집계된 부문원가는 기계시간을 기준으로 배부한다. 보조부문원가를 제조부문에 배부하기 이전, 각 부문에 집계된 원가와 배부기준 내역은 다음과 같다.

구분	보조부문		제조부문	
	수선부문	동력부문	조립부문	포장부문
노무시간	2,000시간	2,400시간	3,200시간	2,400시간
기계시간	5,000시간	5,000시간	10,000시간	10,000시간
부문원가	₩40,000	₩35,000	₩150,000	₩100,000

상호배부법을 사용하여 보조부문의 원가를 제조부문에 배부하면, 조립부문에 집계된 부문원가 합계액은? (단, 보조부문 용역의 자가소비분은 무시한다)(감정평가사1차 2013년)

① ₩135,000 ② ₩185,000 ③ ₩190,000
④ ₩195,000 ⑤ ₩200,000

10. 제조부문 A, B와 보조부문 X, Y의 서비스 제공관계는 다음과 같다.

	보조부문		제조부문		합 계
	X	Y	A	B	
X	–	40 단위	20 단위	40 단위	100 단위
Y	80 단위	–	60 단위	60 단위	200 단위

X, Y부문의 원가는 각각 ₩160,000, ₩200,000이다. 단계배부법에 의해 X부문을 먼저 배부하는 경우와 Y부문을 먼저 배부하는 경우의 제조부문 A에 배부되는 총보조부문원가의 차이는? (감정평가사 1차 2012년)

① ₩24,000 ② ₩25,000 ③ ₩26,000
④ ₩27,000 ⑤ ₩28,000

5

CHAPTER

개별원가계산

대표적인 원가계산시스템인 개별원가계산과 종합원가계산의 적용 가능한 생산활동과 산업의 특성을 상호 비교하여 원가계산시스템 전반에 대한 이해를 높이고 먼저 개별원가계산의 의의 및 회계처리와 실제원가계산과 정상원가계산의 차이를 다룬다. 실제원가와 정상원가의 차이인 제조간접원가의 차이조정방법을 설명한다.

1. 개별원가계산의 의의 및 절차
2. 개별원가계산의 회계처리
3. 실제원가계산과 정상원가계산과 차이
4. 제조간접원가의 차이조정
5. 공손 등의 회계처리

5.1 원가계산 시스템

5.2 개별원가계산의 절차

5.3 개별원가계산의 회계처리

5.4 정상원가계산과 제조간접원가
　　차이조정

5.5 공손, 재작업품 및 작업폐물

5.1 원가계산 시스템

제품원가시스템(product costing system)은 제품을 생산하는 과정에서 발생되는 제품원가를 추적하고 기업의 원가대상, 즉 제품에 원가를 배분하는 시스템이다. 원가는 재무회계나 관리회계 분야에서 다양한 목적으로 이용될 수 있다. 재무회계에서 제품원가는 재무상태표상의 재고자산 평가 및 손익계산서상의 매출원가 산정에 필요하다. 일반적으로 인정된 회계기준 하에서 재고자산은 그 제품이 팔리기 전까지 원가로 평가되어 자산으로 계상되고 그 제품이 팔린 후에는 그 회계기간의 비용으로 인식한다.

관리회계에서 제품원가는 계획, 원가통제 및 경영자의 의사결정에 필요한 정보를 제공하는데 필요하다. 제품의 가격결정, 생산할 제품믹스(product mix) 및 제품의 품질 등은 제공되는 제품원가정보에 의해서 결정된다.

제품원가시스템은 기업이 속한 산업에 따라 수행하는 생산활동의 성격이 상이하기 때문에 산업에 의하여 개별원가계산과 종합원가계산으로 구분한다. 개별원가계산(job-order costing)은 생산되는 제품을 배치단위로 생산하는 기업에서 이용하는 시스템이다. 개별원가계산을 이용하는 기업으로는 항공기, 프린터기, 가구 및 기계 등을 생산하는 기업 등이 있다. 개별원가계산에서는 생산과정에서 상이한 배치를 작업(job) 또는 작업지시서(job order)라고 한다. 원가계산절차는 각각의 작업에 원가를 부과하도록 설계되어 있다.

종합원가계산(process costing)은 동일한 제품을 연속적으로 대량생산하는 기업에서 이용하는 시스템이다. 종합원가를 이용하는 기업으로는 화학, 원유정제, 맥주, 화학비료 및 섬유제품 등을 생산하는 기업 등이 있다. 종합원가를 이용하는 기업은 제품의 특정 배치에 대한 원가를 추적할 필요가 없다.

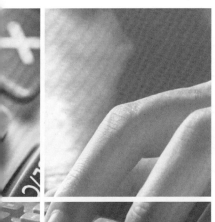

5.2 개별원가계산의 절차

개별원가계산 시스템에서 직접재료원가, 직접노무원가 및 제조간접원가는 개별 생산작업에 부과된다. 원가가 발생하였을 때 발생한 원가는 총계정원장의 재공품계정에 대체한다. 또한 개별 작업에 부과된 원가를 추적하기 위해 작업원가집계표(job cost sheet)라는 보조원장을 이용한다.

(1) 작업원가집계표

작업원가집계표는 세 부분으로 구성되어 있다. 첫 번째 부분은 제품, 고객, 생산수량 등 작업에 대한 일반적인 정보를 기록하는데 사용되며, 두 번째 부분은 개별 작업에 부과되는 직접재료원가, 직접노무원가 및 제조간접원가를 집계하기 위해 사용된다. 마지막 부분은 작업에 대한 총원가와 단위당 원가 기록에 사용된다. 그 예는 [그림 5-1]과 같다.

품 명: 작업번호:
착 수 일: 완 료 일:
수 량: 고 객:

직접재료원가

날짜	재료청구번호	수량	단위원가	원가

직접노무원가

날짜	작업전표번호	소요시간	임률	원가

제조간접원가

날짜	활동기준	수량	배부율	원가

원가집계

원가항목	금액
직접재료원가 직접노무원가 제조간접원가	
총 원가	
단위원가	

[그림 5-1] 작업원가집계표

(2) 직접재료원가의 측정

제조과정에서 원재료가 필요하면 제조부문의 책임자는 이를 원재료를 보관하는 창고에 청구한다. 원재료에 대한 권리를 확정하기 위하여 제조부문의 책임자는 원재료청구서(material requisition form)를 작성하여 원본은 창고부문의 책임자에게 제출하고 사본 1부는 원가회계 부문에 보낸다. 이는 원재료청구서의 원가를 원재료재고 계정에서 재공품 계정으로 대체하고, 작업원가집계표의 직접재료원가에 배부하기 위한 기초자료로 이용된다. 원재료청구서는 [그림 5-2]와 같으며 이는 원재료청구번호, 일자, 원재료를 필요로 하는 작업번호, 제조부문 및 책임자 서명 등 일반적인 정보를 기록하는 부분과 원재료 품목, 수량, 단가 및 총액 등 원가관련부문을 기록하는 부분으로 구분되어 있다.

원재료청구번호: 일　자:
작 업 번 호: 제조부문:
부문책임자성명:

원재료 품목	수량	단위원가	총액

[그림 5-2] 원재료청구서

현재 많은 기업들은 원재료청구를 제조부문의 책임자가 직접 컴퓨터 단말기에 직접 작성하면 이 청구서는 자동으로 창고부문과 회계부문의 단말기에 전달되어 각 부문의 담당자가 그 정보를 인식하게 된다. 따라서 이러한 자동화는 사무처리의 시간 및 사무오류를 축소시키고 제품원가 과정의 능률을 촉진시킬 수 있다.

(3) 직접노무원가의 측정

개별작업에 직접노무원가의 부과는 종업원들이 작성한 작업시간보고서를 기초로 이루어진다. 작업시간보고서는 특정작업에 대해 종업원이 수행한 작업시간을 기록하는 양식이다. 작업시간보고서는 재공품에 직접노무원가를 기록하고, 제조과정의 다양한 작업에 대한 작업원가집계표의 직접노무원가에 배부하기 위해 원가회계부문이 이용하는 원천문서이다.

작업시간보고서의 양식은 [그림 5-3]과 같다. 작업시간보고서에는 일자, 작업자명, 작업자 사번 및 작업자가 속한 부문, 작업시작시간, 작업완료시간 및 작업번호 등을 기록하도록 되어 있다.

작　업　자: 홍길동　　　　　　　일　　자: 20×5.7.8
직업자사번: 100244　　　　　　　제조부문: 절삭가공

시작시간	완료시간	작업번호
9:00	11:30	#234
11:30	12:00	공구수리
1:00	5:00	#261

[그림 5-3] 작업시간보고서

예를 들면 홍길동의 20×5년 7월8일 작업시간의 대부분을 #234 작업과 #261작업에 소비하고 있다. 원가회계부문은 홍길동이 수행한 작업별 작업시간에 임률을 곱하여 노무원가를 구하고 이를 재공품에 대체하고 작업원가집계표의 직접노무원가에 배부한다. 또한 공구수리에 소비한 30분은 간접노무원가로 분류하고 제조간접원가에 포함시킨다.

(4) 제조간접원가의 배부

직접원재료원가 및 직접노무원가의 측정은 제조간접원가에 비해 상대적으로 용이하다. 제조간접원가는 간접원재료원가, 간접노무원가, 전력원가 및 감가상각비 등과 같은 간접원가의 이질적인 원가풀(pool)로 이루어져 있다. 이와 같은 원가들은 개별작업이나 제품단위와 명백한 상관관계는 없으나 제품생산을 위해 발생된 원가들이다. 따라서 제품원가를 완벽하게 측정하기 위해 개별작업에 제조간접원가를 배분할 필요가 있다. 제조간접원가를 제품에 배분하는 과정을 제조간접원가 배부라 한다.

제품원가정보가 유용하기 위해서는 적시에 경영자에게 원가정보가 제공되어야 한다. 예로서 만약 원가회계부문이 기업이 생산하는 제품의 실제 제조간접원가를 파악할 수 있는 회계 기말까지 기다려 제품원가를 측정한다고 가정하자. 그 결과 제품에 제조간접원가는 매우 정확히 배분될 것이다. 그러나 그 기간동안 원가정보는 경영자의 계획, 통제 및 의사결정에 이용할 수 없기 때문에 그 정보의 유용성은 떨어질 것이다.

이와 같은 문제를 해결하기 위해 기초에 설정된 기준을 이용하여 제품에 제조간접원가를 배부한다. 회계부문은 제조간접원가 배부기준을 선택하여야 한다. 전통적 제품원가 시스템에서는 직접노동시간, 직접노무원가, 기계가동시간과 같은 조업도(volume)기준의 원가동인을 이용한다. 일단 배부기준이 결정되면 다음으로 제조간접원가 배부율을 결정하여야 한다. 이는 먼저 특정 회계기간동안 발생될 제조간접원가의 총액을 구하고 다음으로 동 회계기간동안 발생되거나 이용될 원가동인의 총계를 구하여 다음과 같이 계산한다.

$$제조간접원가\ 예정배부율\ =\ \frac{예정\ 제조간접원가\ 총액(예산액)}{예정\ 원가동인\ 총계}$$

예로서 다음 연도에 제조간접원가예정액이 ₩180,000,000이고, 배부기준은 기계가동시간인데 예상되는 기계가동시간은 20,000시간이라면 제조간접원가 예정배부율은 한 시간당 ₩9,000이 된다. 제조간접원가의 특정작업에의 배부액은 특정작업을 수행하는데 소요되는 실제배부기준의 수에 제조간접원가 예정배부율을 곱한 액수이다. 가령 #234라는 작을 수행하는데 3시간이 소요된다면, 이 작업에 배부되는 제조간접원가는 ₩27,000(3×₩9,000)이 된다. 이와 같이 산출되는 제조간접원가는 재공품에 대체되고 #234 작업원가집계표에 기록된다.

지금까지 설명한 개별원가계산시스템에서 실행되는 활동의 흐름을 요약하면 [그림 5-4]와 같다.

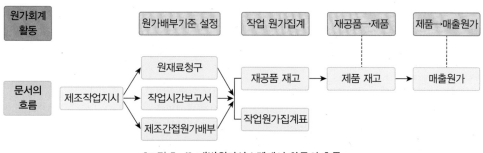

[그림 5-4] 개별원가시스템에서 활동의 흐름

5.3 개별원가계산의 회계처리

지금까지 개별원가계산시스템의 원가계산절차를 설명하였다. 이번 절에서는 다음의 예제를 통해 개별원가계산의 회계처리 방법을 간략히 설명하고자 한다.

[예제 5-1]

(주) 한국보트의 20×8년 11월중 거래는 다음과 같다.

① 원재료 ₩50,000을 외상으로 구매하다.
② 작업 #201과 #202를 수행하여 재료원가 및 노무원가의 발생액은 다음과 같다.

	#201	#202	합계
직 접 원 재 료 원 가	₩16,000	₩18,000	₩34,000
직 접 노 무 원 가	15,000	20,000	35,000
간 접 재 료 원 가			8,000
간 접 노 무 원 가			20,000
계			₩97,000

③ 기타의 제조간접원가의 발생액은 다음과 같다.

	합계
임 차 료	₩6,000
감 가 상 각 비	5,000
전 력 비	5,000
보 험 료	4,000
계	₩20,000

④ 제조간접원가의 배부기준은 기계가동시간이며, 각 작업별 기계가동시간은 다음과 같다.

	#201	#202	합계
기 계 가 동 시 간	1,200	2,000	3,200

⑤ 작업 #202는 80대의 보트를 완성하였으나, #201은 11월말 현재 작업이 진행 중이다.

⑥ 11월에 완성된 보트 60대를 대당 ₩1,200의 가격으로 외상 판매되다.

⑦ 판매비 및 일반관리비는 다음과 같다.

	합계
임 차 료	₩1,500
직 원 급 여	4,000
임 원 급 여	8,000
광 고 선 전 비	1,000
세 금 과 공 과	300
계	₩14,800

⑧ 주요 재고자산의 유형별 11월 초 재고는 다음과 같다.

원 재 료	₩30,000
재 공 품	4,000(작업 #201)
제 품	12,000

⑨ 20×8년 제조간접원가 예산은 ₩560,000이며, 기계가동 예상시간은 40,000이다.

(1) 원재료의 구매

기업이 제품생산에 사용되는 원재료를 구입하면 총계정원장의 원재료계정과 그 보조원장인 원재료재고장에 기록된다. 즉 원재료를 외상으로 구입하면 그 금액을 원재료계정의 차변과 매입채무 대변에 기록하고, 동시에 원재료재고장과 매입처원장에 기입한다.

예제 5–1에서 한국보트는 보트제조에 사용되는 원재료를 ₩50,000에 외상으로 매입하였으므로 원재료 구입시의 회계처리는 다음과 같다.

① 직접 원재료 구입

(차) 원　　재　　료	50,000	(대) 매　입　채　무	50,000

(2) 원재료의 사용

제조작업을 수행하기 위해 원재료를 사용하면 재공품계정의 차변에 대체되며 재공품계정의 차변에 대체된 금액은 해당 작업별 작업원가집계표와 원재료 재고장에 기입된다. 예제 5–1에서 작업 #201과 #202을 수행하는데 소요된 직접재료원가는 각 작업원가집계표에 기입된 원재료원가의 합계가 ₩34,000이므로 다음과 같이 회계처리 한다.

② 직접 원재료 사용

(차) 재　　공　　품	34,000	(대) 원　　재　　료	34,000

소량의 본드 등은 모든 보트생산을 위해 사용되고 그 원가가 소액이므로 특정작업에 본드의 원가를 추적하기가 용이하지 않다. 따라서 본드의 원가는 간접재료원가이며 그 원가를 제조간접원가에 포함시킨다. 기업은 모든 제조간접원가를 제조간접원가계정에 집계한다. 예를 들면 간접원재료원가가 사용될 때, 간접노무원가가 발생될 때, 전력비를 지급하거나 기말에 발생할 때 또는 기말에 설비 등에 대한 감가상각비를 기록할 때 그 금액을 제조간접원가의 차변에 기입한다. 예제 5–1에서 보트생산에 소요된 간접원재료원가는 ₩8,000이므로 이에 대한 회계처리는 다음과 같다.

③ 간접 원재료 사용

(차) 제 조 간 접 원 가	8,000	(대) 기 타 원 재 료	8,000

(3) 직접노무원가의 발생

원가회계부문은 회계기간동안 개별작업에 대한 직접노무원가를 결정하기 위해 작업시간보고서를 이용한다. 직접재료원가 산정과 마찬가지로 작업시간보고서를 통해서 각 작업별 작업시간과 종업원의 임률을 곱하여 종업원별 직접노무원가를 계산하고 이를 해당 작업별로 작업원가집계표에 기입한다. 이렇게 계산된 해당 작업별 직접노무원가는 재공품의 차변과 노무원가 계정의 대변에 기록한다. 예제 5-1에서 각 작업원가집계표에 기입된 직접노무원가가 ₩35,000이므로 다음과 같이 회계처리 한다.

④ 직접노무원가 발생

(차) 재 공 품	35,000	(대) 노 무 원 가	35,000

(4) 간접노무원가의 발생

노무원가 중에는 생산감독의 임금과 직접노동자의 공구수리 및 기계손질 등에 관련된 임금은 개별작업에 직접 추적할 수 없는 노무원가로 이들을 간접노무원가로 분류한다. 간접노무원가가 발생하면 제조간접원가의 차변에 집계한다. 예제 5-1에서 보트생산에 소요된 간접노무원가는 ₩20,000이므로 이에 대한 회계처리는 다음과 같다.

⑤ 간접노무원가 발생

(차) 제 조 간 접 원 가	20,000	(대) 노 무 원 가	20,000

(5) 제조간접원가의 발생

제조간접원가는 직접원재료 및 직접노무원가를 제외한 모든 제조원가를 말하며, 이에는 공장의 설비 등에 대한 감가상각비, 전력비, 수선유지, 공장의 화재보험 등이 있다. 이러한 원가가 발생하면 발생한 시점에 각 계정에 기록한다. 각 계정에 기록된 제조간접원가는 기말에 제조간접원가의 차변에 집계한다.

⑥ 기타 제조간접원가 발생

(차) 제 조 간 접 원 가	20,000	(대) 임　　차　　료	6,000
		감 가 상 각 비	5,000
		전　　력　　비	5,000
		보　　험　　료	4,000

(6) 제조간접원가의 배부

회계기간 동안 발생한 다양한 제조간접원가는 제조간접원가의 차변에 집계한다. 그러나 제조간접원가는 아직 각 작업원가집계표에 배부되지 않았다. 이들 원가를 각 작업원가집계표에 배부하기 위해서는 먼저 제조간접원가 예정배부율을 결정해야 한다. 예정배부율은 20×8년 기초에 결정된다. 예제 5−1에서는 제조간접원가의 배부기준이 기계가동시간이므로 제조간접원가 예정배부율을 계산하면 다음과 같다.

$$\text{제조간접원가 배부율} = \frac{\text{제조간접원가}}{\text{총기계가동시간}} = \frac{₩\,560,000}{40,000} \quad ₩14.00/\text{기계가동시간당}$$

제조간접원가 예정배부율을 결정한 후에는 작업별 소요된 기계가동시간에 제조간접원가 예정배부율을 곱하여 각 작업원가집계표에 제조간접원가를 배부한다. 예제 5−1에서는 제조간접원가 예정배부율이 기계가동시간당 ₩14으로 결정되었으므로 작업별 소요된 기계가동시간에 배부율 ₩14를 곱하여 작업원가집계표에 제조간접원가를 배부하고 다음과 같이 회계처리한다.

⑦ 제조간접원가 배부

(차) 재　　공　　품	44,800	(대) 제 조 간 접 원 가	44,800

	기계가동시간	제조간접원가 예정배부율	제조간접원가 배부액
#201	1,200	₩14	₩16,800
#202	2,000	₩14	₩28,000
합계	3,200		₩44,800

(7) 제품생산 완료

각 개별작업이 제조과정에서 완료되면 완성된 제품은 제품창고로 이동하고, 작업원가집계표에 기입된 제품제조원가는 재공품계정에서 분리되어 제품계정으로 대체된다. 예제 5-1에서 제조간접원가의 배부가 완료된 후 각 작업원가집계표별 당기제품제조원가를 산정하면 다음과 같다.

	#201	#202	합계
기 초 재 공 품	₩4,000	–	₩4,000
직 접 재 료 원 가	16,000	18,000	34,000
직 접 노 무 원 가	15,000	20,000	35,000
제 조 간 접 원 가 *	16,800	28,000	44,800
합 계	₩51,800	₩66,000	₩117,800
	기말재공품 (미완성분)	당기제품제조원가 (당기완성분)	

* 제조간접원가 예정배부율에 의해 작업별 배부

예제 5-1에서 작업 #202의 작업원가집계표에 집계된 제품원가는 ₩66,000이었다. 따라서 이 금액이 당기제품제조원가로서 제공품계정에서 제품계정으로 대체되는 회계처리는 다음과 같다.

ⓧ 제품의 완성

(차) 제　　　　　품	66,000	(대) 재　공　품	66,000

(8) 매출원가와 판매 및 일반관리비 발생

완성된 제품이 판매되면 제품계정에서 매출원가계정으로 대체하고, 제품계정에서 매출원가로 대체되는 금액은 작업원가집계표에 기록되어 있는 개별작업을 통해 제조된 제품의 단위당 원가를 기준으로 계산한다. 예제 5-1에서 완성된 작업 #202의 보트 60대를 대당 ₩1,200에 외상으로 판매하였다. 이에 대한 회계처리는 다음과 같다.

⑨ 제품의 판매

(차) 매 출 채 권	72,000	(대) 매 출	72,000
매 출 원 가	49,500	제 품	49,500

　　제조기업의 공장운영과 관련된 원가는 제조원가에 포함되지만 공장운영과 관련이 없고 본사의 관리 등에 관계가 있는 원가는 판매 및 일반관리비로 분류한다. 판매 및 일반관리비는 제품원가와 관련이 없으므로 기간비용으로 처리한다. 예제 5-1에서 판매 및 일반관리비의 합계가 ₩14,800이므로 이에 대한 회계처리는 다음과 같다.

⑩ 판매 및 일반관리비의 발생

(차) 판매 및 일반관리비	14,800	(대) 임 차 료	1,500
		직 원 급 여	4,000
		임 원 급 여	8,000
		광 고 선 전 비	1,000
		세 금 과 공 과	300

(9) 제조간접원가 마감

제조간접원가 계정은 회계연도 말에 마감되어야 한다. 제조간접원가 계정의 차변에 기록된 실제발생액의 합계액은 제조간접원가의 대변에 기록된 예정배부액과는 다르다. 실제발생액의 합계액과 예정배부액의 차이를 제조간접원가 차이라 한다. 이러한 차이는 재고자산과 매출원가에 배분된다.

　　제조간접원가의 실제발생액 합계액이 배부액보다 크면 제조간접원가가 과소배부(underapplied) 되었다고 하고, 실제발생액 합계액보다 배부액이 크면 과대배부(overapplied) 되었다고 한다. 예제에서 제조간접원가의 실제발생액의 합계액은 ₩48,000이나 재공품에 대체된 제조간접원가 예정배부액은 ₩44,800으로 제조간접원가는 ₩3,200이 과소배부 되었다. 이에 대한 회계처리는 다음과 같다.

⑪ 제조간접원가 마감

(차) 제조간접원가(차이)	3,200	(대) 제 조 간 접 원 가	3,200

(10) 제조원가명세서 및 손익계산서 작성

예제에서 한국보트의 과소배부된 제조간접원가는 매출원가에서 조정한다고 가정하는 경우의 제조원가명세서를 작성하면 다음과 같다.

제조원가명세서

1. 직접원재료원가			
	1) 기초 원재료	₩30,000	
	2) 당기 원재료 매입액	50,000	
	3) 기말 원재료	(46,000)	₩34,000
2. 직접노무원가			35,000
3. 제조간접원가 배부액			44,800
4. 당기총제조원가			₩113,800
5. 기초재공품			4,000
합계			117,800
6. 기말재공품			(51,800)
7. 당기제품제조원가			₩66,000

예제에서 한국보트의 손익계산서는 다음과 같다.

손익계산서

1. 매출액			₩72,000
2. 매출원가			
	1) 기초제품	₩12,000	
	2) 당기제품제조원가	66,000	
	계	78,000	
	3) 기말제품	(28,500)	
	4)조정전 매출원가	49,500	
	5)과소배부 제조간접원가	3,200	52,700
3. 매출총이익			₩19,300

5.4 정상원가계산과 제조간접원가 차이조정

1. 정상원가의 의의

원가는 측정방법에 따라 실제원가계산, 정상원가계산, 표준원가계산으로 구분할 수 있다. 실제원가계산(actual costing)은 직접재료원가, 직접노무원가를 실제원가로 측정하고, 제조간접원가는 기말에 실제제조간접원가 배부율을 계산하고, 이를 이용하여 제조간접원가를 측정하는 방법이며, 정상원가계산(normal costing)은 직접재료원가, 직접노무원가를 실제원가로 측정하고, 제조간접원가는 기초에 예정제조간접원가 배부율을 계산하고, 이를 이용하여 제조간접원가를 측정하는 방법이다. 표준원가계산(standard costing)은 직접재료원가, 직접노무원가 및 제조간접원가를 기초에 설정한 표준에 의하여 원가를 측정하는 방법이다. 이를 비교하여 나타내면 다음과 같다.

〈표 5-1〉 실제 · 정상 · 표준원가계산의 비교

	실제원가계산	정상원가계산	표준원가계산
직접재료원가	실제원가	실제원가	표준원가
직접노무원가	실제원가	실제원가	표준원가
제조간접원가	실제배부율×사용된 실제활동	예정배부율×사용된 실제활동	표준배부율×허용된 실제활동

이와 같이 실제원가계산과 정상원가계산의 차이는 제조간접원가를 배부함에 있어서 배부율에 차이가 있다. 실제 원가계산은 예정배부율 대신에 실제배부율을 이용하도록 설계되어 있다. 실제배부율은 기말에 계산하기 때문에 매우 정확한 원가정보를 제공할 수 있으나, 적시적인 정보는 제공하지 못한다. 따라서 경영자의 의사결정에 즉각적인 정보를 제공하지 못함으로써 투자기회를 상실할 수 있다. 이러한 문제를 해결하기 위하여 즉각적인 정보를 제공하기 위하여 실제배부율을 빈번히 계산한다. 즉, 실제배부율을 1년에 한번 계산하던 것을 반기, 분기, 혹은 월단위로 계산한다. 그러나 이러한 방법은 계절적인 문제를 해결할 수 없다. 예를 들면 우산의 원가를 계산함에 있어서 제조간접원가를 실제배부율이 생산량이 많은 여름에는 낮고, 생산량이 적은 겨울에는 높게 나타난다. 따라서 제품원가정보에 의해 의사결정이 이루어진다면 잘못된 의사결정을 할 수 있다.

정상원가계산은 이러한 실제원가계산의 단점, 즉 적시성 있는 정보를 제공하지 못하고 제품원가의 변동성이 크다는 단점을 보완하기 위하여 제조간접원가 예정배부율을 통하여 작업이 완료됨과 동시에 제품원가를 계산할 수 있게 하고 기간별로 제품원가가 변동하지 않도록 하는 원가계산제도이다. 또한 정상원가계산은 개별작업이 완료됨과 동시에 제품원가를 계산할 수 있으므로 원가정보를 신속히 산출할 수 있어 경영자 의사결정이나 통제활동에 유용한 정보를 제공할 수 있다.

2. 예정제조간접원가배부율

정상원가계산하에서 제조간접원가를 배부하기 위하여 먼저 예정배부율을 결정해야 한다. 제조간접원가 예정배부율(predetermined overhead rate)은 보통 연초에 설정되어 일년간 계속하여 이용되며 당기의 예정원가동인총계, 즉 예정조업도와 예정제조간접원가총액, 다시 말하면 제조간접원가예산에 의하여 계산된다.

$$\text{제조간접원가 예정배부율} = \frac{\text{예정제조간접원가총액(예산액)}}{\text{예정원가동인총계(예정조업도)}}$$

(1) 예정조업도

조업도(capacity)란 기업이 보유하고 있는 설비능력 등과 같은 생산수단의 이용정도를 나타내는 것으로 생산량, 판매량, 기계작업시간 및 직접노무시간 등 원가에 영향을 미치는 주요활동의 수준을 말한다. 일반적으로 이용되는 조업도는 다음과 같다.

이론적 조업도(theoretical capacity)란 모든 사람과 기계가 계속적으로 작업에 종사한다고 가정하는 경우의 활동량을 말한다. 이는 사람들은 휴식기간을 필요로 하지 않고, 기계는 수선시간을 필요로 하지 않는다는 것을 가정하는 것이다. 또한 모든 산출물은 결과적으로 모두 판매된다고 가정한다. 이론적 조업도는 거의 사용되지 않지만, 다른 개념들을 논의 하는데 있어서 하나의 지표로 사용될 수 있다.

실질조업도(practical capacity)는 사람과 기계가 항상 정상적으로 가동될 수 없다는 사실을 인정한다는 점에서 이론적 조업도와 다르다. 따라서 이는 이론적 조업도에서 합리적으로 결정된 비생산시간에 대한 허용치를 공제함으로써 구해진다.

정상조업도(normal capacity)는 회사가 제품의 실질수요량을 충당시키기 위해서 가동해야 하는 활동량을 말한다. 보통 이것은 과거 4~5년 동안의 활동수준을 평균하고 여기다 미래 4~5년간에 기대되는 의미 있는 추세를 평균하여 조정함으로써 구해진다. 고정제조간접원가배부율을 결정하는 기준조업도로서 정상조업도를 사용하는 이론적인 근거는 실질적으로 평균수요량을 충당할 수 있는 조업량이 쉽게 구해질 수 있다는 데에 있다. 이 이론에 따르면 실질조업도는 수요가 급증할 때를 대비해서 탄력성을 확보하기 위해 정상조업도보다 클 수가 있는데, 실제로 평균수요량 이상으로 가동될 수 있다는 것이 비현실적이라는 것이다. 고정원가는 공장을 건설할 때 예상되었던 수요에 의하여 평균화되어야 한다는 것이다.

현행기대조업도(current expected activity)는 다음 연도 중에 가동될 것으로 합리적으로 기대되는 활동수준을 뜻한다. 그러나 만일 이 개념이 적용되고 실제 활동이 해마다 큰 폭으로 변동된다면, 고정제조간접원가배부율은 해마다 큰 폭으로 변동될 것이다. 생산된 제품의 가치가 상대적으로 일정한 원가로 평가되어야 한다고 믿고 있는 사람들은 이 개념을 사용한다. 대부분의 회계담당자들은 실질조업도나 정상조업도를 선호하지만, 성장이 예상되어서 어쩔 수 없이 실질조업도가 현행 필요로 되는 가동용량보다 커지게 되는 경우를 제외하면 정상조업도를 선호하는 것이 보통이다.

(2) 제조간접원가예산

제조간접원가를 합리적으로 예측하기 위해서 제조간접원가를 원가행태(cost behavior)에 따라 고정원가와 변동원가로 분류하는 것이 유용하다. 변동원가는 조업도 변동에 따라 원가가 비례적으로 증가하는 원가를 말하고, 고정원가는 조업도의 변동에 관계없이 원가가 일정한 원가를 말한다.

제조간접원가는 고정제조간접원가와 변동제조간접원가로 나누어지고 변동제조간접원가는 당기의 예정조업도에 따라 달라지므로 예정제조간접원가배부율은 다음과 같다.

$$
\text{예정제조간접원가배부율} = \frac{\text{고정제조간접원가예산액} + (\text{예정변동제조간접원가배부율} \times \text{예정조업도})}{\text{예정조업도}}
$$

$$
= \frac{\text{고정제조간접원가예산}}{\text{예정조업도}} + \text{예정변동제조간접원가배부율}
$$

3. 정상개별원가계산절차

개별원가계산은 생산되는 제품을 배치단위로 생산하는 기업에서 이용하는 원가계산방법이기 때문에 개별작업별로 원가계산이 이루어지는 것이 특징이다. 개별원가계산에서 직접재료원가와 직접노무원가는 작업이 이루어질 때 마다 작업원가집계표에 기록되며, 제조간접원가는 일정한 배부기준에 따라 각 작업원가집계표에 배부된다. 만약 기업이 실제원가제도를 도입하고 있다면 기말에 제조간접원가를 집계하여 이를 각 작업별로 배부하지만, 정상원가계산제도를 도입하고 있다면 기초에 결정된 예정제조간접원가배부율을 통하여 작업별로 배부하기 때문에 작업이 종료됨과 동시에 제품별 원가계산이 가능하다. 정상개별원가계산은 다음과 같은 절차에 의하여 이루어진다.

첫째, 직접재료원가와 직접노무원가는 각 개별작업별로 발생하기 때문에 원가 발생시점에 각 작업원가집계표에 기록된다. 이는 실제개별원가계산과의 경우와 동일하다.

둘째, 제조간접원가는 개별작업이 완료된 시점에 기초에 설정한 예정배부율을 적용하여 각 개별작업에 배부한다.

셋째, 기말에 제조간접원가 실제발생액을 집계하고 각 개별작업에 배부한 제조간접원가배부액과의 차이를 조정한다.

[예제 5-2]

(주) 서울조선은 정상개별원가계산제도를 도입하고 있다. 제조간접원가배부기준은 직접노동시간을 기준으로 배부되고 있다. 기초에 제조간접원가를 ₩600,000, 직접노동시간은 4,000으로 예상하고 있다. 200×년 중에 작업은 화물선, 유람선 및 LNG선의 새 건조작업을 시작하여 화물선은 완성되었다. 이 건조작업에 대한 당기 중 발생 원가자료는 다음과 같다.

	화물선	유람선	LNG선	합계
직접재료원가	200,000	400,000	600,000	1,200,000
직접노무원가	265,000	420,000	590,000	1,275,000
직접노동시간	900시간	1,200시간	1,400시간	3,500시간

200×년 중 제조간접원가 실제발생액은 ₩500,000이다.

요구사항 :
1. 예정제조간접원가배부율을 구하시오.
2. 정상개별원가계산을 적용하여 각 작업별 제조원가를 구하시오.

1. 예정제조간접원가배부율

$$\frac{제조간접원가예산}{예정조업도} = \frac{₩600,000}{4,000시간} = 직접노동시간당 ₩150$$

2. 정상개별원가계산을 적용한 각 작업별 제조원가

	화물선	유람선	LNG선	합계
직접재료원가	200,000	400,000	600,000	1,200,000
직접노무원가	265,000	420,000	590,000	1,275,000
제조간접원가*	135,000	180,000	210,000	525,000
합계	600,000	1,000,000	1,400,000	3,000,000

* 각 작업별 직접노동시간×@150(예정배부율)

4. 제조간접원가 차이조정

정상원가계산하에서 제조간접원가의 실제발생액의 합계액과 배부액이 거의 일치하는 것이 정
상적이지만 그렇다고 항상 일치하는 것은 아니다. 제조간접원가의 실제발생액 합계액이 배부
액보다 크면 제조간접원가가 과소배부(underapplied)되어 제조간접원가 계정의 차변에 잔액이
발생하고, 실제발생액 합계액보다 배부액이 크면 제조간접원가가 과대배부되어 제조간접원가
계정의 대변에 잔액이 발생한다. 이를 그림으로 표시하면 [그림 5-5]와 같다.

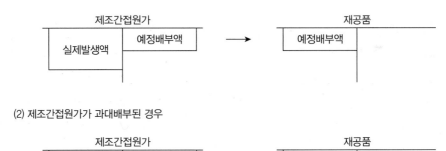

(1) 제조간접원가가 과소배부된 경우

(2) 제조간접원가가 과대배부된 경우

[그림 5-5] 제조간접원가 배부차이

　이러한 차액은 예정배부율을 산정하는데 있어서 예산 제조간접원가 추정이나 예산 원가동
인의 추정이 잘못된 결과이다.
　기업은 의사결정이나 통제활동 목적으로 정상원가계산을 사용하고, 외부보고목적의 재무제
표작성에는 실제원가계산을 사용한다. 따라서 정상원가계산을 하는 경우 외부보고목적을 위

한 재무제표 작성을 위해 기말에 원가회계담당자는 과소 혹은 과대 배부된 제조간접원가를 조정하는 절차가 필요하다. 제조간접원가 배부차이를 조정하는 방법으로는 두 가지 방법이 있다. 즉, 매출원가 조정법과 비례배분법이 있다.

(1) 매출원가 조정법

매출원가 조정법은 가장 널리 이용되고 있는 하나의 방법으로 제조간접원가차이를 재고자산과 매출원가에 비례배분하지 않고, 차이의 전액을 매출원가에 대체하는 방법이다. 이는 과소 혹은 과대 배부된 제조간접원가가 소액인 경우 이용된다.

예제 5-1에서 실제발생한 제조간접원가는 ₩48,000이나 재공품에 대체된 제조간접원가 배부액은 ₩44,800이다. 따라서 실제제조간접원가가 배부된 제조간접원가를 초과하므로 부족배부 되었으며 그 금액은 ₩3,200이다. 이를 매출원가에 대체하는 방법으로 회계처리 하면 다음과 같다.

● 제조간접원가 조정

(차) 매 출 원 가	3,200	(대) 제 조 간 접 원 가	3,200

(2) 비례배분법

비례배분법은 과소 혹은 과대 배부된 제조간접비가 매출원가뿐만 아니라 재공품 및 제품에도 영향을 미친다고 가정하여 그 차액을 재공품, 제품 및 매출원가에 조정(proration) 하는 방법이 있다. 배분된 제조간접원가는 재공품, 제품 및 매출원 계정을 통과하기 때문에 이 세 계정은 부정확한 예정배부율의 영향을 받는다. 따라서 각 계정에 조정되는 금액은 각 계정에 배부된 제조간접원가의 잔액 및 총원가에 비례하여 그 차액을 할당한다.

1) 제조간접원가 기준법

제조간접원가 기준법은 재공품, 제품 및 매출원가에 배부된 제조간접비에 비례하여 차이를 배부하는 방법이다. 예제의 제조간접원가차이 ₩3,200은 재공품, 제품 및 매출원가에 배부된 제조간접원가에 따라 배부된다. 예제의 과소 배부된 금액에 대한 각 계정의 조정금액 산출 다음과 같다.

각 계정의 배부된 제조간접원가의 잔액은 다음과 같이 산출할 수 있다.

계정	작업	기초재고	직접 원재료원가	직접 노무원가	제조간접원가	총원가
재 공 품	#201	4,000	16,000	15,000	16,800	51,800
제 품	#202	–	4,500	5,000	7,000	16,500
매 출 원 가	#202	–	13,500	15,000	21,000	49,500
		4,000	34,000	35,000	44,800	117,800

예제에서 과소배부된 ₩3,200의 제조간접원가 차이를 각 계정에 배부된 제조간접원가의 잔액에 비례하여 계정별로 배부한 결과는 다음과 같다.

계정	작업	제조간접원가	배부율	차이배부액
재 공 품	#201	16,800	37.500%	1,200
제 품	#202	7,000	15.625%	500
매 출 원 가	#202	21,000	46.875%	1,500
		44,800	100%	3,200

예제에서 과소배부된 금액의 조정에 대한 회계처리는 다음과 같다.

● 제조간접원가 조정

(차) 재 공 품	1,200	(대) 제 조 간 접 원 가	3,200
제 품	500		
매 출 원 가	1,500		

2) 총원가 기준법

총원가 기준법은 제조간접원가 차이를 조정하기 전의 각 계정별 총원가에 비례하여 제조간접원가차이를 배부하는 방법이다. 예제에서 과소배부된 ₩3,200의 제조간접원가 차이를 각 계정에 배부된 제조간접원가의 잔액에 비례하여 계정별로 배부한 결과는 다음과 같다.

계정	작업	총원가	배부율	차이배부액
재 공 품	#201	51,800	43.98%	1,407
제 품	#202	16,500	14.00%	448
매 출 원 가	#202	49,500	42.02%	1,345
		117,800	100%	3,200

예제에서 과소배부 된 금액의 조정에 대한 회계처리는 다음과 같다.

● 제조간접원가 조정

(차) 재　　공　　품	1,407	(대) 제 조 간 접 원 가	3,200
제　　　　　품	448		
매　출　원　가	1,345		

5.5 공손, 재작업품 및 작업폐물

제품원가를 정확히 산정하기 위해서는 생산도중 불가피하게 발생하는 공손, 재작업품 및 작업폐물을 적절하게 파악하여 회계처리를 하여야 한다.

공손(spoilage)은 생산과정에서 품질 및 규격의 기준을 통과하지 못하여 발생하는 제품의 손실로 폐기되거나 처분가치로 판매되는 불합격품을 말한다. 재작업품(reworked products)은 품질 및 규격 검사과정에서 불합격품으로 판정되는 경우 공정에서 재처리되어 판매되는 제품을 말한다. 예를 들면 가전제품, 컴퓨터 등과 같이 수선하여 정상제품으로 판매할 수 있는 제품 등이 있다. 작업폐물(scrap)은 주 제품의 판매가치에 비하여 거의 가치를 따지기 어려울 정도의 미미한 가치만 있는 제품을 말한다. 예를 들면 재단하고 남은 옷감, 가공하고 남은 철판이나 목재 등이 있다.

1. 공손

공손은 정상공손과 비정상공손으로 구분되는데 이는 경영자의 통제가능여부에 의하여 구분한다. 정상공손은 경영자가 통제불가능한 것으로 천재지변 등에 의하여 불가피하게 발생하는 공손을 말하며, 비정산공손은 경영자가 통제가능한 것으로 간주한다. 따라서 정상공손의 원가는 정상제품의 일부로 취급하여 각 개별작업에 배부하고 비정상공손의 원가는 당기비용으로 처리된다. 또한 정산공손이 특정 개별작업에만 해당되는 것과 모든 작업에 공통적으로 해당되는 것을 구분하여 회계처리할 필요가 있다. 재작업과 작업폐물에 대한 회계처리도 이와 동일하게 처리한다.

> **[예제 5-3]**
>
> (주) 경기자동차는 안산공장에서 자동차 부품을 생산하고 있다. 안산공장에서 4월중 작업이 개시된 10,000개의 작업단위 가운데 100단위가 공손으로 판명되었다. 검사시점까지 배부된 제조원가는 자동차 부품 1단위당 ₩10,000이다. 공손품 처분가격은 단위당 ₩1,000으로 추산되며, 발견시점에서 단위당 ₩1,000의 원가를 기록된다.

(1) 정상공손– 개별작업과 관련된 경우

정상공손이 특정 작업의 결과 발생한 것이면 개별작업의 원가는 공손품의 처분가액을 차감한 가액이 원가가 된다. 공손으로 처분될 자동차 부품 단위는 처분가액 ₩1,000이 배부되고, 정상제품의 원가는 정상공손의 처분가액을 차감한 순원가액이 된다. 이에 대한 회계처리는 다음과 같다.

(차) 원재료(공손의 처분가치)　　100,000　　　　(대) 재공품(자동차부품)　　100,000

(2) 정상공손– 공통작업과 관련된 경우

정산공손이 개별작업에서 발생하지 않고 공정에서 공통적으로 발생하는 공손은 개별작업에 배부하지 않고 제조간접원가로 처리한다. 공통적으로 발생하는 공손원가는 제조간접원가의 배부를 통해 모든 작업에 배부한다. 이에 대한 회계처리는 다음과 같다.

(차) 원재료(공손의 처분가치)　　100,000　　　　(대) 재공품(자동차부품)　　1,000,000
　　　제조간접원가　　　　　　900,000

(3) 비정상공손

공손이 비정상적으로 발생하는 경우에는 비정상공손이라는 별개의 계정을 이용하여 손익계산서상의 손실로 한다. 이에 대한 회계처리는 다음과 같다.

(차) 원재료(공손의 처분가치)　　100,000　　　　(대) 재공품(자동차부품)　　1,000,000
　　　비정상공손(손실)　　　　900,000

2. 재작업품

예제 5-3에서 공손된 100단위의 자동차부품이 재작업되었다. 재작업시점의 제품의 원가는 직접재료원가 ₩400,000, 직접노무원가 ₩400,000, 제조간접원가 ₩200,000이라고 가정하고, 또 재작업에 따른 직접재료원가 ₩100,000, 직접노무원가 ₩200,000, 제조간접원가 ₩200,000이 추가로 발생하였다고 가정하자. 재작업이 결정되면 재작업품에 대한 회계처리는 다음과 같다.

(차) 재　공　품	1,000,000	(대) 원　재　료	400,000
		노　무　원　가	400,000
		제 조 간 접 원 가	200,000

　재작업에 대한 회계처리도 공손과 같이 재작업의 성질에 따라 달라진다. 재작업이 정상적이고 특정작업과 관련되면 재작업 원가는 모두 그 작업에 배부한다. 이에 대한 회계처리는 다음과 같다.

(차) 재　공　품	500,000	(대) 원　재　료	100,000
		노　무　원　가	200,000
		제 조 간 접 원 가	200,000

　재작업이 정상적이나 특정작업과 관련되지 않으면 재작업 원가는 모두 제조간접원가로 처리하여 배부과정을 통해 개별 작업에 배부한다. 이에 대한 회계처리는 다음과 같다.

(차) 제 조 간 접 원 가	500,000	(대) 원　재　료	100,000
		노　무　원　가	200,000
		제 조 간 접 원 가	200,000

　재작업이 비정상적인 경우 재작업 원가는 모두 손실계정으로 처리하여야 한다. 이에 대한 회계처리는 다음과 같다.

(차) 비 정 상 공 손	500,000	(대) 원　재　료	100,000
		노　무　원　가	200,000
		제 조 간 접 원 가	200,000

3. 작업폐물

작업폐물에 대한 회계처리는 물량흐름을 포함한 계획 및 통제와 재고자산의 계산이라는 측면에서 중요하다. 작업폐물에 대한 기록은 일반적으로 ton이나 수량과 같은 물리적인 단위로 표시되며 작업폐물에 대한 기록은 효율의 측정뿐만 아니라 재료의 유용에 따른 손실도 방지할 수 있다. 작업폐물은 미래에 재사용, 판매 및 폐기목적으로 보관된다.

작업폐물의 회계처리의 주요 논점은 작업폐물의 가치를 인식하는 시점 즉, 생산시점 또는 판매시점과 작업폐물에 따른 수익을 인식하는 방법으로 구분할 수 있다. 작업폐물에 대한 회계처리를 설명하기 위하여 (주)경기자동차의 안산공장에서 철판가공 중 작업폐물이 발생하였다고 가정하고 이에 대한 처분가액은 ₩10,000이라고 하자.

(1) 생산시점

작업폐물의 가치가 크고 보관과 판매 또는 재사용 시점까지의 시간이 장기일 경우에 작업폐물은 생산원가와 관련하여 회계처리될 수 있도록 생산시점에서 회계처리하고, 그 가치는 보수적으로 예측한 순실현가치로 작업폐물을 기록할 수 있다. 특히 작업폐물이 철판 등과 같이 판매가능한 금속일 경우 가격이 가변적이므로 회사는 시장가격이 좋아질 때까지 작업폐물의 판매를 연기할 수 있다. 따라서 작업폐물의 가치가 큰 경우는 합리적인 가격으로 판매될 때까지 재고자산으로 기록해야 한다. 이때 작업폐물이 개별작업에 추적가능한 경우는 처분가액을 개별작업의 재공품에서 차감하고, 개별작업에 추적이 불가능하면 제조간접원가에 기록한다. 이에 대한 회계처리는 다음과 같다.

　– 개별작업: 작업폐물 발생

(차) 원　　재　　료	10,000	(대) 재　　공　　품	10,000

　– 개별작업: 작업폐물 판매

(차) 현　　　　　금	10,000	(대) 원　　재　　료	10,000

　– 공통작업: 작업폐물 발생

(차) 원　　재　　료	10,000	(대) 제 조 간 접 원 가	10,000

　– 공통작업: 작업폐물 판매

(차) 현　　　　　금	10,000	(대) 원　　재　　료	10,000

작업폐물이 판매되지 않고 원재료로 재사용되는 경우도 있다. 이때 원재료계정에 추정순실
현가치로 기록하고 재사용될 때 원재료사용과 같이 회계처리한다. 예를 들면 작업폐물이 공동
작업에서 발생한 경우의 회계처리는 다음과 같다.

  – 작업폐물 발생

(차) 원 재 료	10,000	(대) 제 조 간 접 원 가	10,000

  – 작업폐물 재사용

(차) 재 공 품	10,000	(대) 원 재 료	10,000

(2) 판매시점

작업폐물을 판매시점에서 회계처리하는 경우에 먼저 작업폐물이 발생시에는 회계처리는 없고
수량과 관련작업만을 비망기록한다. 그리고 판매시점에 작업폐물이 개별작업에 추적가능한
경우는 작업폐물수익을 해당작업의 재공품을 감소시키고, 개별작업에 추적이 불가능하면 즉,
개별작업에 관계를 맺지 않고 공통적으로 발생하는 것이라면 제조간접원가에서 차감한다. 이
에 대한 회계처리는 다음과 같다.

  – 개별작업: 작업폐물 발생
    회계처리 없음(수량과 관련작업만 비망기록)

  – 개별작업: 작업폐물 판매

(차) 현 금	10,000	(대) 재 공 품	10,000

  – 공통작업: 작업폐물 발생
    회계처리 없음(수량과 관련작업만 비망기록)

  – 공통작업: 작업폐물 판매

(차) 현 금	10,000	(대) 제 조 간 접 원 가	10,000

Cost & Management Accounting

익·힘·문·제

1. 개별원가계산과 종합원가계산의 차이를 설명하시오.

2. 작업원가집계표(job-cost sheet), 원재료청구서(material requisition form) 및 작업시간보고서(labor time ticket) 등에 대하여 간단히 설명하시오.

3. 제품원가가 가격결정 의사결정에 이용될 때 왜 제품에 제조간접원가를 배부하는 이유를 설명하시오.

4. 실제배부율보다 예정배부율을 사용하는 이점을 설명하시오.

5. 제조간접원가를 배부함에 있어서 정확성과 적시성의 이점과 단점을 기술하시오.

6. 실제원가계산과 정상원가계산의 차이를 설명하시오.

연·습·문·제

1. 다음은 정상원가계산을 사용하는 (주)대한의 2009년 1년 동안의 제조간접비 계정으로서 배부차이를 조정하기 직전 기록이다.

제조간접비	
90,000	70,000

다음 물음에 대한 답을 올바르게 나열한 것은?(세무사1차 2009년)

(A) 2009년의 제조간접비 실제발생액은 얼마인가?

(B) 2009년의 제조간접비 배부액은 얼마인가?

(C) 회사는 제조간접비 배부차이를 매출원가에서 조정하고 있다. 배부차이를 조정하기 위해 필요한 분개는?

	(A)	(B)	(C)	
①	₩70,000	₩90,000	(차) 매출원가 20,000	(대) 제조간접비 20,000
②	₩70,000	₩90,000	(차) 제조간접비 20,000	(대) 매출원가 20,000
③	₩90,000	₩70,000	(차) 제조간접비 20,000	(대) 매출원가 20,000
④	₩90,000	₩70,000	(차) 매출원가 20,000	(대) 재공품 20,000
⑤	₩90,000	₩70,000	(차) 매출원가 20,000	(대) 제조간접비 20,000

2. (주)수원은 제조간접원가 배부기준으로 기계작업시간을 사용하여 정상개별원가계산을 적용하고 있다. (주)수원의 20×1년 연간 고정제조간접원가 예산은 ₩690,000이고, 실제 발생한 제조간접원가는 ₩1,618,000이다. 20×1년 연간 예정조업도는 27,600기계작업시간이고, 실제 기계작업시간은 총 28,800시간이다. 20×1년의 제조간접원가 배부차이가 ₩110,000(과대배부)일 때 변동제조간접원가 예정배부율은 얼마인가?(세무사1차 2009년)

① ₩27.4   ② ₩29.6   ③ ₩35.0

④ ₩36.4   ⑤ ₩37.6

3. (주)세무는 정상원가계산을 사용하고 있으며, 직접노무시간을 기준으로 제조간접원가를 예정배부하고 있다. (주)세무의 20×1년도 연간 제조간접원가 예산은 ₩144,000이고, 실제 발생한 제조간접원가는 ₩145,000이다. 20×1년도 연간 예정조업도는 16,000이 직접노무시간이고, 실제 사용한 직접노무시간은 17,000시간이다. 20×1년 말 제조간접원가 배부차이 조정전 재공품, 제품 및 매출원가의 잔액은 다음과 같다.

• 재 공 품	₩50,000
• 제 품	150,000
• 매출원가	800,000

(주)세무는 제조간접원가 배부차이를 재공품, 제품 및 매출원가의 (제조간접원가 배부차이 조정전) 기말잔액 비율에 따라 조정한다. 이 경우 제조간접원가 배부차이를 매출원가에 전액 조정하는 방법에 비해 증가 (혹은 감소)되는 영업이익은 얼마인가? (단, 기초재고는 없다.)(세무사1차 2014년)

① ₩1,200 감소   ② ₩1,200 증가   ③ ₩1,600 감소
④ ₩1,600 증가   ⑤ ₩1,800 증가

4. (주)대한은 사업 첫 해에 정상개별원가계산을 사용하며, 제조간접비는 직접노무시간기준으로 배부한다. 제조간접비 배부차이 조정전 매출원가에 포함된 제조간접비 배부액은 ₩1,400,000이다. 다음의 자료를 사용하여 제조간접비 배부차이를 매출원가에서 전액 조정한다면, 정상개별원가계산의 영업이익과 실제개별원가계산의 영업이익의 차이는 얼마인가?(세무사1차 2009년)

예상총제조간접비	₩2,500,000	예상총직접노무시간	500,000시간
실제총제조간접비	₩1,800,000	실제총직접노무시간	300,000시간

① 정상개별원가계산의 영업이익이 ₩20,000만큼 더 적다.
② 정상개별원가계산의 영업이익이 ₩50,000만큼 더 적다.
③ 정상개별원가계산의 영업이익이 ₩100,000만큼 더 많다.
④ 정상개별원가계산의 영업이익이 ₩300,000만큼 더 많다.
⑤ 영업이익에 차이가 없다.

5. (주)국세는 개별-정상원가계산제도를 채택하고 있다. (주)국세는 제조간접원가를 예정배부하며, 예정배부율은 직접노무원가의 60%이다. 제조간접원가의 배부차이는 매기 말 매출원가에서 전액 조정한다. 당기에 실제 발생한 직접재료원가는 ₩24,000이며, 직접노무원가는 ₩16,000이다. 기초재공품은 ₩5,600이며, 기말재공품에는 직접재료원가 ₩1,200과 제조간접원가 배부액 ₩1,500이 포함되어 있다. 또한 기초제품은 ₩5,000이며, 기말제품은 ₩8,000이다. 제조간접원가 배부차이를 조정한 매출원가가 ₩49,400이라면, 당기에 발생한 실제 제조간접원가는 얼마인가?(세무사1차 2011년)

① ₩7,200   ② ₩9,600   ③ ₩10,400
④ ₩12,000   ⑤ ₩13,200

6. (주)국세는 정상개별원가계산제도를 이용하여 제조원가를 계산하고 있다. 기계시간은 2,500시간, 직접노무시간은 3,000시간으로 예상하고 있으며, 회귀분석법을 이용하여 연간 제조간접원가예산을 수립하는데 필요한 원가함수를 다음과 같이 추정하였다.

$$\text{총제조간접원가} = ₩500,000 + ₩300 \times \text{기계시간 (설명력}(R^2) = 0.9)$$

(주)국세의 기초재고자산은 없으며 당기에 세 가지 작업(#1, #2, #3)을 시작하여 작업 #1, #2가 완성되었다. 이 세 가지 작업에 대한 당기 원가자료는 다음과 같다.

	#1	#2	#3	합계
직접재료원가	₩150,000	₩150,000	₩200,000	₩500,000
직접노무원가	250,000	150,000	100,000	500,000
기 계 시 간	1,000시간	600시간	400시간	2,000시간
직접노무시간	1,300시간	800시간	400시간	2,500시간

기말에 확인한 결과 당기에 발생한 실제제조간접원가는 ₩1,100,000이며, 당기에 작업 #2만 판매되었다. (주)국세가 제조간접원가 배부차이를 매출원가에서 전액 조정할 경우 재무제표에 인식될 매출원가는 얼마인가?(세무사1차 2012년)

① ₩650,000 ② ₩700,000 ③ ₩800,000
④ ₩900,000 ⑤ ₩1,080,000

7. (주)세무는 정상개별원가계산을 사용하며, 직접노무시간을 기준으로 제조간접원가를 배부하고 있다. 20×1년 연간 제조간접원가 예산은 ₩5,000,000이다. 20×1년 실제 발생한 제조간접원가는 ₩4,800,000이고, 실제직접노무시간은 22,000시간이다. 20×1년 중 제조간접원가 과소배부액이 ₩400,000이라고 할 때 연간 예산직접노무시간은?(세무사1차 2013년)

① 22,000시간 ② 23,000시간 ③ 24,000시간
④ 25,000시간 ⑤ 26,000시간

8. (주)세무는 기계시간 기준으로 제조간접원가를 예정배부하는 정상원가계산방법을 적용한다. 20×1년에 실제 제조간접원가는 ₩787,500이 발생되었고, 기계시간당 ₩25로 제조간접원가를 예정배부한 결과 ₩37,500만큼 과대배부 되었다. 20×1년 실제조업도가 예정조업도의 110%인 경우, (주)세무의 제조간접원가 예산액은?(세무사1차 2016년)

① ₩715,000 ② ₩725,000 ③ ₩750,000
④ ₩800,000 ⑤ ₩825,000

9. (주)세무는 개별원가계산방법을 적용한다. 제조지시서#1은 전기부터 작업이 시작되었고, 제조지시서#2와 #3은 당기 초에 착수되었다. 당기 중 제조지시서#1과 #2는 완성되었으나, 당기말 현재 제조지시서#3은 미완성이다. 당기 제조간접원가는 직접노무원가에 근거하여 배부한다. 당기에 제조지시서#1 제품은 전량 판매되었고, 제조지시서#2 제품은 전량 재고로 남아있다. 다음 자료와 관련된 설명으로 옳지 않은 것은?(세무사1차 2016년)

구 분	#1	#2	#3	합 계
기초금액	₩450	-	-	
[당기투입액]				
직접재료원가	₩6,000	₩2,500	₩( )	₩10,000
직접노무원가	500	( )	( )	1,000
제조간접원가	( )	1,000	( )	4,000

① 당기제품제조원가는 ₩12,250이다.　② 당기총제조원가는 ₩15,000이다.
③ 기초재공품은 ₩450이다.　④ 기말재공품은 ₩2,750이다.
⑤ 당기매출원가는 ₩8,950이다.

10. 정상원가계산제도를 채택하고 있는 (주)관세는 직접노무원가의 150%를 제조간접원가로 예정배부하고 있으며, 제조간접원가 배부차이는 기말에 매출원가에서 전액 조정한다. 다음 자료를 이용하여 당기에 실제 발생한 제조간접원가를 구하면 얼마인가?(관세사 1차 2015년)

• 기초재공품	₩30,000	• 기말재공품	₩45,000
• 기초제품	₩20,000	• 기말제품	₩40,000
• 직접재료원가	₩20,000	• 직접노무원가	₩36,000
• 배부차이 조정 후 매출원가	₩70,000		

① ₩45,000　　　　② ₩49,000　　　　③ ₩52,000
④ ₩56,000　　　　⑤ ₩59,000

6

CHAPTER

활동기준원가계산

최근 경영환경의 급격한 변화로 제품의 종류가 다양해지고 제조간접원가의 비중이 증가함에 따라 새롭게 부각된 활동기준원가계산을 소개한다. 활동기준원가계산은 기업의 자원을 소비하는 활동별로 원가를 집계하고 이를 토대로 제품 및 고객 등의 원가대상에 배부한다. 활동기준원가계산의 수행에 있어 많은 문제점들이 제기되어 기존의 활동기준원가계산을 보완하여 시간방정식을 활용한 시간동인 활동기준원가계산이 개발됨에 따라 시간동인 활동기준원가계산을 다룬다.

1. 활동기준원가계산의 의의 및 적용절차
2. 활동기준원가계산의 장단점
3. 시간동인 활동기준원가계산의 의의 및 절차

6.1 활동기준원가계산의 의의

6.2 활동기준원가계산의 원가흐름 및 적용절차

6.3 예제를 통한 전통적 원가계산과 활동기준원가계산의 비교

6.4 활동기준원가계산의 장단점

6.5 시간동인 활동기준원가계산

6.1 활동기준원가계산의 의의

최근 20여년간 제조활동 및 판매활동에 있어서의 다양한 소비자의욕구, 국제화 및 범세계적인 경쟁 등 급격한 변화가 있어왔다. 이에 대한 대응으로 기업은 소비자의 욕구충족을 위해 종전의 소품종 대량생산체제에서 다양한 제품을 소량으로 생산하는 다품종 소량생산체제로 전환하였으며, 또한 자동화, 공정개선, JIT(just in time), TQM(total quality management) 등 수많은 혁신관리기법들이 개발되었다. 이와 같은 관리기법이 도입되고, 공장자동화로 인하여 종업원의 수작업을 기계작업으로 대체함에 따라 원가측면에서 직접원가의 비중은 줄어든 반면, 제조활동을 지원하는 제조간접원가의 비중은 증가하였다.

제품의 종류가 다양해지고 제조간접원가의 비중이 증가함에 따라 전통적인 원가시스템에서 사용해오던 기계사용시간, 직접노동시간 등과 같은 조업도에 근거한 배부기준에 의하여 제조간접원가를 제품에 배부하는 방법은 제품원가를 왜곡시키고 있다. 이에 따라 새로운 제조환경에서 보다 정확한 원가계산을 가능케 하는 새로운 원가시스템이 필요하게 되었다.

1. 활동기준원가계산의 의의

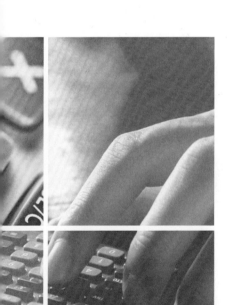

활동기준원가계산(activity based costing)의 개념은 제품의 다양화와 제조기술의 급속한 발달로 제조간접원가의 비중이 증가하는 상황에서 보다 정확한 원가를 계산하여야 할 필요에 의해서 발생하였다. 전통적 원가계산에서는 원가대상이 원가를 소비한다는 견해에서 출발하는데 반하여, 활동기준원가계산은 기업의 자원을 소비하는 활동을 원가대상으로 하여 원가를 집계하고 이를 토대로 제품, 작업 또는 고객 등의 다른 원가대상에 배부하는 원가계산제도이다. 따라서 활동기준원가계산은 원가를 원가대상에 직접 추적하는 것이 아니라 자원을 소비하는 활동(activity)과 활동을 소비하는 원가대상간의 인과관계를 추적하여 계산하는 원가계산시스템이다.

2. 활동의 유형

활동기준원가계산에서는 기업이 수행하는 활동을 그 수준에 따라 단위수준활동, 배치수준활동, 제품수준 활동, 설비수준 활동으로 분류하고 있다. 각 활동수준이 가지고 있는 특징을 살펴보면 다음과 같다.

(1) 단위수준 활동

단위수준(unit level) 활동은 직접재료원가, 직접노무원가, 기계사용시간 등과 같이 제품 한 단위가 생산될 때마다 수행되어지는 활동을 말한다. 예를 들어 제품의 생산량이 1% 증가하면 생산량에 비례하여 직접재료원가, 직접노무원가, 기계사용시간 등의 원가가 1% 더 발생하게 된다.

(2) 배치수준 활동

배치수준(batch level) 활동은 작업준비, 품질검사 등과 같이 생산되는 제품의 배치(batch)별로 수행되어지는 활동을 말한다. 예를 들어 검정, 파랑 및 빨강색 볼펜을 생산하는 경우에 검정색 볼펜을 생산하다가 파랑색 볼펜을 생산을 위해 잉크를 교환하게 되는데 그 때마다 작업준비 자원이 소비되는 것이다. 따라서 보다 많은 배치를 생산할수록 작업준비 자원은 더 많이 소비하게 된다. 이와 같이 배치수준 활동에 속한 작업준비활동을 위한 자원의 수요는 배치수에 비례하여 증가하지만 생산량 등과 같은 조업도에는 비례하지 않는다.

(3) 제품수준 활동

제품수준(product level) 활동은 기업이 생산하는 개별제품에 관련하여 제품별로 이루어지는 활동을 말한다. 따라서 제품의 수가 증가하면 제품수준 활동은 증가한다. 예를 들어 제품설계, 제품테스트, 엔지니어링 변경 등의 활동들은 제품의 한 단위수준이나 배치수준보다는 제품종류별로 이루어지는 활동으로 볼 수 있다. 따라서 제품수준 원가는 제품의 종류의 수가 증가하면 할수록 비례적으로 증가하며, 제품의 생산량이나 배치수에 비례하지 않는다.

(4) 설비수준 활동

설비수준(facility level) 활동은 생산설비와 관련하여 발생하는 활동을 말한다. 예로서 공장관리, 건물관리, 안전유지, 조경 및 조명 등은 이 활동에 해당한다. 이와 같이 설비수준 활동은 기업의 각 개별제품 등에 직접적으로 관련이 되지 않는다. 따라 설비수준 활동의 원가는 기업전체의 원가를 파악하는데는 유익하지만 제품원가를 파악하는데는 각 제품에 인위적인 배부로 인하여 제품원가의 왜곡으로 잘못된 의사결정을 초래할 가능성이 있다. 이상의 내용을 활동유형과 원가동인을 요약하면 〈표 6-1〉과 같다.

〈표 6-1〉 활동의 수준과 원가동인

활동수준	활동	원가동인
단위수준 활동	• 자동화공정 • 수작업공정 • 전력, 수도, 가스 등의 소비	• 기계작업시간 • 직접노동시간 • 생산량
배치수준 활동	• 구매주문처리 • 작업준비 • 원자재 이동	• 구매주문처리시간/횟수 • 작업준비시간/횟수 • 이동횟수/이동물량
제품수준 활동	• 제품설계 • 원자재 재고관리 • 신제품 검사	• 제품수/설계시간 • 원자재 수 • 검사시간
설비수준 활동[a]	• 공장관리 • 감가상각비	• 직접노동시간 • 기계작업시간

주) 설비수준활동은 원가대상에 인과관계를 추적할 수 없어 조업도를 기준으로 배분

6.2 활동기준원가계산의 원가흐름 및 적용절차

활동기준원가계산의 절차를 다음과 같이 구분할 수 있다. 먼저 각 부문에서 수행하는 활동들을 정의하고 이들 활동을 대하여 체계적으로 분석하고 이렇게 파악된 각 활동에 대하여 원가를 집계한다. 그리고 이러한 활동을 유발시키는 근본원인을 파악하여 원가동인을 결정하고 이를 바탕으로 원가동인 단위당 원가를 산출한 후 이에 의거하여 각 원가대상에 활동소비량을 기준으로 원가를 부과함으로써 원가계산이 이루어진다.

1. 활동분석

활동분석이란 기업이 생산하는 제품과 서비스 제공에 필요한 활동을 체계적으로 분석하는 것을 말한다. 활동분석은 각 조직의 직무기술서나 부문 관리자들과 함께 일련의 체계적인 인터뷰를 실시할 수 있다. 인터뷰를 통해서 수집된 자료는 설문지 등을 통해서 확인할 수 있다. 이렇게 파악된 활동들은 재료구매부터 판매된 제품의 사후 서비스까지 가치사슬의 모든 활동들을

나타내는 흐름도를 작성한다.

흐름도에 표시되어 있는 활동들을 분석하여 이들을 부가가치활동과 비부가가치활동으로 구분한다. 부가가치활동이란 제품의 가치를 증진시키는 활동으로 가공, 조립 및 포장 등과 같은 필수적인 공정 등이 이에 해당한다. 반면 비부가가치활동은 제품의 가치를 증가시키지 못하면서 자원을 낭비하는 활동을 말하며 재료의 검수, 재료의 이동 및 저장 등이 이에 해당한다. 이와 같이 제품의 가치를 증가시키지 못하는 활동을 제거하거나 감소시킴으로써 생산시간의 단축 및 원가를 절감시킬 수 있다.

2. 활동별 원가집계

활동별 원가집계란 활동분석에서 실시한 활동분석 자료를 활용하여 각 활동에 원가를 집계하는 것을 말한다. 즉, 활동분석에서 파악된 각 활동들이 어느 정도 자원을 소비하였는지 활동당 총원가를 계산하는 것이다. 이때 활동수준을 정함에 있어서 비용-효익 분석을 고려하여 유사한 활동을 통합하거나 확대하여 사용할 수 있다. 또한 정확한 원가를 측정하는데 발생하는 측정비용과 정확하지 못한데서 초래되는 오류비용을 고려하여 최소비용의 수준에서 활동수준을 결정하여야 한다.

3. 원가동인의 규명

활동이 분류되고 활동별로 원가가 집계되면 활동별로 원가를 유발하는 원가동인을 규명하여야 한다. 원가동인이란 활동을 유발시키는 요인으로 이는 생산과정에서 특정자원을 소비한 활동과 활동을 소비한 제품에 대하여 생산활동원가를 추적하는데 사용된다. 그러나 기업 내에는 수많은 활동이 존재하기 때문에 각 활동에 대하여 각각의 원가동인을 사용하는 것은 경제적이지 못하다. 따라서 몇 가지 활동을 통합하여 하나의 원가동인을 사용한다.

원가동인의 수와 종류를 결정하는데 있어 원가동인의 측정비용, 실제활동소비와 상관관계 및 임직원의 행위에 미치는 영향 등을 고려해야 한다. 따라서 모든 조건이 동일하다면 희망하는 제품원가의 정확한 수준이 높으면 높을수록, 제품간 자원소비 형태의 차이가 크면 클수록 원가동인의 수와 종류는 많아진다.

4. 원가동인 단위당 원가산출

원가동인을 선택한 다음 각 활동별로 산출된 활동별 총원가를 원가동인으로 나누어 활동 한 단위당 원가를 산출한다. 즉, 각 활동의 대용치로 사용하고 있는 원가동인 단위당 원가를 산출하는 것이다. 이를 활동별 제조간접원가배부율이라고도 한다.

5. 활동원가계산

원가동인 단위당 원가가 산출되면 원가동인으로 각 제품을 생산하기 위해 소비된 활동을 측정하고 이렇게 측정된 활동수에 원가동인 단위당 원가를 곱하여 각 제품별 활동원가를 계산한다.

6.3 예제를 통한 전통적 원가계산과 활동기준원가계산의 비교

지금까지 활동기준원가계산시스템의 원가계산절차를 설명하였다. 이번 절에서는 직접노동시간을 기준으로 제조간접원가를 제품에 배분하는 전통적 원가계산과 활동기준원가계산을 비교하고자 한다. 직접노동시간은 생산기술이 자동화되기 전 과거에 많은 기업들이 이용해온 제조간접원가 배분기준이다.

[예제 6-1]

(주) 한국밸브는 두 종류의 밸브를 생산한다. 밸브 A는 이 회사의 주력제품이고 밸브 B는 고객의 요구에 의한 특수한 밸브이다. 20×5년 일년 동안 생산한 생산량 및 원가 관련자료는 다음과 같다.

– 제품별 생산량 및 원가자료

	밸브 A	밸브 B	합계
직접재료원가	₩4,200,000	₩700,000	₩4,900,000
직접노무원가	1,800,000	300,000	2,100,000
제조간접원가			₩945,000
연간 생산량	30,000개	5,000개	35,000개
직접노동시간	45,000시간	7,500시간	52,500시간

1. 전통적 원가계산

전통적 원가계산제도에서는 조업도를 기준으로 제조간접원가 예정배부율을 산정하고 이에 의해서 각 제품에 제조간접원가를 배부하여 제품별 원가를 계산한다. 예제에서 전통적 원가계산에 의한 제조간접원가 예정배부율은 직접노동시간당 ₩18이다.

$$제조간접원가\ 예정배부율\ =\ \frac{₩945,000}{52,500}\ =\ ₩18/직접노동시간$$

이에 따라 각 제품별 제조간접원가 배부액은 〈표 6-2〉와 같다.

〈표 6-2〉 제조간접원가 배부액

제품	예정배부율	직접노동시간	배부 제조간접원가
밸브 A		45,000	₩810,000
밸브 B	₩18	7,500	135,000
합계		52,500	₩945,000

전통적 원가계산에 의한 제품별 총원가 및 단위당 원가는 〈표 6-3〉과 같다.

〈표 6-3〉 전통적 원가계산의 제품별 총원가 및 단위당 원가

	밸브 A	밸브 B	합계
직 접 재 료 원 가	₩4,200,000	₩700,000	₩4,900,000
직 접 노 무 원 가	1,800,000	300,000	2,100,000
제 조 간 접 원 가	810,000	135,000	945,000
총 원 가	₩6,810,000	₩1,135,000	₩7,945,000
생 산 량	30,000개	5,000개	35,000개
단 위 당 원 가	₩227	₩227	₩227

전통적 원가계산에서 제조간접원가를 직접노동시간에 의해서 배부함에 따라 밸브 A, B 모두 단위당 원가는 ₩227으로 나타났다.

2. 활동기준원가계산

전통적 원가계산은 하나의 원가풀(cost pool)에서 직접노동시간과 같은 조업도 동인에 의하여 제조간접원가를 배부하였으나, 활동기준원가계산은 여러 개의 원가풀(활동)에서 각 원가동인에 의하여 제조간접원가를 배부하는 원가계산시스템이다. 이와 같이 활동을 여러개로 분리함으로써 원가동질성이 증가하고 또한 적절한 원가동인에 의하여 제조간접원가를 배분하기 때

문에 원가대상별로 보다 정확한 원가를 산정할 수 있다. 활동기준원가계산시스템을 그림으로 그리면 다음 [그림 6-1]과 같다.

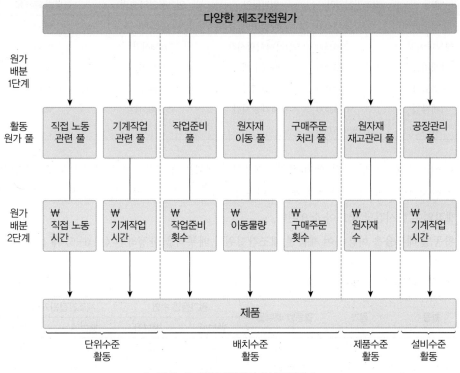

[그림 6-1] 활동기준원가계산프로세스

한국밸브는 활동을 분석한 후에 20×5년 일년 동안 이루어진 활동을 5가지 활동으로 구분하고 원가동인을 규명하였다. 활동과 원가동인에 관한 정보는 다음과 같다.

활동	제조간접원가	원가동인	원가동인 수행		원가동인의 총량
			밸브 A	밸브 B	
작업준비	₩6,000	작업준비	20회	100회	120회
엔지니어링	210,000	엔지니어링시간	1,000	6,000	7,000시간
자재취급	22,000	자재무게	17,000Kg	5,000Kg	22,000Kg
품질검사	32,000	품질검사	150회	650회	800회
기계작업	675,000	기계가동시간	30,000시간	15,000시간	45,000시간
합계	₩945,000				

제조간접원가의 활동별 원가동인 배부율은 〈표 6-4〉와 같다.

〈표 6-4〉 활동별 원가동인 배부율

활동	제조간접원가	원가동인	원가동인의 총량	활동별 배부율
작업준비	₩6,000	작업준비	120회	₩50
엔지니어링	210,000	엔지니어링시간	7,000시간	₩30
자재취급	22,000	자재무게	22,000Kg	₩1
품질검사	32,000	품질검사	800회	₩40
기계작업	675,000	기계가동시간	45,000시간	₩15
합계	₩945,000			

〈표 6-4〉에 나타난 바와 같이 작업준비 1회 수행하는데 원가는 ₩50이 소요되고, 엔지니어링은 한시간당 ₩30이, 자재는 자재 1Kg당 ₩1원이 소요되며, 품질검사는 회당 ₩40이, 그리고 기계작업은 한시간당 ₩15이 소요된다.

활동별 배부율을 이용하여 제품별 제조간접원가 배부액을 산정하면 〈표 6-5〉와 같다.

〈표 6-5〉 제품별 제조간접원가 배부액

활동	원가	활동별 배부율	원가동인 수행		제조간접원가 배부액	
			밸브 A	밸브 B	밸브 A	밸브 B
작업준비	₩6,000	₩50	20회	100회	₩1,000	₩5,000
엔지니어링	210,000	₩30	1,000	6,000	30,000	180,000
자재취급	22,000	₩1	17,000Kg	5,000Kg	17,000	50,000
품질검사	32,000	₩40	150회	650회	6,000	26,000
기계작업	675,000	₩15	30,000시간	15,000시간	450,000	225,000
합계	₩945,000				₩504,000	₩441,000

활동별원가계산에 의한 제품별 총원가 및 단위당 원가는 〈표 6-6〉과 같다.

〈표 6-6〉 활동기준원가계산의 제품별 총원가 및 단위당 원가

	밸브 A	밸브 B	합계
직 접 재 료 원 가	₩4,200,000	₩700,000	₩4,900,000
직 접 노 무 원 가	1,800,000	300,000	2,100,000
제 조 간 접 원 가	504,000	441,000	945,000
총 원 가	₩6,504,000	₩1,441,000	₩7,945,000
생 산 량	30,000개	5,000개	35,000개
단 위 당 원 가	₩216.8	₩288.2	₩227

활동기준원가계산의 밸브 A의 단위당 원가는 각각 ₩216.8이고, 밸브 B의 단위당 원가는 ₩288.2으로 전통적 원가계산에서의 단위당 원가와는 상이하다. 전통적 원가시스템에서는 모든 제품의 원가가 ₩227인데 반해 활동기준원가계산에서는 고객의 요구에 따라 소량생산되는 특수밸브의 원가가 ₩288.2으로 나타나고 있다. 이는 특수밸브를 생산하는데 보다 많은 활동이 소요되기 때문에 제조간접원가가 많이 배부되었다. 그러나 밸브 A는 30,000개로 대량생산되는 제품이고 보다 적은 활동이 소요되기 때문에 활동기준원가계산에서 제품단위당 원가가 적게 계상된다.

이와 같이 전통적 원가계산에 의하여 제품원가를 산정하면 제조간접원가가 제대로 배분되지 않아 제품원가의 왜곡현상이 발생한다. 이와 같이 왜곡된 정보를 활용하여 의사결정을 내리는 경영자는 왜곡된 의사결정을 할 수 있다.

6.4 활동기준원가계산의 장단점

1. 활동기준원가계산의 장점

(1) 정확한 원가정보 제공

활동기준원가계산에서는 각 부문별로 원가를 집계하지 않고 보다 다양하고 세분화된 활동별로 원가를 분류하고 집계하기 때문에 적절한 배부기준을 선택할 수 있다. 따라서 제품별로 정확한 원가정보를 제공할 수 있다.

(2) 원가동인의 관리를 통한 원가관리

활동기준원가계산은 제품수량 이외의 다양한 원가동인을 인식하고 원가와의 관계를 분석하여 원가관리를 가능케 한다. 따라서 원가를 유발시키는 원가동인이 무엇인가를 파악하고 이를 체계적으로 관리함으로서 상대적으로 많은 자원을 소비하는 활동과 원가동인을 줄여나가는 것이 원가관리의 비결이다.

(3) 올바른 의사결정이 가능

활동기준원가계산은 보다 정확한 원가계산이 이루어지기 때문에 제품가격 결정 및 제품별 수익성 등을 정확히 측정할 수 있다. 따라서 제품믹스(product mix) 결정 등에 관한 올바른 의사결정이 가능하다.

(4) 활동중심의 성과 평가

활동기준원가계산에서는 수집하고 관리하는 자료가 활동에 관련된 자료이다. 전통적 원가시스템에서의 재무정보에 비해 활동기준원가계산에서 제공하는 활동관련 정보는 기업 전체의 운영의 효율성여부를 판단하는데 도움이 된다. 따라서 활동기준원가계산에서는 활동 정보를 이용하여 성과평가를 수행함으로써 생산현장의 관리자와 의사소통을 원활히 할 수 있으며 기업 전체의 효율성 향상을 가져올 수 있다.

2. 활동기준원가계산의 단점

(1) 과다한 측정비용

활동기준원가계산에서는 정확한 원가계산을 위해 최대한 세분화된 활동원가를 집계하고, 활동원가별로 원가동인을 파악하기 때문에 각 원가대상별 활동을 측정하는데 소요되는 비용이 상당히 크다.

(2) 자의적 배분

전통적원가계산에서 제조간접원가가 자의적 기준에 의해서 배부됨에 따라 원가의 왜곡을 초래하였는데, 활동기준원가계산의 설비수준 활동의 경우 여전히 자의적인 기준에 의해서 배부되어야 한다. 즉 조명 및 공장건물의 감가상각비 등은 그 원가동인을 파악하기 어려우므로 기계가동시간이나 직접노동시간 등과 같은 자의적인 배부기준에 의해 제품에 배부되어야 한다.

(3) 활동분석의 어려움

정확한 원가계산이나 원가절감을 위해서는 활동분석이 이루어지고 그 결과 활동을 부가가치활동과 비부가가치활동으로 구분하여 비부가가치활동을 제거하거나 줄여나가야 하는데 이에 대한 타당성을 현실적으로 입증하기가 어렵다.

6.5 시간동인 활동기준원가계산

1. 시간동인 활동기준원가계산의 유용성

전통적인 원가계산시스템 하에서는 제조간접원가의 배부가 정확하게 이루어지지 않았다. 이에 따라 1980년대 활동기준원가계산시스템이 새롭게 도입되었는데, 활동기준원가계산시스템은 일정한 배부율을 기준으로 정확한 원가계산을 달성하고자 노력하였다. 그러나 활동기준원가계산시스템의 수행에 있어 많은 문제점들이 제기됨에 따라 Kaplan과 Anderson이 기존의 활동기준원가계산시스템을 보완하여 시간방정식을 활용한 시간동인 활동기준원가계산시스템을 개발하였다.

시간동인 활동기준원가계산은 원가계산 프로세스를 대폭 단순화한다. 기존의 활동기준계산에서 자원 원가를 원가대상(주문, 제품, 고객)에 할당하기 위한 전 단계로 활동별 자원 원가를 할당하기 위하여 실시하던 종업원 면접 및 설문조사 과정을 완전히 생략한다. 이 새로운 모델은 단 두 가지의 추정치만을 필요로 하는 명쾌한 프레임워크를 사용하여 자원 원가를 원가대상에 직접 할당한다. 뿐만 아니라 이 두 가지 추정치는 확보하기도 매우 쉽다. 이 원가계산은 먼저 첫 단계로 자원 캐퍼서티의 공급원가를 산정한다. 첫 번째 단계를 위해 시간기준 활동원가계산은 부서 또는 프로세스에 공급되는 모든 자원, 즉 투입 인원, 관리 감독, 장소 점유, 장비, 기술 등의 원가를 산정한다. 그리고 이 총원가를 그 부서의 캐퍼서티, 즉 실제적인 업무 수행이 가능한 종업원들의 가용시간으로 나누어 캐퍼서티 원가율을 산정한다.

두 번째 단계로, 캐퍼서티 원가율에 자원 캐퍼서티에 대한 수요, 보통의 경우에는 '시간', 그래서 시간동인을 곱하여 부서의 자원 원가를 원가 대상으로 할당한다. 이를 시간방정식이라고 한다.

시간동인 활동기준원가계산은 거래 유형에 따른 시간 수요의 차이를 쉽게 반영할 수 있다. 그러므로 시간동인 활동원가계산에서는 전통적인 활동기준원가계산에서처럼 가정을 단순화할 필요가 없다. 다시 말해서 모든 주문이나 거래가 동일하고 그 처리에도 동일한 시간이 소요된다고 전제할 필요가 없다. 시간동인 활동기준원가계산의 단위시간 추정치는 주문과 활동의 특성에 따라 자유자재로 변화될 수 있다.

얼핏 보면 상당히 복잡하고 까다로운 데이터처럼 느껴질 수 있지만, 대부분의 회사에서 실행하고 있는 ERP 시스템에는 주문, 포장, 유통, 기타 특성에 관한 데이터들이 이미 저장되어 있기 때문에 시간방정식을 도출하는 일은 매우 간단하다.

시간동인 활동기준원가계산의 시간방정식의 수는 일반적으로 전통적 활동기준원가계산 시스템에서 사용하는 활동의 숫자보다 더 적지만, 그럼에도 주문, 제품, 고객 등에 대해 훨씬 더 높은 수준의 다양성과 복잡성을 표현해낼 수 있다. 물론 특정한 제품이나 프로세스가 더 복잡해지면 거기에 따른 조건들이 추가되겠지만 그 부서 전체는 여전히 한 개의 시간방정식을 가진 한 개의 프로세스로 표현된다. 또한 이러한 시간방정식은 관리자들에게 미래에 대한 시뮬레이션 능력을 제공한다. 관리자들은 시간방정식을 통해 프로세스 캐퍼서티의 수요를 유발하는 주요 요소들(프로세스 효율성의 변화, 제품의 양과 믹스, 고객 주문 패턴, 채널 믹스 등)의 추세와 동향을 파악할 수 있다. 그리고 다양한 시나리오에 따라 역동적인 사전 결과 예측 분석을 수행할 수 있다.

또한 관리자들은 운영 상황의 변화를 시간동인 활동기준원가계산에 쉽게 반영하고 업데이트할 수 있다. 앞에서 설명한 대로, 부서에 좀 더 많은 활동들이 추가된다 하더라도 직원들에게 다시 인터뷰를 실시할 필요가 없다. 단순히 새롭게 파악된 활동 각각의 단위시간을 측정하기만 하면 된다. 복잡한 거래를 처리해야 하는 경우에도 관리자들은 거기에 필요한 추가적인 단위시간을 측정해서 '단순'한 주문에 대한 복잡한 주문의 영향을 기존의 시간방정식에 반영할 수 있다.

시간동인 활동기준원가계산은 이런 식으로 프로세스, 주문, 공급자, 고객의 다양성과 복잡성에 대해 관리자가 추가적으로 알게 된 지식을 쉽게 반영할 수 있기 때문에 쉽게 진화가 가능하다. 관리자들은 또한 원가 동인율을 쉽게 업데이트할 수 있다. 원가 동인율을 변화시키는 요인은 크게 두 가지인데 첫째, 공급되는 자원의 가격 변화는 캐퍼서티 원가율에 영향을 미친다. 또 만약 기계장치를 교체하거나 새로운 장비를 프로세스에 추가한다면, 시간동인 원가계산 담당자는 이 새로운 장비의 도입과 관련된 운영비의 변화를 반영하여 캐퍼서티 원가율을 수정해야 한다. 두 번째 요소는 활동 효율성의 변화이다. 품질 개선 프로그램을 비롯한 지속적인 향상프로그램, 리엔지니어링, 새로운 기술의 도입 등은 동일한 활동에 소비되는 시간 또는 자원의 양을 감소시킨다. 만약 프로세스 개선이 일시적이지 않고 지속적으로 이루어지면 시간동인 활동기준원가계산(Time Driven Activity Based Costing) 담당자는 이런 프로세스 개선을 반영하여 단위시간 추정치를 수정해야 한다.

2. 예시를 통한 활동기준 원가계산과 시간동인 활동기준원가계산

분기별 고객 서비스부서의 총 운영비는 ₩567,000이다. 이 운영비에는 고객 서비스 담당자에 대한 인건비, 감독자에 대한 인건비, 부서의 정보 기술 및 통신, 장소 점유 비용 등이 포함된다. 그리고 총 ₩567,000이라는 분기별 예산은 부서의 업무량과 상관없이 불변이라고 가정하자. 이 부서의 면접 및 설문조사 결과, 이 3가지 활용 사이의 시간 조합이 각각 70%, 10%, 20%로 드러났다고 가정한다. 이제 활동기준원가계산 팀은 이 시간 비율을 활용해서 부서의 총원가 ₩567,000원을 3가지 활동별로 할당하게 된다. 이와 동시에 활동기준원가계산 팀은 이 분기에 실제로 수행된 이 3가지 활동의 양에 관한 데이터를 수집하게 되는데, 그 결과가 다음과 같다고 하자.

> 4만9,000건의 고객 주문, 1,400건의 고객 문의, 2,500회의 신용 조사

(1) 활동기준원가계산에 따른 원가동인율

감독자와 부서 인원을 대상으로 면접 조사를 실시하여 그들의 다양한 업무활동을 파악하는 것에서 출발한다. 설명의 단순화를 위해 활동기준원가계산 프로젝트 팀은 이 부서의 활동을 고객주문처리, 고객 문의 및 불만사항처리, 고객 신용조사를 수행하는 것으로 확정하였다.

이렇게 활동이 확정되면 프로젝트 팀은 다음 단계로 면접 및 설문조사를 통해 종업원들에게 이 3가지 활동별로 각자가 소비한 시간을 추정해 달라고 요구하고 활동기준원가계산 프로젝트 팀이 이 3가지 활동에 실제로 시간이 어떻게 활용되는지 진을 치고 관찰하지 않는 이상 이런 종업원의 주관적인 시간 배분의 유효성은 실제로 확인할 수 없다. 이렇게 해서 면접 및 설문조사 결과 이 3가지 활용 사이의 시간 조합이 각각 70, 10, 20%로 드러났다고 가정한다.

이제 활동기준원가계산 팀은 이 시간비율을 활용해서 부서의 총원가 ₩567,000을 3가지 활동별로 할당한다. 이 시점에서 분석의 단순화를 위해 다시 다음과 같은 추가적인 가정이 필요하다. 이는 모든 주문 처리에는 거의 동일한 양의 자원이 소비되고 모든 고객 문의의 응답에는 거의 동일한 양의 시간이 걸리며 모든 고객 신용 조사에도 역시 거의 동일한 수준의 노력이 소요된다고 가정한다. 이런 가정 하에서 평균 원가 동인율을 산정하게 된다. 위에 활동의 양에 관한 데이터로 계산하면 〈표 6-7〉과 같다.

〈표 6-7〉 활동기준원가계산에 의한 활동별 원가동인율

활동	소요시간(%)	할당 원가	원가동인의 양	원가동인율
고객 주문 처리	70	₩396,900	49,000	주문 당 8.10
고객 문의 처리	10	56,700	1,400	문의 당 40.50
신용 조사 수행	20	113,400	2,500	신용 조사 당 45.36
합계	100	₩567,000		

(2) 시간동인 활동기준원가계산에 따른 원가동인율

시간동인 활동기준원가계산은 우선 활동을 정의하는 단계를 생략하기 때문에 부서의 원가를 그 부서에서 수행된 다수의 활동별로 할당할 필요가 없다. 시간동인 활동기준원가계산은 시간과 비용이 많이 들고 객관성이 결여되어 있는 전통적 활동기준원가계산의 활동 관련 설문조사 과정을 모두 생략한다. 그 대신 독창적인 시간방정식을 이용하여 자원 원가를 수행된 활동과 처리된 거래에 직접적으로 자동 할당한다.

시간동인 활동기준원가계산을 위해 필요한 것은 '부서의 캐퍼서티 원가율'과 '부서에서 처리하는 거래별 캐퍼서티 사용량(capacity usage), 두 가지 매개변수뿐이다. 그리고 이 두 가지 매개변수는 모두 객관적으로 손쉽게 추정할 수 있다.

공급된 캐퍼서티 원가는 물론 분기별로 ₩567,000이다. 실질 캐퍼서티를 측정하기 위해서 시간동인 활동기준원가계산 팀은 실제로 업무를 수행하는 자원 통상적으로 인원 또는 장비의 양을 파악해야 한다. 이 부서의 일선 직원은 28명이고 한 달 평균 20일, 즉 분기 당 60일을 근무하며 매일 7.5시간의 근무시간에 대해 급여를 받는다고 가정한다. 그러면 각 종업원은 1분기 당 약 450시간, 즉 27,000분 근무하게 된다. 하지만 이 유급 근무시간 전체가 다 생산적인 업무에 사용되는 것은 아니다. 고객 서비스 부서의 종업원들은 보통 하루에 약 75분 정도를 휴식, 훈련, 교육 등에 소비하므로 각 종업원의 실질 캐퍼서티는 1분기당 약 22,500분(375분×60일=2만2,500분)이 된다. 그리고 이 부서의 일선 직원은 28명이므로 부서 전체의 실질 캐퍼서티는 630,000분이 된다. 이렇게 해서 시간동인 활동기준원가계산의 첫 번째 추정치인 '캐퍼서티를 공급하는 원가율을 산출할 수 있다.

$$\text{캐퍼서티원가율} = \frac{₩567,000}{630,000분} = \text{분 당 } ₩0.90$$

종업원 1인 또는 장비 1대 당 실질 캐퍼서티를 추정하는 일은 지극히 직접적이고 간단하다. 이것은 종업원과 기계장치가 한 달에 평균 며칠 동안 작업하는지 그리고 예정된 휴식, 교육훈련, 회의, 보수유지 활동, 그밖에 다른 정지 시간을 제외하고 하루에 몇 시간 또는 몇 분 정도를 실제 업무에 투입하는지를 계산하면 된다. 그리고 이 양은 정확히 계산될 필요도 없다. 몇 퍼센트 정도의 사소한 오류는 대세에 별 영향을 주지 않으며, 만약 주요한 오류가 있었다 하더라도 예기치 않았던 캐퍼서티의 부족 또는 과잉을 통해 그것을 감지할 수 있다.

시간동인 활동기준원가계산에 필요한 두 번째 추정치는 각 거래를 수행하는 데 소요되는 캐퍼서티의 양이다. 전통적 활동기준원가계산은 대략 비슷한 양의 시간이 소요되는 활동들 예를 들면 기계 장치의 설치, 구매 주문 발주, 고객 요구 처리등이 발생할 때 '거래 동인(transaction driver)'이라는 개념을 사용한다.

반면, 시간동인 활동기준원가계산은 이런 거래 동인의 개념을 사용하지 않고 단순히 프로젝트 팀에게 이 거래 활동 각각에 소요되는 시간을 추정하도록 한다. 이 시간 추정치는 직접적인 관찰이나 면접 조사를 통해 확보할 수 있다. 실질 캐퍼서티를 추정할 때와 마찬가지로 이 시간 추정치도 완전히 정확할 필요는 없으며 어느 정도의 정확성을 갖추는 것만으로 충분하다. 그리고 종업원들의 주관적 추정에 의존하는 전통적 활동기준원가계산의 비율들과는 달리 시간동인 활동기준원가계산의 캐퍼서티 소비량 추정치는 단순한 관찰만으로도 그 유효성을 쉽게 검증할 수 있다.

시간동인 활동기준원가계산 팀이 3가지 고객관련 활동에 대해 다음과 같은 평균 단위시간 추정치를 얻어냈다고 가정한다.

> 고객 주문 처리: 8분, 고객 문의 처리: 44분, 고객 신용 조사 수행: 50분

이제 프로젝트 팀은 캐퍼서티 원가율에 각 활동의 단위시간 추정치를 곱하여 고객 서비스 부서에서 수행되는 3가지 유형의 활동 각각에 대한 원가 동인율을 간단히 산출해낼 수 있다. 이는 〈표 6-8〉과 같다.

〈표 6-8〉 시간기준 활동적원가계산에 의한 활동별 원가동인율

활동	시간동인 활동기준원가계산 원가동인	
	단위시간(분)	원가율(분 당 0.90원)
고객 주문 처리	8	₩7.20
고객 문의 처리	44	₩39.60
신용 조사 수행	50	₩45.00

또한 전통적 활동기준원가계산의 3가지 고객 서비스 활동을 다음과 같이 한 개의 시간방정식으로 간략히 요약해서 표현할 수 있다.

> 고객 서비스 시간(분) = 8×처리된 주문숫자 + 44×고객문의횟수 + 50×고객신용조사횟수

전통적 활동기준원가계산으로 측정한 것보다 약간 더 낮게 나온다. 왜 이런 차이가 나는지는 현재 우리가 예를 들고 있는 고객 서비스 부서에서 최근 분기 동안 수행된 3가지 활동에 대한 원가를 재산정해 보면 명확히 알 수 있다. 이는 〈표 6-9〉와 같다.

<표 6-9> 시간동인 활동기준원가계산에의 활동별 총원가

활동	단위시간(분)	양	분(합계)	총원가
고객 주문 처리	8	49,000	392,000	₩352,800
고객 문의 처리	44	1,400	61,600	55,440
신용 조사 수행	50	2,500	125,000	112,500
사용 캐퍼서티			578,600	520,740
미사용 캐퍼서티(8.2%)			51,400	46,260
합계			630,000	₩567,000

이 분석을 통해 우리는 이 기간 동안 공급된 자원의 실질 캐퍼서티의 약 92%(578,600÷630,000)만이 생산적인 업무를 위해 사용되었다는 사실을 알 수 있다. 그러므로 이 기간 동안에는 총 비용 567,000원의 92%만이 고객에게 할당된 것이다. 전통적인 활동기준원가계산의 활동 배분 설문조사는 그 자체의 상당한 정확도, 즉 이 설문조사가 추정한 70, 10, 20의 비율 조합은 3가지 활동의 실제 생산적 업무 비율 조합인 67.7, 10.6, 21.6과 상당히 근사하였음에도 불구하고 사용된 자원 캐퍼서티의 원가와 사용되지 않은 자원 캐퍼서티의 원가를 모두 산입하게 되므로 결국 활동 수행원가를 과대평가하는 결과를 낳게 된다.

각 활동의 수행에 필요한 단위시간을 명확히 적시함으로써 조직은 활동 수행을 위해 공급된 자원 중 사용되지 않은 캐퍼서티의 양 51,400분과 원가 ₩46,260 물론이고 각 활동별 원가와 효율성에 관해서도 좀 더 유효한 시그널을 얻게 된다.

'돈 안 되는' 고객 사양합니다

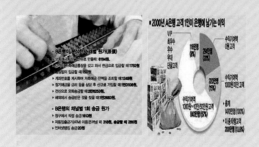

한미은행의 경기지역 한 지점에는 몇 년 전 월말이면 공과금 지로용지를 손에 든 고객이 밀려들어 업무가 마비될 지경이었다. 30m 옆에 있는 경쟁 은행의 지점이 월말이면 대기번호표 발급기를 치우면서 고객에게 "줄을 서라"고 요구했고 줄서기가 귀찮은 고객들이 한미은행 지점으로 몰려들었기 때문이다. 경쟁은행의 논리는 간단했다. 전기료 등 공과금 수납 처리에 드는 원가는 건당 600~2000원. 그러나 한국전력 등 거래처에서 받는 비용은 원가에 못 미쳐 손님을 맞을수록 손해다. "손실을 끼치는 고객을 잠시 다른 곳으로 보내자"는 생각을 한 것이다.

'고객은 왕'이란 오랜 믿음이 깨져가고 있다. 시중은행 마케팅팀장들의 요즘 화두는 "어떻게 하면 고객 떼어내기(디마케팅·demarketing)를 부작용 없이 이뤄내 수익을 높일까"다. 삼성경제연구소 신현암 수석연구원은 "고객 1인당 손익을 정확히 분석할 수 있는 금융회사를 중심으로 디마케팅 기법이 퍼져가고 있다"고 말했다.

◇ 예쁜 고객, '덜 예쁜' 고객

지난해 A은행 마케팅팀장은 고객이 은행에 얼마나 이익을 안겨 주는지를 분석하다가 깜짝 놀랐다. 전체 1470만 명 고객 가운데 35%인 514만 명은 1년에 이익을 1000원도 안겨주지 않은 사실을 발견했기 때문이다. 이 팀장은 "1000원의 이익을 남기려면 보통예금 기준으로 3개월 평균잔액이 3만원이면 충분하다"며 "이 정도일 줄은 몰랐다"고 말했다. 조사팀은 또 평시 이 은행과 아무런 거래가 없는 '비(非)고객' 약 200만 명이 이 은행 창구에서 공과금만 납부한 사실도 밝혀냈다. 한 카드전업사의 콜센터에 걸려오는 전화는 하루 18만 통이다. 이 회사는 초우량(VIP)고객이 주민등록번호나 카드번호를 입력하면 상담원에게 8~10초 만에 연결되지만 일반고객은 45초가량 걸린다.

신용등급이 떨어지는 '덜 예쁜' 고객은 긴 대기시간 외에도 정중하지만 단호한 답변을 감내해야 한다. 상담원은 신용한도가 줄어든 고객이 항의할 때 "다른 카드사에 연체가 있는 만큼 신용한도를 깎을 수밖에 없다"고 답변하도록 교육받고 있다. 이때 상당수 고객은 카드사를 비난하면서 거래를 끊는다. 고객은 자신이 거래를 끊었다고 생각하겠지만 사실은 카드사 측이 고객을 떨어내기 위해 신용한도를 계속 축소하면서 압박을 해온 것이다. SK텔레콤도 지난해 6월까지 1년간 '고객 물갈이형' 디마케팅을 도입했다. '011+017 합병' 이후 공정거래위원회가 "1년간 (가입자 수 기준) 시장 점유율이 50%를 넘겨선 안 된다"고 시정명령을 내린 탓이다. SK텔레콤 허재영 과장은 "시장점유율 50%를 유지하기 위해선 월평균 사용액이 많은 영업사원을 집중적으로 유치하고 연체고객을 떨어내는 작업을 병행했다"고 말했다.

◇ 고객평가는 원가분석에서

디마케팅은 정밀한 원가분석에서 시작된다. 우리

은행 이재연 차장은 지난해 11월 스톱워치를 들고 표본 지점을 순회했다. 창구 여직원이 고객이 맡긴 송금 처리, 외화송금 등을 처리하는 데 걸리는 시간을 초 단위까지 측정했다. 그 결과 보통예금통장을 새로 만들어주는 데 드는 비용이 6194원이란 사실 등을 알아냈다. 우리은행 박성일 부장은 "고객 한 사람이 남기는 이익을 파악하기 위해선 1년간 은행창구를 몇 번 이용하는지도 감안하고 있다"며 "과학적 원가분석을 활용해 직원 업무를 평가하고 이자율을 결정하고 있다"고 말했다. 우리은행은 조사결과 똑같은 '10만원 송금'이라도 은행창구에서 처리하면 원가가 1613원, 자동입출금기(ATM)나 인터넷뱅킹을 이용하면 각각 286원, 20원이란 것도 알아냈다. 국민은행 김영일 부행장은 "수익에 덜 기여하는 고객은 가급적 창구보다는 자동화기기를 사용하도록 창구이용료를 높일 계획"이라고 말했다.

◇고객의 저항

은행 카드사 이동통신회사는 드러내놓고 디마케팅이 존재하는 것을 인정하지 않는다. LG경제연구원 이승일 선임연구위원은 "고객이 알게 되면 역효과가 큰만큼 기업으로선 조심스럽다"고 말했다. 상습적인 반품고객의 명단을 파악한 것으로 알려진 홈쇼핑 업체들도 "명단을 알려면 알 수는 있지만 어떻게 고객을 떼어버릴 수 있느냐"고 부인했다. 디마케팅을 당한 고객이 느끼는 박탈감은 나이트클럽을 떠올리면 이해하기 쉽다. 일부 나이트클럽은 이른바 '물 관리'를 위해 나이든 고객의 입장을 막는 원시적인 디마케팅을 벌이기도 한다. 제일은행은 지난해 초 원가분석을 근거로 잔액이 10만 원 이하인 계좌에 계좌유지 수수료를 부과했지만 고객의 반발로 사실상 백지화한 것도 소비자의 저항의 좋은 사례다. 구경철 팀장은 "제일은행 내 여러 계좌에 조금씩 흩어진 돈을 한곳에 모으면 해결되는 사안이었지만 고객을 이해시키기 어려웠다"고 말했다. 현재는 제일은행을 제외한 전체 시중은행이 '예금액이 50만 원이하'일 때는 이자를 주지 않는 방식으로 '소액 예금자'를 압박하고 있다.

동아일보 2002년 6월 27일

"초코파이보다 껌이 효자라니…"

　"초코파이는 효자(孝子) 상품이 아니다." 95년 9월 담철곤 동양제과 회장은 미국의 컨설팅업체 마스(MARS & CO)로부터 이 같은 보고를 받고 자신의 귀를 의심했다. 자사의 대표 브랜드 '오리온 초코파이'가 제품별 영업이익률에서 평균에 못 미친다는 것이다. 껌의 영업이익률이 13%로 가장 높고 캔디(12%) 초콜릿(8.3%) 평균(5.3%) 비스킷(4.8%) 파이(4%) 스낵(-2.0%) 순으로 나타났다. 껌 캔디 등은 시장점유율이 낮아 천덕꾸러기 취급을 받던 품목들. '스낵은 팔수록 손해'라는 지적도 믿어지지 않았다. 회사는 수십년 간 효자와 불효자를 거꾸로 알고 대접해온 셈이다. 더욱 놀란 것은 120개 품목 중 상위 10개 제품이 전체 이익의 87%를 차지하고 하위 20개 품목이 영업이익의 40%를 감소시킨다는 점. 또 거래처의 50% 이상은 '거래할수록 손해'라는 분석도 나왔다. 이런 결과는 당시 국내에서는 생각지도 못하던 '항목별 원가'(ABC · Activity Based Costing)를 계산했기 때문에 가능했던 것이다. 동양제과도 회사 전체의 경영 상황만을 파악했지 각 제품의 원가와 수익을 산출할 줄 몰랐다.

　동양제과는 ABC 회계 시스템을 도입하면서 마스의 진단이 옳았음을 확인했다. 판매액이 가장 커 수당을 많이 받던 판매사원이 ABC 회계로는 회사 기여도

가 평균 수준이며, 판촉비를 집중 투입했던 거래처가 알고 보니 '팔수록 손해'라는 사실도 드러났다. 이런 진단 결과는 공장 마케팅 영업 경리 등 모든 조직에서 변화를 불러왔다. 이익을 내는 핵심 제품에 기업 역량을 집중한 것이다. 송정섭 경영전략부문 상무는 "ABC 회계를 도입하면서 그동안 우리가 얼마나 회사를 주먹구구식으로 운영해왔는지 깨달았다"고 말했다.

◇'경영 정교화'의 필수도구, ABC 회계

　ABC 회계는 비용이 들어가는 기업 내의 모든 행위를 세밀하게 분류해서 측정한다. 기존의 원가회계가 공장 단위로 매출이나 이익을 측정한다면 ABC 회계는 제품별 라인별 팀별로 원가가 일목요연하게 드러난다. 이 때문에 ABC 회계는 도입 초기에 많은 투자가 필요하다. 동양제과의 경우 제품 한 개의 원가를 계산하는 데 원가항목이 125개나 된다. ABC 회계의 진짜 위력은 세밀한 원가계산에만 있지 않다. 모든 활동에 대한 비용을 측정하기 때문에 회사가 안고 있는 문제에 대한 정확한 진단이 가능하다. 봉희백 기획팀 과장은 "과거 관리회계가 청진기 하나에만 의존하는 전통적 진찰법이라면 ABC 회계는 자기공명영상(MRI) 촬영, 혈액검사, 내시경 등으로 인체 내 모든 장기의 활동을 진단하는 현대의학에 비유할 수 있다"고 말했다.

◇누가 진짜 효자인가

　동양제과의 컴퓨터에서 영업사원 항목을 클릭하면 900명 영업사원별로 비용과 수익을 확인할 수 있다. 개인별 인건비 외에도 각자 지출한 휘발유값 등 80여개 항목의 비용이 빼곡히 기록돼 있다. 95년까지는 매출실적이 높으면 최고의 영업사원이었다. 지금은 다르다. 판매관리비를 적게 쓰면서 이익률이 높은 제품을 많이 파는 사람이 판매왕으로 대접받는다. 120개

브랜드 400여 종류의 제품도 마찬가지. 이제 400여 제품의 125개 원가항목이 정확하게 계산된다. "8t 트럭에 스낵을 가득 실으면 매출이 800만원이지만 껌을 실으면 1억 원이다. 차량 유지비, 재고 관리비까지 따지면 껌 한 트럭을 배달하는 것과 스낵 한 트럭을 배달하는 것은 원가에서 큰 차이가 난다. 과거에는 이런 차이를 몰랐다(안용준 비스킷 마케팅 팀장)." 회사는 브랜드 수를 400개에서 70여개로 줄였다. 거래처도 10만곳에서 5만6000곳으로 줄여 나갔다. 그 결과 4.7%에 불과하던 영업이익률(95년)이 작년에는 8.7%로 크게 좋아졌다.

◇모두가 공장장

ABC 회계는 공장의 일하는 방식도 바꿔놓았다. 매달 말 공장 전체의 매출액이나 불량률 정도만 파악됐지만 이제 제품별 원가는 물론 공정별, 라인별로 원가가 명확하게 드러난 것이다. "라인별로 하루에 투입된 원재료와 부재료 비용, 인건비, 전기료 등 원가는 물론 제조이익까지 나오다 보니 팀별로 원가를 줄이려는 노력이 자연스럽게 시작됐다. 평소보다 이익이 적게 나오면 재료비가 많이 들어갔는지, 누가 일을 덜 했는지, 불량률이 많아서 그랬는지 명확하게 책임소재가 밝혀지다 보니 생산성이 높아질 수밖에 없다." (장세칠 익산공장 업무팀장)

95년 매출의 55%를 차지하던 제조원가율이 작년에는 42.9%로 떨어졌다. 책임과 권한의 이양도 자연스럽게 일어났다. "수십 년 간 경험을 쌓은 공장장이라야 감을 잡을 수 있었던 공장 내 여러 문제점이 ABC 자료에 나타나다 보니 과거 공장장이 하던 일의 상당부분을 작업반장이 할 수 있게 됐다(정일규 익산공장 공장장)." 익산공장의 경우 근로자가 98년에 비해 절반인 200명으로 줄었지만 1인당 생산성은 같은 기간 3억5000만원에서 7억 원으로 늘었다. 89명에 이르던 업무지원팀도 11명으로 줄었다.

동아일보 2002년 5월 30일

은행 비용, 창구 1건+인터넷뱅킹 30건

다음은 활동기준원가계산에 관한 글이다.

인터넷뱅킹 처리비용이 창구거래의 1.9∼13%로 비용절감 효과가 큰 것으로 나타났다. 한빛, 서울, 조흥, 신한은행의 분석결과 인터넷뱅킹이 가장 싸고 폰뱅킹, 자동화기기, 창구거래 순으로 비용이 더 들었다. 한빛은행은 예금을 지급할 때 건당 인터넷뱅킹 비용이 39원으로 창구거래 비용 2천81원의 1.9%에 불과했다. 이에 비해 자동화기기는 2백89원, 텔레뱅킹은 48원의 비용이 들었다. 서울은행의 경우 창구 거래비용이 1천5백 원으로 인터넷뱅킹 비용(50원)의 30배로 분석됐다. 조흥은행은 예금을 지급할 때 창구거래 1천1백77원, 자동화기기 3백47원, 인터넷뱅킹, 폰뱅킹 1백55원으로 계산됐다. 시중은행 관계자는 "은행으로선 인터넷뱅킹 이용고객이 가장 고맙다"며 "인터넷뱅킹, 자동화기기 이용고객에겐 무이자 통장과 계좌유지 수수료 부과 대상에서 제외할 방침"이라고 말했다.

중앙일보 2001년 4월 2일

익·힘·문·제

1. 전통적 원가계산의 문제점을 설명하시오.

2. 활동기준원가계산에서는 기업이 수행하는 활동을 그 수준에 따라 4수준으로 구분하고 있다. 이를 예를 들어 설명하시오.

3. 활동기준원가계산절차를 간단히 기술하시오.

4. 원가동인이란 무엇인가?

5. 전통적 원가시스템에서 대량생산제품의 원가가 왜 과대계상 되는가?

연·습·문·제

1. 활동기준원가계산 시스템에 대한 설명 중 옳은 것을 모두 묶은 것은?(세무사1차 2009년)

> ㄱ. 제품과 고객이 매우 다양하고 생산공정이 복잡한 경우, 일반적으로 활동기준원가계산이 전통적 원가계산
> 보다 정확한 제품원가 정보를 제공한다.
> ㄴ. (ㄱ)설명의 주된 이유는 활동기준원가계산은 원가 발생행태보다 원가를 소모하는 활동에 초점을 맞추어
> 원가를 집계하여 배부하기 때문이다.
> ㄷ. 생산과정에서 거액의 간접원가가 발생하는 경우 활동기준원가계산이 전통적 원가계산보다 원가관리에
> 효과적이다.

① ㄱ ② ㄱ, ㄴ ③ ㄱ, ㄷ
④ ㄴ, ㄷ ⑤ ㄱ, ㄴ, ㄷ

2. (주)서울은 가전제품을 생산하여 판매하는 기업이다. (주)서울의 경영자는 현재 생산하고 있는 양문냉장고
의 설계를 변경하는 경우 원가를 얼마나 절감할 수 있는지 알아보려 한다. 20×2년의 양문냉장고 예상판매
량 100대를 현재 설계된 대로 생산하는 경우 직접재료원가 ₩100,000, 직접노무원가 ₩50,000, 그리고
제조간접원가 ₩350,000이 발생할 것으로 추정된다. (주)서울은 활동기준원가계산(activity-based costing)
을 적용하고 있는데 제조간접원가를 발생원인에 따라 항목별로 구분한 결과는 다음과 같다.

제조간접원가 항목	금액	원가동인 및 발생 현황	
기계가동원가	₩100,000	기계가동시간	100시간
작업준비원가	50,000	작업준비시간	10시간
검사원가	100,000	검사시간	10시간
재작업원가	100,000	재작업시간	20시간

설계를 변경하는 경우 기계가동시간과 재작업시간은 20% 감소되며, 작업준비시간은 25% 감소될 것으로
예상된다. 그러나 검사시간은 현재보다 20% 늘어날 것으로 예상된다. (주)서울이 설계를 변경하는 경우 단
위당 제조간접원가를 얼마나 절감할 수 있는가? (단, 상기 자료외의 원가는 고려하지 않는다.)(세무사1차
2010년)

① ₩275 ② ₩325 ③ ₩375
④ ₩425 ⑤ ₩475

3. 다음은 단일제품을 생산하여 판매하는 (주)국세의 연간 활동원가 예산자료와 4월의 활동원가 자료이다.

• 연간 활동원가 예산자료

활동	활동원가	원가동인	원가동인수량
재료이동	₩5,000,000	이동횟수	1,000회
성형	₩3,000,000	제품생산량	24,000단위
도색	₩1,500,000	직접노동시간	6,000시간
조립	₩2,000,000	기계작업시간	2,000시간

• 4월 중에 생산한 제품의 활동원가 자료

제품생산량: 2,000단위, 직접노동시간: 500시간, 기계작업시간: 200시간

활동기준원가계산에 의할 경우, (주)국세가 4월 중에 생산한 제품의 활동원가 금액은 ₩1,050,000으로 계산되었다. (주)국세가 4월 중 제품을 생산하는 과정에서 발생한 재료의 이동횟수는 얼마인가?(세무사1차 2011년)

① 95회   ② 96회   ③ 97회
④ 98회   ⑤ 99회

4. (주)국세는 가구판매업체로, 두 종류의 상품인 원목옷장과 자개옷장을 구입하여 판매하고 있다. 현재 (주)국세는 간접원가인 입고처리원가(receiving cost) ₩400,000을 옷장의 직접구입원가 기준으로 상품에 배부하는 원가계산방법을 사용하고 있다. (주)국세의 원가관리담당자는 자개옷장이 원목옷장보다 더 무겁고 조심스럽게 취급되며, 원목옷장은 자개옷장보다 1회 입고 시 더 많은 수량이 입고된다는 사실을 파악하였다. 현재의 원가계산방법을 변경하기 위해, (주)국세의 원가관리담당자는 활동분석을 통해 파악한 원가동인인 입고처리시간을 기준으로 입고처리원가를 상품에 추적하는 방안을 고려하고 있다. (주)국세의 원가관리담당자가 입고처리활동을 분석한 결과, 다음과 같은 자료를 수집하였다.

구 분	원목옷장	자개옷장
구입량	20,000개	1,000개
단위당 구입원가	₩500	₩2,500
입고횟수	12회	12회
입고횟수당 처리시간	5시간	3시간

앞 자료에 근거한 설명으로 옳지 않은 것은?(세무사1차 2011년)

① 현재 사용하고 있는 원가계산방법에서는 입고처리원가가 상품의 직접구입원가에 비례하여 발생한 다고 전제하고 있다.

② 현재 사용하고 있는 원가계산방법은 상대적으로 자개옷장의 원가를 과소평가하고 있다.

③ 입고 1회당 입고수량 차이는 두 원가계산방법에 따른 원가차이를 설명하는 요인이 될 수 있다.

④ 새로운 원가계산방법을 적용하면 현재의 원가계산방법을 사용한 경우보다 원목옷장의 원가가 높아 진다.

⑤ 상품입고 과정의 복잡성이나 난이도가 두 원가계산방법에 따른 원가차이를 설명하는 요인이 될 수 있다.

5. (주)국세는 활동기준원가계산 방법에 의하여 제품의 가공원가를 계산하고 있다. (주)국세의 각 활동과 활동 별 원가배부율은 다음과 같다.

활동	원가동인	단위당배부율
재료처리	부품 수	₩10
기계작업	기계시간	120
조립작업	조립시간	75
검 사	검사시간	100

제품A 1단위를 제조하기 위해서는 부품 200개, 기계작업 10시간, 조립작업 20시간, 검사 5시간이 요구된 다. (주)국세는 50단위의 제품A를 단위당 ₩50,000에 판매하여 ₩1,500,000의 매출총이익을 달성하였다. 이 경우, 제품A의 단위당 직접재료원가는 얼마인가? (단, 기초재고자산과 기말재고자산은 없다고 가정한 다.)(세무사1차 2012년)

① ₩5,200   ② ₩14,800   ③ ₩15,250
④ ₩20,000   ⑤ ₩30,000

6. 상품매매기업인 (주)세무는 활동기준원가계산에 의하여 간접원가를 고객별로 배부한다. 활동기준원가계산을 적용하기 위해 20×1년도 초에 수집한 연간 예산 및 관련 자료는 다음과 같다.

1. 간접원가 연간 자료:

구 분	금 액
급여	₩250,000
마케팅비	160,000
계	₩410,000

2. 자원소비단위(활동)별 간접원가 배부비율:

구 분	주문처리	고객지원	배부불능*	계
급여	20%	70%	10%	100%
마케팅비	10%	80%	10%	100%

*배부불능은 활동별로 배부되지 않은 원가로 기업전체 수준으로 배부되며 고객별로 배부되지는 않는다.

3. 활동별 원가동인과 연간 활동량:

활 동	원가동인	활동량
주문처리	주문횟수	4,000회
고객지원	고객수	40명

20×1년 중 고객 A가 6회 주문할 경우, 이 고객에게 배부될 간접원가 총액은 얼마인가?(세무사1차 2014년)

① ₩7,674   ② ₩7,774   ③ ₩7,874
④ ₩7,974   ⑤ ₩8,074

7. 활동기준원가계산에 관한 설명으로 옳지 않은 것은?(세무사1차 2015년)

① 활동기준원가계산은 생산환경의 변화에 따라 증가되는 제조간접원가를 좀 더 정확하게 제품에 배부하고 효과적으로 관리하기 위한 새로운 원가계산방법이라 할 수 있다.
② 활동기준원가계산에서는 일반적으로 활동의 유형을 단위수준활동, 묶음수준활동(배치수준활동), 제품유지활동, 설비유지활동의 4가지로 구분한다.
③ 제품유지활동은 주로 제조공정이나 생산설비 등을 유지하고 관리하기 위하여 수행되는 활동으로서 공장시설관리, 환경관리, 안전유지관리, 제품별 생산설비관리 등의 활동이 여기에 속한다.
④ 묶음수준활동은 원재료구매, 작업준비 등과 같이 묶음단위로 수행되는 활동을 의미하는데 품질검사의 경우 표본검사는 묶음수준활동으로 분류될 수 있지만, 전수조사에 의한 품질검사는 단위수준활동으로 분류된다.
⑤ 단위수준활동은 한 단위의 제품을 생산하는데 수반되어 이루어지는 활동으로서 주로 생산량에 비례적으로 발생하며, 주로 직접노무시간, 기계작업시간 등을 원가동인으로 한다.

8. (주)관세는 활동기준원가계산을 사용하고 있다. A제품 1단위 생산을 위해서는 원재료가 5 kg, 분쇄작업이 10시간 소요된다. A제품의 단위당 판매가격은 ₩9,000, A제품에 투입된 원재료는 kg당 ₩1,200이다. 다음 (주)관세의 연간 활동원가 자료를 이용하여 계산한 A제품의 단위당 제조공헌이익은 얼마인가?

(관세사 1차 2014년)

활 동	원가동인	원가동인 수	변동 가공원가	고정제조 간접원가
세척활동	재료의 양	20,000 kg	₩500,000	₩100,000
분쇄활동	기계시간	42,000 시간	₩840,000	₩840,000

① ₩1,600 ② ₩2,450 ③ ₩2,600
④ ₩2,675 ⑤ ₩3,000

9. 활동기준원가계산제도에 관한 설명으로 옳지 않은 것은?(관세사 1차 2013년)

① 제품조립활동, 기계작업활동, 전수검사 등은 제품단위수준활동이며 공장관리활동, 냉난방활동, 조경활동 등은 공장설비수준활동이다.
② 원가정보의 수집 및 처리기술이 발전하여 원가측정비용이 크게 감소되었다.
③ 다품종 소량생산의 제조업체가 활동기준원가계산을 적용할 경우 도움이 된다.
④ 활동기준원가계산은 활동을 원가대상의 중심으로 삼아 활동의 원가를 계산하고 이를 토대로 하여 다른 원가를 계산하는 것을 중점적으로 다루는 원가계산시스템이다.
⑤ 제품의 다양성이 증가되면서 개별제품이나 작업에 직접 추적이 어려운 원가의 비중이 감소되었다.

10. 활동기준원가계산(Activity-Based Costing)에 관한 설명으로 옳지 않은 것은?(관세사 1차 2012년)

① 단위수준활동(unit-level activities)은 제품 한 단위가 생산될 때마다 수행되는 활동을 말하며, 단위수준활동 원가는 조업도기준 원가동인에 의해 배분된다.
② 활동기준원가계산은 보조부문의 제조간접원가를 생산부문으로 배부한 후에, 생산부문에 배부된 원가를 조업도기준 원가동인에 의해 제품에 배부한다.
③ 묶음수준활동(batch-level activities)은 한 묶음에 포함되는 단위 수에 상관없이 묶음 단위로 처리 또는 가공하는 활동을 말한다.
④ 활동기준원가계산에서도 직접노무시간이나 직접노무원가가 원가동인으로 사용될 수 있다.
⑤ 활동기준원가계산은 제조원가뿐만 아니라 비제조원가도 원가동인에 의해 배부할 수 있다.

7

CHAPTER

종합원가계산

종합원가계산은 반복 생산되는 제조환경에서 이용되는 시스템으로 대량의 동종 제품이나 유사제품이 연속 생산 공정 하에서 생산되는 제품상황에 적합한 원가 계산방법이다. 종합원가계산을 이용하는 산업으로는 제지, 정유, 화학, 섬유, 제 분, 목제 및 전자산업 등이 있다. 종합원가계산을 이해하기 위해 완성품 환산량의 개념을 설명하고 공손품이 존재할 경우 원가계산 및 회계처리과정을 살펴본다.

1. 종합원가계산과 개별원가계산의 차이
2. 완성품 환산량의 의미
3. 종합원가계산의 절차
4. 연속공정의 종합원가계산
5. 공손품 원가계산

7.1 종합원가계산의 의의

종합원가계산(process costing systems)은 반복 생산되는 제조환경에서 이용되는 시스템으로 대량의 동종제품이나 유사제품이 연속 생산공정 하에서 생산되는 제품상황에 적합한 원가계산방법이다. 종합원가계산을 이용하는 산업으로는 제지, 정유, 화학, 섬유, 제분, 목재 및 전자산업 등이 있다. 많은 점에서 개별원가계산과 종합원가계산은 유사하다. 양 제품원가시스템의 궁극적인 목적은 생산단위당 원가를 산출하는 것이며, 또한 제조원가계정을 통한 원가흐름은 동일하다.

[그림 7-1]은 하나의 생산부문에서 생산되는 경우와 두 개의 생산부문에서 연속 생산되는 경우의 종합원가계산 원가흐름을 나타내고 있다. [그림 7-1]에서 보는 바와 같이 앞의 개별원가계산에서 이용된 계정들이 동일하게 이용되고 있다. 즉, 직접재료원가, 직접노무원가, 그리고 제조간접원가가 재공품계정에 대체되고, 제품이 생산되면 제품계정에 그리고 제품이 판매되면 매출원가계정으로 대체된다. 두 개의 연속된 생산부문의 경우에 A의 생산부문에서 제품생산이 완료되면 A 생산부문의 재공품 계정에 누적된 원가는 다음 생산부문인 B 생산부문의 재공품에 대체된다. 이

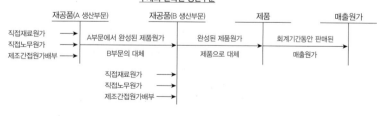

[그림 7-1] 종합원가계산에서의 원가흐름

와 같이 다음 공정에 대체되는 원가를 차공정대체원가(transferred—out costs)라 한다.

두 개의 연속된 생산부문에 대한 가상의 예를 통한 회계처리는 다음과 같다.

A 생산부문에서 사용된 직접재료원가, 직접노무원가는 A 생산부문의 재공품에 부과되고 제조간접원가는 예정제조간접원가 배부율에 의하여 배부된다. 예정제조간접원가 배부율은 개별원가와 동일한 방법으로 계산한다. 이에 대한 회계처리는 다음과 같다.

(차) 재공품(A 생산부문)	×××	(대) 직 접 재 료 원 가	×××
		직 접 노 무 원 가	×××
		제 조 간 접 원 가	×××

A 생산부문의 생산이 완료되면 A부문에서 생산된 제품이 B 생산부문으로 이전된다. 이에 대한 회계처리는 A 생산부문의 재공품 원가가 B 생산부문의 재공품에 대체된다.

(차) 재공품(B 생산부문)	×××	(대) 재공품(A 생산부문)	×××

B 생산부문에서 사용된 직접재료원가, 직접노무원가 및 예정배부율에 의하여 배부된 제조간접원가를 B 생산부문의 재공품에 부가된다. 이에 대한 회계처리는 다음과 같다.

(차) 재공품(B 생산부문)	×××	(대) 직 접 재 료 원 가	×××
		직 접 노 무 원 가	×××
		제 조 간 접 원 가	×××

B 생산부문의 생산이 완료되면 B 부문에서 생산된 제품은 제품창고로 이전되고 이에 대한 회계처리는 다음과 같다.

(차) 제 품	×××	(대) 재공품(B 생산부문)	×××

이 제품이 판매되면 제품재고를 매출원가로 대체한다.

(차) 매 출 원 가	×××	(대) 제 품	×××

7.2 종합원가계산과 개별원가계산의 차이

개별원가계산(job-order costing)에서는 원가가 개별 작업별로 집계된다. 작업지시에 따라 개별작업이 수행됨에 따라 원가는 작업원가집계표에 집계되고 작업이 완료되면 제공품 계정에서 제품계정으로 대체된다. 특정작업에 대한 단위당 원가는 총작업원가를 작업에서 생산된 수량으로 나누어 계산한다.

종합원가(Process costing)에서는 원가가 생산부문별로 집계된다. 각 제조공정에서 수행된 원가는 각 제조공정에 기록되고 생산이 완료되면 다음 제조공정으로 대체된다. 그리고 차기 제조공정에서 생산이 완전히 완료되면 재공품 계정에서 제품계정으로 대체된다. 단위당 원가는 한 단위생산을 위해 발생한 총 평균원가를 적용한다.

개별원가계산과 종합원가계산의 중요한 차이는 [그림 7-2]에 잘 나타나 있다.

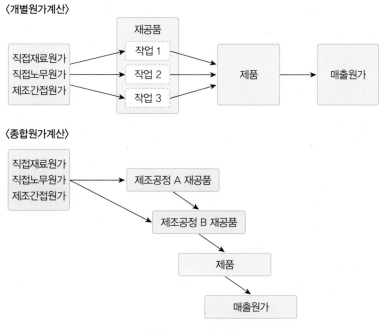

[그림 7-2] 개별원가계산과 종합원가계산의 비교

개별원가계산은 작업에 대한 작업원가집계표를 기초로 하여 원가배부가 이루어지지만 종합원가계산은 제조공정에 대한 제조원가보고서를 기준으로 원가배부가 이루어진다. 제조원가보고서는 각 공정별 생산량 및 원가자료를 요약 표시하는 것으로서 생산량, 공정별 배부원가, 단위당 원가, 완성품원가 및 기말재공품원가 등을 요약 표시한 것이다. 개별원가계산과 종합원가계산에 대한 구체적인 비교는 〈표 7-1〉과 같다.

〈표 7-1〉 개별원가계산과 종합원가계산

	개별원가계산	종합원가계산
산업유형	- 건설업, 조선업, 병원, 회계사무소, 법률사무소	- 정유, 화학, 제지, 식품가공업, 및 시멘트 제조업
생산형태	- 다품종 소량 주문생산 - 고객주문제품	- 동종제품의 대량 반복생산 - 연속흐름 생산방식 - 표준화 제품
원가계산접근법	- 작업 원가집계표를 이용 - 작업별원가/작업별 생산량	- 제조원가보고서 이용 - 기간별 평균원가
기말재공품 평가	- 미완성된 작업원가집계표에 집계된 원가	- 기말재공품환산량 × 평균원가

7.3 완성품 환산량(Equivalent Unit)

직접재료원가, 직접노무원가 및 제조간접원가는 생산과정에서 일정한 비율로 투입되지 않는다. 직접재료원가는 대부분 생산과정의 시작 시점에서 투입되는데 반하여, 직접노무원가와 제조간접원가(가공원가)는 제조공정 전반을 통해 균등하게 투입된다. [그림 7-3]과 같이 직접재료원가는 생산초기에 이미 모두 투입되기 때문에 완성도가 100%이고, 가공활동은 제조공정 전반에 걸쳐 투입되기 때문에 완성도는 가공활동의 완성수준에 의하여 결정된다. 따라서 가공활동이 65% 완성되었으면 완성도는 65%이다.

예를 들어 기말 생산공정에 1,000 단위가 있다고 가정하고, 이 단위에 대한 가공(직접노무원가와 제조간접원가)이 65%가 이루어졌다고 가정한다. 가공활동은 생산과정의 전공을 통해 일정하게 수행되기 때문에 1,000단위에 대한 65%의 가공활동이 수행된 제품의 가공량은 650단위와 동일하다. 이를 계산식으로 표시하면 다음과 같다.

제조공정에서 부분적으로 완성된 1,000단위 × 65%의 가공 = 650단위

직접재료: 공정의 시작시점에 투입

| 제선 공정 | 제강 공정 | 열연 공정 | 냉연 공정 | 도금 공정 |

철강산업의 제조공정

가공활동: 전 생산공정을 통해 균등하게 수행

[그림 7-3] 생산공정에서의 직접재료, 가공활동

완성품 환산량은 종합원가의 핵심요소로서 제조활동에서 현재 진행되고 있는 작업의 양을 측정하기 위해 이용된다. 제조공정상의 1,000단위는 가공활동의 650단위 완성품 환산량으로 표시된다. 또한 완성품 환산량은 제조공정상에 있는 직접재료의 양을 측정하는 데도 이용된다. 직접재료는 제조공정 초기에 투입되기 때문에 직접재료의 완성도는 100%가 된다. 따라서 1,000 단위의 직접재료의 완성품 환산량은 1,000단위(1,000단위×100% 완성도)이다.

종합원가계산의 특징은 물량단위에 의해 원가를 부가하기보다는 직접재료원가와 가공원가를 완성품 환산량에 의해서 부가한다는 점이다. 예로서 단순화하기 위해 현 회계기간 동안 오직 하나의 제조활동이 이루어진다고 가정하고, 직접재료원가 ₩150,000과 가공원가 ₩65,000이 발생하였다고 가정하면, 현 회계기간동안 단위당 직접재료원가는 ₩150, 단위당 가공원가는 ₩100이다. 이에 대한 계산식은 다음과 같다.

$$\frac{\text{₩150,000(직접재료원가)}}{\text{1,000(직접재료완성품환산량)}} = \text{₩150(단위당직접재료원가)}$$

$$\frac{\text{₩65,000(가공원가)}}{\text{650(가공원가완성품환산량)}} = \text{₩100(단위당가공원가)}$$

이 예는 기초재공품 재고가 없고 회계기간 동안 완성품이 없기 때문에 아주 단순한 예이지만, 종합원가계산에서는 단위당 원가계산을 물량보다 완성품환성량(equivalent units)에 의해서 이루어지고 있다는 의미를 잘 나타내주는 예이다.

7.4 종합원가계산 절차

종합원가계산은 기말에 각 생산부문은 제조원가(생산원가) 보고서(departmental production cost report)를 작성한다. 이는 개별원가계산에서 각 작업별 원가를 계산하기 위해 이용되는 작업원가집계표 같은 것이다. 부문별 제조원가보고서는 회계기간 동안 특정 생산부문을 통과하는 생산물량의 흐름 및 발생한 원가를 파악하고, 그 부문에서 수행한 작업량(완성품환산량)을 기준으로 평준화하여 완성품(차공정대체) 원가와 기말재공품 재고를 구한다. 종합원가계산에서는 생산활동이 계속적으로 이루어지는 것으로 가정하기 때문에 전기에 발생한 원가와 당기에 생산활동에 투입된 원가가 혼합되는 경우가 발생한다. [그림 7-4]에서와 같이 예를 들면 당기의 완성품은 전기에 생산을 착수하였으나 완성되지 못하고 당기에 완성된 단위와 당기 중에 생산을 착수하여 당기에 완성된 단위들로 구성되어 있다. 또한 당기 중에 생산을 착수하였으나 당기말에 생산이 완료되지 않고 기말재공품상태로 남아 차기에 계속적으로 생산이 이루어지는 단위도 있다.

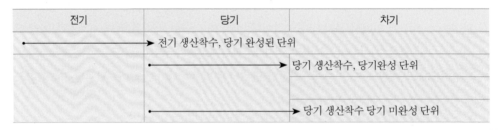

[그림 7-4] 공정의 생산흐름

따라서 생산흐름과 원가발생흐름을 동시에 고려한다면 기초재공품 원가는 전기에 생산에 투입되어 부분적으로 완성된 단위에 투입된 원가를 말하고, 당기투입원가는 기초재공품의 완성을 위해 당기에 투입된 원가와 당기에 새로이 생산에 투입되는 단위를 위해 투입된 원가를 말하며 총원가는 기초재공품 원가와 당기투입원가의 합이다. 이는 당기완성품 원가와 기말재공품 원가로 구분할 수 있다. 완성품원가는 전기에 생산이 착수되고 당기에 완성된 완성품 원가와 당기에 생산이 착수되어 당기에 완성된 완성품 원가의 합계액이다. 기말재공품 원가는 당기어 생산이 착수되었으나 기말 현재 생산이 완료되지 않은 재공품의 원가로 이는 차기의 기초재공품 원가가 된다.

종합원가계산에서는 부문별 제조원가보고서를 작성하기 위해 일반적으로 다음과 같은 4단계의 과정을 거친다.

1단계: 물량흐름을 파악한다.

2단계: 원가요소별로 완성품환산량을 계산한다.

3단계: 원가요소별로 완성품환산량 단위당 원가를 계산한다.

4단계: 완성품원가 및 기말재공품의 원가를 계산한다.

종합원가계산의 절차를 이해하기 위해 다음과 같은 예제를 이용하기로 하자.

[예제 7–1]

(주) 한국철강은 포항제철소에서 철강제품을 생산하고 있으며, 생산공정은 5개의 연속되는 공정으로 이루어져 있다. 예제의 편의상 제강공정과 열연공정을 이용하기로 한다. 제강공정에서 쇳물에 산소를 취입하여 슬라브를 생산하고, 열연공정에서는 슬라브를 압연공정을 거쳐 열연강판을 생산한다. 제강공정에서 쇳물로 이루어진 직접재료는 생산의 초기에 투입되고, 직접노무원가와 제조간접원가는 전 생산공정을 통하여 균등하게 투입된다. 그리고 제강공정에서 이용하는 예정제조간접원가 배부율은 직접노무원가의 125%를 적용한다.

포항제철소의 11월중 제강공장에 대한 활동과 원가에 대한 자료는 다음과 같다.

기초재공품(40,000톤, 직접재료 100%, 가공활동 10% 완성)		
직접재료	₩100,000	
가공원가	14,400	
기초재공품원가	₩114,400	
당기투입량		60,000톤
완성품량		80,000톤
기말재공품(직접재료 100%, 가공활동 50%완성)		20,000톤
당기투입원가	₩567,000	
직접재료	₩180,000	
가공원가	387,000	
직접노무원가	₩172,000	
제조간접원가	215,000	

1. 가중평균법에 의한 종합원가계산

(1) 물량흐름 파악

첫 번째 단계는 11월 한달 동안의 물량흐름표를 작성하는 것이다. 이 표는 〈표 7-2〉에 제시되어 있으며, 그 계산식은 다음과 같다.

$$기초재공품량 + 당기투입량 = 완성품량(차공정 대체량) + 기말재공품량$$

제강공정에서는 11월중 기초재공품 40,000톤과 당기투입량 60,000톤이 투입되어 총 투입량은 100,000톤이며, 이 결과 완성품 80,000톤과 기말재공품 20,000톤으로 총 산출량은 100,000톤이다. 완성품은 열연공정으로 대체된다.

〈표 7-2〉 **1단계 물량흐름 파악**

투입량		산출량	
기초재공품	40,000톤	완성품량	80,000톤
당기투입량	60,000톤	기말재공품량	20,000톤
총투입량	100,000톤	총 산출량	100,000톤

(2) 원가요소별 완성품환산량 계산

종합원가계산의 두 번째 단계에서는 직접재료와 가공원가의 완성품환산량을 측정하는 단계이다. 〈표 7-3〉은 1단계에서 파악된 물량흐름을 근거로 각 원가요소별 완성품환산량을 표시하고 있다. 완성되어 열연공정으로 대체된 80,000톤은 100% 완성되었다. 따라서 80,000톤은 직접재료원가와 가공원가의 완성품환산량이다. 기말재공품 20,000톤은 직접재료원가는 완성되고 가공활동은 50%완성되었으므로 직접재료 완성품환산량은 20,000톤이고, 가공원가의 완성품환산량은 10,000톤이다. 이에 대한 등식은 다음과 같다.

$$당기완성품 완성품환산량 + 기말재공품 완성품환산량 = 총 완성품환산량$$

	물량	완성도	완성품환산량	
			직접재료	가공원가
기초재공품	40,000	10%		
당기 투입량	60,000			
총 투입량	100,000			
완성품	80,000	100%	80,000	80,000
기말재공품	20,000	50%	20,000	10,000
총완성품환산량	100,000		100,000	90,000

직접재료와 가공원가 활동에 대한 총 완성품환산량은 당 회계기간동안 달성된 활동을 초과하고 있다. 이는 11월 한 달 동안 직접원재료 60,000톤이 기초에 투입되기 때문에 직접원재료 완성품환산량 60,000톤이 실질적으로 제조공정에 투입되었다. 그러나 가중평균법에 의한 종합원가계산에서는 총 완성품환산량은 100,000톤이다. 직접원재료 완성품환산량에 대한 차이 40,000톤은 전기에 제조공정에 투입된 것이다. 이와 같이 완성품환산량을 산출하는데 전기 및 당기에 수행한 활동을 구분하지 않고 산출하는 것이 가중평균법의 특징이다.

(3) 원가요소별 단위당 원가계산

종합원가계산의 세 번째 단계는 직접재료 및 가공원가에 대한 단위당 원가를 측정하는 것이다. 직접재료에 대한 단위당 원가는 총 직접재료원가를 2단계에서 산출한 직접재료 완성품환산량으로 나누어 산출한다. 총 직접재료원가는 기초재공품의 직접재료와 11월 한 달 동안 발생한 직접재료원가를 포함한다. 가공활동에 대한 단위당 원가도 직접재료와 동일한 절차로 이루어진다. 이를 정리하면 〈표 7-4〉와 같다.

〈표 7-4〉 3단계 원가요소별 단위당 원가계산

	직접 재료원가	가공원가	총 계
기초재공품	₩100,000	₩14,400	₩114,400
당기 투입원가	180,000	387,000	567,000
총원가	₩280,000	₩401,400	₩681,400
완성품 환산량(톤)	100,000톤	90,000톤	
단위당 원가(톤당)	₩2.8	₩4.46	₩7.26

(4) 완성품원가 및 기말재공품의 원가계산

종합원가계산의 마지막 단계는 완성품원가와 기말재공품 원가를 계산하는 것이다. 〈표 7-5〉는 포항제철소의 제강공정에서 가중평균법을 이용하여 완성품원가와 기말재공품원가를 계산한 것이다. 계산의 편의를 위하여 3단계의 단위당 원가계산이 제시되어 있으며, 완성품원가와 기말재공품원가의 합계인 ₩681,400의 금액은 제 3단계에서의 총원가와 정확히 일치한다. 즉 당기총원가를 총완성품환산량 단위당 원가라는 배부율로 완성품원가와 기말재공품에 적절히 배부하는 과정이 제 4단계이다.

〈표 7-5〉 **4단계 완성품원가 및 기말재공품의 원가계산**

	직접재료원가	가공원가	합계
기초재공품	₩100,000	₩14,400	₩114,400
당기 투입원가	180,000	387,000	567,000
총원가	₩280,000	₩401,400	₩681,400
완성품 환산량(톤)	100,000	90,000	
단위당 원가(톤당)	₩2.8	₩4.46	₩7.26
완성품원가	80,000×2.8=224,000	80,000×4.46=356,800	₩580,800
기말재공품 원가	20,000×2.8=56,000	10,000×4.46=44,600	₩100,600
검증	완성품원가		₩580,800
	기말재공품 원가		100,600
	총원가		₩681,400

가중평균법에 의한 포항제철소 제강공정의 11월중 생산원가 보고서를 작성하면 〈표 7-6〉과 같다.

〈표 7-6〉 **부문별 제조원가 보고서**

(1) 물량흐름 및 완성품환산량

	물량흐름	완성도	완성품환산량 직접원재료원가	가공원가
기초재공품	40,000톤	10%		
당기투입량	60,000			
총투입량	100,000톤			

완성품량	80,000톤	100%	80,000		80,000
기말재공품	20,000톤	50%	20,000		10,000
총산출량	100,000톤				
당기 완성품 환산량			100,000		90,000

(2) 원가요소별 총원가 및 단위원가

	직접재료원가	가공원가	총원가
기초재공품원가	₩100,000	₩14,400	₩114,400
당기투입원가	180,000	387,000	567,000
당기총원가	280,000	401,400	681,400
당기완성품환산량	100,000톤	90,000톤	
단위원가(톤당)	₩2.80	₩4.46	₩7.26

(3) 가중평균법에 의한 원가배부

	직접재료원가		총원가
완성품	₩64,000+₩356,800		₩580,800
기말재공품	₩56,000+₩44,600		100,600
총원가			₩681,400

2. 선입선출법에 의한 종합원가계산

선입선출법(first-in first-out, FIFO)에서는 먼저 투입된 물량은 먼저 완성된다고 가정하기 때문에 가중평균법과 달리 원가계산에 있어서 기초재공품이 당기에 투입된 물량과 혼합되지 않고 모두 완성품에 포함시키고 당기투입원가를 완성품과 기말재공품에 배부하는 방법이다.

(1) 물량흐름 파악

첫 번째 단계는 11월 한달 동안의 물량흐름표를 작성하는 것으로 가중평균법과 선입선출법이 일치한다. 따라서 제강공정에서는 11월중 기초재공품 40,000톤과 당기투입량 60,000톤이 투입되어 총 투입량은 100,000톤이며, 이 결과 완성품 80,000톤과 기말재공품 20,000톤으로 총 산출량은 100,000톤이다. 완성품은 열연공정으로 대체된다.

(2) 원가요소별 완성품환산량 계산

선입선출법은 가중평균법과 달리 먼저 투입된 물량이 먼저 완성된다고 가정하기 때문에 완성품환산량 계산시 당기완성품량을 기초재공품과 당기 착수 완성량으로 구분하여 산출하여야 한다. 선입선출법의 원가요소별 완성품환산량 계산은 〈표 7-7〉에 나타나 있다.

〈표 7-7〉 선입선출법에 의한 원가요소별 완성품환산량 계산

	물량	완성도	완성품환산량	
			직접재료	가공원가
완성품				
기초재공품	40,000	90%*	0	36,000
당기착수	40,000	100%	40,000	40,000
기말재공품	20,000	50%	20,000	10,000
총 완성품환산량			60,000	86,000

* 기초완성도가 10%이므로 당기완성도는 90%(100%-10%)

　　여기서 주목해야 할 것은 기초재공품이 존재하기 때문에 가중평균법과 선입선출법의 차이가 발생한다는 점이다. 만일 기초재공품이 없다면 원가흐름의 가정이 필요 없기 때문에 가중평균법과 선입선출법은 결과는 일치한다.

(3) 원가요소별 단위당 원가계산

선입선출법에서 원가요소별 단위당 원가는 요소별 당기투입원가를 요소별 완성품환산량으로 나누어 요소별 단위당 원가를 계산한다. 이 때 기초재공품 원가는 제외된다. 이는 〈표 7-8〉과 같이 나타낼 수 있다.

〈표 7-8〉 선입선출법에 의한 원가요소별 단위당 원가계산

	직접 재료원가	가공원가	총 계
기초재공품	₩100,000	₩14,400	₩114,400
당기 투입원가	180,000	387,000	567,000
총원가	₩280,000	₩401,400	₩681,400
당기투입원가	₩180,000	₩387,000	
완성품환산량(톤)	60,000	86,000	
단위당 원가(톤당)	₩3.0	₩4.5	₩7.5

(4) 완성품원가 및 기말재공품의 원가계산

선입선출법의 경우 두 단계로 구분하여 완성품원가와 기말재공품 원가를 산출한다. 완성품 80,000톤 중 전기 투입 분 40,000톤과 당기 투입 분 40,000톤으로 구분된다. 기초재공품 40,000 톤에 대한 직접재료는 이미 모두 투입되었으므로 당기에 추가로 투입할 필요가 없으며, 가공활 동은 10%만 이루어진 상태로 당기에 이월되었기 때문에 나머지 90%를 추가 가공하여 완성시 키게 된다. 나머지 40,000톤은 당기에 직접재료 투입과 가공활동을 통하여 완성시키게 된다. 따라서 기초재공품 원가와 전기 투입 분 40,000톤에 대한 가공원가 및 당기 투입 분 40,000톤에 대한 당기투입원가의 합계가 바로 완성품 원가가 된다.

기말재공품 20,000톤은 선입선출법을 가정하였기 때문에 당기에 투입하여 아직 완성되지 않은 물량을 말한다. 따라서 기말재공품은 당기에 수행된 활동만으로 구성되며, 직접재료는 전부 투입되었기 때문에 완성품환산량은 20,000톤이며, 가공활동은 50%만 이루어졌기 때문에 완성품 환산량은 10,000톤이다. 기말재공품 원가는 당기 투입원가 및 기말재공품 완성품 환산량을 이용하여 산출한다.

선입선출법에 의한 완성품원가와 기말재공품 원가는 〈표 7-9〉와 같다.

〈표 7-9〉 선입선출법에 의한 완성품원가와 기말재공품 원가

	직접재료원가	가공원가	합계
기초재공품	₩100,000	₩14,400	₩114,400
당기 투입원가	180,000	387,000	567,000
총원가	₩280,000	₩401,400	₩681,400
당기투입원가	180,000	387,000	567,000
완성품 환산량(톤)	60,000	86,000	
단위당 원가	₩3.0	₩4.50	₩7.50
완성품원가	₩114,000		₩576,400
	40,000×3.0=120,000	76,000×4.50=342,000	
기말재공품 원가	20,000×3.0=60,000	10,000×4.50=45,000	₩105,000
검증	완성품원가		₩576,400
	기말재공품 원가		105,000
	총원가		₩681,400

선입선출법에 의한 포항제철소 제강공정의 11월중 생산원가 보고서를 작성하면 〈표 7-10〉과 같다.

〈표 7-10〉 **부문별 생산원가 보고서**

(1) 물량흐름 및 완성품환산량

	물량흐름	완성도	완성품환산량 직접재료원가	가공원가
기초재공품	40,000톤	10%		
당기투입량	60,000			
총투입량	100,000톤			
당기완성				
기초재공품	40,000톤	90%	0	36,000
당기착수	40,000톤	100%	40,000	40,000
기말재공품	20,000톤	50%	20,000	10,000
총산출량	100,000톤			
당기 완성품 환산량			60,000	86,000

(2) 원가요소별 총원가 및 단위원가

	직접재료원가	가공원가	총원가
기초재공품원가	₩100,000	₩14,400	₩114,400
당기투입원가	180,000	387,000	567,000
당기총원가	280,000	401,400	681,400
당기투입원가	₩180,000	₩387,000	₩567,000
당기완성품환산량	60,000톤	86,000톤	
단위원가	₩3.0	₩4.50	₩7.50

(3) 선입선출법에 의한 원가배부

		총원가
완성품	₩114,400+₩120,000+₩342,000	₩576,400
기말재공품	₩60,000+₩45,000	105,000
총원가		₩681,400

3. 가중평균법과 선입선출법의 비교

앞의 포항제철소의 제강공정의 예에서 가중평균법에 의한 차공정 대체원가는 ₩580,800인데 비하여 선입선출법에 의한 완성품원가는 ₩576,400으로 나타나 가중평균법이 보다 높게 평가하고 있다. 그러나 기말재공품 원가는 가중평균법이 ₩100,600으로 선입선출법의₩105,000보다 다소 낮게 평가하고 있다. 이와 같은 원가차이는 원가계산시 기초재공품을 당기투입량과 구분여부에 따라 달라진다. 이에 따라 완성품환산량과 원가요소별 단위원가가 상이해진다.

가중평균법에 의한 원가계산은 기초재공품과 당기투입량을 구분하지 않기 때문에 계산이 용이한 반면 원가계산의 정확성이 떨어진다. 가중평균법하에서는 전기와 당기의 원가가 가중평균되어 당기에 완성된 모든 완성품의 원가가 동일하다. 그러나 선입선출법에 의한 원가계산은 기초재공품과 당기투입량을 구분하기 때문에 계산이 복잡하나, 계획 및 통제목적에는 유용하다. 이는 전기의 성과와 당기의 성과를 구분하여 당기의 효율성을 측정하고자 하거나, 표준과 실적을 대비하기 위하여 당기에 수행한 활동을 기준으로 평가하기 때문이다.

가중평균법과 선입선출법의 차이를 정리하면 다음 〈표 7-11〉과 같다.

〈표 7-11〉 **가중평균법과 선입선출법의 차이**

가중평균법	선입선출법
• 완성품환산량 계산시 기초재공품을 당기에 투입한 것으로 가정하여 당기 투입량과 동일하게 취급한다. – 완성품환산량=당기 완성품+기말 재공품 완성품 환산량 • 원가계산 대상금액은 기초재공품원가와 당기투입원가의 합계액이다. • 완성품환산량 단위원가는 전기의 원가가 포함되어 있다. • 완성품원가는 당기완성량과 완성품 환산량 단위원가를 곱한 금액이다.	• 완성품환산량 계산시 기초재공품과 당기투입량을 구분한다. – 완성품환산량=당기완성품+기말재공품 완성품환산량-기초재공품 완성품 환산량 • 기초재공품 원가는 완성품원가의 일부이며, 당기투입원가는 완성품과 기말 재공품으로 구분된다. • 완성품환산량 단위원가는 당기투입 원가로만 이루어진다. • 완성품원가는 기초재공품 원가와 당기 투입원가중 완성분으로 구성된다.

7.5 연속공정의 종합원가

지금까지는 단일 공정만을 가정하였으나, 대부분의 기업은 연속적인 공정을 통하여 제품을 생산하고 재공품이 공정간 이동됨에 따라 원가도 공정간 대체된다. 따라서 본 절에서는 연속공정의 종합원가를 검토하고자 한다.

연속공정에서 전공정으로부터 대체되는 원가는 전공정원가(transferred-in costs)라 하며, 이는 공정착수 시점에 투입되어 가공되므로 후속공정의 관점에서는 일종의 투입물과 같은 역할을 하기 때문에 직접재료원가와 같이 취급된다. 따라서 후속공정의 경우 앞 공정에서 대체되는 전공정원가와 추가로 투입되는 직접재료원가, 가공원가 등 원가요소별로 나누어 원가계산을 한다.

전공정원가를 이해하기 위해 POSCO의 제강공정만을 대상으로 한 원가계산을 열연공정까지 확장해보자.

[예제 7-2]

(주) 한국철강 제강공정의 완성품은 즉시 열연공정으로 대체되고, 열연공정은 최종단계에서 포장재료를 포함한 직접재료가 투입되며, 가공활동은 공정에서 균등하게 발생한다. (주)한국철강 포항제철소의 12월 열연공정의 원가자료는 다음과 같다.

기초재공품(30,000톤, 전공정 100%, 가공활동 50%완성)

전공정	₩255,200
직접재료	0
가공원가	84,000
기초재공품원가	339,200

전공정대체량	80,000톤
완성품량	90,000톤
기말재공품(전공정 100%, 가공활동 75%완성)	20,000톤

당기투입원가

전공정	?
직접재료원가	₩157,500
가공원가	630,000

※ 전공정 대체원가는 가중평균법: ₩580,800, 선입선출법: ₩576,400

---

1. 가중평균법에 의한 연속공정의 종합원가계산

가중평균법을 이용한 연속공정의 종합원가계산은 〈표 7-12〉와 같다. 〈표 7-12〉에서 보는 바와 같이 완성품원가와 기말재공품원가의 합계인 ₩1,707,500은 제 3단계에서의 총원가와 정확히 일치한다.

〈표 7-12〉 가중평균법에 의한 연속공정 종합원가계산(열연공정)

(1) 물량흐름 및 완성품환산량

	물량흐름	완성도	완성품환산량		
			전공정	직접재료	가공활동
기초재공품	30,000톤	50%			
당기투입량	80,000				
총투입량	110,000톤				
완성품량	90,000톤	100%	90,000	90,000	90,000
기말재공품	20,000톤	75%	20,000	0	15,000
총산출량	110,000톤				
당기완성품환산량(톤)			110,000	90,000	105,000

(2) 원가요소별 총원가 및 단위원가

	전공정원가	직접재료원가	가공원가	총원가
기초재공품원가	₩255,200	₩0	₩84,000	₩339,200
당기투입원가	580,800	157,500	630,000	1,368,300
당기총원가	₩836,000	₩157,500	₩714,000	₩1,707,500
당기완성품환산량(톤)	110,800	90,800	105,800	
단위원가(톤당)	₩7.60	₩1.75	₩6.80	₩16.15

(3) 가중평균법에 의한 원가배부

	전공정원가	직접재료원가	가공원가	총원가
완성품	90,000×7.6 =684,000	90,000×1.75 =157,500	90,000×6.80 =612,000	₩1,453,500
기말재공품	20,000×7.6 =152,000		15,000×6.80 =102,000	254,000
총원가				₩1,707,500

2. 선입선출법에 의한 연속공정의 종합원가계산

선입선출법을 이용한 연속공정의 종합원가계산은 〈표 7-13〉과 같다. 선입선출법의 경우 완성품원가와 기말재공품 원가를 산출하는데 있어서 완성품의 경우는 두 단계로 구분하여 산출한다. 당기 완성량을 전기 투입량과 당기 착수량으로 구분하고 이에 대한 원가를 산정한다. 따라서 완성품 원가는 기초재공품 원가에 전기 투입량에 대한 당기 추가가공원가와 당기 착수량에 대한 당기 직접원재료 투입원가와 가공원가의 합계로 계산된다. 예제에서 완성품 원가는 기초재공품 ₩339,200과 전기 투입량 추가가공원가 ₩157,500과 당기 착수량에 대한 원재료 및 가공원가 ₩957,300의 합인 ₩1,454,000이다. 기말재공품은 원재료가 공정이 완료된 후에 투입되기 때문에 전공정원가와 가공원가의 합계로 이루어진다. 예제에서 전공정원가 ₩144,100과 가공원가 ₩105,000의 합인 ₩249,100이다. 따라서 완성품가와 기말재공품원가의 합계인 ₩1,703,100은 제 3단계에서의 총원가와 정확히 일치한다.

〈표 7-13〉 **선입선출법에 의한 연속공정 종합원가계산(열연공정)**

(1) 물량흐름 및 완성품환산량

	물량흐름	완성도	완성품환산량 전공정	완성품환산량 직접재료	완성품환산량 가공활동
기초재공품	30,000톤	50%			
당기투입량	80,000				
총투입량	110,000톤				
당기완성					
기초재공품	30,000톤	50%	0	30,000	15,000
당기착수	60,000톤	100%	60,000	60,000	60,000
기말재공품	20,000톤	75%	20,000	0	15,000
총산출량	110,000톤				
당기완성품환산량(톤)			80,000	90,000	90,000

(2) 원가요소별 총원가 및 단위원가

	전공정원가	직접재료원가	가공원가	총원가
기초재공품원가	₩255,200	₩0	₩84,000	₩339,200
당기투입원가	576,400	157,500	630,000	1,363,900
당기총원가	₩831,600	₩157,500	₩714,000	₩1,703,100
당기투입원가	₩576,400	₩157,500	₩630,000	₩1,363,000
당기완성품환산량(톤)	80,000	90,000	90,000	
단위원가(톤당)	₩7.205	₩1.75	₩7.00	₩15.955

(3) 선입선출법에 의한 원가배부

	전공정원가	직접재료원가	가공원가	총원가
완성품		₩339,200		₩1,454,000
	60,000×7.205 =432,300	90,000×1.75 =157,500	75,000×7.00 =525,000	
기말재공품	20,000×7.205 =144,100		15,000×7.0 =105,000	249,100
총원가				₩1,703,100

7.6 공손

1. 정상공손과 비정상공손

기업이 제품을 생산하는 과정에서 제품의 손실이 발생하여 폐기처분되거나 처분가치로 처분되는 불량품을 공손품(spoilage units)이라 한다. 공손품에 대한 회계처리는 정상공손인가 비정상공손인가에 따라 달라진다. 정상공손(normal spoilage)은 효율적인 작업환경의 생산과정에서 불가피하게 발생하는 공손을 말하고, 비정상공손(abnormal spoilage)은 효율적인 작업환경의 생산과정에서는 발생하지 않는 공손으로 즉, 생산자의 부주의 등으로 발생하는 공손을 말한다.

원가계산을 위해서는 정상공손과 비정상공손을 구분하여야 하는데 현실적으로 공손물량 자체가 정상공손과 비정상공손으로 구분되어 발생하는 것은 아니다. 따라서 대부분의 기업에서는 정상공손과 비정상공손을 구분하기 위하여 일반적으로 정상공손의 허용수준을 사전에 품질검사에 합격한 합격품의 일정비율 등으로 설정한다. 이 허용한도 내에서 발생한 공손은 정상공손으로 간주하고 허용수준을 초과하여 발생한 공손은 비정상공손으로 간주한다. 다음의 예를 이용하여 정상공손과 비정상공손의 수량을 파악하는 방법에 대하여 구체적으로 살펴보도록 하자.

[예제 7-3]

(주) 한양철강은 철강을 생산하는데 직접재료는 가공공정의 초기에 투입되고, 가공원가는 전 생산공정을 통하여 균등하게 투입된다. 일반적인 상황에서 공손품은 정상제품의 10%를 허용하고 있다. 회사의 12월의 원가계산에 대한 자료는 다음과 같다.

기초재공품 : 수량 2,000톤 당기완성량 : 10,000톤
완성도 25% 기말재공품 : 수량 2,700톤
당기투입량 : 12,000톤 완성도 50%

품질검사가 공정의 10%, 40%, 100% 시점에서 각각 이루어진다고 가정할 경우 품질검사시점에서 품질검사에 합격한 수량은 다음과 같다. 편의상 기초재공품은 당기에 정상적으로 완성되었다고 가정한다.

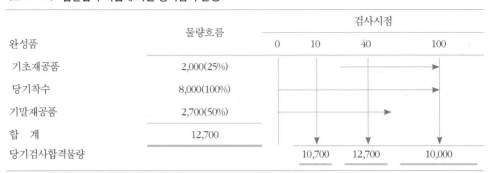

〈표 7-14〉 품질검사 시점에 따른 당기합격 물량

완성품	물량흐름	검사시점			
		0	10	40	100
기초재공품	2,000(25%)				
당기착수	8,000(100%)				
기말재공품	2,700(50%)				
합　계	12,700				
당기검사합격물량			10,700	12,700	10,000

　　품질검사가 공정의 10%시점에서 이루어진다면 기초재공품 2,000톤은 완성도 25%이므로 이미 전기에서 검사시점을 통과하였을 것이다. 따라서 당기에 10% 검사시점을 통과한 합격품은 당기완성량 10,000톤에서 기초재공품 2,000톤을 차감한 8,000톤과 당기착수 미완성품 2,700톤을 합한 10,700톤이다. 반면에 검사시점이 공정의 40% 시점에서 이루어진다면 기초재공품도 당기에 검사시점을 통과하였으므로 이를 당기 품질검사를 통과해서 합격한 수량에 포함시켜야 한다. 그리고 품질검사가 공정의 100% 시점에서 이루어진다면 기말재공품은 품질검사를 통과하지 못하였기 때문에 당기 품질 검사를 통과해서 합격한 수량에 포함시켜서는 안 된다. 예제에서 정상공손수량은 검사에 합격한 정상제품의 10%라고 하였으므로 정상공손과 비정상공손 수량은 다음과 같다.

〈표 7-15〉 품질검사시점에 따른 정상공손과 비정상공손 수량

	품질검사시점		
	10%	40%	100%
정상공손	10,700×10% = 1,070	12,700×10% = 1,270	10,000×10% = 1,000
비정상공손	1,300－1,070 = 230	1,300－1,270 = 30	1,300－1,000 = 300
총공손 수량	1,300	1,300	1,300

2. 공손의 회계처리

　　공손품이 있는 경우 원가배부도 일반적인 종합원가계산의 4단계에 따르게 된다. 공손품이 있는 경우 종합원가계산을 함에 있어 다음 사항에 주의하여야 한다.

　　첫째, 물량흐름은 공손품을 포함하여 파악한다.

기초재공품량＋당기투입량 = 당기완성품량＋기말재공품량＋정상공손＋비정상공손

둘째, 선입선출법을 사용할 경우 모든 공손품은 기초재공품과 당기착수량을 구분하여 원가배분이 이루어져야 하나 계산상 어려움으로 계산의 편이를 위하여 당기착수량에서 발생하는 것으로 가정한다.

셋째, 공손품의 완성품환산량을 계산할 때 공손품에 대한 가공활동의 완성도는 제품이 완료된 시점으로 가정한다. 공손품은 제품이 완성된 후 품질검사가 이루어진 이후에 발생하기 때문이다.

정상공손(normal spoilage)은 효율적인 작업환경의 생산과정에서 불가피하게 발생하는 공손으로 제품의 제조원가에 포함하고, 비정상공손(abnormal spoilage)은 효율적인 작업환경의 생산과정에서 발생하지 않는 공손으로 제품의 제조원가에 포함시키지 않고 손실, 즉 영업외비용으로 처리한다.

정상공손원가는 기말재공품이 품질검사시점 통과여부에 따라 제품의 제조원가에 배분하는 것이 다르다. 기말재공품이 품질검사시점을 통과하지 않았으면 정상공손원가는 완성품에 포함시키지만, 기말재공품이 품질검사를 통과한 경우는 정상공손원가를 완성품과 기말재공품에 물량기준에 의하여 배분하여야 한다.

공손품이 있는 경우 회계처리를 다음과 같은 예를 통해 살펴보기로 한다.

[예제 7-4]

(주) 인천철강은 철강을 생산하는데 직접재료는 가공공정의 초기에 투입되고, 가공원가는 전 생산공정을 통하여 균등하게 투입된다. 제품은 공정의 최종단계에서 품질검사를 거쳐 공손여부를 판단한다. 일반적인 상황에서 공손품은 정상제품의 10%를 허용하고 있다. (주) 인천철강의 12월의 원가계산에 대한 자료는 다음과 같다.

기초재공품(2,000톤, 직접재료 100%, 가공활동 25%완성)		
직접재료	₩35,000	
가공원가	10,120	
당기투입량		12,000톤
완성품량(정상품)		10,000톤
기말재공품(직접재료 100%, 가공활동 50% 완성)		2,700톤
당기투입원가	₩517,395	
직접재료	₩210,000	
가공원가	307,395	

(1) 공손품이 있는 경우 가중평균법

공손품이 있는 경우 가중평균법을 이용한 종합원가계산은 〈표 7-16〉과 같다. 정상공손에 대한 원가 ₩42,600은 완성품에 포함하여 제품에 배부하고, 비정상공손원가 ₩12,780은 영업외비용으로 처리한다.

〈표 7-16〉 **공손품이 있는 경우 가중평균법에 의한 종합원가계산**

(1) 물량흐름 및 완성품환산량

	물량흐름	완성도	완성품환산량 직접재료원가	완성품환산량 가공원가
기초재공품	2,000톤	25%		
당기투입량	12,000톤			
총투입량	14,000톤			
완성품량	10,000톤	100%	10,000	10,000
기말재공품	2,700톤	50%	2,700	1,350
정상공손	1,000톤	100%	1,000	1,000
비정상공손	300톤	100%	300	300
총산출량	14,000톤			
당기 완성품 환산량			14,000	12,650

(2) 원가요소별 총원가 및 단위원가

	직접재료원가	가공원가	총원가
기초재공품원가	₩35,000	₩10,120	₩45,120
당기투입원가	210,000	307,395	517,395
당기총원가	245,000	317,515	562,515
당기완성품환산량	14,000톤	12,650톤	
단위원가	₩17.5	₩25.1	₩42.6

(3) 가중평균법에 의한 원가배부

	직접재료원가	가공원가	총원가
완성품			₩468,600
정상제품	10,000×17.5 =175,000	10,000×25.1 =251,000	426,000
정상공손	1,000×17.5 =17,500	1,000×25.1 =25,100	42,600
기말재공품	2,700×17.5 =47,250	1,350×25.1 =33,885	81,135
비정상공손	300×17.5 =5,250	300×25.1 =7,530	12,780
총원가			₩562,515

공손품에 대한 회계처리는 다음과 같다.

① 완성품의 대체

(차) 제 　 　 품	468,600	(대) 재 　 공 　 품	468,600

* 정상제품+정상공손(426,000+42,600)

② 비정상공손 손실인식

(차) 비 정 상 공 손	12,780	(대) 재 　 공 　 품	12,780

(2) 공손품이 있는 경우 선입선출법

공손품이 있는 경우 선입선출법을 이용한 종합원가계산은 〈표 7-17〉과 같다. 정상공손에 대한 원가 ₩42,800은 완성품에 포함하여 제품에 배부하고, 비정상공손원가 ₩12,840은 영업외 비용으로 처리한다.

공손품에 대한 회계처리는 다음과 같다.

① 완성품의 대체

(차) 제 　 　 품	468,270	(대) 재 　 공 　 품	468,270

* 정상제품+정상공손(425,470+42,800)

② 비정상공손 손실인식

(차) 비 정 상 공 손	12,840	(대) 재 　 공 　 품	12,840

〈표 7-17〉 공손품이 있는 경우 선입선출법에 의한 종합원가계산

(1) 물량흐름 및 완성품환산량

	물량흐름	완성도	완성품환산량 직접재료원가	가공원가
기초재공품	2,000톤	25%		
당기투입량	12,000			
총투입량	14,000톤			
당기완성				
기초재공품	2,000톤	75%	0	1,500
당기착수	8,000톤	100%	8,000	8,000
기말재공품	2,700톤	50%	2,700	1,350
정상공손	1,000톤	100%	1,000	1,000
비정상공손	300톤	100%	300	300
총산출량	14,000톤			
당기 완성품 환산량			12,000	12,150

(2) 원가요소별 총원가 및 단위원가

	직접재료원가	가공원가	총원가
기초재공품원가	₩35,000	₩10,120	₩45,120
당기투입원가	210,000	307,395	517,395
당기총원가	245,000	317,515	562,515
당기투입원가	₩210,000	₩307,395	₩517,395
당기완성품환산량	12,000톤	12,150톤	
단위원가	₩17.5	₩25.3	₩42.8

(3) 선입선출법에 의한 원가배부

	직접재료원가	가공원가	총원가
완성품			₩468,270
	₩45,120		425,470
정상제품	8,000×17.5=140,000	9,500×25.3=240,350	
정상공손	1,000×17.5=17,500	1,000×25.3=25,300	42,800
기말재공품	2,700×17.5=47,250	1,350×25.3=34,155	81,405
비정상공손	300×17.55,250	300×25.3=7,590	12,840
총원가			₩562,515

익·힘·문·제

1. 종합원가계산이 적용되는 산업을 나열하고 이러한 산업에서 왜 종합원가계산을 적용하는지 설명하시오.

2. 완성품환산량(equivalent unit)을 정의하고 종합원가계산에서 어떻게 활용되는지 설명하시오.

3. 부문별 제조원가(생산원가) 보고서를 기술하시오.

4. 종합원가계산 절차 4단계를 간단히 정의하고 각각의 목적을 기술하시오.

5. 가중평균법 및 선입선출법을 간단히 설명하고 이에 대한 차이를 설명하시오.

6. 원가통제에서 선입선출법이 가중평균법보다 우월한 이유를 설명하시오.

연·습·문·제

1. (주)대한의 3월 제조와 관련된 자료는 다음과 같다. 가중평균법을 사용하는 경우 월말 재공품에 포함되는 가공비는 얼마인가?(세무사1차 2009년)

월초 재공품 완성도	60%
월말 재공품 완성도	40%
월초 재공품 수량	9,200개
당월 착수량	20,000개
월말 재공품 수량	2,000개
월초 재공품 가공비	₩30,320
당월 발생 가공비	₩52,000

① ₩1,782   ② ₩2,352   ③ ₩3,422
④ ₩4,432   ⑤ ₩5,880

2. (주)청주는 단일공정을 거쳐서 제품을 생산하며, 선입선출법에 의한 종합원가계산을 적용하고 있다. 20×1년도 기초재공품은 1,000단위(완성도 40%)이고, 기말재공품은 3,000단위(완성도 80%)이며, 당기 완성품은 5,000단위이다. 공정 중에 품질검사를 실시한 결과 공손품 500단위가 발생하였고, 모두 정상공손으로 간주하였으며, 공손품의 처분가치는 없다. 기초재공품과 기말재공품은 모두 당기에 품질검사를 받은 것으로 판명되었다. 직접재료원가와 가공원가는 공정 전반에 걸쳐 균등하게 발생한다. 제품원가계산 결과 당기의 완성품환산량 단위당 원가는 ₩180이고, 완성품에 배부된 정상공손원가는 ₩33,750이었다. 품질검사는 완성도 몇 %시점에서 이루어진 것으로 추정되는가?(세무사1차 2010년)

① 55%   ② 60%   ③ 65%
④ 70%   ⑤ 75%

3. (주)국세는 단일제품을 생산하고 있으며, 종합원가계산제도를 채택하고 있다. 직접재료는 공정이 시작되는 시점에서 100% 투입되며, 가공원가는 공정 전체에 걸쳐 균등하게 발생한다. 평균법과 선입선출법에 의한 가공원가의 완성품환산량은 각각 85,000단위와 73,000단위이다. 기초재공품의 가공원가 완성도가 30% 라면, 기초재공품 수량은 몇 단위인가?(세무사1차 2011년)

① 12,000단위   ② 21,900단위   ③ 25,500단위

④ 36,000단위   ⑤ 40,000단위

4. 다음은 종합원가계산을 채택하고 있는 (주)국세의 당기 생산활동과 관련된 자료이다.

• 기초재공품 수량	없음
• 당기착수량	1,000단위
• 당기투입원가	
직접재료원가	₩100,000
직접노무원가	81,000
제조간접원가	60,500
• 기말재공품 수량	500단위

(주)국세는 단일공정을 통해 제품을 생산하며, 모든 제조원가는 공정 전반에 걸쳐 균등하게 발생한다. 완성품 단위당 제조원가가 ₩4200이라면, 기말재공품의 완성도는 몇 %인가? (단, 공손 및 감손은 발생하지 않는 것으로 가정한다.)(세무사1차 2012년)

① 10%   ② 15%   ③ 20%

④ 30%   ⑤ 45%

5. (주)세무는 평균법 하의 종합원가계산을 적용하고 있으며, 당기 생산관련 자료는 다음과 같다.

	물량
기초재공품	500 (완성도 80%)
당기착수량	2,100
당기완성량	2,100
기말재공품	400 (완성도 60%)

품질검사는 완성도 40%시점에서 이루어지며, 당기 검사를 통과한 정상품의 2%를 정상공손으로 간주한다. 당기의 정상공손수량은?(세무사1차 2013년)

① 32단위　　　　　② 34단위　　　　　③ 40단위
④ 50단위　　　　　⑤ 52단위

6. (주)세무는 선입선출법 하의 종합원가계산을 사용하고 있으며, 가공원가는 공정 전반에 걸쳐 균등하게 발생한다. 당기 생산관련 자료는 다음과 같다.

	물량
기초재공품	2,000 (완성도 60%)
당기착수량	8,000
당기완성량	8,000
기말재공품	2,000 (완성도 40%)

기말재공품에 포함된 가공원가가 ₩320,000일 때 당기에 발생한 가공원가는?(세무사1차 2013년)

① ₩2,964,000　　　　② ₩3,040,000　　　　③ ₩3,116,000
④ ₩3,192,000　　　　⑤ ₩3,268,000

7. (주)세무는 가중평균법에 의한 종합원가계산을 적용하여 제품원가를 계산하고 있다. 직접재료는 공정의 초기에 전량 투입되며, 전환원가(가공원가: conversion costs)는 공정 전반에 걸쳐 균등하게 발생한다. 이 회사는 공손품 검사를 공정의 100%시점에서 실시한다. 20×1년 4월 중 (주)세무의 제조공정에 대한 생산 및 원가 자료는 다음과 같다.

항목	물량 단위	직접재료원가	전환원가
기초재공품(전환원가 완성도: 75%)	500	₩500,000	₩375,000
당기투입	4,500	4,500,000	3,376,800
완성품	3,700		
정상공손	250		
비정상공손	250		
기말재공품(전환원가 완성도: 30%)	?		

20×1년 4월 (주)세무의 원가요소별 완성품환산량 단위당 원가는 얼마인가? (단, 감손은 없다.)(세무사1차 2014년)

	직접재료원가	전환원가			직접재료원가	전환원가
①	₩1,000	₩845		②	₩1,000	₩900
③	₩1,100	₩900		④	₩1,100	₩845
⑤	₩1,100	₩1,000				

8. (주)국세의 당기 중 생산 및 원가자료는 다음과 같다.

기초재공품	직접재료원가		₩1,000
	전환원가(가공원가)		₩2,475
당기투입원가	직접재료원가		₩5,600
	전환원가(가공원가)		₩8,300
기말재공품	수량		500단위
	완성도	직접재료원가	20%
		전환원가(가공원가)	15%
공손품	수량		200단위
	완성도	직접재료원가	50%
		전환원가(가공원가)	40%

완성품 수량은 2,000단위이고, 공손품원가를 전액 별도로 인식하고 있다. 재고자산의 단위원가 결정방법이 가중평균법인 경우, 공손품원가는?(세무사1차 2015년)

① ₩300 ② ₩420 ③ ₩540
④ ₩670 ⑤ ₩700

9. (주)국세는 두 개의 연속된 제조공정을 통하여 제품을 생산하며, 제1공정의 완성품은 전량 제2공정으로 대체된다. 재고자산의 단위원가 결정방법으로 가중평균법을 사용하며, 공손은 없다. 제2공정의 완성품원가는?(세무사1차 2015년)

제1공정		
기초재공품 수량		없음
당기착수량		25,000단위
기말재공품 수량		7,000단위
완성품 단위당 제조원가		₩200
제2공정		
기초재공품	수량	12,000단위
	전공정원가	₩3,000,000
	직접재료원가	₩1,440,000
	전환원가(가공원가)	₩2,160,000
당기완성품	수량	20,000단위
완성품 단위당 제조원가	전공정원가	?
	직접재료원가	₩120
	전환원가(가공원가)	₩180

① ₩8,268,000   ② ₩10,400,000   ③ ₩10,812,000

④ ₩12,720,000   ⑤ ₩14,628,000

10. (주)세무는 단일 제품A를 대량생산하고 있으며, 종합원가계산방법(선입선출법 적용)을 사용한다. 직접재료는 공정 초에 전량 투입되고, 가공원가는 공정전반에 걸쳐 균등하게 발생된다. 제품A의 관련 자료가 다음과 같을 때, ㈜세무의 제품A 완성품 단위당 원가는? (단, 생산과정 중 감손이나 공손 등 물량 손실은 없다.) (세무사1차 2016년)

구 분	물 량(완성도)		구 분	직접재료원가	가공원가
기초재공품	100개	(30%)	기초재공품	₩28,000	₩25,000
당기착수품	2,100개		당기발생원가	630,000	205,000
당기완성품	( )개		계	₩658,000	₩230,000
기말재공품	200개	(40%)			

① ₩384
② ₩390
③ ₩404
④ ₩410
⑤ ₩420

8

CHAPTER

결합원가와 부산물회계

동일한 생산 공정에서 동일한 원재료를 투입하여 두개 이상의 서로 다른 제품이 생산될 때 이 공정을 결합생산공정이라 한다. 결합생산공정에서 생산되는 주요 제품들은 결합제품이라고 한다. 이 장에서는 결합제품을 생산하기 위하여 소요되는 결합원가를 각 결합제품에 어떻게 배분하고 회계처리하는지 설명한다. 또한 분리점, 결합원가 및 추가가공원가의 개념을 설명하고 결합제품의 추가가공 여부 의사결정 및 부산물의 회계처리 등을 다룬다.

1. 결합원가의 의의 및 절차
2. 결합원가, 추가가공원가 및 분리점 등의 기본개념
3. 부산물 회계처리

8.1 결합원가의 배분

8.2 부산물회계

8.1 결합원가의 배분

1. 결합원가의 의의

동일한 생산 공정에서 동일한 원재료를 투입하여 두개 이상의 서로 다른 제품이 생산될 때 이 공정을 결합생산공정(joint production process)이라한다. 결합생산공정에서 생산되는 주요 제품들은 결합제품(joint products)혹은 연산품이라고 한다. 이에는 낙농업의 유제품, 화학산업의 화학제품, 정유산업의 석유제품 및 정육산업의 육제품 등이 있다.

결합생산공정에 투입된 투입물들은 일정한 생산프로세스를 거치면 개별적으로 식별가능한 상태에 도달하게 되는데 원가회계 담당자는 이때비로소 개별 결합제품이나 부산물에 발생된 제품원가를 배분할 수 있게된다.

2. 결합원가계산과 관련된 기본개념

결합제품의 원가배분에 앞서 관련된 개념을 이해하여야 한다. 동일한 생산 공정에서 동일한 원재료를 투입하여 두개 이상의 서로 다른 제품들이 생산될 경우 이 제품들을 결합제품이라고 한다. 이 결합제품의 상대적 판매가치의 크기에 따라 크게 주산품, 부산물과 작업폐물로 구분할 수 있다. 주산품(major products)은 결합제품 중에서 기업이 생산하고자 하는 제품으로 상대적 판매가치가 높은 제품이며, 부산물(by-products)은 주산품을 생산하는 과정에서 부수적으로 생산되는 제품으로 상대적 판매가치가낮은 제품을 말한다. 작업폐물(scrap)은 주산품을 생산하는 과정에서 부수적으로 생산되는 제품으로 상대적 판매가치가 거의 없는 제품을 말한다.

결합생산공정에서 결합제품이 개별적으로 식별가능한 상태에 도달한 시점을 분리점(split-off point)이라 하고, 분리점 이전에 발생된 제조원가는 결합원가(joint cost)라고 한다. 또한 분리점 이후에 추가가공으로발생한 원가를 추가가공원가(additional processing costs) 또는 분리원가(separable costs)라 한다. 추가가공원가는 해당제품에 직접적으로 추적이

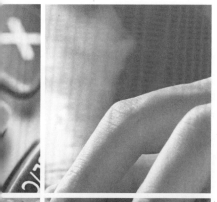

가능하기 때문에 결합원가와는 달리 원가배분 문제가 발생되지 않는다. 이를 그림으로 표시하면 [그림 8-1]과 같다.

[그림 8-1] 결합원가, 분리점, 분리원가

3. 결합원가 배분방법

결합원가는 결합제품을 생산하기 위하여 소요되는 원가로 결합제품의 원가에 포함되어야한다. 그러나 결합원가는 분리점 이전에 발생한 원가로 결합제품에 추적이 불가능하다. 따라서 결합원가는 일정한 기준을 가지고 각 제품에 배분되어야 한다. 결합원가를 결합제품에 배분하는 방법은 물량기준법, 상대적 판매가치법, 순실현가치법 및 균등이익률법 등이 있다.

[예제 8-1]

(주) 안산광업은 20×5년 12월에 1,000kg 톤의 광석을 가공하여 750kg의 은과 250kg의 금을 생산하는데, 12월 한달동안 발생된 원가는 다음과 같다. 직접재료원가 ₩300,000, 직접노무원가 ₩400,000, 제조간접원가 ₩300,000이다. 12월에 생산된 금과 은은 전량 판매되었으며, kg당 판매가격은 각각 ₩3,500, ₩500이다.

(1) 물량기준법

물량기준법(physical-units method)은 각 결합제품의 생산량, 즉 중량, 부피 등의 상대적 비율에 의해서 결합원가를 배부시키는 방법이다. 물량기준법은 제품의 가격이 알려져 있지 않거나, 제품의 가격과 물량사이에 밀접한 관계가 있는 경우에 적용가능하다. 만약에 제품별 가격과 물량과 관계가 없는 경우 수익창출력과 무관하게 원가배분이 이루어질 것이다. 예를 들면 정육업의 경우 등심, 안심 및 우족 등에 결합원가를 물량에 의해서 배분할 경우 단위당 원가는 동일할 것이다. 이러한 경우 판매가치가 낮은 뼈는 많은 원가배분으로 손실이 발생할 것이다. 물리적 단위가 비교가능하지 않으면 결합원가를 배분하는데 많은 문제가 발생한다. 예를 들면 액체인 석유와 기체인 가스를 생산하는 경우 물량을 비교할 수가 없다.

예제 8-1의 결합원가를 물량기준법에 의하여 결합원가를 배분하면 〈표 8-1〉과 같다.

〈표 8-1〉 **물량기준법에 의한 결합원가 배분**

제품	물량	배분비율	결합원가	결합원가배분액	단위원가
금	250kg	25%		₩250,000	₩1,000
은	750kg	75%	₩1,000,000	750,000	1,000
	1,000kg	100%		₩1,000,000	

예제 8-1의 결합원가를 물량기준법에 의하여 결합원가를 배분한 경우 제품별 손익계산서를 작성하면 〈표 8-2〉와 같다.

〈표 8-2〉 **(주) 안산광업의 제품별 손익계산서(물량기준법)**

	금	은	합계
판매량	250kg	750kg	1,000kg
매출	₩875,000	₩375,000	₩1,250,000
매출원가	250,000	750,000	1,000,000
매출총이익(손실)	₩625,000	₩(375,000)	₩250,000
매출총이익률	71.4%	−100%	20%

물량기준법에 의하여 결합원가를 배분하면 제품에 관계없이 각 제품의 kg당 원가는 ₩1,000이다. 따라서 이 방법은 각 제품의 kg당 판매가격이 서로 유사하다면 적절하지만, 제품별로 kg당 판매가격이 크게 차이가 날 경우에는 개별제품의 수익성이 잘못 추정될 수 있다.

(2) 상대적 판매가치법

상대적 판매가치법(relative sales value method)은 결합원가를 배분하는데 분리점에서의 각 결합제품의 상대적 판매가치를 배분기준으로 사용하는 방법이다. 따라서 물량기준법과는 달리 분리점에서 각 결합제품의 판매가격을 알아야 이 방법을 적용할 수 있다.

예제 8-1의 결합원가를 상대적 판매가치법에 의하여 결합원가를 배분하면 〈표 8-3〉과 같다.

〈표 8-3〉 상대적 판매가치법에 의한 결합원가 배분

제품	상대적 판매가치	배분비율	결합원가	결합원가배분액	단위원가
금	250×3,500=₩875,000	70%		₩700,000	₩2,800
은	750×500= 375,000	30%	₩1,000,000	300,000	400
	₩1,250,000	100%		₩1,000,000	

예제 8-1의 결합원가를 상대적 판매가치법에 의하여 결합원가를 배분한 경우 제품별 손익계산서를 작성하면 〈표 8-4〉와 같다.

〈표 8-4〉 (주) 안산광업의 제품별 손익계산서(상대적 판매가치법)

	금	은	합계
판매량	250kg	750kg	1,000kg
매출	₩875,000	₩375,000	₩1,250,000
매출원가	700,000	300,000	1,000,000
매출총이익(손실)	₩175,000	₩ 75,000	₩250,000
매출총이익률	20%	20%	20%

상대적 판매가치법에 의하면 금의 kg당 원가는 ₩2,800(₩700,000÷250)이며, 은의 kg당 원가는 ₩400(₩300,000÷750)이다. 그러나 판매가치 ₩1당 배분금액은 제품에 관계없이 ₩0.8이다. 왜냐하면 결합원가를 상대적 판매가치, 즉 수익에 기여하는 능력에 따라 배분하였기 때문이다. 따라서 각 제품의 매출총이익률은 똑같이 20%로 나타났다.

지금까지는 분리점에서 각 결합제품이 추가가공 없이 판매되는 경우 결합원가 배분방법을 적용하였다. 그러나 많은 경우에는 분리점에서 분리된 결합제품은 추가가공 후에 판매된다. 이런 경우에는 순실현가치법과 균등이익률법에 의해서 결합원가를 배분한다.

[예제 8-2]

예제 8-1의 자료에서 금과 은은 분리점에서 그대로 판매할 수 없고 추가가공을 하여야 판매할 수 있다. 추가가공원가는 금은 각각 ₩250,0000이며, 추가가공 후에 kg당 판매가격은 ₩7,000, ₩1,000이다.

(3) 순실현가치법

순실현가치법(net realizable value method)은 순실현가치를 기준으로 결합원가를 배분하는 방법이다. 순실현가치는 제품의 최종판매가격에서 추가가공 원가 및 판매비용을 차감한 금액이다.

$$순실현가치 = 최종판매가격 - (추가가공원 가 +판매비용)$$

예제 8−2에서 금의 순실현가치는 금의 최종판매가치 ₩1,750,000(250×₩7,000)에서 추가가공원가 ₩250,000을 차감한 ₩1,500,000이며 은의 순실현가치는 ₩750,000(750×₩1,000)에서 추가가공원가 ₩250,000을 차감한 ₩500,000이다. 따라서 순실현가치법에 의한 각 결합제품에의 결합원가의 배분은 〈표 8−5〉와 같다.

〈표 8−5〉 순실현가치법에 의한 결합원가 배분

제품	순실현가치	배분비율	결합원가	결합원가 배분액	분리원가	단위원가
금	₩1,500,000[1]	75%		₩750,000	₩250,000	₩4,800
은	500,000[2]	25%	₩1,000,000	250,000	250,000	667
	₩2,000,000	100%		₩1,000,000	₩500,000	

1) (250kg×₩7,000)-₩250,000=₩1,500,000
2) (750kg×₩1,000)-₩250,000=₩500,000

예제 8−2의 결합원가를 순실현가치법에 의하여 결합원가를 배분한 경우 제품별 손익계산서를 작성하면 〈표 8−6〉과 같다.

〈표 8−6〉 (주) 안산광업의 제품별 손익계산서(순실현가치법)

	금	은	합계
판매량	250kg	750kg	1,000kg
매출	₩1,750,000	₩750,000	₩2,500,000
매출원가	1,000,000	500,000	1,500,000
매출총이익(손실)	₩750,000	₩ 250,000	₩1,000,000
매출총이익률	42.86%	33.3%	40%

순실현가치법에 의해 결합원가를 배부하여 제품별 손익계산서는 〈표 8-6〉에 나타난 바와 같이 제품별 매출총이익률이 상이하다. 즉 금의 매출총이익률은 42.86%인 데 비해 제품 은의 매출총이익률 33.33%이다. 그러나 상대적 판매가치법에 의한 제품별 손익계산서는 〈표 8-4〉와 같이 각 제품별 매출총이익률이 20%로 동일하게 나타났다.

분리점에서 판매가치를 알 수 없는 경우에는 상대적 판매가치법을 적용할 수 없기 때문에 순실현가치법을 사용하였다. 그 결과 각 제품별 매출총이익률이 서로 상이하게 나타났다.

(4) 균등이익률법

균등이익률법(constant gross-margin percentage)은 분리점 이후 추가가공이 이루어지는 경우 각 결합제품의 매출총이익률이 모두 동일하도록 결합원가를 결합제품에 배분하는 방법이다. 균등이익률법에 의해 결합원가를 배분하는 절차는 다음과 같다.

① 전체 매출총이익률을 산정한다.
② 전체 매출총이익률을 이용하여, 최종판매가격에서 매출총이익을 차감한 개별제품의 매출원가를 산정한다.
③ 제품별 매출원가에서 분리원가를 차감하여 결합원가배분액을 산정한다.

예제 8-2를 균등이익률법에 의해 결합원가 배분절차에 따라 결합원가를 배분하면 다음과 같다.

가) 전체 매출총이익률을 산정한다.

전체 매출액(₩1,750,000+750,000)	₩2,500,000
전체 매출원가(₩1,000,000+₩500,000)	1,500,000
전체 매출총이익	₩1,000,000
불변 매출총이익률(₩1,000,000÷₩2,500,000)	40%

나) 개별제품의 매출원가를 산정한다.

금의 매출총이익: ₩1,750,000×0.40=₩700,000

은의 매출총이익: ₩750,000×0.40=₩300,000

금의 매출원가: ₩1,750,000-700,000=₩1,050,000

은의 매출원가: ₩750,000-300,000=₩450,000

다) 각 제품별 매출원가에서 각 제품별 분리원가를 차감하여 결합원가를 배분한다.

금의 결합원가 배분액: ₩1,050,000−250,000=₩800,000

은의 결합원가 배분액: ₩450,000−₩250,000=₩200,000

예제 8−2를 균등이익률법에 의하여 결합원가를 배분한 결과는 〈표 8−7〉과 같다.

〈표 8−7〉 **균등이익률법에 의한 결합원가 배분**

제품	최종판매가격	매출총이익	매출원가	분리원가	결합원가
금	₩1,750,000	₩700,000	₩1,050,000	₩250,000	₩800,000
은	750,000	300,000	450,000	250,000	200,000
	₩2,500,000	₩1,000,000	₩1,500,000	₩500,000	₩1,000,000

* 전체 매출총이익율: ₩1,000,000÷₩2,500,000=40%

예제 8−2의 결합원가를 균등이익률법에 의하여 결합원가를 배분한 경우 제품별 손익계산서를 작성하면 〈표 8−8〉과 같다.

〈표 8−8〉 **(주) 안산광업의 제품별 손익계산서(균등이익률법)**

	금	은	합계
판매량	250kg	750kg	1,000kg
매출	₩1,750,000	₩750,000	₩2,500,000
매출원가	1,050,000	450,000	1,500,000
매출총이익(손실)	₩700,000	₩ 300,000	₩1,000,000
매출총이익률	40%	40%	40%

〈표 8−8〉에서 보는 바와 같이 균등이익률법에 의해 결합원가를 배분하여 제품별 손익계산서를 작성해 보면 각 제품별 매출총이익률은 전체 매출총이익률과 같은 40%로 동일하다.

4. 복수의 분리점이 있는 경우 결합원가 배분

지금까지는 분리점이 하나 있는 경우의 결합원가 배분방법에 대해 알아보았다. 여기에서는 분리점이 복수로 있는 경우 순실현가치법에 의한 결합원가의 배분하는 방법을 살펴보고자 한다. 이와 같이 복잡한 상황에서의 결합원가를 배분하는 절차는 다음과 같다.

① 제품의 물량흐름, 분리점, 개별 결합제품, 결합원가, 그리고 분리원가(추가가공원가) 등이 표시되는 물량흐름도를 작성한다.

② 물량흐름의 최종 분리점부터 최초 분리점까지 각 분리점에서의 결합제품의 순실현가치를 산정한다.

③ 순실현가치를 근거로 결합원가를 최초 분리점에서 최종 분리점까지 순서대로 결합원가를 배분한다.

[예제 8-3]

(주)행당은 제 1공정에서 원재료 10,000ℓ를 투입·가공하여 제품 A를 6,500ℓ, 제품 B를 3,500ℓ 생산하였으며, 제 2공정에서는 제 1공정에서 생산된 중간제품 B 3,500ℓ를 추가 가공하여 제품 C를 2,000ℓ와 제품 D를 1,500ℓ를 생산하였다. 또한 제 3공정에서는 제 2공정에서 생산된 중간제품 C를 추가 가공하여 제품 E를 2,000ℓ를 생산하였다.

다음은 각 공정에서 발생한 원가이다.

	제 1공정	제 2공정	제 3공정
직 접 재 료 원 가	₩1,000,000	₩0	₩0
직 접 노 무 원 가	400,000	600,000	₩300,000
제 조 간 접 원 가	400,000	500,000	100,000
합 계	₩1,800,000	₩1,100,000	₩400,000

제품별 판매가격은 다음과 같다.

A제품: ₩400, D제품: ₩600, E제품: ₩1,000

예제 8-3의 제품의 물량흐름, 분리점, 결합제품, 결합원가 그리고 분리원가 등에 대한 물량흐름도를 작성하면 [그림 8-2]와 같다.

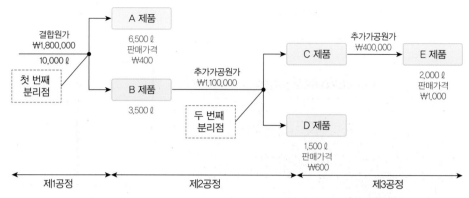

[그림 8-2] 분리점, 결합제품, 결합원가 및 분리원가에 관한 물량흐름도

다음으로 뒤에서부터 순서대로 두 번째 분리점에서 제품 E와 제품 D의 순실현가치를 구하고, 그 다음으로 첫 번째 분리점에서 제품 A와 제품 B의 순실현가치를 산정하면 다음과 같다.

① 두 번째 분리점에서 결합원가 배분율

제 품	판매가치		추가가공원가		순실현가치	배분비율
C→E	2,000×₩1,000=₩2,000,000	−	₩400,000	=	₩1,600,000	64%
D	1,500×₩600=₩900,000	−	0	=	900,000	36%
					₩2,500,000	100%

② 첫번째 분리점에서 결합원가 배분율

제 품	판매가치		추가가공원가		순실현가치	배분비율
A	6,500×₩400=₩2,600,000	−	0	=	₩2,600,000	65%
B	₩2,500,000	−	₩1,100,000	=	1,400,000	35%
					₩4,000,000	100%

두 번째 분리점에서 제품 E와 제품 D의 순실현가치는 각각 ₩1,600,000과 ₩900,000이다. 따라서 첫 번째 분리점에서 제품 B의 순실현가치는 앞에서 산정한 제품 E와 제품 D의 순실현가치를 합산 후 추가가공원가를 차감하여 산정한 결과 ₩1,400,000이며 제품 A의 순실현가치는 ₩2,600,000이다.

마지막으로 앞서 산정된 순실현가치를 적용하여 첫 번째 분리점부터 결합원가를 각 결합제품에 배분하면 다음과 같다.

① 첫번째 분리점에서 결합원가 배분

제 품	배분결합원가		결합원가		총결합원가		배분율	결합원가배분액
A							65%	₩1,170,000
	₩0	+	₩1,800,000	=	₩1,800,000			
B							35%	630,000
							100%	₩1,800,000

② 두 번째 분리점에서 결합원가 배분

제 품	배분결합원가		결합원가		총결합원가		배분율	결합원가배분액
C→E							64%	₩1,107,200
	₩630,000	+	₩1,100,000	=	₩1,730,000			
D							36%	622,800
							100%	₩1,730,000

첫번째 분리점에서 결합원가 ₩1,800,000은 순실현가치를 기준으로 제품 A와 제품 B에 결합원가를 배분하면 각각 ₩1,170,000과 ₩630,00이 배분되고, 두 번째 분리점에서는 첫 번째 분리점에서 제품 B에 배분된 ₩630,000과 제 2공정에서 발생된 결합원가 ₩1,100,000이 합쳐져서 총 ₩1,730,000이 제품 E와 제품 D에 각각 ₩1,107,200과 ₩622,800이 배분되었다.

이러한 결과에 따라 각 제품별 총원가와 단위당 원가를 산정하면 다음과 같다.

제품	배분 결합원가		추가가공원가		총원가		생산량		단위당원가	판매가격
A	₩1,170,000	+	₩0	=	₩1,170,000	÷	6,500	=	₩180.00	₩400
E	1,107,200	+	400,000	=	1,507,200	÷	2,000	=	₩753.60	₩1,000
D	622,800	+		=	622,800	÷	1,500	=	₩415.20	₩600
					₩3,300,000		10,000			

5. 추가가공에 관한 의사결정

결합제품을 생산하는 기업은 결합제품을 분리점에서 판매할 것인가 또는 분리점 이후 추가가공해서 판매할 것인가에 대한 의사결정에 직면하게 된다. 이때 추가가공에 관한 의사결정은 이미 결합제품을 분리점까지 가공한 후에 내리는 것이다. 따라서 그 이전에 발생된 결합원가는 추가가공에 관한 의사결정에 영향을 줄 수 없으므로 의사결정에 관련이 없는 비관련원가이다.

분리점에서 추가가공에 대한 의사결정은 추가가공후의 수익증가분과 추가가공원가를 비교하여 의사결정을 한다. 즉, 추가가공후의 수익증가분이 추가가공원가보다 클 때 추가가공을 하고, 반대로 수익증가분이 추가가공원가보다 작을 때는 추가가공을 하지 않는다.

예제 8-3에서 제품 C를 추가가공하지 않고 판매할 경우 ℓ당 ₩750이라고 가정하면, 행당회사는 추가가공하지 않고 제품 C를 판매해야 하는가, 아니면 추가가공하여 제품 E를 판매하여야 하는가를 결정하시오.

총액접근법으로 분석하면 추가 가공한 것이 ₩100,000만큼 유리한 것으로 나타났다.

	분리점에서 판매할 경우	추가가공할 경우	차이
매 출 액	₩1,500,000	₩2,000,000	₩500,000
매 출 원 가			
배 분 결 합 원 가	1,107,200	1,107,200	
추 가 가 공 원 가	0	400,000	
	1,107,200	1,507,200	400,000
매 출 총 이 익	₩392,800	₩492,800	₩100,000

총액접근법은 의사결정과 관련 없는 결합원가까지 포함하여 분석함으로써 계산이 복잡하고 시간이 많이 소요되는 단점이 있다. 의사결정에 관련 있는 추가가공후의 수익증가분과 추가가공원가를 비교하는 증분법을 적용하여도 역시 추가가공한 것이 ₩100,000만큼 유리하다는 것을 확인 할 수 있다.

추가가공후 증분수익	₩500,000{(₩1,000-₩750)×2,000}
추가가공원가	₩400,000
추가가공의 증분이익	₩100,000

위와 같이 증분법이 계산이 용이하다는 장점이 있다. 따라서 추가가공여부를 결정하는 의사결정에서는 의사결정에 관련이 없는 결합원가를 포함하지 않고 추가가공후의 수익증가분과 추가가공원가를 비교하는 증분법이 많이 이용된다.

8.2 부산물회계

1. 부산물의 의의

부산물(by-products)은 주산품을 생산하는 과정에서 부수적으로 생산되는 제품으로 상대적 판매가치가 낮은 제품을 말한다. 또 작업폐물(scrap)은 주산품을 생산하는 과정에서 부수적으로 생산되는 제품으로 상대적 판매가치가 거의 없는 제품을 말한다. 부산물과 작업폐물의 구별은 상대적 판매가치에 의해서 구분한다. 그러나 이와 같은 구분이 절대적인 것은 아니다. 예를 들면 어떤 회사는 부산물로 간주하는 제품을 다른 회사는 작업폐물로 간주하는 경우도 있다. 따라서 부산물과 작업폐물을 구분하는 것이 용이하지 않다.

2. 부산물의 회계처리

부산물의 회계처리방법은 여러 가지가 있으나 가장 많이 이용되는 방법은 두 가지로 나눌 수 있는데 하나는 잡이익법이고 또 다른 하나는 순실현가치법이다.

(1) 잡이익법

잡이익법에 의하면 부산물의 존재를 인정하지 않고, 부산물이 판매되면 판매시점에서 이를 잡이익으로 처리하는 방법이다. 부산물의 존재를 인정하지 않기 때문에 모든 결합원가는 주산품(major products)에 배분된다. 이 방법은 부산물의 가치가 불확실하거나 아주 적을 때 적합한 방법이다. 가령 부산물을 추가가공하게 되는 경우에는 그 가치가 커지게 되기 때문에 잡이익법은 적절한 방법이 아니다. 이 방법에 의한 회계처리는 다음과 같다.

① 부산물 생산시점

부산물 생산에 대한 회계처리는 없다. 단지 모든 결합원가는 주산품에 할당한다.

② 부산물 판매

(차) 현금(또는 매출채권)	×××	(대) 잡 이 익	×××

부산물의 처분비용이 있으면 위의 금액은 이를 공제한 순판매가치(판매가치−처분비용)로 표시된다.

(2) 순실현가치법

순실현가치법에 의하면 부산물의 존재를 인정한다. 따라서 부산물이 생산되면 그 순실현가치만큼 부산물원가를 계상한다. 즉, 부산물 생산시점에 결합원가에서 부산물의 순실현가치만큼 부산물에 할당되고 나머지 금액(결합원가−부산물 순실현가치)을 주산품에 배분한다. 이방법은 부산물의 원가를 순실현가치로 기록하기 때문에 부산물의 판매시 수익은 인식되지 않는다. 이 방법은 부산물의 가치가 상당히 커서 기업의 재고자산이나 이익에 상당한 영향을 미치는 경우에 적합한 방법이다. 이 방법에 의한 회계처리는 다음과 같다.

① 부산물 생산시점

(차) 부　산　물	×××	(대) 재　공　품	×××

분리점에서 부산물의 순실현가치만큼 부산물에 배분된다. 따라서 주산품에 배분되는 결합원가는 그만큼 작아진다.

② 부산물 판매

(차) 현금(또는 매출채권)	×××	(대) 부　산　물	×××

[예제 8-5]

(주) 안산광업은 원재료를 가공하여 주산품 A,B와 부산물 C를 생산하고 있다. 7월 한 달간 주산품 A, B를 각각 80 *l* , 100 *l* 와 부산물 20 *l* 를 생산하였다. 이들 결합원가는 ₩300,000이며 각 제품의 판매가격은 각각 ₩1,000, ₩200, ₩100이다. 잡이익법과 순실현가치법에 의하여 부산물의 회계처리를 하시오.

잡이익법에 의하여 부산물 C를 회계처리하면 다음과 같다.

① 생산시점의 결합원가 배분 및 회계처리

제품	순실현가치	배분비율	결합원가	결합원가배분액
A	₩80,000	80%		₩240,000
B	20,000	20%	₩300,000	60,000
	₩100,000	100%		₩300,000

(차) 제　품　　A	240,000	(대) 재　공　품	300,000
제　품　　B	60,000		

② 부산물 판매시점

| (차) 현 | 금 | 2,000 | (대) 잡 이 익 | 2,000 |

* 20×₩100=2,000

순실현가치법에 의하여 부산물 C를 회계처리하면 다음과 같다.

① 생산시점의 결합원가 배분 및 회계처리

제품	순실현가치	배분비율	결합원가	결합원가배분액
A	₩80,000	80%	₩298,000*	₩238,400
B	20,000	20%		59,600
소계	₩100,000	100%		₩298,000
C				2,000
합계				₩300,000

(차) 제 품 A	238,400	(대) 재 공 품	300,000
제 품 B	59,600		
부 산 물	2,000		

② 부산물 판매시점

| (차) 현 | 금 | 2,000 | (대) 부 산 물 | 2,000 |

* 20×₩100=2,000

익·힘·문·제

1. 결합원가란 무엇인가?

2. 결합원가와 분리원가(추가가공원가)의 주요한 차이를 설명하시오.

3. 결합제품과 주산품, 부산물 및 작업폐물을 간략히 기술하시오.

4. 결합원가 4가지 배분방법을 예시하고 각각에 대하여 설명하시오.

5. 복수의 분리점에서 결합원가를 배분 절차를 설명하시오.

연·습·문·제

1. 아래 그림과 같이 제품A는 공정1, 공정2, 공정4를 거쳐서 생산되고 제품B는 공정1, 공정2, 공정5를 거쳐서 생산된다. 제품C는 공정1과 공정3을 거쳐서 생산된다. 각 공정의 제조원가는 그림에서 주어진 수치와 같다. 결합원가가 순실현가치를 기준으로 배부되고, 제품A, 제품B, 제품C의 판매가액이 각각 ₩500,000, ₩200,000, ₩300,000일 때, 제품A의 총제조원가는 얼마인가?(세무사1차 2009년)

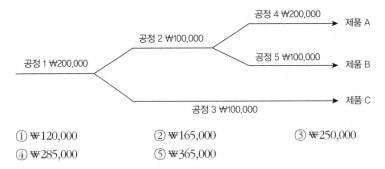

① ₩120,000   ② ₩165,000   ③ ₩250,000
④ ₩285,000   ⑤ ₩365,000

2. (주)대구는 결합공정을 통해 중간재 X를 생산하고, 이를 추가가공하여 결합제품A와 B를 생산한다. 20×1년 결합공정에서 기초재공품은 없었고, 완성품은 8,000kg, 기말재공품은 1,000kg(완성도 40%)을 생산하였으며, 공손 및 감손은 없었다. 결합제품과 관련된 자료는 다음과 같다.

제품	기초제품수량	생산량	기말제품수량	분리점이후 추가가공원가(총액)	단위당 판매가치
A	100개	4,000개	700개	₩20,000	₩50
B	500	2,000	125	40,000	80

당기 중 결합공정에 투입된 직접재료원가는 ₩72,000이었고, 가공원가는 ₩33,600이었다. 결합공정에서 재료는 공정 초에 모두 투입되고, 가공원가는 공정전반에 걸쳐 균등하게 발생한다. 순실현가치법으로 결합원가를 배부할 때 결합제품A에 얼마가 배부되는가? (단, 원가흐름은 평균법을 가정하며, 분리점이후 추가가공정에서 재공품은 없었다.)(세무사1차 2010년)

① ₩44,000   ② ₩46,200   ③ ₩48,000
④ ₩55,400   ⑤ ₩57,600

3. (주)국세는 동일 공정에서 세 가지 결합제품 A, B, C를 생산하고 있으며, 균등이익률법을 사용하여 결합원가를 배부한다. A와 B는 추가가공을 거치지 않고 판매되며, C는 추가가공원가 ₩200,000을 투입하여 가공한 후 판매된다. 결합제품의 생산량 및 단위당 최종 판매가격에 대한 자료는 다음과 같다.

구분	생산량	단위당 최종 판매가격
A	2,000kg	₩200
B	2,000kg	₩100
C	2,500kg	₩160

C제품에 배부된 결합원가가 ₩120,000인 경우, 총결합원가는 얼마인가? (단, 공손 및 감손은 발생하지 않았고, 기초 및 기말재공품은 없는 것으로 가정한다.)(세무사1차 2011년)

① ₩600,000   ② ₩620,000   ③ ₩640,000
④ ₩660,000   ⑤ ₩680,000

4. (주)국세는 동일한 원재료를 투입해서 하나의 공정을 거쳐 제품A, 제품B, 제품C를 생산하며, 분리점까지 총 ₩40,000의 원가가 발생한다. (주)국세는 분리점까지 발생한 원가를 분리점에서의 상대적 판매가치를 기준으로 결합제품에 배분한다. 결합제품의 생산량, 분리점에서의 단위당 판매가격, 추가가공원가 및 추가가공 후 단위당 판매가격은 다음과 같다.

제품	생산량 (단위)	분리점에서의 단위당 판매가격	추가가공원가	추가가공 후 단위당 판매가격
A	1,500	₩16	₩6,300	₩20
B	2,000	8	8,000	13
C	400	25	3,600	32

(주)국세가 위 결합제품을 전부 판매할 경우에 예상되는 최대 매출총이익은 얼마인가? (단, 결합공정 및 추가가공과정에서 재공품 및 공손은 없는 것으로 가정한다.)(세무사1차 2012년)

① ₩10,900   ② ₩12,000   ③ ₩20,000
④ ₩50,900   ⑤ ₩60,000

5. (주)세무는 단일 재료를 이용하여 세 가지 제품A · B · C와 부산물X를 생산하고 있으며, 결합원가계산을 적용하고 있다. 제품A와 B는 분리점에서 즉시 판매되나, 제품C는 분리점에서 시장이 존재하지 않아 추가가공을 거친 후 판매된다. (주)세무의 20×1년 생산 및 판매관련 자료는 다음과 같다.

구 분	생산량	판매량	리터당 최종 판매가격
A	100리터	50리터	₩10
B	200리터	100리터	₩10
C	200리터	50리터	₩10
X	50리터	30리터	₩3

20×1년 동안 결합원가는 ₩2,100이고, 제품C의 추가가공원가는 총 ₩1,000이다. 부산물X의 단위당 판매비는 ₩10이며, 부산물 평가는 생산기준법(순실현가치법)을 적용한다. 순실현가치법으로 결합원가를 배부할 때 제품C의 기말재고자산 금액은? (단, 기초재고와 기말재공품은 없다.)(세무사1차 2013년)

① ₩850　　　　　　② ₩1,050　　　　　　③ ₩1,125

④ ₩1,250　　　　　　⑤ ₩1,325

6. (주)세무는 20×1년 4월에 원재료 X를 가공하여 두 개의 결합제품인 제품 A 1,200단위와 제품 B 800단위를 생산하는데 ₩100,000의 결합원가가 발생하였다. 제품 B는 분리점에서 판매할 수도 있지만, 이 회사는 제품 B 800단위 모두를 추가가공하여 제품 C 800단위 생산한 후 500단위를 판매하였다. 제품 B를 추가가공하는데 ₩20,000의 원가가 발생하였다. 4월초에 각 제품의 예상판매가격은 제품 A는 단위당 ₩50, 제품 B는 단위당 ₩75, 제품 C는 단위당 ₩200이었는데, 20×1년 4월에 판매된 제품들의 가격은 예상판매가격과 동일하였다. (주)세무는 결합원가 배부에 순실현가치법을 적용하고, 경영목적상 각 제품별 매출총이익을 계산한다. 20×1년 4월 제품 C에 대한 매출총이익은 얼마인가? (단, 월초재고와 월말재공품은 없으며, 공손 및 감손도 없다.)(세무사1차 2014년)

① ₩30,250　　　　　　② ₩35,750　　　　　　③ ₩43,750

④ ₩48,250　　　　　　⑤ ₩56,250

7. (주)국세는 결합공정을 통하여 주산물 X, Y와 부산물C를 생산하였으며, 결합원가는 ₩50,000이었다. 주산물X는 추가가공 없이 판매하지만, 주산물Y와 부산물C는 추가가공을 거쳐 판매한다. 20×1년의 생산 및 판매 자료는 다음과 같다.

	주산물X	주산물Y	부산물C
추가가공원가	없음	₩13,400	₩600
생산량	900단위	900단위	200단위
단위당 판매가격	₩30	₩70	₩5

부산물은 생산시점에서 순실현가능가치로 인식한다. 균등매출총이익률법에 의해 각 주산물에 배분되는 결합원가는?(세무사1차 2015년)

	주산물X	주산물Y			주산물X	주산물Y
①	₩17,300	₩32,300		②	₩17,600	₩32,000
③	₩18,100	₩31,500		④	₩18,900	₩30,700
⑤	₩19,600	₩30,000				

8. 결합원가계산에 관한 설명으로 옳지 않은 것은?(세무사1차 2016년)

① 물량기준법은 모든 연산품의 물량 단위당 결합원가 배부액이 같아진다.
② 분리점판매가치법(상대적 판매가치법)은 분리점에서 모든 연산품의 매출총이익률을 같게 만든다.

③ 균등이익률법은 추가가공 후 모든 연산품의 매출총이익률을 같게 만든다.

④ 순실현가치법은 추가가공 후 모든 연산품의 매출총이익률을 같게 만든다.

⑤ 균등이익률법과 순실현가치법은 추가가공을 고려한 방법이다.

9. (주)관세는 당월 중 결합생산공정을 통해 연산품 X와 Y를 생산한 후 각각 추가가공을 거쳐 최종제품 A와 B로 전환하여 모두 판매하였다. 연산품 X와 Y의 단위당 추가가공원가는 각각 ₩150과 ₩100이며, 최종제품과 관련된 당월 자료는 다음과 같다. (단, 각 연산품의 추가가공 전·후의 생산량 변화는 없다.)

구 분	제품 A	제품 B
생산량	400단위	200단위
제품단위당 판매가격	₩450	₩250

이 공정의 당월 결합원가는 ₩81,000이며, 이를 균등매출총이익률법으로 배분한다면 당월 중 연산품 X에 배분될 금액은 얼마인가?(관세사 1차 2015년)

① ₩62,000 ② ₩63,000 ③ ₩64,000

④ ₩66,000 ⑤ ₩68,000

10. (주)고구려는 결합원가계산을 사용하고 있다. 당기에 결합제품 A, B를 생산하면서 결합원가 ₩103,000이 발생하였다. 각 제품에 대한 자료는 다음과 같다. 균등이익률법을 적용할 때 결합제품 A에 배부될 결합원가는 얼마인가?(관세사 1차 2012년)

제품	생산량	추가가공 후 단위당 판매가격	추가가공원가(총액)
A	210	₩300	₩18,000
B	250	500	20,000

① ₩29,000 ② ₩29,250 ③ ₩29,500

④ ₩29,750 ⑤ ₩30,000

9

CHAPTER

전부원가계산과 변동원가계산

기간손익을 결정하기 위한 원가계산방식에는 여러 가지가 있는데 대개의 경우 2가지가 사용된다. 전부원가계산(absorption costing) 방식과 변동원가계산(variable costing) 방식이다. 대부분의 경우 전부원가계산과 변동원가계산은 상이한 영업이익을 도출한다. 이 장에서는 두 방식의 차이와 각 원가계산방식에 대한 찬·반 논거를 검토한다. 또한 채택된 원가계산방식이 경영자의 의사결정에 어떻게 영향을 미치는지를 설명한다.

1. 변동원가계산과 전부원가계산을 이용한 손익계산서의 작성
2. 변동원가계산과 전부원가계산을 이용한 영업이익의 차이 조정
3. 변동원가계산과 공헌이익 접근법의 장점
4. 초변동원가계산을 이용한 손익계산서의 작성

9.1 전부원가계산과 변동원가계산의 의의

1. 전부원가계산과 변동원가계산의 의의

일반적으로 제품의 원가는 제품의 생산과 관련하여 발생한 모든 원가를 집계하여 원가대상에 적절하게 부과하여 계산한다. 그런데 원가를 부과하는 방식에 따라 제품의 원가가 달리 계산될 수 있다.

(1) 전부원가계산

이 책의 전반부에서 제품의 제조원가를 계산할 때 우리는 제조과정에 투입된 직접재료원가, 직접노무원가 및 제조간접원가를 모두 더하여 당기총제조원가를 산출하고 이어 당기제품제조원가를 계산하였다. 이렇듯이 제조과정에 투입된 모든 제조원가를 제품에 부과하는 방식을 전부원가계산(absorption costing) 방식이라 한다. 즉, 전부원가계산은 제품원가를 계산함에 있어서 직접원재료원가, 직접노무원가, 변동제조간접원가 및 고정제조간접원가 등의 모든 제조원가를 포함하여 제품원가를 계산하는 방법이다. 그리고 일반적으로 인정된 회계원칙(GAAP, IFRS 포함)은 외부보고용 회계정보(재무제표) 작성을 위해 전부원가계산을 사용할 것을 요구하고 있다.

(2) 변동원가계산

변동원가계산(variable costing)은 제품원가를 계산함에 있어서 직접원재료원가, 직접노무원가, 변동제조간접원가만을 제조원가에 포함시키고 고정제조간접원가는 기간비용으로 처리하는 방법이다.

즉, 변동원가계산에서는 생산량에 따라 변동하는 제조원가만을 제품원가로 처리하고, 생산량에 따라 변동하지 않는 고정제조간접원가를 제품원가로 처리하지 않고 판매비와 관리비 같은 기간비용으로 처리한다. 따라서 재고자산과 매출원가를 계산하기 위한 단위당 제품원가에는 어떠한 고정제조간접원가도 포함되지 않는다.

(3) 판매비와 관리비

판매비와 관리비(selling and administrative expenses)는 비제조원가이므로 어떤 원가계산 방법에서도 제품원가로 처리하지 않는다. 즉, 전부원가계산이나 변동원가계산에서 변동 및 고정 판매비와 관리비는 발생한 기간의 비용으로 처리한다.

9.2 전부원가계산과 변동원가계산의 비교

1. 기본구조의 차이

전통적인 전부원가계산에서는 해당 제품의 생산과 관련된 모든 원가를 제품의 원가계산에 포함시키는 반면, 변동원가계산에서는 제품생산과 밀접한 관련을 가지고 생산량에 따라 변동하는 원가만을 제품의 원가계산에 포함시킨다.

따라서 원가의 비용화 처리 여부 관점에서 볼 때, 생산에 투입된 직접재료원가, 직접노무원가 및 변동제조간접원가 등 변동원가의 처리에는 두 계산방식 간에 차이가 없으며 단지 고정제조간접원가의 처리에서만 차이가 발생한다. 즉, 전부원가계산에서 고정제조간접원가는 제품이 판매될 때까지 재공품이나 제품, 즉 재고자산 원가의 일부로 남아있는 반면, 변동원가계산에서는 고정제조간접원가가 재고자산의 원가에 포함되지 않고 판매비와 관리비와 같은 기간원가(period costs)로 비용처리하여 발생한 기간에 즉시 손익계산서의 비용으로 보고한다. 결론적으로 두 방법 간의 차이는 고정제조간접원가를 어떻게 회계처리하는가에 있으며, 고정제조간접원가를 제외한 다른 원가에 대한 회계처리는 두 방법이 동일하다.

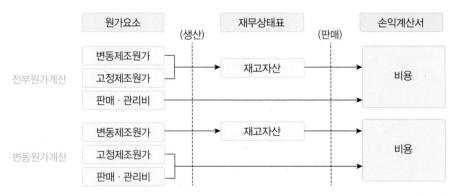

[그림 9-1] 전부원가계산과 변동원가계산의 차이

2. 손익계산서의 비교

제품원가를 구성하는 원가요소에 대한 회계처리의 차이(자산화 vs. 비용처리)로 인하여 전부원가계산과 변동원가계산은 재고자산에 대하여 상이한 평가를 하게 되고 이는 궁극적으로 영업이익에 차이를 초래할 수 있다. 전부원가계산과 변동원가계산의 차이점을 이해하기 위해, 감귤위스키를 생산하는 ㈜제주의 예를 살펴보자.

[예제 9-1]

㈜제주의 원가 및 생산자료는 다음과 같다.

원가자료

단위당 변동원가	
직접재료원가	₩40
직접노무원가	20
변동제조간접원가	10
변동판매비와 일반관리비	5
총고정원가	
고정제조간접원가	₩12,000
고정판매비와 일반관리비	10,000

생산 및 판매자료(단위: 병)

수 량	1월	2월	3월	1분기
기초재고수량	0	0	100	0
생산수량	400	500	300	1,200
판매수량	400	400	400	1,200
기말재고수량	0	100	0	0

감귤위스키 1병당 판매가격은 ₩140이다.

(1) 전부원가계산 손익계산서

전부원가계산을 이용한 손익계산서는 원가를 기능별(매출, 판매관리활동 등)로 구분하여 보고한다. 전부원가계산에서 판매비와 관리비는 발생한 기간에 비용으로 즉시 처리되나, 제조원가는 원가의 흐름에 따라 판매된 기간에 매출원가로 비용처리 된다.

㈜제주의 각 월별 전부원가계산 손익계산서를 작성하기 위한 첫 단계는 감귤위스키의 각 월별 병당 제조원가를 계산하는 것이다.

〈표 9-1〉 제품 단위당 제조원가 – 전부원가계산

	병당	1월	2월	3월
직접재료원가	₩40	₩16,000	₩20,000	₩12,000
직접노무원가	₩20	8,000	10,000	6,000
변동제조간접원가	₩10	4,000	5,000	3,000
고정제조간접원가		12,000	12,000	12,000
총 계		₩40,000	₩47,000	₩33,000
생산수량 (병)		400	500	300
제품 단위당 제조원가		₩100	₩94	₩110

감귤위스키의 병당 제조원가는 1월 ₩100, 2월 ₩94, 그리고 3월 ₩110로 각각 계산된다. 이와 같이 전부원가계산을 이용하여 계산된 제품 단위당 원가에 기초하여 각 월별 영업이익을 계산하면 표 9-2와 같다.

〈표 9-2〉 전부원가계산 손익계산서(1월~3월)

	단위당	1월	2월	3월	1분기
매출액	₩140	₩56,000	₩56,000	₩56,000	₩168,000
매출원가					
+기초제품재고		0	0	9,400	0
+당기제조원가					
직접재료원가	40	16,000	20,000	12,000	48,000
직접노무원가	20	8,000	10,000	6,000	24,000
변동제조간접원가	10	4,000	5,000	3,000	12,000
고정제조간접원가		12,000	12,000	12,000	36,000
소계		40,000	47,000	33,000	120,000
−기말제품재고		0	9,400	0	0
매출원가 소계		40,000	37,600	42,400	120,000
매출총이익		₩16,000	₩18,400	₩13,600	₩48,000
판매관리비					

변동판매관리비	5	2,000	2,000	2,000	6,000
고정판매관리비		10,000	10,000	10,000	30,000
판매관리비 소계		12,000	12,000	12,000	36,000
영업이익		₩4,000	₩6,400	₩1,600	₩12,000

전부원가계산 손익계산서 상에서 1월과 2월의 영업이익을 비교하면 월별 매출액이 동일하고, 원가구조가 변하지 않았음에도 불구하고 2월의 영업이익이 1월의 영업이익에 비해 ₩2,400 더 크다. 그 이유는 2월에 완성된 감귤위스키 500병 가운데 100병이 2월에 판매되지 않고 기말 재고로 남았다가 3월에 판매되었기 때문이다. 자세히 설명하면, 2월에서 3월로 재고가 이월된 100병의 감귤위스키에는 2월에 발생한 고정제조간접원가 ₩2,400(₩24×100병)이 포함되어 있으며(즉, 2월에 매출원가로 보고되지 않으며), 3월에 판매될 때 이 ₩2,400이 비로소 매출원가에 포함되어 비용으로 보고되기 때문이다.

2월과 3월의 영업이익을 비교하면 월별 매출액이 동일하고, 원가구조가 변하지 않았음에도 불구하고 3월의 영업이익이 2월의 영업이익에 비해 ₩4,800 더 작다. 그 이유는 2월에서 3월로 이월된 감귤위스키 100병이 판매될 때 이 100병의 제품원가에는 2월에 이미 발생한 고정제조간접원가 ₩2,400(₩24×100병)이 포함되어 3월에 판매될 때 매출원가로 비용처리 되기 때문이다. 즉, 2월에 발생한 고정제조간접원가 ₩2,400은 2월에 발생하였으나 회계상 비용처리는 3월에 이루어지기 때문에 3월의 영업이익은 그만큼(₩2,400) 줄어들어 ₩1,600으로 보고된다. (만약 이월된 감귤위스키 100병에 포함된 고정제조간접원가를 3월에 매출원가로 비용처리를 하지 않는다면 3월의 영업이익은 1월의 영업이익과 같은 ₩4,000이 될 것이다.)

3월에 발생한 고정제조간접원가 ₩12,000은 3월에 생산한 제품 300개가 판매될 때 전부 매출원가로 비용처리 되어, 즉 비용이 발생한 기간에 비용처리 되어 영업이익에 특이한 영향을 주지 않는다.

(2) 변동원가계산 손익계산서 (공헌이익 손익계산서)

변동원가계산 손익계산서는 원가의 발생 행태에 따라 원가를 변동원가와 고정원가로 구분하여 보고한다. 변동원가에는 직접재료원가, 직접노무원가 및 변동제조간접원가 등 변동제조원가와 변동판매비와 관리비가 포함되며, 고정원가에는 고정제조간접원가와 고정판매비와 관리비가 포함된다.

각 월별 변동원가계산 손익계산서를 작성하기 전에 우선 제품 단위당 원가를 계산해보자. 변동원가계산에서는 제품원가에 오직 변동제조원가만 포함한다.

〈표 9-3〉 제품 단위당 원가－ 변동원가계산

직접재료원가	₩40
직접노무원가	20
변동제조간접원가	10
제품 단위당 제조원가	₩70

전부원가계산에서와는 달리, 1월, 2월과 3월 생산수량이 각각 다르지만 제품 단위당 변동원 가는 ₩70으로 동일하고, 제품 단위당 판매비와 관리비가 ₩5이다. 이를 이용하여 1월 ~ 3월의 변동원가계산 손익계산서를 작성하면 다음과 같다.

〈표 9-4〉 변동원가계산 손익계산서 (1월~3월)

	단위당	1월	2월	3월	1분기
매출액	₩140	₩56,000	₩56,000	₩56,000	₩168,000
변동원가					
변동매출원가	70	28,000	28,000	28,000	84,000
변동판매비와 관리비		2,000	2,000	2,000	6,000
변동원가 소계		30,000	30,000	30,000	90,000
공헌이익		₩26,000	₩26,000	₩26,000	₩78,000
고정원가					
고정제조간접원가		12,000	12,000	12,000	36,000
고정판매비와 관리비		10,000	10,000	10,000	30,000
고정원가 소계		22,000	22,000	22,000	66,000
영업이익		₩4,000	₩4,000	₩4,000	₩12,000

변동원가계산 손익계산서를 살펴보면 월별 영업이익이 1월, 2월 및 3월이 ₩4,000으로 동일 하다. 이는 월별 판매수량이 400병으로 동일하고 단위당 판매가격, 단위당 변동원가, 월별 고정 원가가 일정하기 때문이다. (손익계산서는 생산에 관한 보고서이기보다는 매출에 관한 보고서 임을 상기하자)

〈표 9-5〉는 〈표 9-2〉의 전부원가계산 손익계산서와 〈표 9-4〉의 변동원가계산 손익계산서 에 보고된 영업이익을 월별로 비교하여 그 차이를 보여주고 있다. 1월의 영업이익은 전부원가 계산과 변동원가계산 손익계산서에 ₩4,000으로 동일하여 두 영업이익 간에 차이가 없는 것으 로 나타났다. 2월에는 전부원가계산 영업이익이 ₩6,400으로 보고되어 변동원가계산 영업이익

보다 ₩2,400 더 크지만, 3월에는 전부원가계산 영업이익이 ₩1,600으로 변동원가계산 영업이익보다 ₩2,400 작은 것으로 나타났다.

〈표 9-5〉 전부원가계산 영업이익과 변동원가계산 영업이익의 비교 (1월~3월)

	1월	2월	3월	1분기
전부원가계산 영업이익(A)	₩4,000	₩6,400	₩1,600	₩ 12,000
변동원가계산 영업이익(V)	₩4,000	₩4,000	₩4,000	₩ 12,000
차 이 (A - V)	₩0	₩2,400	(₩2,400)	₩0

9.3 각 원가계산방법의 영업이익의 차이조정

전부원가계산과 변동원가계산은 고정제조간접원가를 각기 다르게 처리함으로써 결과적으로 영업이익에서 차이가 발생하게 된다. 전부원가계산에서는 고정제조간접원가를 제품의 제조원가에 포함하여 제품원가를 계산하여, 제품이 고객에게 판매될 때까지는 재고자산으로 처리하고, 제품이 판매되면 매출원가로 비용 처리한다. 그러나 변동원가계산에서는 고정제조간접원가를 제품제조원가에 포함시키지 않고 고정제조원가가 발생한 기간에 판매비와 관리비처럼 기간원가로 처리한다. 구체적으로 설명하면, 변동원가계산에서는 당기의 고정제조간접원가 발생액 전액이 당기의 비용으로 처리되는 반면, 전부원가계산에서는 고정제조간접원가가 일단 제품의 원가로 배부되었다가, 당기에 판매된 제품에 배부된 금액만 당기의 비용(매출원가)으로 처리된다. 만약 기말까지 팔리지 않아 남아있는 제품이 있다면, 그 기말제품재고에 포함된 고정제조간접원가 배부액은 매출원가로 처리되지 않아 그 금액만큼 영업이익이 증가하게 된다. 결론적으로 전부원가계산과 변동원가계산의 영업이익의 차이는 기초재고와 기말재고에 포함된 고정제조간접원가 금액의 차이에 기인한다.

〈표 9-5〉가 보여주듯이 전부원가계산에 의한 영업이익과 변동원가계산에 의한 영업이익은 일반적으로 같지 않다. 1월의 영업이익은 두 방법에 의한 결과가 ₩4,000으로 동일하다. 그러나 2월의 전부원가계산 손익계산서의 영업이익은 ₩6,400인데 반해 변동원가계산 영업이익은 ₩4,000으로 전부원가계산 영업이익이 변동원가계산 영업이익보다 ₩2,400 크다.

이런 차이는 기말재고로 남아있는 감귤위스키 100병에 포함된 고정제조간접원가의 회계처리에 있다. 2월처럼 생산량의 일부가 판매되지 않고 기말재고로 남는 경우, 전부원가계산에서 매출원가는 변동제조원가(직접재료원가, 직접노무원가, 변동제조간접원가)와 고정제조간접원가를 포함하지만, 변동원가계산에서는 변동제조원가만을 매출원가에 포함한다. 이에 따라 기말재고가 증가하면 전부원가계산에서는 기말재고자산에 고정제조간접원가의 일부가 포함되어 차기에 판매될 때까지 이 일부 고정제조간접원가가 비용으로 처리되지 않아 전부원가계산 영업이익이 변동원가계산 영업이익보다 크게 나타난다.

〈표 9-2〉의 전부원가계산 손익계산서를 보면 매출원가에 포함된 고정제조간접원가는 ₩9,600(400병×₩24)인데 반하여, 〈표 9-3〉의 변동원가계산 손익계산서에서는 고정제조간접원가 ₩12,000 전액이 당기비용으로 처리됨으로써 두 원가계산 사이에 ₩2,400의 비용차이가 나타난다. 이러한 ₩2,400의 비용차이가 두 원가계산 사이의 영업이익 차이를 가져온다.

일반적으로 전부원가계산과 변동원가계산의 이익차이는 다음과 같이 계산할 수 있다.

$$\text{영업이익차이} = \text{재고수준 변동} \times \text{단위당 고정제조간접원가}$$

따라서 기초재고와 기말재고를 비교하여 재고량이 증가하면 전부원가계산 영업이익이 크게 나타나며, 반대로 재고량이 감소하면 변동원가계산 영업이익이 크게 나타난다.

위 예제에서 감귤위스키의 재고량은 기초 0병에서 기말 100병으로 증가하였다. 단위당 고정제조간접원가는 ₩24(₩12,000/500병)이다. 이를 위 식에 대입하면 다음과 같다.

$$(100\text{병 증가}) \times (₩24/\text{병}) = ₩2,400 \text{ 증가}$$

기초재고보다 기말재고가 100병 증가하여 전부원가계산 영업이익이 변동원가계산 영업이익보다 ₩2,400 크게 나타난다.

한편, 3월의 전부원가계산 손익계산서의 영업이익은 ₩1,600인데 반해 변동원가계산 영업이익은 ₩4,000로 변동원가계산 영업이익이 전부원가계산 영업이익보다 ₩2,400 크다. 3월에는 영업이익이 2월과는 반전된 양상을 보이는데, 그 이유는 3월에는 생산량(300병)보다 판매량(400병)이 많기 때문이다. 3월 기초재고 100병에 포함된 고정제조간접원가 ₩2,400(100병×₩24/병)은 2월에 비용이 발생하지만, 판매시점인 3월에야 비용으로 회계처리되어 3월의 전부원가계산 영업이익을 그만큼 감소시킨다.

3월에 감귤위스키 재고량이 100병에서 0병으로 감소한 효과를 계산하면,

$$(100\text{병 감소}) \times (₩24/\text{병}) = ₩2,400 \text{ 감소}$$

기초재고보다 기말재고가 100병 감소하여 전부원가계산 영업이익이 변동원가계산 영업이익보다 ₩2,400 작게 나타난다.

1월부터 3월까지 전부원가계산과 변동원가계산의 차이를 요약하면 〈표 9-6〉과 같다.

〈표 9-6〉 전부원가계산과 변동원가계산의 차이요약

	1월	2월	3월
전부원가계산 하에서 고정제조간접원가[A]			
기초재고에 포함된 고정제조간접원가	₩0	₩0	₩2,400
(+) 당기고정제조간접원가	12,000	12,000	12,000
(−) 기말재고에 포함된 고정제조간접원가	0	(2,400)	0
합계	₩12,000	₩9,600	₩14,400
변동원가계산 하에서 고정제조간접원가[B]			
당기고정제조간접원가	12,000	12,000	12,000
차이 [B − A]	₩0	₩2,400	₩(2,400)

2월 손익계산서에 나타난 고정제조간접원가는 전부원가계산 하에서는 ₩9,600, 변동원가계산 하에서는 ₩12,000으로 변동원가계산에서 더 많이 비용처리하였으나, 3월에는 전부원가계산 하에서는 ₩14,400 변동원가계산 하에서는 ₩12,000으로 전부원가계산에서 더 많이 비용처리한 것으로 나타났다. 이 차이는 〈표 9-4〉에 제시된 영업이익의 차이와 같음을 알 수 있다.

전부원가계산과 변동원가계산에 의한 영업이익의 차이는 다음 식에 의해 조정될 수 있다.

전부원가계산의 영업이익－변동원가계산의 영업이익
= 기말재고에 포함된 고정제조간접원가－기초재고에 포함된 고정제조간접원가

∴ 전부원가계산의 영업이익 = 변동원가계산의 영업이익
　＋기말재고에 포함된 고정제조간접원가
　－기초재고에 포함된 고정제조간접원가

예제의 영업이익 차이를 조정하면 〈표 9-7〉과 같다.

영업이익 차이조정	1월	2월	3월
변동원가계산 영업이익	₩4,000	₩4,000	₩4,000
(+) 기말재고에 포함된 고정제조간접원가	0	2,400	0
(−) 기초재고에 포함된 고정제조간접원가	0	0	(2,400)
전부원가계산 영업이익	₩4,000	₩6,400	₩1,600

일반적으로, 제품 생산량이 제품 판매량을 초과하면(즉 재고가 증가하면), 전부원가계산에 의한 영업이익이 변동원가계산에 의한 영업이익보다 더 크다. 그 이유는 전부원가계산 하에서는 당기에 발생한 고정제조간접원가의 일부가 재고자산에 포함되어 다음 기로 이연되어 그만큼 비용으로 처리되는 금액이 작아지기 때문이다. 반대로, 제품 판매량이 제품 생산량을 초과하면(즉 재고가 감소하면), 전부원가계산에 의한 영업이익이 변동원가계산에 의한 영업이익보다 작다. 그 이유는 전부원가계산 하에서는 재고자산에 포함되어 이월된 고정제조간접원가가 당기에 판매되면서(당기의 매출원가에 포함되어) 비용으로 처리되기 때문이다. 제품 생산량과 제품 판매량이 같은 경우(즉 재고의 변동이 없다면) 전부원가계산에 의한 영업이익과 변동원가계산에 의한 영업이익은 동일하게 된다.

9.4 변동원가계산과 공헌이익 접근법의 장점

계획 및 통제, 업적평가 등 기업내부 경영의사결정 과정에서 변동원가계산이 갖는 유용성은 다음과 같다.

1. 경영의사결정 지원

변동원가계산은 원가계획 및 통제에 사용되는 표준원가 및 변동예산과 매우 잘 어울린다. 변동원가계산은 제품을 한 개 더 생산하기 위해 발생하는 변동원가를 정확하게 식별한다. 변동원가계산 손익계산서는 고정제조간접원가를 손익계산서 상에 별도로 보고함으로써 고정원가가 이익에 미치는 영향을 확실하게 보여준다. 또한 변동원가계산 손익계산서는 조금만 변형시키면 사업부문별 업적보고서로 사용될 수 있어 경영자의 성과측정 및 평가과정에 주로 사용된다. 이렇듯 변동원가계산은 경영자의 의사결정에 보다 유용한 정보를 제공해 준다.

2. 원가-조업도-이익(CVP) 분석에 유용

변동원가계산은 단기적 이익계획모형인 (CVP) 분석과 매우 잘 어울린다. 분석을 수행하기 위해서는 원가를 고정원가 요소와 변동원가 요소로 구분해야 한다. 변동원가계산 손익계산서는 원가를 변동원가와 고정원가로 구분하여 작성하기 때문에 이 손익계산서를 이용하여 원가-조업도-이익 분석을 수행하면 변동원가와 고정원가가 구별되지 않고 작성된 전부원가계산 손익계산서를 이용하는 것보다 편리하다.

3. 영업이익의 변동을 설명

변동원가계산에 의한 손익계산서는 이해하기 쉽고 명확하다. 다른 모든 환경이 일정한 상태에서 매출이 증가하면 영업이익도 증가하고, 매출이 감소하면 영업이익도 감소한다. 또한 매출이 일정하면 영업이익도 일정하다. 매출과 관련이 없는 생산량의 변동이 영업이익에 영향을 미치지 않는다. 따라서 생산량의 변동을 통한 이익조작 가능성이 낮아지게 된다.

이에 반해 전부원가계산에 의한 손익계산서 정보는 혼란스러우며 오해할 여지가 많다. 전부원가계산으로 작성된 손익계산서 〈표 9-2〉를 다시 한번 살펴보자. 1월과 2월의 매출액이 동일함에도 불구하고 영업이익이 증가하는 점이 경영자에게는 의아스러울 것이다. 영업의 효율이 향상되어서인지, 판매비가 감소해서 나타난 결과인지, 또는 다른 요인이 있는 것인지 판단하기 어려울 것이다.

9.5 초변동원가계산

최근 들어 로봇의 사용 및 생산설비의 자동화 등 제조환경의 변화로 많은 기업에서 직접노무원가가 발생하지 않아 대부분의 노무원가를 간접원가, 즉 고정원가가 차지하는 경우가 많아졌다. 즉, 공장 설비를 유지하기 위한 노무인력은 주로 자동화 설비를 운영, 점검, 보수, 유지하는 업무를 하므로 생산량과 무관하게 인력이 필요하고, 또한 제조간접원가도 자동화된 설비의 감가상각비와 수선유지비가 대부분이므로 이 원가들은 고정원가이다. 이러한 자동화된 생산설비를 보유하고 있는 기업의 모든 가공원가, 즉 직접노무원가와 제조간접원가를 고정원가로 보아 기간비용으로 처리하는 원가계산방법을 초변동원가계산(super-variable costing)이라 한다. 초변동원가계산에서는 직접원재료원가만을 제품원가에 포함하고, 나머지 제조원가는 기간비용으로 처리한다.

[예제 9-1]을 이용하여 ㈜제주의 2월 변동원가계산 손익계산서를 작성하면 〈표 9-8〉과 같다.

〈표 9-8〉 변동원가계산 손익계산서(2월)

	단위당			
매출액	₩140			₩56,000
변동원가				
변동매출원가				
직접재료원가	40	₩16,000		
직접노무원가	20	8,000		
변동제조간접원가	10	4,000	₩28,000	
변동판매와 관리비	5		2,000	30,000
공헌이익				₩26,000
고정원가				
고정제조간접원가			12,000	
고정판매와 관리비			10,000	22,000
영업이익				4,000

동일한 자료를 이용하여 ㈜제주의 초변동원가계산 손익계산서를 작성하면 〈표 9-8〉과 같다.

〈표 9-9〉 초변동원가계산 손익계산서(2월)

매출액(₩140×400)		₩56,000
초변동매출원가		
직접재료원가(₩40×400)		16,000
재료처리공헌이익		₩40,000
운영비용		
직접노무원가(₩20×500)	₩10,000	
변동제조간접원가(₩10×500)	5,000	
고정제조간접원가	12,000	
변동판매비와 관리비(₩5×400)	2,000	
고정판매비와 관리비	10,000	39,000
영업이익		₩1,000

〈표 9-8〉과 〈표 9-9〉에 제시된 두 손익계산서를 비교하면 ₩3,000의 영업이익 차이가 발생함을 알 수 있다. 변동원가계산 손익계산서의 영업이익은 ₩4,000인데 반해 초변동원가계산 손익계산서의 영업이익은 ₩1,000으로 ₩3,000이 작다. 이와 같은 차이는 초변동원가계산에서는 직접원재료원가만 제품원가로 보아 매출원가에 포함시키고 그 이외의 직접노무원가, 변동제조간접원가, 고정제조간접원가, 변동판매비와 관리비 및 고정판매비와 관리비를 기간비용으로 간주하여 운영비용에 포함시키기 때문이다. 이에 따라 재고량이 변동하면 영업이익에 차이가 발생하게 된다. 2월의 경우처럼(500병 생산, 400병 판매) 재고량이 증가하면 변동원가계산에서는 기말재고자산(100병)에 직접노무원가 및 변동제조간접원가가 포함되기 때문에 변동원가계산의 영업이익이 초변동원가계산의 영업이익보다 크게 나타난다..

〈표 9-8〉의 변동원가계산 손익계산서를 보면 매출원가에 포함된 직접노무원가 ₩8,000(₩20×400)과 변동제조간접원가 ₩4,000(₩10×400)의 합이 ₩12,000인데 반해 초변동원가계산에서는 직접노무원가 ₩10,000(₩20×500)과 변동제조간접원가 ₩5,000(₩10×500)의 합 ₩15,000이 운영비용으로 당기비용처리됨으로써 두 원가계산 사이에서 ₩3,000의 비용차이가 나타나게 된다. 이러한 ₩3,000의 비용차이는 두 원가계산 사이의 영업이익차이를 초래한다.

초변동원가계산에서는 생산량이 증가하면 이에 따라 변동가공원가(직접노무원가+변동제조간접원가)가 증가하게 되고, 이는 이익의 감소를 초래한다. 따라서 이익감소를 원치 않는 경영자는 과다한 생산을 하기보다는 생산을 줄여 이익을 증가시키고자 할 것이다. 전부원가계산 방식이 단기이익을 추구하는 경영자에게 과도한 생산을 유도하는 측면이 있다면, 이와 반대로 초변동원가계산방식은 적극적으로 생산량 감소와 그에 따른 기말재고 감소를 유도하는 역할을 한다.

초변동원가계산에서는 직접원재료원가와 가공원가의 분리만 필요하므로 변동원가계산과 같이 변동원가와 고정원가를 분리하는 수고를 덜 수 있다. 그러나 제품재고자산의 가치를 지나치게 낮게 평가하여 초변동원가계산에서 계산된 영업이익이 실제로 외부에 보고되는 전부원가계산에 의한 영업이익과 차이가 나는 문제점이 있다. 전부원가계산, 변동원가계산 및 초변동원가계산의 차이를 요약하면 다음과 같다.

〈표 9-10〉 전부원가계산, 변동원가계산 및 초변동원가계산의 비교

	전부원가계산	변동원가계산	초변동원가계산
용도	재무보고	의사결정 및 성과평가	의사결정 및 성과평가
재고수준과 이익	재고의 증가가 이익을 증가시킴	재고의 증가가 이익과 무관함	재고의 증가가 이익을 감소시킴

경영자의 동기	생산을 통한 과잉재고 유인	생산이 아닌 판매에 집중 유인	불필요한 재고보유 억제 유인
재고화 원가	직접원재료원가 직접노무원가 변동제조간접원가 고정제조간접원가	직접원재료원가 직접노무원가 변동제조간접원가	직접원재료원가
기간비용	판매비와 관리비	고정제조간접원가 판매비와 관리비	직접노무원가 변동제조간접원가 고정제조간접원가 판매비와 관리비

[부록 9A] 정상전부원가계산과 정상변동원가계산의 비교

정상원가계산은 직접재료 및 직접노무원가는 실제원가를 사용하고, 제조간접원가는 예정배부율을 이용하여 제품원가를 계산하는 방법이다. 따라서 정상원가에서 이용되는 제조간접원가예정배부율은 다음과 같이 계산된다.

제조간접원가예정배부율 = 제조간접원가 예산액 / 예정조업도

제조간접원가는 변동제조간접원가와 고정제조간접원가로 나눌 수 있으므로 제조간접원가예정배부율은 다음과 같이 나눌 수 있다.

1) 변동제조간접원가 배부율 = 조업도 단위당 변동제조간접원가
2) 고정제조간접원가 배부율 = 고정제조간접원가 예산액 / 예정조업도

정상전부원가계산은 변동제조간접원가 배부율과 고정제조간접원가 배부율을 이용하여 제품원가를 계산하지만 정상변동원가계산은 변동제조간접원가 배부율을 이용하여 변동제조간접원가만을 제품원가에 배부하여 제품원가를 계산한다. 이는 정상변동원가계산에서는 고정제조간접원가를 기간비용으로 처리하기 때문이다. 따라서 정상변동원가계산에서는 고정제조간접원가 배부차이는 발생하지 않는다.

[예제 9A-1] 감귤위스키를 생산하는 ㈜제주는 2018년 연초에 연간고정제조간접원가를 ₩144,000, 연간생산량은 4,800병으로 예상하고 이를 기준으로 제조간접원가를 예정배부하고 있다. ㈜제주가 4월에 감귤위스키를 380병 생산하여 350병을 판매하였으며, 4월고정제조간접원가 실제 발생액은 ₩12,000이었다. 제조간접원가 배부차이는 매출원가에서 조정한다. 판매가격 및 변동원가자료는 [예제 9-1]과 같다.

(1) 정상전부원가계산

정상전부원가계산에 의하여 4월 손익계산서를 작성하면 〈표 9A-1〉과 같다.

〈표 9A-1〉 정상전부원가계산 손익계산서

매출액(₩140×350)		₩49,000
매출원가		38,000
기초제품재고액	₩0	

당기제품제조원가(₩100×380)	38,000	
기말제품재고액(₩100×30)	3,000	
고정제조간접원가원가 과소배부액(₩30×20)	600	35,600
매출총이익		₩13,400
판매비와 관리비		11,750
변동판매비와 관리비(₩5×350)	₩1,750	
고정판매비와 관리비	10,000	
영업이익		₩1,650

정상전부원가계산에 의한 경우 감귤위스키 380병을 생산한 4월 제조간접원가 배부액은 변동제조간접원가 ₩3,800(₩10×380)과 고정제조간접원가 ₩11,400(₩30×380)을 합한 ₩15,200이고, 제조간접원가실제발생액은 변동제조간접원가 ₩3,800(₩10×380)과 고정제조간접원가 ₩12,000을 합한 ₩15,800이다. 따라서 4월중제조간접원가는₩600가 과소배부되었다.

(2) 정상변동원가계산

정상변동원가계산에 의하여 4월 손익계산서를 작성하면 〈표 9A-2〉와 같다.

〈표 9A-2〉 정상변동원가계산 손익계산서

매출액(₩140×350)		₩49,000
매출원가		26,600
변동매출원가		
기초제품재고액	₩0	
당기제품제조원가(₩70×380)	26,600	
기말제품재고액(₩70×30)	2,100	24,500
변동판매비와 관리비(₩5×350)		1,750
공헌이익		₩22,750
고정비		22,000
고정제조간접원가	₩12,000	
고정판매비와 관리비	10,000	
영업이익		₩750

　　정상변동원가계산에 의한 경우 고정제조간접원가를 기간비용으로 처리하기 때문에 고정제조간접원가 배부차이는 발생하지 않는다. 정상전부원가계산과 정상변동원가계산의 영업이익 차이는 기말재고에 포함된 고정제조간접원가 ₩900(₩30×30)이다.

익힘문제

1. 전부원가계산과 변동원가계산의 기본적인 차이점을 설명하시오.

2. 전부원가계산에서 고정제조간접원가가 어떻게 다음 기간으로 이연되는지를 설명하시오.

3. 생산량이 판매량을 초과한 경우, 전부원가계산과 변동원가계산 중 어느 방법이 더 큰 영업이익을 도출하는가? 그 이유를 설명하시오.

4. 어떻게 전부원가계산에서는 매출액이 증가하지 않았는데도 영업이익이 증가할 수 있는지 설명하시오.

5. 변동원가계산의 유용성을 설명하시오.

6. 추적가능원가와 공통원가에 대하여 몇 가지 예를 들어 설명하시오.

7. 사업 부문의 손익분기점을 계산할 때, 회사의 공통 고정비용을 사업 부문들에 배분하여야 하는가? 그 이유를 설명하시오.

연습문제

1. (주)광주는 실제원가로 제품원가를 계산하고 있다. (주)광주는 20×1년 1월초에 개업하였으며, 20×1년과 20×2년의 제품 생산량과 판매량, 원가자료는 다음과 같다.

구분	20×1년	20×2년
생산량	10,000개	14,000개
판매량	8,000개	15,000개
고정제조간접원가	₩240,000	?
고정판매관리비	₩180,000	₩230,000

20×2년의 전부원가계산에 의한 이익은 ₩500,000이고, 변동원가계산에 의한 이익은 ₩528,000이었다. 20×2년에 발생된 고정제조간접원가는 얼마인가? (단, 20×1년과 20×2년의 기초재공품 및 기말재공품은 없으며, 물량 및 원가흐름은 선입선출법을 가정한다.)(세무사1차 2010년)

① ₩200,000   ② ₩220,000   ③ ₩240,000

④ ₩260,000   ⑤ ₩280,000

2. 20×1년 초에 설립된 (주)국세는 노트북을 제조하여 판매하고 있다. (주)국세는 재고자산의 원가흐름 가정으로 선입선출법을 적용하며, 실제원가계산으로 제품원가를 산출한다. (주)국세의 매월 최대 제품생산능력은 1,000대이며, 20×1년 1월과 2월의 원가자료는 다음과 같다.

구 분	1월	2월
생 산 량	900대	800대
판 매 량	800대	?
고정제조간접원가	₩180,000	₩200,000

2월의 전부원가계산 하의 영업이익이 변동원가계산 하의 영업이익보다 ₩20,000만큼 큰 경우, (주)국세의 2월 말 제품재고수량은 얼마인가? (단, 매월 말 재공품은 없는 것으로 가정한다.)(세무사1차 2011년)

① 160대   ② 170대   ③ 180대

④ 190대   ⑤ 200대

3. 전부원가계산, 변동원가계산 및 초변동원가계산에 관한 설명으로 옳지 않은 것은?(세무사1차 2012년)

① 초변동원가계산에서는 직접노무원가와 변동제조간접원가를 기간비용으로 처리한다.

② 초변동원가계산에서는 매출액에서 직접재료원가를 차감하여 재료처리량 공헌이익(throughput

contribution)을 산출한다.

③ 변동원가계산은 변동제조원가만을 재고가능원가로 간주한다. 따라서 직접재료원가, 변동가공원가를 제품원가에 포함시킨다.

④ 전부원가계산의 영업이익은 일반적으로 생산량과 판매량에 의해 영향을 받는다.

⑤ 변동원가계산에서는 원가를 기능에 따라 구분하여 변동원가와 고정원가로 분류한다.

4. (주)국세의 20×1년도 전부원가계산에 의한 영업이익은 ₩1,000,000이다. (주)국세의 원가자료가 다음과 같을 경우 20×1년도 변동원가계산에 의한 영업이익은 얼마인가? (단, 원가요소 금액은 총액이다.)(세무사1차 2012년)

	수량 (단위)	직접 재료원가	직접 노무원가	변동제조 간접원가	고정제조간접원가
기초재공품	200	₩50,000	₩30,000	₩20,000	₩240,000
기초제품	400	100,000	70,000	40,000	700,000
기말재공품	500	100,000	65,000	25,000	500,000
기말제품	300	75,000	90,000	35,000	600,000
매출원가	1,000	1,000,000	750,000	650,000	2,000,000

① ₩640,000　　　② ₩840,000　　　③ ₩900,000

④ ₩1,100,000　　　⑤ ₩1,160,000

5. 전부원가계산과 변동원가계산에 대한 설명으로 옳은 것은? (세무사1차 2013년)

① 변동원가계산의 영업이익은 판매량뿐만 아니라 생산량에 따라서도 좌우된다.

② 전부원가계산 하에서는 생산과잉으로 인한 바람직하지 못한 재고의 누적을 막을 수 있다.

③ 전부원가계산에 의해 매출원가가 표시되는 손익계산서는 성격별 포괄손익계산서라고 한다.

④ 초변동원가계산은 직접재료원가와 직접노무원가만 재고가능원가로 처리한다.

⑤ 변동원가계산은 정상원가계산, 표준원가계산, 개별원가계산, 종합원가계산을 사용하는 기업에 적용할 수 있다.

6. 전부원가계산과 변동원가계산에 관한 설명으로 옳지 않은 것은?(세무사1차 2014년)

① 변동원가계산은 전부원가계산보다 손익분기점분석에 더 적합하다.

② 당기매출액이 손익분기점 매출액보다 작더라도 변동원가계산에서는 이익이 보고될 수 있다.

③ 전부원가계산의 영업이익은 일반적으로 생산량과 판매량에 의해 영향을 받는다.

④ 변동원가계산에서는 변동제조원가만이 제품원가에 포함된다.

⑤ 변동원가계산은 고정제조간접원가를 기간비용으로 처리한다.

7. 당기에 설립된 (주)국세는 1,300단위를 생산하여 그 중 일부를 판매하였으며, 관련 자료는 다음과 같다.

직접재료 매입액:	₩500,000
직접노무원가 :	기본원가(prime cost)의 30%
제조간접원가 :	전환원가(가공원가)의 40%
매출액 :	₩900,000
판매관리비 :	₩200,000
직접재료 기말재고액 :	₩45,000
재공품 기말재고액 : 없음	
제품 기말재고액 중 직접재료원가 :	₩100,000

초변동원가계산(throughput costing)에 의한 당기 영업이익은?(세무사1차 2015년)

① ₩20,000   ② ₩40,000   ③ ₩80,000

④ ₩150,000   ⑤ ₩220,000

8. (주)세무는 전부원가계산방법을 채택하여 단일 제품A를 생산 · 판매하며, 재고자산 계산은 선입선출법을 적용한다. 20×1년 제품A의 생산 · 판매와 관련된 자료는 다음과 같다.

	수량	재고금액
기초제품	1,500단위	₩100,000(고정제조간접원가 ₩45,000 포함)
당기완성품	24,000단위	
당기판매	23,500단위	
기말제품	2,000단위	₩150,000(고정제조간접원가 포함)

20×1년 재공품의 기초와 기말재고는 없으며, 고정제조간접원가는 ₩840,000, 고정판매관리비는 ₩675,000이다. ㈜세무의 20×1년 전부원가계산에 의한 영업이익이 ₩745,000일 경우, 변동원가계산에 의한 영업이익과 기말제품재고액은?(세무사1차 2016년)

	영업이익	기말제품재고액		영업이익	기말제품재고액
①	₩710,000	₩80,000	②	₩710,000	₩90,000
③	₩720,000	₩80,000	④	₩720,000	₩90,000
⑤	₩730,000	₩90,000			

10 CHAPTER

원가-조업도-이익 분석

기업이 성장 발전하기 위해서는 꾸준히 이익을 실현하는 것이 중요하다. 경영자는 어떠한 사업을 계획할 때 우선적으로 사업의 타당성과 실현가능성을 검토한다. 이러한 사업계획을 수립하는 데 주로 이용되는 원가-조업도-이익분석은 원가(cost), 조업도(volume), 그리고 이익(profit)의 상호 영향을 분석하는 기법으로서 CVP분석이라고도 한다. CVP분석은 경영자들에게 중요한 의사결정을 하는 데 도움을 주는 도구이다.

1. 원가, 조업도, 이익의 상호관계
2. 손익분기점의 계산
3. 목표이익 달성을 위한 매출액 계산
4. 원가구조와 영업레버리지
5. 목표이익 달성을 위한 매출배합

10.1 원가-조업도-이익 분석

1. 의의

원가-조업도-이익분석(cost-volume-profit analysis, CVP)은 경영자들이 어떤 제품을 얼마나 생산하여 판매할지, 가격을 어떻게 책정해야 할지, 그리고 제품 생산과정에서 어떤 원가구조를 선택해야 할지 등의 중요한 의사결정을 하는 데 도움을 주는 도구이다.

원가-조업도-이익분석의 주요 목적은 다음 다섯 가지 요소들이 이익에 어떻게 영향을 미치는지를 예측하는 것이다.

① 판매가격
② 판매량
③ 단위당 변동원가
④ 총고정원가
⑤ 제품의 매출배합

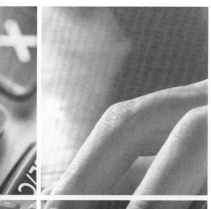
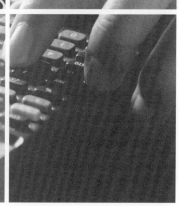

즉, 원가-조업도-이익분석은 다양한 가격, 원가 및 조업도와 이익의 관계를 체계적으로 분석하는 기법으로서 CVP분석이라고도 한다. CVP분석은 다음과 같은 의사결정에 주로 활용된다.

① 손익분기점은 얼마인가?
② 특정 수준의 판매에서 기대할 수 있는 이익은 얼마인가?
③ 목표로 정한 기대이익을 달성하기 위한 매출수량은 얼마인가?
④ 판매가격의 변경은 이익에 어떠한 영향을 미치는가?
⑤ 재료가격 또는 임금이 인상될 경우 이익에 미치는 영향은 얼마인가?
⑥ 설비변경은 이익에 어떠한 영향을 미칠 것인가?

CVP분석은 이와 같이 단기적 의사결정에도 유용하게 활용된다. 즉, 기업의 단기적 의사결정은 대부분 이익과 가격, 원가 및 조업도의 관계를 근거로 하여 이루어지기 때문이다.

2. CVP분석의 가정

CVP분석을 단순화하기 위해 일반적으로 경영자들은 다음과 같은 가정들에 기초하여 CVP분석을 수행한다. 첫째, 수익과 원가는 조업도와 선형적 관계를 지니고 또한 원가는 변동원가와 고정원가로 명확하게 구분될 수 있다고 가정한다. 이러한 가정 하에서 혼합원가는 변동원가와 고정원가로 분류할 수 있다. 둘째, 조업도가 관련범위 내에 있을 경우에만 선형적 가정이 실질적이다. 즉, 관련범위 내에서 단위당 판매가격, 단위당 변동원가 및 총고정원가가 조업도에 관계없이 일정하다는 것이다. 여기서 단위당 변동원가가 일정하다는 가정은 생산성 및 생산요소의 가격이 일정하다는 가정을 의미한다. 셋째, 단일제품만 생산, 판매한다고 가정한다. 여러 제품을 생산, 판매하는 경우에는 매출배합이 일정하다고 가정한다. 여기서 매출배합이란 여러 가지 제품을 판매하는 경우 총판매량 중에서 각 제품의 판매량이 차지하는 상대적 비율을 말한다. 넷째, 제조업의 경우 기초재고와 기말재고 수준이 동일하다고 가정한다. 즉, 생산량과 판매량이 같다고 가정한다.

10.2 손익분기점

1. 손익분기점 계산

CVP분석은 우선 수익과 원가가 일치하여 이익이 0이 되는 조업도를 찾는 데서 시작하며, 이익이 0이 되는 판매량 또는 조업도를 손익분기점(break-even point, BEP)이라 한다. 손익분기점 이상의 판매에서는 이익이 발생하는 반면, 그 이하의 판매에서는 손실이 발생하기 때문에 손익분기점에 관한 정보는 여러 가지 경영계획을 수립하는 데 매우 유용하게 사용된다. 손익분기점을 구하는 방법에는 등식법과 공헌이익법 및 도표법 등이 있다. 다음의 예제를 통해 손익분기점을 계산하는 방법을 살펴보자.

(1) 공헌이익을 이용한 CVP 관계의 이해

공헌이익(contribution margin)이란 매출액에서 변동원가를 차감하고 남은 잔액이다. 따라서 공헌이익은 고정원가를 회수한 후, 당기의 이익에 기여하는 금액을 의미한다. 만약 공헌이익이 고정원가를 회수하기에 충분하지 않다면, 당기에 손실이 발생하게 된다. 만약 공헌이익이 충분하여 고정원가를 회수하고도 남는다면 그 남은 금액은 모두 이익이 된다.

$$공헌이익 = 매출액 - 변동원가$$

(주)서울통신은 스마트폰을 생산하고 있다. 스마트폰의 가격은 대당 ₩1,000이고, 대당 변동원가는 ₩600이며, 총고정원가는 ₩120,000이다. (주)서울통신이 스마트폰을 1대만 판매한다고 가정해보자. 이 경우 (주) 서울통신의 손익계산서는 다음과 같을 것이다.

공헌이익 손익계산서
스마트폰 1대 판매

	총액	단위당
매출액 (스마트폰 1대)	₩1,000	₩1,000
변동원가	600	600
공헌이익	400	₩400
총고정원가	120,000	
영업이익	₩(119,600)	

(주)서울통신이 스마트폰 1대씩 판매할 때마다 ₩400의 공헌이익이 발생한다. 이 경우 총고정원가가 ₩120,000이므로 ₩119,600의 영업손실이 발생하게 된다.

만약 스마트폰이 1대 더 팔린다면(총 2대), 총공헌이익은 ₩400 증가하여 (주)서울통신의 손실은 ₩400 줄어든 ₩119,200이 된다.

공헌이익 손익계산서
스마트폰 2대 판매

	총액	단위당
매출액 (스마트폰 2대)	₩2,000	₩1,000
변동원가	1,200	600
공헌이익	800	₩400
총고정원가	120,000	
영업이익	₩(119,200)	

만약 총공헌이익이 ₩120,000가 될 정도로 스마트폰이 판매된다면, 모든 고정원가(₩120,000)가 회수되어, (주)서울통신은 손익분기(break even)를 달성하게 될 것이다. 스마트폰 1대 판매될 때마다 공헌이익이 ₩400씩 증가하므로, (주)서울통신이 손익분기점에 도달하기 위해서는 매월 300대의 스마트폰을 판매해야 한다. (₩120,000 / ₩400 = 300)

공헌이익 손익계산서
스마트폰 300대 판매

	총액	단위당
매출액 (스마트폰 300대)	₩300,000	₩1,000
변동원가	180,000	600
공헌이익	120,000	₩400
총고정원가	120,000	
영업이익	₩ 0	

일단 손익분기점에 도달하게 되면, 영업이익은 손익분기점을 초과하는 판매 단위에 대하여 단위당 공헌이익만큼 증가할 것이다. 예를 들어 월 301대의 스마트폰을 판매한다면, (주)서울통신은 손익분기점보다 1대 초과하여 판매한 것이므로 공헌이익이 ₩400증가하여 영업이익은 ₩400가 된다.

공헌이익 손익계산서
스마트폰 301대 판매

	총액	단위당
매출액 (스마트폰 301대)	₩301,000	₩1,000
변동원가	180,600	600
공헌이익	120,400	₩400
총고정원가	120,000	
영업이익	₩ 400	

만약 스마트폰 302대를 판매한다면(손익분기점을 2대 초과), 영업이익은 ₩800가 될 것이다. 만약 스마트폰 303대를 판매한다면(손익분기점을 3대 초과), 영업이익은 ₩1,200가 된다. 따라서 손익분기점을 초과한 판매량에 대한 이익을 추정하고자 한다면, 손익분기점을 초과하는 판매량에 단위당 공헌이익을 곱하여 당기의 예상이익을 계산할 수 있다.

현재 월 350대의 스마트폰을 판매하고 있는데, 만약 스마트폰 매출을 월 400대로 증가시킬 수 있다면 기대 영업이익은 다음과 같이 계산할 수 있다.

스마트폰 판매량 증가분	50
스마트폰 1대당 공헌이익	₩400
영업이익의 증가	₩20,000

이는 다음과 같이 공헌이익 손익계산서를 작성하여 확인할 수 있다.

공헌이익 손익계산서

	판매수량		차이
	350대	400대	50대 증가
매출액 (@₩1,000)	₩350,000	₩400,000	₩50,000
변동원가 (@ ₩600)	210,000	240,000	30,000
공헌이익	140,000	160,000	20,000
총고정원가	120,000	120,000	0
영업이익	₩ 20,000	₩ 40,000	₩20,000

(2) 등식을 이용한 CVP 관계의 이해

회사의 영업활동 성과를 나타내는 영업이익은 매출액에서 총비용을 차감한 다음의 등식으로 나타낼 수 있디.

$$영업이익(\pi) \;=\; 매출액(TR) - 총비용(TC)$$

CVP 첫 번째 가정에 의해 총비용(TC)을 변동원가와 고정원가로 분리하면

$$총비용(TC) \;=\; 변동원가 + 총고정원가$$

로 표시할 수 있다. 따라서

$$영업이익(\pi) \;=\; 매출액(TR) - 변동원가 - 총고정원가$$

논의를 간단하게 하기 위해 영업이익이라는 용어 대신 이익이라는 용어를 사용하기로 하자. 단위당 판매가격을 p, 판매량을 Q, 단위당 변동원가를 v, 그리고 총고정원가를 FC로 표기하면,

$$매출액 = 단위당 판매가격 \times 판매량 = p \times Q$$
$$변동원가 = 단위당 변동원가 \times 판매량 = v \times Q$$

이므로 이익은 다음과 같은 등식으로 표시할 수 있다.

$$이익(\pi) = (p \times Q - v \times Q) - FC = (p - v) \times Q - FC$$

따라서 손익분기점의 정의에 따라 이익을 0으로 놓으면 손익분기점에서는 다음의 등식이 성립한다.

$$0 = (p - v) \times Q - FC$$

즉, 손익분기 판매량은 총고정원가를 단위당 공헌이익으로 나누어 계산할 수 있다.

$$Q^* = FC / (p - v)$$

이 등식을 활용하여 [예제 10-1]의 손익분기점을 계산하면 다음과 같다.

$$0 = (₩1,000 - ₩600) \times Q - ₩120,000$$
$$400Q = 120,000$$
$$Q = 300대$$

(주)서울통신의 손익분기점 판매량은 300대이고 손익분기 매출액은 ₩300,000이다.

(3) 그래프를 이용한 CVP 분석의 이해

매출액, 원가, 이익 및 조업도의 관계는 원가-조업도-이익 그래프(cost-volume-profit graph)로 나타낼 수 있다. CVP그래프는 넓은 활동 범위에서의 원가-조업도-이익 간의 관계를 표시한다.

CVP그래프는 손익분기 차트(break-even chart)라고도 부르는데, 이 그래프는 조업도를 수평축(x)에 나타내고, 금액을 수직축(y)에 나타낸다. CVP 그래프는 다음과 같은 단계로 작성된다. 첫째, 좌표를 그리고 수평축에는 조업도를 표시하고, 수직축에는 수익과 비용을 금액으로 표시한다. 둘째, 고정원가를 나타내기 위하여 수평축(조업도 축)에 평행선을 그린다. 고정원가는 조업도의 변동에 따라 변하지 않기 때문에 수평축과 평행하게 나타난다. 셋째, 특정 조업도를 선택하고 선택한 수준에서의 총원가(변동 및 고정원가)를 나타내는 점을 표시한다. [예제 10-1]의 350대 판매량에 대한 총원가는 ₩330,000(₩600×350 + ₩120,000)이다. 넷째, 이 점 (350, ₩330,000)과 고정원가 직선이 y축과 만나는 점(0, ₩120,000)을 연결하는 선을 그린다(총비용선). 이때 그 기울기는 단위당 변동비를 의미한다. 다섯째, 특정 조업도를 선택하고 선택한 수준에서 총매출액을 나타내는 점을 표시한다. [예제 10-1]의 350대 판매량에 대한 매출액은 ₩350,000이다. 이 점(350, ₩350,000)과 원점을 통과하는 총수익선을 그린다. 그 기울기는 단위당 판매가격을 의미한다.

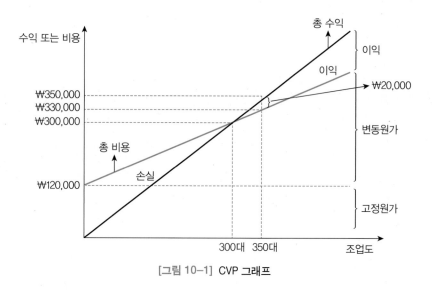

[그림 10-1] CVP 그래프

이러한 내용을 그림으로 나타내면 [그림 10-1]과 같다. [그림 10-1]에서 총수익선과 총비용선이 만나는 점이 손익분기점이며, 손익분기점보다 낮은 조업도에서는 손실이 발생하고 손익분기점보다 높은 조업도에서는 이익이 발생함을 알 수 있다. [예제 10-1]의 손익분기점은 300대이고 350대를 판매한 경우 영업이익은 ₩20,000임을 알 수 있다.

한편, CVP 그래프를 이익-조업도 그래프(profit-volume graph, PV 그래프)로 단순화하여 표현하면 [그림 10-2]와 같다. 이익-조업도 그래프(profit-volume graph, PV 그래프)란 조업도의 변동에 따른 이익의 변동을 그림으로 나타낸 것이다.

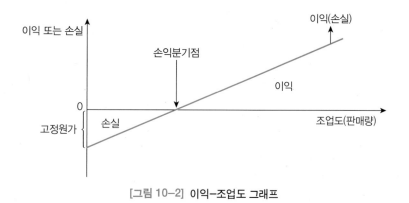

[그림 10-2] 이익-조업도 그래프

[그림 10-2]에서 이익선이 수평축과 만나는 점은 손익분기점을 의미하며, 조업도가 0인 점

에서는 총고정원가만큼의 손실이 발생하고, 조업도가 한 단위 증가할 때마다 단위당 공헌이익만큼 이익이 증가하거나 손실이 감소함을 알 수 있다.

2. 공헌이익률

공헌이익률(contribution margin ratio, cmr)이란 매출액에 대한 공헌이익의 비율로, 한 단위를 판매하였을 때 판매가격에서 단위당 공헌이익이 차지하는 비율을 나타낸다. 공헌이익률은 공헌이익을 매출액으로 나누어 계산할 수도 있고 단위당 공헌이익을 단위당 판매가격으로 나누어 구할 수도 있다. 단위당 공헌이익과 공헌이익률은 CVP 분석을 이용하는 많은 의사결정에서 판단의 기준으로 널리 사용되고 있다.

$$공헌이익률(cmr) = 공헌이익 / 매출액 = 단위당 공헌이익 / 단위당 판매가격$$
$$= CM / TR = (p - v) \times Q / (p \times Q) = (p - v) / p = cm / p$$

[예제 10-1]의 경우 공헌이익률은 다음과 같이 계산할 수 있다.

$$공헌이익률 = ₩400 / ₩1,000 = 40\%$$

공헌이익률은 매출액의 변동이 공헌이익에 어떻게 영향을 미치는지를 보여준다. 공헌이익률이 40%라는 것은 매출액이 ₩100 증가하면 총공헌이익이 ₩40(매출액 ₩100 × 공헌이익률 40%)만큼 증가한다는 것을 의미한다.

일반적으로 매출액의 변동이 공헌이익의 변동에 미치는 영향은 다음의 식으로 나타낼 수 있다.

$$공헌이익의 변동 = 공헌이익률 \times 매출액의 변동$$

따라서 매출액의 변동이 영업이익에 미치는 영향은 공헌이익률을 이용하여 쉽게 계산할 수 있다. (주)서울통신은 다음 달에 매출액을 ₩50,000 증가시킬 계획이라면, 공헌이익은 ₩20,000(공헌이익률 40% × 매출액 증가분 ₩50,000) 증가하게 된다. 만약 고정원가의 변동이 없다면, 영업이익도 ₩20,000 증가하게 될 것이다.

	매출액			
	현재	예상	증가	매출액 대비
매출액 (@₩1,000)	₩350,000	₩400,000	₩50,000	100%

변동원가 (@ ₩600)	210,000	240,000	30,000	60%
공헌이익	140,000	160,000	20,000	40%
총고정원가	120,000	120,000	0	
영업이익	₩ 20,000	₩ 40,000	₩20,000	

3. 손익분기 매출액

지금까지는 손익분기점을 판매량으로 파악하는 방법에 대해 검토하였다. 이제는 손익분기점을 금액으로 계산하는 방법에 대해 살펴보자. 첫째, 앞에서 계산한 손익분기 판매수량에 단위당 판매가격을 곱함으로써 손익분기 매출액을 계산할 수 있다. 앞 예제에서 손익분기 판매량이 300대로 계산되었으므로 여기에 1대당 가격인 ₩1,000을 곱하면 ₩300,000이 되어 이 금액이 손익분기점을 금액으로 표현한 손익분기 매출액이 된다. 두 번째 방법은 등식을 이용하는 방법이다.

$$
\begin{aligned}
\text{이익}(\pi) &= \text{매출액} - \text{변동원가} - \text{고정원가} \\
&= p \times Q - v \times Q - FC = (p - v) \times Q - FC \\
&= (p - v) \times p / p \times Q - FC = (p-v)/p \times TR - FC \\
&= \text{공헌이익률} \times \text{매출액} - \text{고정원가}
\end{aligned}
$$

손익분기점에서 이익은 0이므로

$$ \text{손익분기 매출액} = \text{고정원가} / \text{공헌이익률} $$

위 예제에서는

$$
\begin{aligned}
&₩0 = 0.4 \times \text{매출액} - ₩120,000 \\
&\text{매출액} = ₩120,000 / 0.4 = ₩300,000
\end{aligned}
$$

4. 목표이익분석

경영자는 손익분기점의 달성을 목표로 삼지 않고, 그 이상의 특정한 목표이익의 달성을 목표로 삼는다. 따라서 목표이익을 달성하기 위해서 제품 몇 개를 판매해야 하는지, 얼마만큼의 매출액을 달성해야 하는지를 계산할 필요가 있다. 이렇듯 목표이익(target income)을 달성하는 데 필요한 판매량이나 매출액을 계산하는 분석방법을 목표이익분석이라고 한다.

목표이익을 달성하기 위한 판매량은 앞에서 소개한 공헌이익 또는 등식을 이용하여 계산할 수 있다.

월 ₩20,000의 목표이익을 달성하기 위한 판매량을 계산해보자.

$$\text{이익} = \text{단위당 공헌이익} \times \text{판매량} - \text{고정원가}$$
$$₩20{,}000 = ₩400 \times Q - ₩120{,}000$$
$$₩400 \times Q = ₩140{,}000$$
$$Q = 350 \text{ 대}$$

위의 식을 앞의 손익분기점 계산시 이용한 식과 비교하면 이익에 ₩0 대신 ₩20,000을 바꾸어 계산한 것을 제외하고는 동일하다. 손익분기점 계산에서는 이익이 ₩0가 되는 판매량을 의미하기 때문에 손익분기점 계산공식에서 이익에 ₩0을 대입한 것이고, 이번에는 목표이익이 ₩20,000이므로 이익에 ₩20,000를 대입한 것이다.

따라서 단일 제품의 경우 특정한 목표이익을 달성하기 위한 판매량은 다음 공식을 이용하여 계산할 수 있다.

$$\text{목표이익 달성을 위한 판매량} = (\text{목표이익} + \text{고정원가}) / \text{단위당 공헌이익}$$

위 식을 이용하여 목표이익 월 ₩20,000 달성을 위한 판매량을 계산하면

$$\text{목표이익 달성을 위한 판매량} = (₩20{,}000 + ₩120{,}000) / ₩400 = 350\text{대}$$

(1) 목표이익 달성을 위한 매출액

목표이익 달성을 위한 판매목표를 수량 대신 금액으로 계산하기 위해서는 손익분기점 달성을 위한 매출액을 계산하기 위해 사용한 방법을 그대로 사용하면 된다. 첫째, 목표이익 달성을 위한 판매량이 350대로 결정되었으므로 대당 판매가격 ₩1,000를 곱하면 목표이익 달성을 위한 매출액은 ₩350,000로 계산된다.

둘째, 등식을 이용하여 목표이익 달성을 위한 매출액을 계산해보자.

$$\text{이익}(\pi) = \text{공헌이익률} \times \text{매출액} - \text{고정원가}$$
$$₩20{,}000 = 0.4 \times \text{매출액} - ₩120{,}000$$
$$\text{매출액} = ₩140{,}000 / 0.4 = ₩350{,}000$$

셋째, 다음과 같은 목표이익 달성을 위한 매출액 계산 공식을 이용하여 계산할 수 있다.

$$\text{목표이익 달성을 위한 매출액} = (\text{목표이익} + \text{고정원가}) / \text{공헌이익률}$$

위 예제에 적용하면,

$$\text{목표이익 달성을 위한 매출액} = (\text{목표이익} + \text{고정원가}) / \text{공헌이익률}$$
$$= (\text{₩}20,000 + \text{₩}120,000) / 0.4 = \text{₩}350,000$$

위 세가지 방법 중 어떤 방법을 이용하더라도 목표이익 ₩20,000를 달성하기 위한 매출액은 ₩350,000로 동일하게 계산되어 나온다.

(2) 법인세를 고려한 이익계획

법인세는 기업이 회피할 수 없는 비용이기 때문에 과세후의 이익계획을 수립하려면 법인세를 고려하여야 한다. 과세후 이익은 과세전 이익에서 법인세를 차감한 금액이다. CVP분석에서는 일반적으로 매출액 = 변동원가＋고정원가＋영업이익의 관계가 성립한다. 따라서 영업이익을 과세전 이익 즉 과표로 가정하면 이 식은 다음과 같이 표시할 수 있다.

$$\text{매출액} = \text{변동원가} + \text{고정원가} + \text{세전이익}$$

세전이익과 법인세관계를 살펴보면 다음과 같다.

$$\text{세전이익} - \text{법인세} = \text{세후이익}$$
$$\text{법인세} = \text{세전이익} \times \text{법인세율}$$
$$\text{세전이익} - \text{세전이익} \times \text{법인세율} = \text{세후이익}$$
$$\text{세전이익} \times (1 - \text{법인세율}) = \text{세후이익}$$
$$\text{세전이익} = \text{세후이익} / (1 - \text{법인세율})$$

따라서 위 식은 다음과 같이 나타낼 수 있다.

$$\text{매출액} = \text{변동원가} + \text{고정원가} + \text{과세 후 이익} / (1 - \text{법인세율})$$

따라서, 법인세를 고려한 이익계획에서 세후 목표이익을 달성하기 위한 목표판매수량과 목표매출액은 다음과 같다.

$$\text{목표판매수량} = [\text{고정원가} + \text{세후목표이익} / (1 - \text{법인세율})] / \text{단위당 공헌이익}$$
$$\text{목표매출액} = [\text{고정원가} + \text{세후목표이익} / (1 - \text{법인세율})] / \text{공헌이익률}$$

(주) 서울통신은 세후 목표이익을 ₩40,000으로 설정하였다. 다른 상황은 동일하고 법인세율은 20%이다.
법인세율이 20%이므로 세전 목표이익은 ₩50,000이 된다.

세전 목표이익 = 세후 목표이익 / (1 − 0.2) = ₩40,000 / 0.8 = ₩50,000

이 ₩50,000를 목표이익 달성 공식에 대입하여

목표이익 달성을 위한 판매량 = (목표이익 + 고정원가) / 단위당 공헌이익
= (₩50,000 + ₩120,000) / ₩400 = 425대

목표이익 달성을 위한 매출액 = 단위당 판매가격 × 목표이익 달성을 위한 판매량
= ₩1,000 × 425 대 = ₩425,000

	425대판매
매출액 (@₩1,000)	₩425,000
변동원가 (@ ₩600)	255,000
공헌이익	170,000
총고정원가	120,000
영업이익	₩ 50,000
법인세 (20%)	10,000
세후 이익	₩40,000

목표판매수량 = [고정원가 + 세후목표이익 / (1−세율)] / 단위당 공헌이익
= [₩120,000 + ₩40,000 / (1 − 0.2)] / ₩400
= ₩170,000 / ₩400 = 425대
목표매출액 = [고정원가 + 세후목표이익 / (1−세율)] / 공헌이익률
= [₩120,000 + ₩40,000 / (1 − 0.2)] / 0.4
= ₩170,000 / 0.4 = ₩425,000

5. 안전한계

안전한계(margin of safety)란 실제 또는 예상매출액이 손익분기 매출액을 초과하는 금액으로,
매출액이 감소하더라도 손실이 발생하지 않는 매출액의 최대 감소액을 나타낸다. 이를 수식으
로 표현하면 다음과 같다.

안전한계 = 현재(또는 예상) 매출액 − 손익분기매출액

판매량으로 표시하면

$$\text{안전한계} = \text{현재 판매량} - \text{손익분기 판매량}$$

안전한계를 매출액으로 나누어 비율 형태로 나타낼 수 있는데 이를 안전한계율(margin of safety ratio, M/S비율)이라고 한다.

$$\text{안전한계율} = \text{안전한계} / \text{매출액}$$

안전한계율은 매출이 감소하더라도 손실이 발생하지 않는 최대한의 매출감소비율을 나타내므로 이 값이 클수록 더 안전하다고 할 수 있다.

위 사례에서 (주)서울통신은 현재 350대의 스마트폰을 판매하고 있다.

손익분기점은 300대이므로

안전한계 = 현재 판매량 − 손익분기 판매량 = 350 − 300 = 50대이다.

또는 안전한계 = 현재 매출액 − 손익분기 매출액 = ₩350,000 − ₩300,000 = ₩ 50,000

$$\text{안전한계율} = ₩50,000 / ₩350,000 = 14.3\%$$

만약 예상 판매량을 400대로 가정하고 안전한계와 안전한계율을 계산하면

안전한계 = 100대 (또는 ₩100,000)
안전한계율 = ₩100,000 / ₩400,000 = 25.0%

따라서 현재 (또는 예상) 판매량이 400대인 상황이(안전한계율=25.0%) 현재 판매량이 350대인 상황(안전한계율=14.3%)보다 더 안전하다고 할 수 있다.

6. 민감도분석

민감도분석(sensitivity analysis)은 모형의 하나 또는 그 이상의 독립변수가 변화할 때 종속변수가 어떻게 변화하는가를 분석하는 방법이다. CVP분석과 관련하여 민감도분석은 판매량, 단위당 판매가격, 단위당 변동원가, 고정원가, 매출배합 등이 변화할 때 영업이익 및 손익분기점 등이 어떻게 변화하는가를 분석하는데 사용될 수 있다. 따라서 CVP분석에서 민감도분석은 다음과 같은 의사결정에 이용될 수 있다.

① 판매수량이 10% 증가하면 영업이익은 얼마나 증가하는가?

② 단위당 판매가격이 10% 증가하면 판매수량과 영업이익은 어떻게 변할까?

③ 단위당 변동원가가 5% 감소하고 고정원가가 10% 증가하면 영업이익은 얼마일까?

이러한 각 요소의 변화가 공헌이익, 손익분기점 및 이익에 미치는 영향을 요약하면 다음과 같다. 여기에 요약한 영향은 특정 요소가 변화할 때 다른 요소들은 일정한 것으로 가정한 경우 발생하는 영향을 분석하여 나타낸 것으로, 특히 이익에 대한 영향은 현재의 매출액이 유지된다는 가정하에서 분석한 것이다.

〈표 10-1〉 CVP관계요소의 변화와 영향

요소의 변화		공헌이익	손익분기점	이익
가격	+	+	−	+
	−	−	+	−
변동원가	+	−	+	−
	−	+	−	+
고정원가	+	변동 없음	+	−
	−	변동 없음	−	+

민감도분석은 불확실성이 미치는 잠재적 영향을 파악하게 함으로써 경영자의 의사결정에 도움이 되는 정보를 제공한다. 경영자는 민감도 분석을 역으로 이용하여 결과적인 목표(이익 등)의 달성을 위하여 어떤 요소를 어떻게 변화시킬 것인가에 대한 해답을 찾기도 한다.

7. 원가구조와 영업레버리지

(1) 원가구조

원가구조(cost structure)란 기업 내에서 변동원가와 고정원가의 상대적 비율을 의미한다. 기업은 그가 속한 업종이나 특성에 따라 다양한 원가구조를 갖는다. 즉, 섬유 및 신발산업 같이 노동력에 의존하는 노동집약적 산업에 속한 기업은 변동원가의 비중이 크며, 철강업과 같이 설비투자가 큰 자본집약적 산업에 속한 기업은 고정원가의 비중이 크다. 일반적으로 변동원가의 비중이 큰 기업은 공헌이익률이 낮고, 고정원가 비중이 큰 기업은 공헌이익률이 높게 나타난다.

다음은 (주)동해와 (주)서해의 20x8년 영업활동에 관한 자료이다.

	㈜동해	㈜서해
매출액	₩600,000	₩600,000
변동원가	180,000	390,000
공헌이익	420,000	210,000
총고정원가	360,000	150,000
영업이익	₩60,000	₩60,000

두 기업의 공헌이익률을 살펴보면 다음과 같다.

㈜동해의 공헌이익률 = ₩420,000 / ₩600,000 = 70%
㈜서해의 공헌이익률 = ₩210,000 / ₩600,000 = 35%

위 예제에서 (주)동해는 (주)서해에 비하여 고정원가가 크고 변동원가는 작아 공헌이익률이 더 높게 나타난다. 따라서 매출액이 동일하게 증가하더라도 (주)동해와 같이 공헌이익률이 높은 기업은 공헌이익률이 상대적으로 낮은 (주)서해보다 공헌이익의 증가가 결과적으로 영업이익의 증가가 더 크게 나타날 것이다. 반대로, 매출액이 감소하는 경우, 동일한 매출액의 감소에 대하여 (주)동해의 공헌이익 감소(결과적으로 영업이익 감소)가 (주)서해의 공헌이익 감소보다 크게 나타날 것이다. 따라서 어느 특정기업의 공헌이익률이 크다고 해서 항상 유리하다고는 말할 수 없다.

(2) 영업레버리지

레버리지(leverage)란 작은 힘으로 큰 물체를 쉽게 움직일 수 있는 지렛대의 작용을 말한다. 영업레버리지(operating leverage)는 매출액의 변화에 대응하여 영업이익의 변화가 얼마나 민감하게 반응하는지를 나타내는 개념이다. 영업레버리지는 고정원가가 지렛대작용을 함으로써 나타나기 때문에 고정원가의 비중이 큰 기업은 영업레버리지가 높고, 반대로 고정원가의 비중이 작은 기업은 영업레버리지가 낮게 나타난다.

영업레버리지는 승수로서의 역할을 한다. 영업레버리지가 높으면, 작은 비율의 매출 증가에도 큰 비율의 영업이익 증가를 가져오고, 반대로 영업레버리지가 낮으면 같은 비율의 매출 증가에도 영업이익의 증가율이 상대적으로 낮게 나타난다.

위 예제에서 매출액이 30% 증가하였다고 가정하였을 때 두 기업의 손익계산서를 작성하면 다음과 같다.

	㈜동해	㈜서해
매출액	₩780,000	₩780,000
변동원가	234,000	507,000
공헌이익	546,000	273,000
총고정원가	360,000	150,000
영업이익	₩186,000	₩123,000

영업레버리지는 매출액의 변화가 영업이익에 미치는 영향을 나타내기 때문에 영업레버리지도(degree of operating leverage: DOL)는 다음과 같이 계산된다.

$$영업레버리지도(DOL) = 영업이익의\ 변화율\ /\ 매출액의\ 변화율$$
$$= 공헌이익\ /\ 영업이익$$

위 예제에서 매출이 ₩600,000이고 영업이익이 ₩60,000일 때 (주)동해와 (주)서해의 영업레버리지는 각각 7(₩420,000/₩60,000)과 3.5(₩210,000/₩60,000)로 계산된다.

위 식에서

$$영업이익의\ 변화율 = 영업레버리지도 \times 매출액의\ 변화율$$

따라서 영업레버리지도를 이용하여 영업이익 증가율을 예측할 수 있다.

이 식을 (주)동해와 (주)서해의 자료에 적용하여 매출액이 30% 증가할 때 영업이익의 증가율을 계산하면 다음과 같다.

$$(주)동해의\ 영업이익증가율 = 7 \times 30\% = 210\%$$
$$(주)서해의\ 영업이익증가율 = 3.5 \times 30\% = 105\%$$

위 예제에서 매출액이 30% 증가하는 경우 (주)동해의 영업이익은 ₩60,000에서 210% 증가하여 ₩186,000(₩60,000 + 210% × ₩60,000)이 되고, (주)서해의 영업이익은 ₩60,000에서 105% 증가하여 ₩123,000(₩60,000 + 105% × ₩60,000)이 된다. 따라서 영업레버리지도가 클수록 매출액의 변화율보다 영업이익의 변화율이 더 커지게 된다.

10.3 확장된 원가-조업도-이익분석

지금까지 한 제품을 대상으로 CVP분석을 살펴보았다. 그러나 대부분의 기업은 다양한 종류의 제품을 생산 판매하고 있으며, 이러한 제품들의 수익성에는 서로 차이가 있기도 하다. 따라서 기업의 이익은 제품들의 매출배합에 따라 상당부분 좌우된다. 만약 마진이 큰 제품의 비중이 마진이 작은 제품의 비중보다 크다면 그 기업의 이익은 그 반대의 경우보다 훨씬 클 것이다.

제품수량에 의한 매출배합(sales mix)이란 총판매량 중에서 각 제품의 판매량이 차지하는 상대적인 비율을 말한다. 예를 들어 제품 A, B, C의 판매량이 각각 200톤, 300톤, 500톤이라면 매출배합은 2 : 3 : 5이다. 또한 매출액에 의한 매출배합은 총매출액 중에서 각 제품의 매출액이 차지하는 상대적인 비율을 가리킨다. 예를 들어 제품 A, B, C의 매출액이 각각 ₩6,000, ₩3,000, ₩1,000이라면 매출액구성비는 6 : 3 : 1이다.

복수제품의 CVP분석에서 매출배합이 제품수량으로 주어지면 이를 이용하여 우선 복수제품의 손익분기 판매량을 구한 후 각 제품별 판매량을 구하게 된다. 이때 손익분기 판매량은 평균공헌이익에 의하여 산정한다. 그리고 매출배합이 매출액으로 주어지는 경우는 우선 평균공헌이익률을 이용하여 복수제품의 손익분기 매출액을 구한 후 매출액 비율에 의하여 각 제품별 손익분기점 매출액을 산정한다. 이때 손익분기매출액은 평균공헌이익률에 의하여 산정한다.

복수제품의 손익분기점을 구하는 방법에는 꾸러미법, 단위당 가중평균공헌이익법과 가중평균공헌이익률법이 있다.

[예제 10-4]

(주)오륜은 제품 A, B, C를 생산, 판매하는데 20x8년 영업활동에 관한 자료이다.

	제품 A	제품 B	제품 C	합 계
판 매 량	5,000 개	2,000 개	3,000 개	10,000 개
단위당 판매가격	₩480	₩1,200	₩400	
단위당 변동원가	300	720	160	
단위당 공헌이익	180	480	240	
고정원가				₩1,290,000

1. 꾸러미법

꾸러미법은 매출배합을 반영하여 복수의 제품을 하나의 꾸러미(set)에 묶어 판매한다고 가정하고 꾸러미 단위당 공헌이익을 계산하여 손익분기점을 구하는 방법이다. 이를 수식으로 표현하면 다음과 같다.

$$손익분기 꾸러미 판매수량 = 고정원가 / 꾸러미 단위당 공헌이익$$

위 예제에서 제품 A, B, C의 제품수량에 의한 매출배합이 5 : 2 : 3 이므로 제품 A, 5개와 제품 B, 2개 및 제품 C, 3개를 하나의 꾸러미(총 제품 10개)에 묶어 판매한다고 가정하면, 꾸러미 단위당 공헌이익과 손익분기 꾸러미 판매량은 다음과 같다.

$$꾸러미 단위당 공헌이익 = 5개 \times ₩180 + 2개 \times ₩480 + 3개 \times ₩240 = ₩2,580/꾸러미$$
$$손익분기 꾸러미 판매량 = ₩1,290,000 / ₩2,580 = 500꾸러미$$

따라서 손익분기 판매량은 제품 A, 2,500개(500꾸러미×5개), 제품 B, 1,000개(500꾸러미×2개), 제품 C, 1,500개(500꾸러미×3개)로 총 5,000개가 된다.

2. 단위당가중평균공헌이익법

단위당가중평균공헌이익법은 매출배합을 반영한 단위당 가중평균공헌이익을 이용하여 손익분기점을 구하는 방법이다. 단위당 가중평균 공헌이익과 손익분기 판매량은 다음과 같이 계산한다.

$$단위당 가중평균 공헌이익 = 총공헌이익 / 총판매량$$
$$손익분기 판매량 = 고정원가 / 단위당 가중평균공헌이익$$

제품 A, B, C의 판매량이 각각 5,000개, 2,000개, 3,000개 등 총 10,000개이고 단위당 공헌이익이 각각 ₩180, ₩480, ₩240이므로,

$$총공헌이익 = 5,000개 \times ₩180 + 2,000개 \times ₩480 + 3,000개 \times ₩240 = ₩2,580,000$$
$$단위당 가중평균공헌이익 = ₩2,580,000 / 10,000개 = ₩258/개$$
$$손익분기 판매량 = ₩1,290,000/₩258 = 5,000개$$

따라서 제품 A, B, C의 제품수량에 의한 매출배합이 5 : 2 : 3이므로 손익분기 판매량은 제품 A, 2,500개(0.5×,000개), 제품 B, 1,000개(0.2×5,000개), 제품 C, 1,500개(0.3×5,000개)로 총 5,000개가 된다

3. 가중평균 공헌이익률법

가중평균 공헌이익률법은 매출배합을 반영한 가중평균 공헌이익률을 이용하여 손익분기점을 구하는 방법이다. 가중평균 공헌이익률은 다음과 같이 계산한다.

$$가중평균\ 공헌이익률 = 총공헌이익\ /\ 총매출액$$

이렇게 계산된 가중평균 공헌이익률을 손익분기점 공식에 대입하여 다음과 같이 손익분기 판매량과 손익분기 매출액을 구하는 식을 유도할 수 있다.

$$손익분기\ 매출액 = 고정원가\ /\ 가중평균\ 공헌이익률$$

(주)오류의매출액에 의한 매출배합 및 제품 A, B, C의 공헌이익률은 다음과 같이 정리할 수 있다.

	제품 A	제품 B	제품 C	합 계
매출액	₩2,400,000	₩2,400,000	₩1,200,000	₩6,000,000
매출배합(매출액기준)	40%	40%	20%	
공헌이익	₩900,000	₩960,000	₩720,000	₩2,580,000
공헌이익률	37.5%	40%	60%	

제품 A, B, C의 매출액에 의한 매출배합이 4 : 4 : 2이므로 이에 의한 가중평균 공헌이익률은 다음과 같다.

$$가중평균\ 공헌이익률 = 총공헌이익\ /\ 총매출액$$
$$= ₩2,580,000\ /\ ₩6,000,000 = 43\%$$

또는 $40\% \times 37.5\% + 40\% \times 40\% + 20\% \times 60\% = 43\%$

따라서 손익분기 매출액은 고정원가₩1,290,000을 가중평균공헌이익률 43%로 나누어 나오는 ₩3,000,000이다.

$$손익분기\ 매출액 = 고정원가\ /\ 가중평균공헌이익률$$
$$= ₩2,580,000\ /\ 0.43 = ₩3,000,000$$

매출액에 의한 매출배합이 4 : 4 : 2이므로 제품별 손익분기점 매출액은 제품 A ₩1,200,000, 제품 B ₩1,200,000, 제품 C ₩600,000으로 구성된다.

이렇듯 매출배합의 변동은 다양한 형태로 회사의 이익에 영향을 미치고 있다. 총매출액이 증가하더라도, 높은 공헌이익률을 가지는 제품에서 낮은 공헌이익률을 가지는 제품으로 판매 변화가 발생하게 되면, 총이익은 오히려 감소할 수도 있다. 따라서 경영자는 기업이익을 극대화하기 위해서 생산하고 있는 다양한 제품 중 그 기업이 좀더 집중해야 할 제품을 선정하는 의사결정문제에 직면하게 된다. 이때 다양한 매출배합 중에서 이익을 극대화하는 최적의 매출배합은 판매량이 일정할 경우 단위당 공헌이익이 큰 제품을 판매하는 것이고, 매출액이 일정할 경우 공헌이익률이 큰 제품을 판매하는 것이다. 왜냐하면 공헌이익은 판매량 × 단위당 공헌이익 또는 매출액 × 공헌이익률로 결정되기 때문에 판매량이 일정하면 단위당 공헌이익을, 매출액이 일정하면 공헌이익률을 크게 하여야 공헌이익이 증가한다.

매출액은 많은데 순이익이 없다?

다음은 영화사의 원가구조와 간접원가의 배부에 관한 글이다.

우리가 잘 아는 영화 Forrest Gump는 소설가 Winston Groom의 소설을 Paramount 영화사가 영화로 만든 것이다. 작가 Winston Groom은 영화로부터 발생하는 순이익의 3%를 받는 순이익참여계약(net profit participation)을 Paramount 영화사와 체결하였다. 한편 이 영화는 그 당시까지의 매출액 순위 3위를 차지할 만큼 많은 매출액을 달성하였으나 영화사는 Forrest Gump로부터 순이익이 전혀 발생하지 않았다고 밝혔다. 매출액이 많았음에도 불구하고 순이익이 발생하지 않은 이유는 순이익계산에 있어서 Forrest Gump가 부담한 간접원가(영화제작간접원가, 영화배급간접원가, 영화마케팅간접원가 등) 배부액 때문이다. 많은 경우 제품의 순이익 계산을 위해서는 간접원가를 배부하여야 한다. 특별히 영화사의 경우도 매우 많은 금액의 간접원가가 발생한다. 많은 경우 간접원가는 매출액기준(부담능력기준)을 사용하여 배부한다. 결국 간접원가의 발생과는 인과관계가 없는 매출액기준을 사용하여 간접원가를 배부하다보니 Forrest Gump가 이익이 발생하지 않은 영화가 된 것이다. 이 예는 인과관계와는 상이한 간접원가의 배부방법이 갖고 있는 문제점을 보여주고 있다.

자료원 : Ross Engel and Bruce Ikawa, "Where's the Profit?" Management Accounting, January 1997, pp. 40-47.

서울메트로 "손님 한 명 탈 때마다 284원 적자 발생"

고정원가가 상대적으로 많이 발생하는 철도산업의 경우 원가함수에 대한 고려가 잘못되었다는 것을 확인할 수 있는 기사 내용이다.

한동안 지속됐던 고유가와 고질적인 경기 불황으로 부쩍 사랑 받고 있는 '시민의 발' 서울의 지하철. 하지만 손님 한 사람 더 탈 때마다 오히려 적자가 더 발생하는 취약한 재무구조인 것으로 조사됐다. 지하철 1~4호선을 운영하는 서울메트로는 4일 "올해 손님 한 사람을 태울 때마다 284원꼴로 적자가 발생하고 있다"고 밝혔다. 이 수치는 1~4호선의 1인당 탑승운임(723원)에서 1인당 수송원가(1007원)를 빼서 계산한 것이다. 주요 적자 발생 원인으로는 고령화 현상으로 인한 무임승차 손님의 증가와 환승 할인 혜택의 증가 등이 꼽힌다. 이런 정책들 때문에 손님들로부터 받아야 할 기대 수입이 줄어들면서 운임에서 오는 수입이 수송원가를 밑돌 수밖에 없는 구조라는 것이다. 자정 이후 심야 시간 운행도 열차 편성 횟수에 비해 손님 수가 크게 떨어져 결국 수익 악화의 한 원인이 되고 있다고 메트로는 설명했다. 서울메트로는 "취약한 재무 구조를 개선하기 위해서 역세권 개발 등 다양한 부대사업을 추진하고 있다"고 말했다.

한편 5~8호선을 운영하는 서울도시철도공사의 경우 손님 한 사람당 적자 폭이 더욱 심각한 것으로 조사됐다. 5~8호선의 올해 1인당 탑승운임은 834원이고 수송원가는 1262원이다. 따라서 손님 한 사람이 탈 때 1~4호선보다 많은 428원의 적자가 발생하고 있다. 이는 1995년부터 단계적으로 개통된 5~8호선의 경우 총 역수는 148곳으로 1~4호선(117곳)보다도 많지만 이미 역세권으로 개발이 되지 않은 변두리 지역에 상대적으로 많은 역들이 몰려 있어 이미 번화가가 된 곳에 역이 많은 1~4호선보다 손님 수가 적기 때문인 것으로 분석된다.

Chosun.com 2008년 9월 5일

기온이 올라서 어려워지는 회사

다음은 고정원가를 발생시키는 고정설비 관리의 중요성 또는 조직 운영에 있어서 영업레버리지 관리의 중요성을 보여주는 사례이다.

2002년도 미국 세인트 루이스(St. Louis)의 겨울은 매우 따뜻하였다. 주민들은 온화한 겨울 날씨를 즐기고 있었으나 이 지역에 난방용 가스를 공급하는 Laclede Gas Company는 그럴 수 없었다. 이유는 기온이 오름에 따라 회사의 이익이 하락하고 있었기 때문이다. 이익 하락의 원인은 날씨가 따뜻하거나 춥거나 일정하게 발생하는 고정원가 때문이었다. 원가(고정)가 일정한데 기온이 높아서 가스 수요가 하락함에 따라 매출액이 감소하고 있었기 때문에 이익은 계속하여 하락하고 있었다. 결국 회사는 요금 인상을 요구할 수밖에 없었다.

자료원 : James Jiambalvo, "Management Accounting", 2007, Wiley p.128

유동적인 원가구조

다음은 유동적인 원가구조에 관한 글이다.

영업레버리지의 개념을 이해하고 있다면 가장 적절한 원가구조는 매출액이 증가하는 경우에는 고정원가 중심의 원가구조를 매출액이 감소하는 경우에는 변동원가 중심의 원가구조를 보유하여 위험을 최소화하는 것이다. 그러면 과연 조직이 원가구조를 원하는 것처럼 자유자제로 변화할 수 있을까? 한 가지 방법은 고정설비를 구매하지 않고 빌려서 사용하는 방법이다. 이 방법을 사용하여 인적자원을 outsourcing하여 원가구조를 원하는 방향으로 변화하는 조직의 예로 미국 연방정부조직이 소개되고 있다.

자료원 : James Jiambalvo, "Management Accounting", 2007, Wiley p.149.

프로야구단의 영업레버리지관리

우리나라 김병현 선수가 한때 소속되어 있던 미국 프로야구팀 애리조나 다이아몬드백스(Arizona Daimondbacks)에 대한 사례이다. 신생 프로야구구단이었기 때문에 애리조나 다이아몬드백스는 자유계약 선수 여섯 명을 다년간 계약으로 확보하였다. 신생구단인 관계로 재무적으로 안정되지 않았던 상황을 타계하기 위해서 애리조나 다이아몬드백스는 시즌 중반에 관람료를 12% 증가하였다. 그에 따라 관람객이 15% 가량 감소하였다. 이 감소가 회사가 당초 기대하였던 2천만 달러의 이익을 12% 내지 15% 감소시키지 않고 천만 달러 이상의 손실을 가져다주었다. 이의 원인은 야구단의 경영에 있어서도 영업레버리지가 매우 중요하게 작동하고 있었는데 이 점을 경영진이 간과하고 있었다는 것이다. 비록 매출액이 감소하여도 고정원가는 감소하지 않기 때문에 이 경우 매우 큰 영업레버리지도 때문에 이익이 매우 큰 폭으로 감소하여 손실이 발생한 것이다.

자료원 : Mary summers, "Botton of Ninth, Two Out," Forbes, November 1, 1999. pp.69-70.

익·힘·문·제

1. 조업도의 변화가 공헌이익과 영업이익에 어떤 영향을 미치는지를 설명하시오.

2. 변동원가, 고정원가, 판매가격 및 판매량의 변화가 영업이익에 미치는 영향을 설명하시오.

3. 손익분기점의 의미를 설명하시오.

4. 두 회사, 동서㈜와 남북㈜의 판매수량, 총원가 그리고 영업이익이 같다. 그런데 동서㈜의 손익분기점이 남북㈜의 손익분기점보다 낮은 것으로 나타났다. 두 회사의 손익분기점에 차이가 나는 이유를 설명하시오.

5. 기업이 일정한 고정원가를 부담하고 있으면 영업레버리지효과가 발생한다. 영업레버리지가 무엇인지 설명하시오.

6. 원가관리회계에서는 선형의 수익함수와 원가함수를 가정하여 CVP 관계를 분석한다. 이러한 가정에는 문제가 없는지, 그리고 그 현실적 타당성을 설명하시오.

연·습·문·제

1. (주)대한은 매출을 촉진하기 위해서 판매사원이 제품 4,000단위를 초과하여 판매하는 경우에, 초과 판매된 1단위당 ₩200씩 특별판매수당을 지급한다. 이러한 조건하에서 5,000단위를 판매하여 세차감후순이익 ₩1,920,000을 달성하였다. 제품의 판매단가는 ₩2,000이며, 월간 고정비는 ₩1,400,000이고 월간 최대 판매수량은 8,000단위이다. 위의 조건대로 특별판매수당을 지급하고 세차감후순이익 ₩2,400,000을 달성하려면, 현재의 최대판매수량기준으로 몇 %의 조업도를 달성하여야 하는가? (단, 회사의 월초, 월말 재고자산은 없으며, 세율은 세차감전이익의 20%라고 가정한다.)(세무사1차 2009년)

① 60%   ② 65%   ③ 70%
④ 75%   ⑤ 80%

2. 레버리지 분석에 관한 설명으로 옳지 않은 것은?(세무사1차 2009년)

① 영업레버리지도가 높아지면 매출액의 변동에 따른 영업이익의 변동폭이 커진다는 것을 의미하기 때문에 영업레버리지도는 매출액의 변동에 대한 영업이익의 불확실성을 나타낸다.
② 재무레버리지도가 높아지면 영업이익의 변동에 따른 당기순이익의 변동폭이 커지므로 당기순이익의 불확실성 정도가 커진다.
③ 경기가 나빠질 것으로 예상됨에도 불구하고 자기자본의 조달 없이 차입금만으로 자금을 조달하면 재무레버리지도가 높아져 기업위험은 증가할 수 있다.
④ 기업의 부채비율이 높아진다고 하더라도 이자보상비율이 100%이상이라면, 재무레버리지도에는 영향을 미치지 않는다.
⑤ 고정원가가 높고 단위당 변동원가가 낮은 구조를 갖는 기업은 영업레버리지도가 높게 나타나며, 단위당 판매가격이 일정할 때 영업레버리지도가 높은 기업은 공헌이익률도 높게 나타난다.

3. 손익분기점 분석의 기본가정과 한계에 관한 설명으로 옳지 않은 것은?(세무사1차 2009년)

① 단위당 판매가격은 수요·공급의 원리에 따라 판매량을 증가시키기 위해서는 낮추어야 한다는 것을 가정한다.
② 모든 원가는 고정비와 변동비로 나누어질 수 있으며, 고정비는 매출수량의 증가에 관계없이 관련범위 내에서 일정하고, 변동비는 매출수량의 증가에 정비례하는 것을 가정한다.
③ 의사결정이 이루어지는 관련범위 내에서 조업도만이 원가에 영향을 미치는 유일한 요인이라고 가정한다.
④ 원가요소, 능률, 생산성은 일정범위 내에서 변동하지 않으며, 생산·관리·판매의 효율성에도 변동이 없다고 가정한다.
⑤ 대부분의 원가요소는 기간이 매우 길 경우에는 변동비가 되며, 기간이 매우 짧은 경우에는 고정비가 될 것이므로 원가와 원가동인의 관계가 지속적으로 성립될 것으로 기대되는 예측가능한 범위를 정하여야 한다.

4. (주)창원은 냉장고를 구입하여 판매하는 회사이다. 20×1년 냉장고의 단위당 판매가격은 ₩10,000이며, 변동비율은 80%이다. 판매량이 5,000대 이하인 경우 고정판매비는 ₩8,500,000이며, 판매량이 5,000대 초과한 경우 고정판매비는 ₩11,000,000이다. (주)창원은 세후순이익 ₩1,450,000을 달성하기 위해서는 몇 대의 냉장고를 판매해야 하는가? (단, (주)창원의 법인세율은 세전이익 ₩1,000,000이하까지는 25%이며, ₩1,000,000초과분에 대해서는 30%이다.)(세무사1차 2010년)

① 4,250대   ② 4,500대   ③ 4,750대
④ 5,250대   ⑤ 6,500대

5. (주)김해의 차기 연간 경영활동에 관한 자료가 다음과 같다.

• 단위당 판매가격	₩1,000
• 총고정원가(감가상각비 ₩2,000,000포함)	₩5,000,000
• 단위당 변동원가	₩500
• 예상판매량	10,000개

법인세율이 20%일 경우 현금분기점 판매량은 몇 개인가? (단, 감가상각비를 제외한 나머지 수익과 비용은 모두 현금거래로 이루어진 것이며, 손실이 발생할 경우 법인세가 환급된다고 가정한다.)(세무사1차 2010년)

① 4,900개   ② 5,000개   ③ 5,100개
④ 5,200개   ⑤ 5,300개

6. (주)국세는 단일제품을 생산하고 있으며, 주문받은 수량만을 생산하여 해당 연도에 모두 판매한다. (주)국세의 법인세율은 40% 단일세율이며, 관련 자료는 다음과 같다.

구 분	20×1년	20×2년
매 출 액	₩2,000,000	₩2,500,000
제품단위당 변동원가	600	720
총고정원가	400,000	510,000

(주)국세의 20×1년 세후이익은 ₩240,000이며, 20×2년 세후이익은 20×1년보다 10% 증가하였다. (주)국세의 20×2년 공헌이익률은 얼마인가?(세무사1차 2011년)

① 36%   ② 38%   ③ 40%
④ 42%   ⑤ 44%

7. (주)국세는 세 종류의 제품 A, B, C를 독점하여 생산·판매하고 있다. 제품생산을 위해 사용되는 공용설비의 연간 사용시간은 총 80,000시간으로 제한되어 있다. 20×1년도 예상 자료는 다음과 같다.

구 분	제품 A	제품 B	제품 C
단위당 판매가격	₩1,000	₩1,500	₩2,000
단위당 변동원가	₩300	₩600	₩1,200
단위당 공용설비사용시간	10시간	20시간	16시간
연간 최대시장수요량	2,000단위	3,000단위	2,000단위

위 자료에 근거한 설명으로 옳은 것은?(세무사1차 2011년)

① 제품단위당 공헌이익이 가장 큰 제품은 A이다.
② 공용설비사용시간 단위당 공헌이익이 가장 큰 제품은 C이다.
③ (주)국세가 20×1년에 획득할 수 있는 최대공헌이익은 ₩4,260,000이다.
④ (주)국세가 20×1년 공헌이익을 최대화하는 경우, 생산된 총제품수량은 5,500개이다.
⑤ (주)국세가 20×1년 공헌이익을 최대화하기 위해서는 제품 C, 제품 B, 제품 A의 순서로 생산한 후 판매해야 한다.

8. 다음은 (주)국세의 조업도 변화에 따른 총수익, 총변동비 및 총고정비를 그래프로 나타낸 것이다.

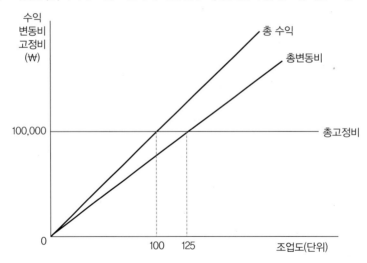

위 그래프를 이용할 경우, (주)국세가 안전한계율 37.5%를 달성하는데 필요한 목표 판매수량은 몇 단위인가?(세무사1차 2012년)

① 600단위   ② 700단위   ③ 800단위
④ 900단위   ⑤ 1,000단위

9. (주)세무는 단일 제품을 생산·판매하고 있으며, 단위당 변동원가는 ₩400이고, 손익분기매출액은 ₩100,000이고, 공헌이익률은 20%이다. 목표이익 ₩80,000을 달성하기 위한 제품의 생산·판매량은?(세무사1차 2013년)

① 1,000단위   ② 1,100단위   ③ 1,200단위
④ 1,300단위   ⑤ 1,400단위

10. (주)세무의 20×1년 연간 실제 매출액은 ₩100,000이고 연간 실제 고정원가는 ₩30,000이며, 변동원가율은 60%, 법인세율은 20%이다. 다음 설명 중 옳은 것은?(세무사1차 2013년)

① 영업레버리지도는 4이다.
② 당기순이익은 ₩10,000이다.
③ 판매량이 5% 증가하면 영업이익은 ₩1,600 증가한다.
④ 안전한계율(M/S비율)은 33.3%이다.
⑤ 손익분기매출액은 ₩70,000이다.

11. (주)세무항공은 항공기 1대를 이용하여 김포와 제주간 노선을 주 5회 왕복운항하고 있으며, 이 항공기의 좌석수는 총 110석이다. 이 노선의 항공권은 1매당 편도요금은 ₩30,000이고, 항공권을 대행판매하는 여행사에 판매된 요금의 3%가 수수료로 지급되며, 항공권 1매당 예상되는 기내식사비용은 ₩1,100이다. 편도운항당 연료비는 ₩700,000이 소요되며, 비행설비 임차료와 공항사용료는 매주 ₩4,800,000이며 승무원 급여와 복리후생비는 매주 ₩7,800,000이 발생한다. (주)세무항공이 손익분기점에 도달하기 위해 매주 최소 판매해야 할 항공권 수량은? (단, 항공권은 편도기준으로 여행사를 통해서만 판매된다.)(세무사1차 2014년)

① 475매   ② 575매   ③ 600매
④ 700매   ⑤ 775매

12. (주)국세는 다음과 같이 3가지 제품을 생산·판매할 계획이다.

	제품A	제품B	제품C
단위당 판매가격	₩10	₩12	₩14
단위당 변동비	₩6	₩4	₩8
예상판매량	100개	150개	250개

고정비는 총 ₩2,480으로 전망된다. 예상판매량 배합비율이 유지된다면, 제품C의 손익분기점 매출액은?(세무사1차 2015년)

① ₩800   ② ₩1,200   ③ ₩1,440
④ ₩2,000   ⑤ ₩2,800

13. (주)세무는 제품A(공헌이익률 50%)와 제품B(공헌이익률 30%) 두 제품만을 생산·판매하는데, 두 제품 간 매출액의 상대적 비율은 일정하게 유지된다. ㈜세무의 20×1년 매출액 총액은 ₩7,000,000, 총고정비는 ₩1,750,000으로 예측하고 있으며, 예상 영업이익은 ₩700,000으로 설정하였다. ㈜세무가 20×1년의 예상 영업이익을 달성하기 위한 제품A와 제품B의 매출액은?(세무사1차 2016년)

	제품A	제품B			제품A	제품B
①	₩700,000	₩6,300,000		②	₩840,000	₩6,160,000
③	₩1,750,000	₩5,250,000		④	₩2,800,000	₩4,200,000
⑤	₩3,150,000	₩3,850,000				

14. (주)세무는 20×1년에 제품A를 생산하기로 결정하였다. 제품A의 20×1년 생산량과 판매량은 일치하며, 기초 및 기말재공품은 없다. 제품A는 노동집약적 방법 또는 자본집약적 방법으로 생산 가능하며, 생산방법에 따라 품질과 판매가격의 차이는 없다. 각 생산방법에 의한 예상제조원가는 다음과 같다.

	노동집약적 생산방법	자본집약적 생산방법
단위당 변동제조원가	₩300	₩250
연간 고정제조간접원가	₩2,100,000	₩3,100,000

(주)세무는 제품A 판매가격을 단위당 ₩600으로 책정하고, 제조원가 외에 단위당 변동판매관리비 ₩50과 연간 고정판매관리비 ₩1,400,000이 발생될 것으로 예상하였다. ㈜세무가 20×1년에 노동집약적 생산방법을 택할 경우 손익분기점 판매량(A)과 두 생산방법 간에 영업이익의 차이가 발생하지 않는 판매량(B)은 각각 얼마인가?(세무사1차 2016년)

	A	B			A	B
①	8,400단위	20,000단위		②	10,000단위	15,000단위
③	10,000단위	20,000단위		④	14,000단위	15,000단위
⑤	14,000단위	20,000단위				

15. 원가-조업도-이익 분석과 관련된 설명으로 옳지 않은 것은? (단, 답지항에서 변동되는 조건 외의 다른 조건은 일정하다고 가정한다.)(세무사1차 2016년)

① 계단원가(준고정비)가 존재하면 손익분기점은 반드시 계단 수(구간 수)만큼 존재한다.
② 법인세율이 증가하면 같은 세후 목표이익을 달성하기 위한 판매량이 많아진다.
③ 단위당 변동원가가 작아지면 손익분기점이 낮아진다.
④ 공헌이익률이 증가하면 목표이익을 달성하기 위한 매출액이 작아진다.
⑤ 법인세율이 증가해도 손익분기점은 바뀌지 않는다.

16. (주)세무는 단일 제품C를 생산하며, 변동원가계산을 적용한다. 20×2년 제품C의 생산량과 판매량은 1,000 개로 동일하고, 기초 및 기말재공품은 없다. 20×2년 제품C의 생산 및 판매와 관련된 자료는 다음과 같다. 감가상각비를 제외하고, 수익발생과 현금유입 시점은 동일하며 원가(비용)발생과 현금유출 시점도 동일하다.

○ 단위당 판매가격	₩6,000
○ 단위당 변동제조원가	3,200
○ 단위당 변동판매관리비	1,600
○ 연간 고정제조간접원가	242,000 (기계 감가상각비 ₩72,000 포함)
○ 연간 고정판매관리비	206,800 (매장건물 감가상각비 ₩64,800 포함)
○ 법인세율	25%
○ 기계와 매장건물은 20×0년에 취득하였다.	

(주)세무의 세후현금흐름분기점 판매량(A)과 판매량이 1,000개인 경우의 세후영업이익(B)은?(세무사1차 2016년)

	A	B		A	B
①	222단위	₩563,400	②	444단위	₩563,400
③	222단위	₩666,000	④	444단위	₩666,000
⑤	666단위	₩666,000			

11

CHAPTER

표준원가계산

성과측정은 일상생활과 조직에서 중요한 역할을 한다. 경영자는 기업 활동의 성과를 측정하기 위한 하나의 기준으로 표준원가를 설정하여 사용하고 있다. 표준원가계산의 핵심인 표준원가(standard cost)는 특정한 상황에서 발생할 원가의 예측치로서 사전에 과학적인 방법에 의하여 결정되는 원가이다. 표준원가계산은 제조기업뿐만 아니라 맥도날드, 은행 또는 병원 등과 같은 서비스업에도 적용될 수 있는 관리회계기법이다.

1. 표준원가계산의 의의와 표준설정
2. 표준원가를 이용한 차이분석
3. 표준원가계산의 회계 처리

11.1 표준원가계산의 의의

11.2 표준원가의 표준설정

11.3 표준원가 차이분석

11.4 표준원가계산의 회계처리

11.5 표준원가계산의 경영상 시사점

11.1 표준원가계산의 의의

1. 표준원가계산의 의의

표준(standard)은 기업 활동의 성과를 측정하기 위한 하나의 기준(norm)
이 되는 것으로서 기업의 활동이 효율적으로 수행될 경우 마땅히 달성되
어야 할 수준에 대한 수치이다. 따라서 표준원가(standard costs)는 기업이
생산활동을 효율적으로 수행하면 달성되어야 하는 원가이다. 이러한 표
준원가개념은 일반적으로 제품이나 서비스의 생산활동 등에 대하여 기업
이 달성해야 할 목표를 제공하고, 이러한 목표 달성여부를 평가하며 이에
따라 보상과 벌을 주는 성과관리목적에 활용된다. 이와 함께 표준원가계
산은 실제원가계산의 단점을 보완하기 위하여 기업이 활동을 정상적이고
효율적으로 수행한다면 발생하리라 예상되는 표준원가로 제품원가를 측
정함으로써 생산 활동이 완료됨과 동시에 제품원가를 파악할 수 있는 원
가계산시스템이다.

2. 표준개념의 유형

기업이 실제 사용하는 표준의 유형은 이상적인 표준(ideal standard)과 현
재 달성가능한 표준(currently attainable standard)이 있다. 이상적인 표준
은 최적의 환경조건에서 달성 가능한 표준으로 기업이 보유하는 모든 자
원이 낭비 또는 부족함이 없이 완벽하게 사용되는 경우에만 달성이 가능
한 개념이다. 그러나 현실적으로 이 같은 이상적인 표준의 달성은 매우 어
렵다. 생산에 투입되는 기계설비의 사소한 고장도 없이 제조활동이 항상
100% 효율적인 상태에서 이루어지는 것이 거의 불가능하기 때문이다.

현재 달성 가능한 표준은 정상적이고 효율적인 작업환경 하에서 달성
가능한 목표로서 정상적인 기계설비의 고장이나 작업중지 또는 기업이 현
재 보유하고 있는 기술수준 들을 고려하여 설정된 목표라고 볼 수 있다.
일반적으로 기업이 사용하고 있는 표준은 현재의 환경조건에서 활동이 정

상적 또는 효율적으로 이루어지는 경우에 달성가능한 목표이다.

이상적인 표준을 도입한 경우에는 달성해야 할 목표가 현실적으로 달성 불가능하기 때문에 근로자들에게 적절한 동기부여가 되지 못한다. 그러나 현재 달성가능한 표준을 도입하는 경우 근로자의 도전의식과 성취감을 동시에 느낄 수 있는 동기를 부여하기 때문에 근로자의 활동성과를 향상시킬 수 있다.

11.2 표준원가의 표준설정

표준원가의 설정은 성과평가와 관련되기 때문에 기업의 경영자와 종업원 모두에게 편의가 없고 공평해야 하며, 합리적이고 명백하게 설정되어야 한다. 이를 위해서는 투입되는 자원의 가격과 수량에 대하여 책임 있는 담당자 즉, 관리회계담당자, 구매담당자, 마케팅담당자, 엔지니어 및 생산감독자 등의 전문지식과 의견을 종합하는 것이 필요하다.

1. 직접재료원가 표준설정

경영자는 투입되는 원재료의 단위당 가격표준과 단위당 수량표준을 고려하여 직접재료원가의 표준을 설정한다. 직접재료원가에 대한 단위당 가격표준은 구입원가에 운송 및 하역 등과 관련된 부대비용을 고려하여 설정된다. 직접재료에 대한 단위당 수량표준은 제품 한 단위를 생산하는 데 투입되는 원재료의 수량뿐만 아니라 정상적인 감손 등을 고려하여 설정된다.

제품 단위당 표준직접원재료원가

= 직접원재료 단위당 표준가격 × 제품 단위당 표준원재료수량

2. 직접노무원가 표준설정

직접노무원가의 가격표준과 수량표준은 임률과 노동시간에 의해서 설정된다. 시간당 표준임률은 근로자의 실질적인 임금뿐만 아니라 세금, 복리후생비 및 기타 노무관련비용을 고려하여 산정된다. 제품 단위당 표준노동시간은 제품 한 단위 생산에 필요한 실질적인 작업시간뿐만 아니라 기계고장시간, 휴식시간, 종업원의 개인용무, 청소 및 작업준비 등을 감안하여 설정된다.

제품 단위당 표준직접노무원가 = 시간당 표준임률 × 제품 단위당 표준노동시간

3. 제조간접원가 표준설정

제조간접원가에 대한 표준설정은 원가행태에 따라 변동제조간접원가와 고정제조간접원가로 구분하여 설정하는 것이 일반적이다. 변동제조간접원가 표준은 직접노무원가 표준의 설정에서와 마찬가지로, 변동제조간접원가에 대한 가격표준과 수량표준에 의해서 산정된다. 가격표준은 개별원가계산에서 살펴본 제조간접원가 예정배부율 중 변동원가부분이다. 수량표준은 기계작업시간, 직접노동시간 등 변동제조간접원가와 밀접한 관련이 있는 조업도를 선택한다. 만약 섬유 및 신발산업과 같은 노동집약적인 산업에 속한 기업은 직접노동시간이, 그리고 철강산업과 같은 자본집약적인 산업에 속한 기업은 기계작업시간이 변동제조간접원가와 밀접한 관련이 있으므로 이들이 각 산업의 대표적인 조업도로 사용될 수 있다. 제품 단위당 표준조업도는 제품 한 단위 생산에 필요한 조업도로서 변동제조간접원가와 관련성이 높은 표준기계작업시간 등이 자주 사용된다. 제품 단위당 표준변동제조간접원가는 다음과 같이 산정된다.

제품 단위당 표준변동제조간접원가 = 제품 단위당 변동제조간접원가 표준배부율 × 제품 단위당 표준 조업도

고정제조간접원가 표준은 기업이 사전에 설정하는 예산액과 같은 금액이 된다. 즉, 기업의 생산부서와 회계부서는 기초에 당해 연도에 달성할 제조활동의 수준, 즉 조업도를 결정하고 이를 기준으로 고정제조간접원가에 대한 예산을 책정한다. 이때 가격표준은 개별원가계산에서 살펴본 제조간접원가 예정배부율 중 고정원가부분이고 수량표준은 조업도로 결정된다. 따라서 제품 단위당 표준고정제조간접원가는 다음과 같이 산정된다.

제품 단위당 표준고정제조간접원가 = 제품 단위당 고정제조간접원가 예정배부율 × 제품 단위당 표준 조업도

11.3 표준원가 차이분석

1. 변동제조원가 차이분석의 일반적 모형

시간이 지나 계획이 실행되어 결과가 나왔다고 하자. 이 결과는 예상과는 달리, 많은 항목에서 차이를 보일 수 있다. 왜 이러한 차이가 나왔는지 그 이유를 알아야 다음 기에 좀더 정확한 계획을 세우고 필요한 조치를 취할 수 있을 것이다. 이와 같이 실제원가와 표준원가를 비교하여 차이를 식별하고 각 차이의 원인을 분석하는 체계적 프로세스를 차이분석(variance analysis)이라한다. 차이분석을 하여 예외적으로 크게 예상과 다른 결과를 초래한 항목을 중점적으로 조사하

고 필요한 조치를 취하는 원가관리방법이 모든 항목에 대해서 조사를 하는 것보다는 효과적일 것이다. 이러한 관리방법을 예외에 의한 관리(management by exception: MBE)라 한다.

일반적으로 실제원가와 표준원가의 (총)차이를 가격차이와 수량차이로 구분하는데, 그 이유는 가격차이와 수량차이는 그 발생원인이 다르기 때문이다. 원재료의 경우 가격에 대한 통제는 구매시점에서 구매관리자에 의해서 이루어지는 반면, 수량에 대한 통제는 원재료가 생산에 투입된 시점에 생산을 담당하는 관리자에 의하여 이루어진다. 따라서 원가차이를 세분화하여 해당 원가를 담당하는 부서가, 예를 들어 재료가격차이는 구매부서가, 수량차이(능률차이)는 생산부서가 관리하는 것이 합리적이다. 그리고 어떠한 관리자도 그가 통제하지 않은 원가에 대하여 책임을 부담해서는 안 된다.

〈표 11-1〉은 변동원가에 대한 원가차이를 가격차이와 수량차이로 분해하는 데 사용될 수 있는 일반적 모형을 보여준다. 이 표의 열(1)은 실제 발생한 원가에 해당하고, 열(3)은 변동예산에 해당한다. 열(2)는 변동원가(총)차이를 가격차이와 수량차이로 구분하도록 해준다.

표준원가 차이분석의 모형에서 두 가지를 주목해야 한다. 첫째, 이 모형은 직접재료원가, 직접노무원가, 변동제조간접원가의 세 가지 변동원가요소마다 가격차이와 수량차이를 계산하는 데 사용될 수 있디. 가격차이는 직접재료원가에 있어서는 직접재료 가격차이라고 부르고, 직접노무원가에 있어서는 직접노무 임률차이라 부르며, 변동제조간접원가에 있어서는 변동제조간접원가 소비차이라고 부른다. 수량차이는 직접재료원가에 있어서는 직접재료 수량차이라고 부르고, 직접노무원가에 있어서는 직접노무 능률차이라 부르며, 변동제조간접원가에 있어서는 변동제조간접원가 능률차이라고 부른다. 따라서, 그 명칭이 무엇이든지 간에 가격차이와 수량차이는 직접재료원가, 직접노무원가, 변동제조간접원가를 취급하는 것에 무관하게 똑같은 방법으로 계산된다.

둘째, 이 표의 모든 열은 해당 기간 동안 생산된 실제 산출량을 근거로 한다. 변동예산에 해당하는 열(3)은 해당기간 동안 생산된 실제 산출량에 허용된 표준원가를 나타낸다. 허용된 표준수량(standard quantity allowed; SQ)은 해당 기간 동안 생산된 실제 완성품 산출량을 제조하는 데 사용되었어야 하는 투입수량을 지칭한다. 이는 실제 산출량에 단위당 표준수량(또는 표준시간)을 곱함으로써 계산된다. 예를 들어 한 회사가 해당 기간 동안 실제로 완성품 100개를 생산하였고, 직접재료원가의 완성품 단위당 표준수량이 4kg이라면, 허용된 표준수량(SQ)은 400kg이 된다. 만일 이 회사의 직접재료원가의 kg당 표준원가가 ₩30이라면, 변동예산의 직접재료원가는 ₩12,000이 될 것이다.

(1)	(2)	(3)
실제가격에서 투입물의 실제수량	표준가격에서 투입물의 실제수량	표준가격에서 실제산출물에 대해 허용된 투입물의 표준수량
(AP × AQ)	(SP × AQ)	(SP × SQ)

가격차이
(1) - (2)
재료가격차이,
노무임률차이
변동제조간접원가
소비차이

수량차이
(2) - (3)
재료수량차이
노무능률차이
변동제조간접원가
능률차이

총차이
(1) - (3)

AQ: 실제수량, AP: 실제가격, SQ: 허용된 표준수량, SP: 표준가격

(1) 변동제조원가 가격차이

변동제조원가의 가격차이는 기업이 사전에 설정한 가격표준과 실제가격과의 차이로 인하여 발생하는 원가차이를 말한다. 기업이 생산활동에 투입하는 직접재료의 단위당 실제원가는 직접재료 표준원가와 생산활동에 종사하는 근로자의 시간당 실제임률은 표준임률과 그리고 실제조업도에서 발생하는 변동제조간접원가 실제배부율은 표준배부율과 각기 차이가 날 수 있다.

가격차이는 생산활동에 투입된 원가요소의 실제수량을 고정하고 실제가격과 표준가격의 차이로 계산한다. 따라서 원가요소의 가격차이가 클수록, 그리고 투입되는 직접재료나 직접노무, 또는 실제조업도가 클수록 변동제조원가 가격차이는 크게 된다. 이를 식으로 표시하면 다음과 같다.

$$\text{변동원가 가격차이} = \text{실제발생원가}(AP \times AQ) - \text{실제투입량에 의한 표준원가}(SP \times AQ)$$
$$= (AP \times AQ) - (SP \times AQ) = (AP - SP) \times AQ$$
(단, AP: 실제가격, AQ: 실제수량, SP: 표준가격)

(2) 변동제조원가 수량차이

변동제조원가의 수량차이는 기업이 생산활동에 투입한 원가요소의 수량과 실제 생산에 허용하는 표준수량과의 차이 때문에 발생하는 원가차이를 말한다. 기업이 생산활동에 투입하는 직접

재료의 실제투입량은 실제산출량에 허용된 표준투입수량과, 생산활동에 종사하는 근로자의 실제투입시간은 실제산출량에 허용된 표준투입시간과, 그리고 기업의 실제조업도는 표준조업도와 각기 차이가 날 수 있고 이로 인하여 각 원가요소별로 변동원가 수량차이가 발생하게 된다. 수량차이는 실제투입수량과 표준투입수량의 차이에 생산활동에 투입된 원가요소의 표준가격을 곱하여 계산한다. 이를 식으로 표시하면 다음과 같다.

$$\text{변동제조원가 수량차이} = \text{실제투입량에 의한 표준원가} - \text{실제생산에 허용된 표준원가}$$
$$= (AQ \times SP) - (SQ \times SP) = (AQ - SQ) \times SP$$

(단, SQ: 실제생산에 허용된 표준수량)

2. 고정제조간접원가 차이분석 모형

고정제조간접원가를 제품과 같은 원가대상에 배부하는 과정을 이해하여야만 고정제조간접원가 차이분석을 이해할 수 있다. 따라서 고정제조간접원가를 원가대상에 배부하는 과정을 살펴보면 다음과 같다.

첫째, 기업의 생산부서와 회계부서는 기초에 당해 연도에 달성하고자 하는 생산활동의 수준(기준조업도)을 결정하게 되고 이에 따라 필요한 고정제조간접원가에 대한 예산을 책정하게 된다.

둘째, 제품원가계산 목적상 고정제조간접원가를 제품에 배부하기 위하여 고정제조간접원가 예정배부율을 설정한다. 고정제조간접원가 예정배부율은 고정제조간접원가 예산과 기준조업도에 의하여 산정한다. 여기서 기준조업도는 고정제조간접원가 예정배부율을 산정하기 위하여 기업이 미리 정해 놓은 조업도로서 기계작업시간, 직접노동시간 등이 주로 사용된다. 예정배부율은 다음과 같이 산정한다.

$$\text{고정제조간접원가 예정배부율} = \text{고정제조간접원가 (총)예산} / \text{기준조업도}$$

셋째, 고정제조간접원가 예정배부율을 이용하여 고정제조간접원가를 재공품에 배부하고 이를 다시 제품에 배부한다.

(1) 고정제조간접원가 예산차이

고정제조간접원가는 변동제조원가와 달리 관련범위 내에서 일정하게 발생하므로 직접원재료나 생산에 종사하는 근로자 등의 원가요소들이 실제의 생산활동에 얼마나 효율적으로 투입되었는가를 나타내는 능률(효율)차이를 분리할 수 없다. 원가차이는 실제발생액과 예산총액을 비교하여 그 차이 전액이 가격차이, 즉 예산차이가 된다. 따라서 예산차이는 다음과 같이 계산된다.

$$고정제조간접원가 \ 예산차이 = 실제발생액 - 고정제조간접원가 \ 예산$$

(2) 고정제조간접원가 조업도차이

기업이 변동원가계산을 도입한 경우에는 고정제조간접원가는 제품원가에 포함시키지 않고 기간비용으로 처리하기 때문에 고정제조간접원가에 대한 표준은 예산이 되며, 이를 실제 발생한 고정제조간접원가와 비교하여 고정제조간접원가의 예산차이를 계산한다.

그런데 기업이 전부원가계산을 도입한 경우에는 고정제조간접원가를 예정배부율을 이용하여 각 제품에 배부한다. 이때 고정제조간접원가 예산과 배부액 사이에 차이가 발생하게 되는데 이러한 차이를 고정제조간접원가 조업도차이라 한다. 고정제조간접원가 조업도차이는 기준조업도와 실제생산에 허용된 조업도와의 차이를 말한다. 즉, 실제로 생산된 수량이 표준원가를 계산할 때 사용하였던 예상수량과 다른 경우에 발생하는 원가차이이다. 따라서 조업도차이는 다음과 같이 계산된다.

$$고정제조간접원가 \ 조업도차이 = 고정제조간접원가 \ 예산 - 실제생산에 \ 대한 \ 고정제조간접원가 \ 배부액$$

위에서 설명한 고정제조간접원가에 대한 원가차이분석을 기본모형으로 표시하면 〈표 11-2〉와 같다.

〈표 11-2〉 고정제조간접원가에 대한 원가차이분석

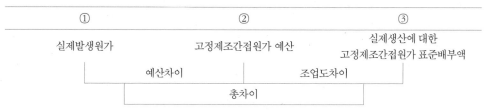

고정제조간접원가의 예산차이와 조업도차이를 그림으로 표시하면 [그림 11-1]과 같다.

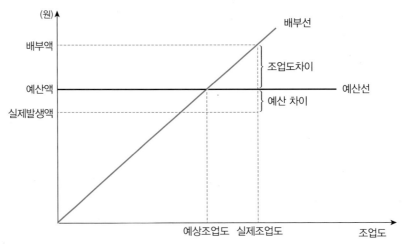

[그림 11-1] 고정제조간접원가 예산차이와 조업도차이

3. 예제를 통한 원가차이분석

　원가차이란 표준원가와 실제원가와의 차이를 말한다. 그리고 원가차이는 유리한 차이와 불리한 차이로 나누어지는데 실제원가가 표준원가보다 크면 불리한 차이(unfavorable variance)라 하고, 반대로 실제원가가 표준원가보다 작으면 유리한 차이(favorable variance)라 한다. 유리 또는 불리의 의미는 실제원가와 표준원가의 차이가 이익에 미치는 영향을 말한다. 원가차이분석은 원가의 요소별로 이루어진다. 원가차이분석을 이해하기 위하여 다음의 예제를 이용하기로 하자.

[예제 11-1]

부산완구는 학생용 책상을 생산, 판매하는 회사이며 표준원가계산을 도입하고 있다. 다음은 제품 단위당 표준원가이다.

	표준수량	표준가격	표준원가
직 접 원 재 료 원 가	3.4kg	₩120	₩408
직 접 노 무 원 가	6시간	12	72
변 동 제 조 간 접 원 가	6시간	6	36
단 위 당 표 준 원 가			₩516

회사의 연간 고정제조간접원가예산은 ₩432,000이고, 연간 24,000 직접노동시간의 기준조업도를 근거로 하여 직접노동시간당 ₩18의 고정제조간접원가 예정배부율을 적용하고 있다. 회사는 20×8년 중 책상 4,500단위를 생산하였으며, 20x8년 동안 실제발생한 제조원가는 다음과 같다.

	실제수량	실제가격	실제발생 제조원가
직 접 원 재 료 원 가	16,000kg	₩105	₩1,680,000
직 접 노 무 원 가	28,000시간	10.5	294,000
변 동 제 조 간 접 원 가			176,400
고 정 제 조 간 접 원 가			420,000
합 계			₩2,570,400

당기의 원재료구입량은 20,000kg이며 실제 구입가격은 kg당 ₩105이다.

(1) 직접재료원가 차이분석

변동원가 원가차이분석 기본모형에 의하여 직접재료원가 차이를 분석하면 〈표 11-3〉과 같다.

〈표 11-3〉 **직접재료원가 차이분석**

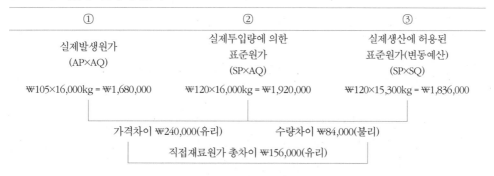

①	②	③
실제발생원가 (AP×AQ)	실제투입량에 의한 표준원가 (SP×AQ)	실제생산에 허용된 표준원가(변동예산) (SP×SQ)
₩105×16,000kg = ₩1,680,000	₩120×16,000kg = ₩1,920,000	₩120×15,300kg = ₩1,836,000

가격차이 ₩240,000(유리)   수량차이 ₩84,000(불리)

직접재료원가 총차이 ₩156,000(유리)

직접재료원가의 가격차이(direct materials price variance)는 실제 발생한 직접재료원가에서 생산활동에 투입된 직접재료의 수량을 표준가격으로 표시한 금액을 차감하여 계산한다. [예제 11-1]의 직접재료원가 실제발생액인 ₩1,680,000에서 생산활동에 투입된 직접재료의 수량 16,000kg을 직접재료 단위당 표준가격인 ₩120으로 환산한 금액인 ₩1,920,000를 차감하여 직접재료가격차이를 계산한다. 이 경우 실제발생원가가 실제투입량의 표준원가 환산액보다 작으므로 유리한 차이가 발생하였다고 판정된다. 즉, 직접재료원가는 가격차이에서 ₩240,000 유리한 차이를 발생하여 ₩240,000(유리) 또는 ₩240,000(F)로 표시한다.

직접재료의 가격차이에 대한 책임은 원재료의 구매를 담당하는 구매담당 관리자의 책임으로 볼 수 있다. 가격차이는 매입규모, 인도방법, 이용 가능한 수량할인, 구입원재료의 질 등에 의하여 영향을 받는다. 예를 들면, 최상품의 재료보다 등급이 낮은 원재료를 매입하는 경우에 낮은 질의 원재료는 일반적으로 가격이 저렴하기 때문에 유리한 가격차이가 발생한다. 그러나 낮은 품질의 원재료사용은 원재료의 낭비를 가져와서 수량차이에서 불리한 차이가 발생하게 된다. 더욱이 불리한 수량차이가 유리한 가격차이보다 클 경우에는 직접재료원가 총차이에서 불리한 차이를 발생시킬 수 있다.

직접재료원가의 수량차이(direct materials quantity variance)는 생산활동에 투입된 실제수량에 표준가격을 곱하여 산정한 금액에서 실제 생산에 허용된 표준투입량에 표준가격을 곱하여 산정한 금액을 차감하여 산정한다. [예제 11-1]의 직접재료의 실제 투입량 16,000kg에 단위당 표준원가 ₩120을 곱한 금액인 실제투입량에 의한 표준원가는 ₩1,920,000이다. 그리고 실제생산수량은 4,500단위이고, 제품 1단위에 대하여 표준으로 설정한 재료의 양은 3.4kg이므로 실제생산에 허용된 표준투입량은 15,300kg(4,500단위×3.4kg)으로 산정되며 이에 원재료의 단위당 표준원가인 ₩120을 곱한 금액인 ₩1,836,000이 실제생산에 허용된 표준원가가 된다. 따라서 직접재료 수량차이는 ₩84,000으로 불리한 차이를 나타낸다.

직접재료 수량차이는 기본적으로 생산을 담당하는 관리자의 책임이다. 불리한 수량차이는 생산활동에 노후한 설비사용, 열악한 재료의 품질, 훈련되지 않은 근로자 및 서투른 감독 등 여러 요인에 의해서 발생된다. 그러나 때로는 생산 담당자의 책임보다는 마케팅 또는 구매 담당자의 책임일 수도 있다. 예를 들어 유리한 직접재료 가격차이를 얻기 위하여 구매담당자가 낮은 품질의 원재료를 구입하였기 때문에 불리한 직접재료 수량차이가 발생할 수 있다. 그런데 가격차이에 대하여 구매를 담당하는 관리자가 아닌 다른 부문관리자가 책임을 져야 하는 경우도 있다. 예를 들면, 고객의 요구에 부응하기 위해 고가의 원재료를 구매하는 경우가 발생하기도 있다. 이러한 경우 고가 원재료 구매를 요청한 마케팅 또는 생산을 담당하는 관리자가 가격차이에 대한 책임을 부담하여야 한다. 따라서 직접재료원가의 차이분석을 이용하여 성과평가를 할 때는 그 근원적인 원인을 파악하는 일이 선행되어야 한다.

직접재료원가 총차이는 실제 발생한 직접원재료원가 ₩1,680,000과 실제생산에 허용된 표준원가 ₩1,836,000의 차이로 ₩156,000 유리한 차이를 보여주고 있다. 이는 유리한 가격차이가 커서 불리한 수량차이를 상쇄하고도 남은 결과이다.

(2) 직접노무원가 차이분석

변동원가 원가차이분석 기본모형에 의하여 직접노무원가 차이를 분석하면 〈표 11-4〉와 같다.

〈표 11-4〉 **직접노무원가 차이분석**

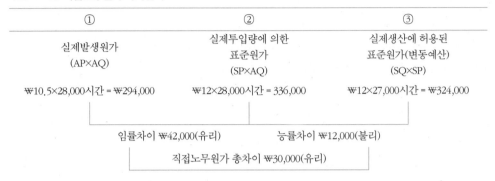

직접노무원가의 임률차이(direct labor rate variance, 또는 효율차이)는 직접노무원가 실제 발생액에서 실제 생산활동에 투입된 직접노무시간을 표준임률로 환산한 금액을 차감하여 계산한다. 직접노무원가 실제발생액(₩294,000)은 실제 투입된 직접노무 28,000시간에 실제 임률 ₩10.5을 곱하여 산출된다. 여기에서 실제 투입된 직접노무 28,000시간을 표준 임률 ₩12로 환산한 금액 ₩336,000를 차감하여 얻는 ₩42,000가 직접노무 임률차이가 된다. 이 예제에서는 직접노무원가 실제발생액이 실제투입량의 표준원가 환산액보다 작으므로 유리한 차이가 발생하였다고 판정하고 직접노무 임률차이 ₩42,000(유리) 또는 ₩42,000(F)로 나타낸다.

직접노무의 임률 차이에 대한 책임은 인력활용에 관련된 생산, 인사 및 회계를 담당하는 관리자의 책임으로 볼 수 있다. 그런데 직접노무원가의 임률은 대부분 노사협의에 의하여 이루어지기 때문에 경영자가 통제 불가능한 원가가 될 수도 있다.

직접노무원가의 능률차이(direct labor efficiency variance)는 생산활동에 투입된 실제노동시간을 표준임률로 환산한 금액에서 실제생산량에 허용된 표준노동시간을 표준임률로 환산한 금액을 차감하여 산정한다. [예제 11-1]에서 실제 생산량이 4,500단위이며 제품 한 단위를 생산하는 데 6시간이 소요되므로 생산에 허용된 직접노무시간은 27,000시간이다. 그리고 시간당 표준임률이 ₩12이므로 실제생산에 허용된 표준원가는 ₩324,000으로 산정된다. 따라서 차이분석 결과는 직접노무원가 능률차이를 ₩12,000 불리한 차이로 보여준다.

직접노무원가의 능률차이에 대한 책임은 생산을 담당하는 관리자의 책임이다. 이는 기업의 노동생산성을 측정하는 지표로도 활용된다. 그러나 생산활동에 숙련된 근로자 대신에 값싼 비숙련 근로자를 배치하는 경우 유리한 임률차이가 발생하나, 이로 인하여 직접노동시간이 증가하여 오히려 불리한 능률차이를 나타낼 수도 있다. 따라서 직접노무원가 차이분석을 이용하여 성과를 분석하는 경우 직접재료원가와 마찬가지로 그 근원적인 원인을 파악하는 일이 선행되어야 한다.

(3) 변동제조간접원가 차이분석

변동제조간접원가의 소비차이(variable overhead spending variance)는 변동제조간접원가 실제 발생액에서 변동제조간접원가 배부기준, 즉 조업도의 실제 투입량에 표준배부율을 곱한 금액을 차감하여 계산한다. [예제 11-1]에서 변동제조간접원가 실제 발생액은 ₩176,400이고, 실제 투입량에 의한 표준원가는 조업도인 직접노동시간 28,000시간에 표준배부율 ₩6을 곱한 금액 ₩168,000이다. 따라서 변동제조간접원가 소비차이는 ₩8,400 불리한 차이다. 소비차이는 변동 제조간접원가와 이를 유발하는 원가동인인 조업도와 인과관계가 없는 경우 또는 제조간접활동의 비효율적인 처리에서 발생할 수 있다. 전자의 경우 소비차이에 대한 분석은 무의미하고, 후자의 경우는 생산활동을 담당하는 관리자의 책임사항이 된다.

변동제조간접원가의 능률차이(variable overhead efficiency variance)는 실제투입량에 의한 표준원가에서 실제생산에 허용된 표준원가를 차감한 금액이다. [예제 11-1]에서 실제투입량에 의한 표준원가는 ₩168,000(₩6×28,000시간)이다. 실제생산량 4,500단위 생산에 허용된 표준 직접노무시간 27,000시간이고 변동제조간접원가 표준배부율 ₩6를 곱하면 ₩162,000이 된다. 따라서 변동제조간접원가 능률차이는 ₩6,000 불리한 차이로 나타난다.

이를 변동원가 원가차이분석 기본모형에 의하여 표시하면 〈표 11-5〉와 같다.

〈표 11-5〉 **변동제조간접원가 차이분석**

①	②	③
실제발생원가 (AP×AQ)	실제투입량에 의한 표준원가 (SP×AQ)	실제생산에 허용된 표준원가(변동예산) (SQ×SP)
₩6.3×28,000시간 = ₩176,400	₩6×28,000시간 = ₩168,000	₩6×27,000시간 = ₩162,000

소비차이 ₩8,400(불리)　　　능률차이 ₩6,000(불리)

변동제조간접원가 총차이 ₩14,400(불리)

(4) 고정제조간접원가 차이분석

고정제조간접원가 예산차이(fixed overhead budget variance)는 실제 발생한 고정제조간접원가에서 실제조업도에 허용된 표준원가, 즉 고정제조간접원가의 예산액을 차감하여 계산한다. [예제 11-1]에서 고정제조간접원가 실제 발생액 ₩420,000에서 고정제조간접원가 예산인 ₩432,000을 차감한 ₩12,000이 예산차이이며, 실제발생원가가 작기 때문에 유리한 차이다.

고정제조간접원가 조업도차이(fixed overhead volume variance)는 고정제조간접원가 예산에서 실제생산량에 의하여 배부된 고정제조간접원가를 차감하여 계산한다. [예제 11-1]에서 고정제조간접원가 예산은 ₩432,000이고, 고정제조간접원가 기준조업도는 연 24,000시간이므로 예정배부율은 직접노동시간당 ₩18이다. 그리고 제품 한 단위 생산하는 데 6시간이 소요되므로 제품 한 단위당 예정배부율은 ₩108이 된다. 이를 다시 실제생산 수량인 4,500단위에 곱하면 실제생산량에 대하여 배부된 고정제조간접원가는 ₩486,000이다. 따라서 고정제조간접원가 조업도차이는 ₩432,000에서 ₩486,000을 차감한 금액 ₩54,000이고 이는 유리한 차이다. 이를 고정제조간접원가 원가차이분석 기본모형에 의하여 표시하면 〈표 11-6〉과 같다.

〈표 11-6〉 고정제조간접원가 차이분석

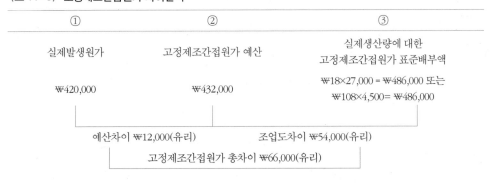

고정제조간접원가 조업도차이 ₩54,000의 유리한 차이는 [예제 11-1]에서 실제조업도 4,500단위가 예상조업도 4,000단위보다 크기 때문이다. 또 부산완구의 고정제조간접원가의 원가차이분석의 내용을 그림으로 표시하면 [그림 11-2]와 같다.

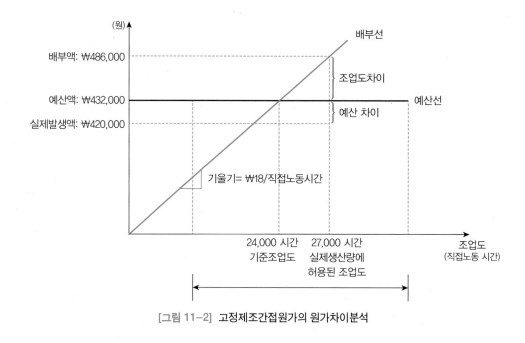

배부액: ₩486,000

예산액: ₩432,000

실제발생액: ₩420,000

기울기= ₩18/직접노동시간

배부선

조업도차이

예산선

예산 차이

24,000 시간
기준조업도

27,000 시간
실제생산량에
허용된 조업도

조업도
(직접노동 시간)

[그림 11-2] 고정제조간접원가의 원가차이분석

11.4 표준원가계산의 회계처리

지금까지 원가차이분석에 대하여 설명하였다. 지금부터는 표준원가계산을 적용하는 경우에 회계처리를 어떻게 하는지 살펴보고자 한다.

(1) 직접재료원가

[예제 11-1]에서 원재료의 사용시점에서 가격차이를 분석하였기 때문에 원재료를 구입할 때에 가격차이를 분석하지 않았다. 그런데 원가관리 목적상 직접재료원가 가격차이는 원재료 구입시점에서 분리하는 것이 보다 합리적이고 능률적이다.

원재료 구입시점에서 가격차이를 분석하면 원재료를 구입할 때에 실제구입량을 표준원가로 원재료 계정의 차변에 기록하고 실제구입액은 현금을 지급한 경우 현금 계정을, 현금을 지급하지 않은 경우는 매입채무 계정을 대변에 기록한다. 그리고 두 금액의 차액은 직접재료 가격차이 계정으로 기록한다. 이때 불리한 차이는 비용의 성격을 가지기 때문에 차변에, 유리한 차이는 수익의 성격을 가지기 때문에 대변에 기록한다.

① 직접재료 구입

원 재 료	2,400,000	
매 입 채 무		2,100,000
직접재료 가격차이		300,000

　그리고 원재료 사용에 대한 회계처리는 재공품 계정의 차변에 실제생산량에 허용된 원재료원가의 표준원가를 기록하고 원재료 계정의 대변에 실제 사용된 원재료의 표준원가를 기록한다. 그리고 두 금액의 차액은 직접재료원가 수량차이 계정으로 기록한다.

② 직접재료 사용

재 공 품	1,836,000	
직접재료 수량차이	84,000	
원 재 료		1,920,000

(2) 직접노무원가

임금을 지급하면 그 금액을 노무원가계정의 차변과 현금계정 등의 대변에 기록한다. 그리고 직접노무원가를 재공품에 대체할 때에는 재공품계정의 차변에 실제생산량에 허용된 직접노무원가의 표준원가를 기록하고 직접노무원가계정의 대변에 직접노무원가의 실제원가를 기록한다. 그리고 두 금액의 차액은 직접노무 임률차이와 직접노무 능률차이 계정으로 기록한다.

③ 직접노무원가 대체

재 공 품	324,000	
직접노무 능률차이	12,000	
직접노무원가		294,000
직접노무 임률차이		42,000

(3) 변동제조간접원가

변동제조간접원가의 경우도 직접노무원가와 동일하게 회계처리한다. 즉, 변동제조간접원가가 발생하면 실제원가로 각 계정에 기록하고, 변동제조간접원가를 재공품에 배부할 때에는 재공품계정의 차변에 실제생산량에 허용된 변동제조간접의 표준원가를 기록하고 변동제조간접원가계정의 대변에 변동제조간접원가의 실제원가를 기록한다. 그리고 두 금액의 차액은 변동제조간접원가 소비차이와 변동제조간접원가 능률차이계정으로 기록한다.

④ 변동제조간접원가 배부

재 공 품	162,000	
변동제조간접원가 소비차이	8,400	
변동체조간접원가 능률차이	6,000	
변동제조간접원가		176,400

(4) 고정제조간접원가

고정제조간접원가의 경우도 직접노무원가와 동일하게 회계처리한다. 즉, 고정제조간접원가가 발생하면 실제원가로 각 계정에 기록하고, 고정제조간접원가를 재공품에 배부할 때에는 재공품 계정의 차변에 실제생산량에 허용된 고정제조간접의 표준원가를 기록하고 고정제조간접원가 계정의 대변에 고정제조간접원가의 실제원가를 기록한다. 그리고 두 금액의 차액은 고정제조간접원가 예산차이와 고정제조간접원가 조업도차이 계정으로 기록한다.

⑤ 고정제조간접원가 배부

재 공 품	486,000	
고정제조간접원가		420,000
고정제조간접원가 예산차이		12,000
고정제조간접원가 조업도차이		54,000

(5) 당기제품제조원가와 매출원가

지금까지 살펴본 바와 같이 표준원가계산에서는 재공품계정 차변에 모두 표준원가를 기록하므로 제품이 완성되고 판매가 이루어지면 제품계정과 매출원가계정 또한 표준원가로 기록한다. 따라서 표준원가계산에서는 원가흐름의 가정이 필요하지 않으며 재고수량만 파악이 되면 원가계산과 회계처리가 신속히 이루어진다. 만약 4,000단위가 판매되었다면 회계처리는 다음과 같다.

⑥ 제품의 완성

제 품	2,808,000	
재 공 품		2,808,000

* 표준원가 4,500단위×₩624 = ₩2,808,000

⑦ 제품의 완성

매 출 원 가	2,496,000	
제 품		2,496,000

* 표준원가 4,000단위×₩624 = ₩2,496,000

1. 원가차이 조정

지금까지 살펴본 바와 같이 표준원가계산에서는 재공품, 제품 및 매출원가 계정이 모두 표준원가로 기록되어있다. 그러나 외부보고용인 재무제표를 작성할 때에는 실제원가로 기록되어 있어야 한다. 따라서 원가차이를 조정하여 표준원가로 기록된 재공품, 제품 및 매출원가 잔액이 실제원가로 기록되었을 때와 중요한 차이가 없도록 조정하는 과정이 필요하다. 원가차이의 조정방법에는 매출원가 조정법, 비례배분법 및 영업외손익법이 있다.

[예제 11-2]

부산완구는 당기에 영업활동을 개시하였으며 표준원가계산제도를 채택하고 있다. 당기말 현재 표준원가로 기록된 각 계정의 잔액은 다음과 같다.

	원재료	재공품	제품	매출원가	합계
원재료원가	₩240,000	₩96,000	₩180,000	₩360,000	₩876,000
가공원가		24,000	60,000	240,000	324,000
합계	₩240,000	₩120,000	₩240,000	₩600,000	₩1,200,000

당기의 원가차이를 요약하면 다음과 같다.

	불리한 차이	유리한 차이
직접재료 가격차이		₩300,000
직접재료 수량차이	₩84,000	
직접노무 임률차이		42,000
직접노무 능률차이	12,000	
변동제조간접원가 소비차이	8,400	
변동제조간접원가 능률차이	6,000	
고정제조간접원가 예산차이		12,000
고정제조간접원가 조업도차이		54,000
불리/유리한 차이 소계	₩110,400	₩408,000
차이		₩297,600

(1) 매출원가조정법

매출원가조정법은 원가차이를 매출원가에서 조정하는 방법으로 불리한 차이는 매출원가에 가산하고 유리한 차이는 매출원가에서 차감한다. 이 방법은 원가차이가 중요하지 않을 정도로 작을 경우에 사용된다. 이 방법에 의하면 원가차이는 모두 매출원가에서 조정되므로 재무제표상의 재공품과 제품계정은 모두 표준원가로 기록된다.

[예제 11-2]에서 매출원가조정법에 따른 회계처리는 다음과 같다.

직접재료 가격차이	300,000	
직접노무 임률차이	42,000	
고정제조간접원가 예산차이	12,000	
고정제조간접원가 조업도차이	54,000	
매출원가		297,600
직접재료 수량차이		84,000
직접노무 능률차이		12,000
변동제조간접원가 소비차이		8,400
변동제조간접원가 능률차이		6,000

즉, 이미 차변에 계상되어 있는 불리한 차이는 대변에, 대변에 계상된 유리한 차이는 차변에 기록함으로써 마감하고 원가차이 순액을 매출원가에 조정한다.

(2) 비례배분법

비례배분법은 원가차이를 재고자산과 매출원가 계정의 상대적 비율에 의하여 배분하는 방법으로서, 원가차이가 상대적으로 크고 중요한 경우에 사용된다. 이 방법은 총원가 비례배분법과 원가요소별 비례배분법이 있다. 총원가 비례배분법은 원가차이를 기말재고자산과 매출원가계정의 총원가의 비율에 따라 배분하는 방법이고, 원가요소별 비례배분법은 원가차이를 기말재고자산과 매출원가계정에 포함된 원가요소의 비율에 따라 배분하는 방법이다.

원가차이에 비례배분법을 적용하는 경우 주의해야할 점은 위의 직접재료 가격차이를 제외한 어느 원가차이도 원재료계정에 배분하여서는 안 된다는 것이다. 만약 직접원재료 가격차이가 원재료 사용시점에 분리될 경우 원재료계정의 기말잔액은 실제원가로 표시되어 있기 때문에 직접원재료 가격차이를 포함한 어떠한 원가차이도 원재료계정에 배분하여서는 안 된다.

[예제 11-2]에서 원가차이를 총원가 비례배분법에 의하면 회계처리는 다음과 같다.

1) 배분비율 계산

	원재료	재공품	제품	매출원가	합계
직접재료가격차이					
총원가	₩240,000	₩120,000	₩240,000	₩600,000	₩1,200,000
배분비율	20%	10%	20%	50%	100%
직접재료 수량차이 및 기타차이					
총원가		₩120,000	₩240,000	₩600,000	₩960,000
배분비율		12.5%	25%	62.5%	100%

2) 원가차이 배분

	원재료	재공품	제품	매출원가	합계
직접재료 가격차이	(₩60,000)	(₩30,000)	(₩60,000)	(₩150,000)	(₩300,000)*
직접재료 수량차이		10,500	21,000	52,500	84,000
직접노무 임률차이		(5,250)	(10,500)	(26,250)	(42,000)
직접노무 능률차이		1,500	3,000	7,500	12,000
변동제조간접원가 소비차이		1,050	2,100	5,250	8,400
변동제조간접원가 능률차이		750	1,500	3,750	6,000
고정제조간접원가 예산차이		(1,500)	(3,000)	(7,500)	(12,000)
고정제조간접원가 조업도차이		(6,750)	(13,500)	(33,750)	(54,000)
합 계	(₩60,000)	(₩29,700)	(₩59,400)	(₩148,500)	(₩297,600)

*차이배분 중 ( )는 유리한 차이를 표시한다.

직접재료 가격차이	300,000		
직접노무 임률차이	42,000		
고정제조간접원가 예산차이	12,000		
고정제조간접원가 조업도차이	54,000		
원 재 료			60,000
재 공 품			29,700
제 품			59,400
매 출 원 가			148,500
직접재료 수량차이			84,000
직접노무 능률차이			12,000
변동제조간접원가 소비차이			8,400
변동제조간접원가 능률차이			6,000

[예제 11-2]에서 원가차이를 원가요소별 비례배분법에 의하면 회계처리는 다음과 같다.

1) 배분비율 계산

	원재료	직접재료 수량차이	재공품	제품	매출원가	합계
직접재료가격차이						
원재료원가	₩240,000	₩84,000	₩96,000	₩180,000	₩360,000	₩960,000
배분비율	25%	8.75%	10%	18.75%	37.5%	100%
직접재료수량차이						
원재료원가			₩96,000	₩180,000	₩360,000	₩636,000
배분비율			15.1%	28.3%	56.6%	100%
직접노무임률차이 및 기타차이						
가공원가			₩24,000	₩60,000	₩240,000	₩324,000
배분비율			7.41%	18.52%	74.07%	100%

2) 원가차이 배분

	원재료	직접재료 수량차이	재공품	제품	매출원가	합계
직접재료가격차이	(₩75,000)	(₩26,250)	(₩30,000)	(₩56,250)	(₩112,500)	(₩300,000)
직접재료수량차이		26,250*	8,717	16,344	32,689	84,000
직접노무임률차이			(3,111)	(7,778)	(31,111)	(42,000)
직접노무능률차이			889	2,222	8,889	12,000
변동제조간접원가 소비차이			622	1,556	6,222	8,400
변동제조간접원가 능률차이			444	1,111	4,444	6,000
고정제조간접원가 예산차이			(889)	(2,222)	(8,889)	(12,000)
고정제조간접원가 조업도차이			(4,000)	(10,000)	(40,000)	(54,000)
합 계	(₩75,000)	₩0	(₩27,327)	(₩55,017)	(₩140,256)	(₩297,600)

* 직접재료 수량차이는 직접재료 가격차이에서 배분된 (₩26,250)을 포함한 총 ₩57,750이 재공품, 제품 및 매출원가에 배분된다

직접재료 가격차이	300,000	
직접노무 임률차이	42,000	
고정제조간접원가 예산차이	12,000	
고정제조간접원가 조업도차이	54,000	
원 재 료		75,000
재 공 품		27,327
제　품		55,017
매 출 원 가		140,256
직접재료 수량차이		84,000
직접노무 능률차이		12,000
변동제조간접원가 소비차이		8,400
변동제조간접원가 능률차이		6,000

원가요소별 비례배분법을 적용하는 경우에는 직접재료 능률차이를 배분하기 이전에 직접재료 가격차이의 일부를 직접재료 능률차이에 배분하여야 한다. [예제 11-1]에서 당기에 원재료 20,000kg을 구매하여 16,000kg을 사용하였는데 실제생산에 허용된 표준사용량이 15,300kg이었다. 따라서 원재료 20,000kg에 대한 가격차이는 원재료 4,000kg, 직접재료 수량차이 700kg 그리고 재공품, 제품 및 매출원가 15,300kg에 배분해야 한다는 것이다. 즉, 재공품, 제품 및 매출원가계정은 표준사용량으로 기록되며 원재료의 실제사용량과 표준사용량과의 차이는 직접재료원가 수량차이계정에 기록되기 때문에 직접재료원가 수량차이에도 원재료 가격차이가 배분되어야 한다. 반면에 총원가 비례배분법은 각 계정에 포함된 원가요소를 무시하고 총원가의 비율에 따라 배분하는 간편법이므로 직접재료 가격차이를 직접재료원가 능률차이에 배분하지 않는 것이 일반적이다.

(3) 영업외손익법

영업외손익법은 원가차이를 영업외손익으로 처리하는 방법으로서, 원가차이가 일상적인 영업활동과 관계없이 비정상적인 사건에 의하여 발생한 경우에 사용된다. 영업외손익법에 의하면 이미 차변에 계상되어 있는 불리한 차이는 영업외비용으로 대체하고 대변에 계상된 유리한 차이는 영업외수익으로 대체한다. 그러나 이 방법은 생산활동, 즉 영업활동에 따른 원가차이를 영업외 손익으로 처리한다는 점에서 비판의 여지가 있다.

2. 조정 후 다음 회계기간의 회계처리

표준원가계산제도를 능률적으로 운영하기 위하여 외부보고용 재무제표를 작성하기 위한 기말을 제외하고는 연중 계속적으로 모든 계정이 표준원가로 기록되어야 한다. 따라서 원가차이를 조정하여 외부보고용 재무제표를 작성한 후에는 다음 회계기간의 기초시점에서 전기말에 원가차이 조정으로 조정된 재고자산계정의 원가를 표준원가로 전환하여야 한다. 이와 같이 재고자산계정의 원가를 표준원가로 전환하기 위해서는 전기에 처리한 분개에 대하여 반대분개를 하면 된다. 이 반대분개는 재고자산계정에 배분된 각각의 원가차이를 다시 분리함으로써 모든 재고자산계정을 표준원가로 전환하는데 그 목적이 있다. 그러나 모든 원가차이에 대하여 반대분개를 하는 것이 아니라 재고자산에 배분된 금액에 대해서만 반대분개를 한다. 왜냐하면, 매출원가는 손익계정이므로 다음 회계기간으로 이월되지 않기 때문에 매출원가에 배분된 원가차이에 대하여는 반대분개를 할 필요가 없다. 또한 이와 같은 논리로 매출원가조정법이나 영업외손익법에 의한 원가차이 조정 역시 반대분개를 할 필요가 없다.

11.5 표준원가계산의 경영상 시사점

1. 표준원가의 장점

표준원가시스템은 여러 가지 장점을 지니고 있다.

(1) 표준원가는 예외에 의한 관리 방법에 있어서 경영의 핵심요인이다. 경영자가 사용가능한 시간은 제한되어 있으므로 일이 순조롭게 진행되는 조직부서나 중요하지 않은 차이(문제)에 경영자의 시간과 노력을 낭비해서는 안 된다. 만약 원가가 표준에 부합하면 경영자는 다른 문제들에 대해 주의를 기울일 수 있다. 원가가 뚜렷하게 표준에서 벗어나는 경우, 경영자는 이를 재빨리 인지하여 이 문제의 해결에 집중할 수 있게 된다.

(2) 표준원가는 생산과 관련된 일상적인 회계처리를 매우 간단히 할 수 있게 한다. 표준원가를 사용하는 경우, 생산과정의 각 작업에 대해 실제원가로 기록하는 대신에, 직접재료원가와 직접노무원가, 제조간접원가에 대해 각각의 표준원가를 사용하여 회계처리를 간단하게 한다.

(3) 표준원가는 책임회계라는 통합된 시스템에 자연스럽게 적용될 수 있다. 표준원가는 원가차이가 발생할 경우, 실제원가가 제대로 통제되고 있는지 여부를 즉각 알 수 있게 하고, 또한 누가 그에 대해 책임이 있는지를 쉽게 파악할 수 있게 한다.

(4) 구성원에 의해 적절하다고 인정된 표준은 경제성과 능률성을 촉진한다. 또한 구성원이 자신의 성과를 평가하는 데 사용할 수 있는 기준을 제공해 준다.

2. 표준원가 사용시 잠재적인 문제점

표준원가시스템은 여러 장점을 지니고 있지만, 부적절한 표준원가의 사용은 많은 잠재적 문제점을 야기할 수 있다.

(1) 경영자가 차이보고서를 하급자를 처벌하는 목적으로만 사용한다면 구성원의 사기를 꺾을 수 있다. 이런 경우 구성원은 불리한 차이를 은폐하려는 유혹을 받거나 단기적으로 유리한 차이가 발생하지만 장기적으로는 회사에 불이익이 초래되는 조치를 취할 수도 있다.

(2) 표준원가차이 보고서는 보통 매월 작성되고 그 얼마 후 또는 몇 주 후에 배포된다. 그 결과 보고서가 제공하는 정보의 적시성이 떨어져 정보의 유용성이 무용지물이 되기도 한다.

(3) 일부 사례에서는 어느 특정 부문에게는 유리한 차이가 불리한 차이보다 회사 전체적으로는 더 안 좋을 수 있다. 값싼 불량재료를 투입하는 경우 가격차이는 유리하지만 수량차이는 불리하게 나타나고, 장기적으로 제품에 대한 신뢰도를 떨어뜨릴 수 있다.

(4) 표준을 충족하도록 지나치게 강조를 하는 것은 품질 유지와 개선, 적시 배송, 그리고 고객 만족과 같은 중요한 목표에 소홀하게 할 수 있다.

결론적으로 경영자는 표준원가시스템을 사용할 때, 다양한 관점에서 상당한 주의를 기울여야 한다. 경영자는 표준원가가 가리키는 예외에 집중해야 하지만, 이 과정에서 발생할 수도 있는 예기치 않은 부정적인 결과를 사전에 인식하고, 표준원가가 조직에 선순환을 가져올 수 있도록 표준원가시스템을 운영하여야 한다.

익·힘·문·제

1. 표준수량이란 무엇인가? 표준가격이란 무엇인가?

2. 왜 가격차이와 수량차이를 분리해서 계산하는가?

3. 누가 일반적으로 재료 가격차이에 대해 책임을 지는가? 재료 수량차이는? 노무 능률차이는?

4. 직접재료 가격차이는 유리하지만 직접재료 수량차이가 불리하게 나왔다면 무엇을 의미하는가?

5. 변동제조간접원가가 직접노무시간을 기초로 제품원가에 배부되고, 직접노무 능률차이가 불리하다면 변동제조간접원가차이는 유리한가 아니면 불리한가? 두 가지 차이가 다 가능한가? 그 이유를 설명하시오.

6. 현대 생산환경과 표준원가계산의 유용성에 대하여 설명하시오.

연·습·문·제

1. (주)대한은 표준원가계산시스템을 사용하고 있다. 다음은 제품 단위당 원가요소별 표준원가 자료이다.

직접재료비	₩100	직접노무비	₩200
변동제조간접비	₩50	고정제조간접비	₩100

제조간접비 배부기준은 직접노무시간이다. 2008년 6월에 기초재고는 없고, 총 500개의 제품을 생산하였다. 직접재료비 가격차이는 ₩1,000(불리), 수량차이는 ₩2,000(유리)이고, 직접노무비 임률차이는 ₩500(유리), 능률차이는 ₩1,500(불리)이었다. 6월 중 직접재료비 실제발생액과 직접노무비 실제발생액은 각각 얼마인가?(세무사1차 2009년)

	직접재료비	직접노무비
①	₩46,000	₩99,000
②	₩48,000	₩101,000
③	₩48,000	₩101,500
④	₩49,000	₩101,000
⑤	₩49,000	₩101,500

2. (주)진주는 제조간접원가를 직접노무시간에 따라 배부하며, 기준조업도(직접노무시간)는 30,000시간/월이다. 제품 1단위를 생산하는데 표준직접노무시간은 3시간이다. 20×1년 9월의 발생 자료는 다음과 같다.

• 실제 직접노무시간	28,000시간
• 변동제조간접원가 실제 발생액	₩37,800
• 소비차이	4,200(유리)
• 능률차이	3,000(유리)

(주)진주의 20×1년 9월 실제 제품생산량은 몇 단위인가? (세무사1차 2010년)

① 8,500단위 ② 9,000단위 ③ 9,500단위
④ 10,000단위 ⑤ 10,500단위

3. (주)국세는 표준원가계산제도를 채택하고 있으며, 제품 5,000단위를 기준으로 제조간접원가에 대한 표준을 설정하고 있다. (주)국세의 원가에 관한 자료는 다음과 같다.

제조간접원가예산	₩1,800,000 + ₩100 × 기계시간
제품단위당표준기계시간	5시간
실제변동제조간접원가발생액	₩5,000,000
실제고정제조간접원가발생액	₩2,000,000
실제기계시간	51,000시간
실제생산량	10,000단위

(주)국세가 4분법을 이용하여 제조간접원가에 대한 차이분석을 수행할 경우에 유리한 차이가 발생하는 것으로만 나열된 것은?(세무사1차 2012년)

① 소비차이, 능률차이 ② 능률차이, 예산차이 ③ 예산차이, 조업도차이
④ 소비차이, 예산차이 ⑤ 소비차이, 조업도차이

4. (주)세무는 표준원가제도를 채택하고 있다. 20×1년 직접재료원가와 관련된 표준 및 실제원가 자료가 다음과 같을 때, 20×1년의 실제 제품생산량은 몇 단위인가?(세무사1차 2013년)

실제 발생 직접재료원가	₩28,000
직접재료단위당 실제구입원가	₩35
제품단위당 표준재료투입량	9개
직접재료원가 가격차이	₩4,000 불리
직접재료원가 수량차이	₩3,000 유리

① 90단위   ② 96단위   ③ 100단위
④ 106단위   ⑤ 110단위

5. (주)세무는 표준원가계산을 사용하고 있으며, 월간 기준조업도는 제품 1,200단위를 생산할 수 있는 6,000 기계시간이다. (주)세무의 20×1년 4월 각 조업도 수준별 제조간접원가 변동예산은 다음과 같다.

제조간접원가	조업도 수준		
	5,000기계시간	6,000기계시간	7,000기계시간
변동제조간접원가:			
소모품비	₩1,000	₩1,200	₩1,400
간접노무원가	1,500	1,800	2,100
계	₩2,500	₩3,000	₩3,500
고정제조간접원가	9,000	9,000	9,000
총제조간접원가	₩11,500	₩12,000	₩12,500

(주)세무는 20×1년 4월 중 제품 1,300단위를 생산하였다. 이와 관련하여 6,800기계시간이 사용되었고 실제 변동제조간접원가는 ₩4,200이며, 실제 고정제조간접원가는 ₩9,400이다. (주)세무의 20×1년 4월 고정제조간접원가 생산조업도차이는 얼마인가?(세무사1차 2014년)

① ₩1,000 불리한 차이　　　　　② ₩1,000 유리한 차이　　　　　③ 100단위
④ ₩750 유리한 차이　　　　　　⑤ ₩0 차이 없음

6. (주)국세는 표준원가계산제도를 채택하고 있다. 20×1년 직접재료의 표준원가와 실제원가는 다음과 같을 때, 직접재료원가 수량차이는?(세무사1차 2015년)

표준원가	제품 단위당 직접재료 표준투입량	20 kg
	직접재료 표준가격	₩30/kg
실제원가	실제 생산량	50개
	직접재료원가	₩35,000
	직접재료 구입가격	₩28/kg

① ₩5,500 유리　　　　　　　② ₩5,500 불리　　　　　　　③ ₩7,500 유리
④ ₩7,500 불리　　　　　　　⑤ ₩0 차이 없음

7. 표준원가계산제도를 사용하는 (주)국세는 직접노무시간을 기준으로 제조간접원가를 배부한다. 20×1년도 기준조업도는 20,000 직접노무시간이나, 실제 직접노무시간은 22,500시간이다. 변동제조간접원가의 표준배부율은 직접노무시간당 ₩6이다. 다음은 20×1년도의 제조간접원가와 관련된 자료이다.(세무사1차 2015년)

- 변동제조간접원가
  실제발생액 : ₩110,000
  배 부 액 : ₩138,000
- 고정제조간접원가
  소비차이 : ₩30,000(불리)
  조업도차이 : ₩27,000(유리)

20×1년도의 고정제조간접원가 실제발생액은?

① ₩150,000　　　　　　　② ₩170,000　　　　　　　③ ₩190,000
④ ₩210,000　　　　　　　⑤ ₩246,000

8. (주)관세는 표준원가를 이용한 전부원가계산제도를 적용하며, 20×1년 3월 1일에 생산 및 영업을 개시하였다. 20×1년 3월 중 900단위를 생산에 착수하여 당월에 모두 완성하였으며, 이 중 800 단위를 판매하였다. 20×1년 3월 중 직접재료 2,000kg을 ₩130,000에 구입하였으며, 직접재료의 당월말재고량은 100kg이다. 당월말 제품계정에 포함된 표준직접재료원가는 ₩10,000이며, 제품 단위당 표준직접재료소비량은 2kg이다. 20×1년 3월의 직접재료원가의 가격차이와 수량차이는 각각 얼마인가? (단, 직접재료원가의 가격차이는 구입시점에 계산하며, 월말재공품은 없다.)(관세사 1차 2015년)

가격차이	수량차이		가격차이	수량차이
① ₩20,000 불리	₩3,000 불리		② ₩20,000 유리	₩3,000 유리
③ ₩20,000 불리	₩3,000 유리		④ ₩30,000 불리	₩5,000 불리
⑤ ₩30,000 유리	₩5,000 유리			

9. (주)관세는 표준원가계산제도를 채택하고 있으며, 원재료 A와 원재료 B를 투입하여 제품을 생산하고 있다. (주)관세는 20×1년에 300단위의 제품을 생산하였으며, 직접재료에 대한 원가자료는 다음과 같다. 직접재료원가의 수율차이는?(관세사 1차 2014년)

구 분	표 준			실 제		
	단위당 투입량	kg당 가격	재료원가	투입량	kg당 가격	재료원가
원재료 A	0.5 kg	₩200	₩100	160 kg	₩250	₩40,000
원재료 B	1.5 kg	120	180	464 kg	170	78,880
계	2.0 kg		₩280	624 kg		₩118,880

① ₩320 불리 ② ₩320 유리 ③ ₩3,360 불리
④ ₩3,360 유리 ⑤ ₩3,680 불리

10. (주)관세는 표준원가계산제도를 채택하고 있다. 고정제조간접원가는 기계시간을 기준으로 배부하고 있는데, 제품 단위당 5시간의 기계시간이 소요된다. 20×3년도에는 1,000개의 제품을 생산하였고 실제 고정제조간접원가 발생액은 ₩285,000이었다. 고정제조간접원가 변동예산차이가 ₩9,000(불리)이고 고정제조간접원가 조업도차이가 ₩46,000(불리)인 경우에 20×3년도 기준조업도(기계시간)는 몇 시간인가?(관세사 1차 2013년)

① 4,500시간 ② 5,000시간 ③ 5,500시간
④ 6,000시간 ⑤ 6,500시간

12

CHAPTER

의사결정과 관련원가 분석

최선의 의사결정을 위해 대안들 간에 차이가 발생하는 원가와 효익을 분석하는
방법을 차액분석이라 한다. 또한 대안들 간에 차이가 발생하는 미래원가를 관련
원가라 한다. 이 장에서는 관련원가를 이용한 차액분석기법을 살펴본다.

1. 의사결정과 관련원가
2. 차액분석방법
3. 특수의사결정(자가제조 또는 외부구매, 제품라인의 추가 또는 포기, 특별주문
   의 수락 또는 거절 등)
4. 원가가산 가격결정

12.1 의사결정과 관련원가 개념

12.2 특수의사결정

12.3 원가기준 가격결정

12.1 의사결정과 관련원가 개념

1. 의사결정과 관련원가

의사결정은 일정한 목적을 달성하기 위해 여러 가지 다양한 대안(또는 대체안, alternatives) 가운데서 최적의 대안을 선택하는 과정으로서 경영자의 기본적인 기능 중의 하나이다. 경영자들은 어떤 상품을 생산하여 얼마에 팔 것인지, 생산에 필요한 부품을 제조할 것인지 구매할 것인지, 어떠한 유통경로를 이용할 것인지 등 다양한 문제에 직면하여 의사결정을 내리게 된다. 이러한 의사결정은 힘들고 복잡한 과업이다.

경영자가 각 대안에 대해서 모든 관련 정보를 제공받을 수 있다면 의사결정은 상당히 수월해 진다. 경영자는 다양한 의사결정에 원가정보를 자주 활용한다. 이때 모든 원가정보가 의사결정에 영향을 미치는 것은 아니다.

관련원가(relevant costs)란 여러 대안 간에 차이가 있는 미래의 원가로서 특정 의사결정에 직접적으로 관련되는 원가를 말하며, 비관련원가(irrelevant costs)는 여러 대안 사이에 차이가 없는 원가로서 특정 의사결정에 관련이 없는 원가를 말한다. 어떠한 원가가 관련원가인가 아닌가의 여부는 항상 정해진 것이 아니라 의사결정의 내용에 따라 결정된다. 즉, 하나의 의사결정을 할 때는 의사결정과 관련된 원가이지만 다른 의사결정을 할 때는 그 의사결정과 관련이 없는 비관련원가일 수 있다. 따라서 의사결정에 사용되는 정보가 관련성을 가지기 위해서는 다음 두 가지 속성을 지녀야 한다.

1. 미래에 발생될 원가와 수익을 포함한다.
2. 의사결정대안에 따라 다르게 나타나는 원가와 수익이다.

2. 의사결정을 위한 원가개념

(1) 차액원가와 회피가능원가

모든 의사결정은 적어도 두 가지 대안으로부터 선택을 포함한다. 따라서

의사결정에 있어 어떤 대안의 원가와 효익은 다른 대안들의 원가와 효익과 비교되어 그 대안의 선택여부가 결정된다. 이러한 비교를 위한 핵심은 차액분석인데 이것은 대안들 간의 효익과 원가를 비교하는 것이다. 두 대안 간에 발생하는 원가차이를 차액원가(differential cost)라 하고 증분원가(incremental costs)라고도 한다. 두 대안 간의 수익차이는 차액수익(differential revenue)이라 일컫는다. 차액원가와 차액수익은 의사결정과 관련이 있는 반면, 대안 간 차이가 없는 수익과 원가는 의사결정과 관련이 없다. 차액원가와 차액수익은 의사결정과 관련된 요소이기 때문에 일반적으로 관련원가(relevant costs) 또는 관련효익(relevant benefits)이라고 한다.

회피가능원가(avoidable cost)는 다른 대안 대신 특정 대안을 선택함으로써 소멸될 수 있는 원가이다. 만약 영화를 보러 갈 것인지 주문형 비디오(video on demand, VOD)를 시청할 것인지 결정한다고 가정해보자. 영화를 보러 가는 대안을 선택하는 경우 주문형 비디오서비스 이용료를 내지 않아도 된다(즉, 회피할 수 있다). 주문형 비디오를 보는 대안을 선택하는 경우 영화티켓을 구입하는데 소요되는 원가를 회피할 수 있다. 그러므로 영화티켓의 가격이나 주문형 비디오 이용료는 모두 회피가능원가이다. 반면에 영화를 보든지 주문형 비디오를 시청하든지에 관계없이 이번 달 아파트 관리비는 같은 금액이 부과될 것이므로 어떠한 대안을 선택하든지 회피할 수 없는 원가이다. 따라서 회피가능원가는 관련원가이고 회피불능원가는 비관련원가이다.

(2) 매몰원가

매몰원가(sunk costs)는 이미 발생된 역사적 원가로서 미래의 어떤 의사결정에도 영향을 미치지 못하는 원가이다. 즉 의사결정은 본질적으로 미래지향적이므로 이미 발생한 역사적 원가는 미래수익과 미래비용에 어떠한 영향도 미치지 못하므로 대안의 선택과 관련된 의사결정에 고려의 대상이 되지 않는다. 즉, 매몰원가는 비관련원가로서 미래 의사결정에 고려할 필요가 없다. 고정자산의 취득원가는 그 대표적인 예이다. 고정자산은 한번 취득되면 미래에 관한 의사결정을 할 때 이에 대한 취득원가는 고려되지 말아야 한다. 왜냐하면 이는 미래의 원가가 아니라 과거의 원가이며, 의사결정의 대안에 따라 달라지지 않기 때문이다. 기존자산의 매각처분에 관한 의사결정(장비를 계속 보유할지, 팔지, 교체할지 등)에서 처분원가는 관련원가이지만 장부가치는 관련원가가 아니다. 취득원가는 재무회계목적으로 감가상각비를 산출할 때나 순장부가치를 산정할 때에는 관련원가가 된다.

(3) 기회원가

기회원가(opportunity cost)는 다른 대안 대신에 어떤 대안을 선택하였을 때 포기해야 하는 잠재적 효익이다. 만약 어느 사람이 저녁식사로 한식과 양식 중 하나를 선택해야 할 때, 이 사람이 한식을 선택한 경우의 기회원가는 양식을 선택할 때 얻을 수 있는 맛 또는 즐거움이다. 즉 양식을 선택함으로써 얻을 수 있는 맛 또는 즐거움을 포기한 셈이다.

(4) 증분접근법과 총액접근법

의사결정의 관련원가분석 방법은 증분접근법과 총액접근법이 있다. 증분접근법은 각 여러 대안간에 차이가 나는 수익과 원가만을 분석하는 방법으로 가장 많이 이용되는 방법이다. 총액접근법은 각 대안의 총수익과 총원가를 계산하여 비교하는 방법인데 다음과 같은 이유로 잘 이용하지 않는다. 첫째, 모든 의사결정 대안의 모든 수익과 원가를 추정하는 데에 많은 비용이 소요된다. 둘째, 모든 의사결정 대안의 모든 수익과 원가를 추정하는 과정이 복잡하기 때문에 불필요한 정보의 습득과 해석에 많은 노력이 필요하다.

(5) 관련원가분석과 자본예산의 비교

의사결정의 영향이 미치는 기간에 따라 의사결정을 단기의사결정과 장기의사결정으로 구분하기도 한다. 단기의사결정에는 주로 관련원가 분석방법이 이용된다. 단기의사결정은 말 그대로 그 영향이 단기에 미치기 때문에 현금흐름의 크기는 중요하나 그 발생시기는 상대적으로 중요하지 않게 되어 관련원가를 분석할 때 화폐의 시간가치를 고려하지 않는다. 반면, 장기의사결정의 하나인 자본예산편성 시에는 그 의사결정의 영향이 장기에 걸쳐 미치기 때문에 현금흐름의 크기와 그 발생시기 둘 다 중요하여 화폐의 시간가치를 고려한다.

12.2 특수의사결정

의사결정은 반복성에 따라 반복적인 정규의사결정과 비반복적인 특수의사결정으로 구분된다. 생산현장에서 매일매일 내리는 일상적인 의사결정이나 CVP분석 그리고 예산편성 등은 자주 반복되는 정규의사결정이라 할 수 있다. 그런데 기업을 둘러싼 경제 및 경영환경의 급격한 변화에 따라 경영자는 종종 지금까지 경험하지 못한 새로운 상황에 직면하여 새로운 의사결정을 내려야 한다. 이 때 경영자는 현재의 상황에서 막대한 투자를 하지 않으면서 어떻게 하면 더 많은 이윤을 창출할 수 있는지 다양한 대안을 검토하게 된다. 이러한 의사결정은 주로 변동원가가 관련원가가 되고 그 효과가 1년 이내의 짧은 기간에 미치는 단기의사결정이 대부분이다. 단기적이고 비반복적인 관련원가를 대상으로 하는 특수의사결정에는 다음과 같은 유형이 있다.

- 자가제조 또는 외부구매
- 제품라인(또는 다른 부문)의 추가 또는 포기
- 특별주문의 수락 또는 거절
- 제한된 자원이 있는 경우

1. 자가제조 또는 외부구매

기업은 제품을 생산하는 과정에서 제품생산에 필요한 부품을 스스로 제작할 것인지, 아니면 외부로부터 구매할 것인가를 결정해야 하는 문제에 직면하게 된다. 이러한 의사결정은 모든 제조기업에서 발생한다. 예를 들면, 자동차산업의 경우 부품인 변속기어를 자동차 생산업체가 생산할 것인가 아니면 외부로부터 구매할 것인가를 결정하여야 한다.

일반적으로 부품의 자가제조 또는 외부로부터 구매여부를 결정할 때에 주로 관련원가와 수익을 비교하여 결정한다. 물론 장기적이고 전략적인 관점에서 외부공급업자의 품질관리 능력과 기존설비의 대체용도 활용가능성 등도 추가적으로 고려하여 의사결정을 해야 한다.

[예제 12-1]

(주)남해자동차는 자동차를 생산, 판매하는 회사이다. (주)남해자동차의 경영층은 주요부품 중 하나인 제동장치를 자체에서 제작할지 아니면 외부에서 구입할지를 결정해야 한다. 회사는 1년간 200대의 제동장치가 필요할 것으로 예측하고 있다. 회사는 신뢰할 수 있는 공급업체로부터 제동장치를 대당 ₩600에 구입할 수 있다. 또한 회사는 현재 제동장치를 생산할 수 있는 여유생산능력을 보유하고 있다. 제동장치를 생산하는데 추정원가자료는 다음과 같다.

	단위당 원가	총원가
직접재료원가	₩210	₩42,000
직접노무원가	180	36,000
변동제조간접원가	90	18,000
고정제조간접원가	180	36,000
직접고정제조간접원가*	60	12,000
간접고정제조간접원가	120	24,000
합계	₩660	₩132,000

* 설비감가상각비 및 리스료

(1) 기존설비를 다른 용도(대체용도)로 활용하지 않는 경우

제공된 자료만을 보았을 때 외부구입 가격이 단위당 ₩600이고 제조원가는 단위당 ₩660이기 때문에 제동장치를 외부에서 조달해야 할 것처럼 보인다. 그러나 위에 제공된 모든 원가가 자가제조 또는 외부구매 의사결정의 관련원가는 아니다. 고정제조간접원가 중 직접고정제조간접원가는 설비감가상각비 및 리스료이기 때문에 제동장치를 생산하지 않으면 발생하지 않으므로 관련원가이지만, 고정제조간접원가 중 간접원가는 제동장치의 생산여부에 관계 없이 발생하는 고정원가이므로 관련원가가 아니다. 따라서 제동장치를 외부에서 구매여부를 결정하기 위한 차액분석을 활용하면 다음과 같다.

〈표 12-1〉 자가제조 또는 외부구매

	단위당 원가	자가제조	외부구매
직접재료원가	₩210	₩42,000	
직접노무원가	180	36,000	
변동제조간접원가	90	18,000	
고정제조간접원가	180		
직접고정제조간접원가*	60	12,000	
간접고정제조간접원가(비관련원가)	120		
외부 구매원가	600		120,000
총원가		108,000	120,000
자가제조 시 유리한 차이		12,000	

제동장치를 자가제조할 경우 총원가는 ₩108,000이나 외부에서 구매할 경우 ₩120,000이 소요되어 자가제조를 하는 것이 더 유리하다.

(2) 기존설비를 대체용도로 활용할 수 있는 경우

기존설비를 대체용도로 활용할 수 있는 경우 대체용도 활용에 따른 수익을 고려하여 의사결정에 반영하여야 한다. [예제 12-1]에서 제동장치를 외부에서 구매함으로써 발생되는 유휴설비를 다른 회사에 임대하여 임대수익 ₩16,800를 얻을 수 있다고 가정하자. 만약 (주)남해자동차가 제동장치 200대를 외부에서 구매하지 않고 자가제조하면 ₩16,8000의 임대수익을 상실하게 된다. 이때 상실되는 임대수익은 기회원가로서 의사결정에 고려되어야 할 관련원가이다.

제동장치의 외부로부터 구매여부를 결정하기 위하여 차액분석을 수행하면 다음과 같다.

〈표 12-2〉 자가제조 또는 외부구매 (대체용도로 활용할 수 있는 경우)

	단위당 원가	자가제조	외부구매
변동제조원가	₩480	₩96,000	
고정제조간접원가	180		
직접고정제조간접원가*	60	12,000	
간접고정제조간접원가(비관련원가)	120		
기회원가(임대수익 상실)		16,800	
외부 구매원가	600		120,000
총원가		124,800	120,000
외부구매 시 유리한 차이			4,800

(주)남해자동차는 제동장치를 외부에서 구매하는 경우 유휴설비를 임대함으로써 ₩16,800의 임대수익이 발생하여 자가제조의 경우보다 ₩4,800의 증분이익을 얻게 된다. 그러므로 기업은 자가제조 또는 외부구매의 의사결정을 할 때에는 기존설비를 대체용도로 활용할 수 있는가를 검토하여야 한다.

2. 제품라인(또는 다른 부문)의 추가 또는 포기

현재 운영중인 제품라인을 폐지하거나 또는 다른 부문을 새로이 추가하는 것과 관련된 의사결정은 경영자들이 직면해야 하는 가장 어려운 결정 중에 하나이다. 여러 사업부문 중에서 손실이 발생하는 사업부문이 있다면 경영자는 그 특정사업부문을 유지할 것인지 아니면 폐지할 것인가를 결정해야 한다. 이러한 의사결정은 사업부문의 유지 또는 폐지가 회사전체 이익에 미치는 영향을 고려하여 결정하여야 한다. 따라서 사업부문의 유지 또는 폐지에 따라 상실되는 수익과 절감되는 원가를 비교하여 절감되는 원가가 상실되는 수익보다 큰 경우에는 해당부문을 폐지하는 것이 좋다.

이 경우 각 사업부문별로 보고되는 모든 원가가 해당 사업부문의 폐지를 결정할 때 고려할 회피가능원가는 아니다. 변동원가는 해당 사업부문을 폐지하면 더 이상 발생하지 않게 되는 회피가능원가이다. 그러나 고정원가는 해당사업부문을 폐지할 경우 회피가능원가와 회피불능원가로 구분하여 검토하여야 한다.

회피가능원가란 해당 사업부문을 폐지하면 더 이상 발생하지 않고 절감될 수 있는 원가로서 해당 사업부문에만 관련되어 있는 원가이다. 예를 들면, 해당 사업부문관리자의 급여 및 해당 사업부문의 광고선전비 등은 고정원가이지만 해당 사업부문의 폐지할 경우 더 이상 발생하지 않게 되어 회피가능원가에 해당한다. 회피불능원가는 해당 사업부문을 폐지하여도 지속적으로 원가가 발생하는 원가로서 다른 사업부문과 공통으로 부담하는 공통고정원가이다. 예컨대 공통설비의 감가상각비, 본사와 관련된 일반관리비 등이 이에 해당한다.

[예제 12-2]

㈜서울은 의류, 반도체, 영상부문을 보유하고 있다. ㈜서울의 최고경영자는 지속적으로 손실을 보이고 있는 의류부문을 폐지할 것을 고려하고 있다. 현재 사업부문별 손익계산서는 다음과 같다.

	의류	반도체	영상	전체
매출액	₩80,000	₩64,000	₩16,000	₩160,000
변동원가	64,000	44,800	9,600	118,400
공헌이익	₩16,000	₩19,200	₩6,400	₩41,600
고정원가				
회피가능 고정원가	12,000	8,000	1,600	21,600
회피불능 고정원가	4,800	8,000	1,600	14,400
고정원가 소계	16,800	16,000	3,200	36,000
영업이익	(₩800)	₩3,200	₩3,200	₩5,600

㈜서울의 최고경영자는 의류부문이 $800의 손실을 보고 있기 때문에 이 부문을 폐지하면 회사의 이익이 $800 개선될 것으로 생각할 수 있다. 그러나 [예제 11-2]에 제시된 모든 원가가 의류 사업부문의 폐지 의사결정시 고려할 관련원가는 아니다. 변동제조원가와 고정제조간접원가 중 회피가능원가는 의류부문을 폐지하면 더 이상 발생하지 않기 때문에 관련원가이지만, 고정제조간접원가 중 회피불능원가는 의류부문의 폐지여부와 관계 없이 발생하는 고정원가이므로 관련원가가 아니다.

의류부문의 폐지여부를 결정하기 위해 총액접근법에 의한 손익계산서를 분석하면 다음과 같다.

〈표 12-3〉 **의류부문을 폐지할 경우 [총액접근법]**

	의류부문 폐지 전	의류부문 폐지 후	변 동
매출액	$160,000	$80,000	(80,000)
변동원가	118,400	54,400	64,000
공헌이익	$41,600	$25,600	(16,000)

고정원가			
회피가능 고정원가	21,600	9,600	12,000
회피불능 고정원가	14,400	14,400	0
영업이익	$5,600	$1,600	(4,000)

〈표 12-3〉의 분석결과를 보면, 의류부문을 폐지할 경우 ㈜서울의 영업이익은 $5,600에서 $1,600으로 감소하게 된다. 의류부문을 폐지할 경우 ㈜서울은 매출액이 $80,000 감소하는데 반해 변동원가가 $64,000, 회피가능고정원가가 $12,000 각각 줄어들어 총원가감소는 $76,000에 그쳐 결국 영업이익이 $4,000 줄어들게 된다. 따라서 ㈜서울은 의류부문을 폐지하지 말고 계속 유지하여야 한다. 만약 의류부문을 폐지할 때 생겨나는 유휴설비를 임대 등과 같이 다른 목적으로 사용하여 $4,000 이상의 수익을 얻을 수 있다면 ㈜서울은 의류부문을 폐지할 수 있다.

의류부문의 폐지여부를 결정하기 위해 증분접근법으로 분석하면 다음과 같다.

〈표 12-4〉 의류부문을 폐지할 경우 [증분접근법]

증분수익		(80,000)
증분원가		
변동원가	₩64,000	
회피가능고정원가	12,000	
증분원가 소계		76,000
증분이익(손실)		(₩4,000)

〈표 12-4〉를 보면 증분접근법은 총액접근법의 변동 부문만 표로 나타낸 것임을 알 수 있다.

증분수익이 $80,000 감소, 증분원가가 $76,000 감소, 그 결과 증분이익이 $4,000 감소로 나타나 총액접근법과 동일하게 영업이익이 $4,000이 감소하는 결과를 보여주고 있다.

따라서 ㈜서울은 의류부문을 폐지할 경우를 계속 유지할 경우와 비교해 볼 때 영업이익에서 $4,000의 증분손실이 발생하므로 영업이익이 적자를 보이고 있는 의류부문을 폐지하지 않아야 한다.

3. 특별주문의 수락 또는 거절

경영자는 종종 고객으로부터 예기치 못한 특별주문을 받는 경우가 있다. 이 경우 경영자는 이 특별주문을 수용하여야 하는지, 만약 주문을 수용한다면 가격을 얼마로 정할 것인지 결정하여야 한다. 특별주문은 회사의 통상적인 업무와는 별도인 단발성 주문으로 고객이 대량구매를 조건으로 특별할인을 요구하는 거래를 의미한다. 특별주문을 받으면 경영자는 이에 따른 증분수익과 증분원가를 비교하여 주문의 수락여부를 결정하여야 한다. 그런데 특별주문의 수락여부를 결정할 때는 회사가 여유생산능력을 가지고 있는지, 특별주문이 기존 매출을 잠식하지 않는지, 기존의 판매가격을 하락시키지 않는지, 그리고 기존고객의 이탈가능성에 대해 확인하는 것이 필요하다. 만약 회사가 최대생산능력에 가까이 생산하고 있다면, 증분원가뿐만 아니라 기회원가 또한 고려하여야 한다.

[예제 12-3]

㈜대전물산은 농구공을 제작판매하고 있다. 20x8년초 한 초등학교로부터 농구부 창단을 위해 농구공 1개당 ₩180씩에 200개를 구입하겠다는 특별주문을 받았다. 특별주문한 농구공 1개의 정상가격은 ₩240이다. 이 회사의 마케팅관리자는 회계담당자에게 이 농구공의 생산과 판매에 관한 원가자료를 요청하여 다음과 같은 추정원가자료를 받았다.

	단위당 원가
직접재료원가	₩100
직접노무원가	36
제조간접원가	40
판매비와 관리비	28
합계	₩204

단, 제조간접원가의 70%는 배부된 고정제조간접원가고, 판매비와 관리비의 40%는 고정원가다. 회사의 생산능력은 2,000개이나 최근 경기불황으로 생산설비의 70%만을 가동하고 있다. 그리고 이번 특별주문의 수락이 기존고객에 미치는 영향은 매우 미미하다.

(1) 여유생산능력이 존재하는 경우

원가자료를 보면 농구공의 단위당 원가는 ₩204로 특별주문 제안가격 ₩180보다 높기 때문에 언뜻 보기에 특별주문을 수락하지 않아야 한다. 그런데 [예제 12-3]에서 제조간접원가의 70%와 판매비와 관리비의 40%가 고정원가다. 이러한 고정원가는 특별주문 수락 여부에 상관 없이 단기적으로는 일정할 것이기 때문에 이번 특별주문 의사결정에는 비관련원가이다. 따라서 이 의사결정은 여유생산능력의 존재여부와 관련원가만으로 결정되어야 한다.

회사는 최근 경기불황으로 생산설비의 70%만을 가동하고 있다. 따라서 여유생산능력을 보유하고 있기 때문에 기존고객에 대한 판매를 축소하거나 신규 설비투자가 이루어질 필요가 없다. 특별주문에 대한 수락여부를 결정하기 위하여 증분수익과 증분원가를 비교하면 다음과 같다.

〈표 12-5〉 **특별주문의 수락 또는 거절 [증분접근법]**

	단위당		
증분수익(200개)	₩18,000		₩36,000
증분원가			
직접재료원가	100.00	₩20,000	
직접노무원가	36.00	7,200	
변동제조간접원가	12.00	2,400	
변동판매비와 관리비	16.80	3,360	
증분원가 소계			32,960
증분이익			₩3,040

증분접근법에 분석은 특별주문을 수락할 경우 ㈜대전물산의 이익이 ₩3,040 증가하는 것을 보여준다. 따라서 ㈜대전물산은 이 특별주문을 수락하여야 한다.

(2) 여유생산능력이 존재하지 않는 경우

현재 ㈜대전물산이 생산설비를 100% 가동하고 있다면 특별주문을 수락하기 위해서는 기존고객에 대한 판매를 축소하거나 신규 설비투자가 이루어져야 한다. [예제 12-3]에서 특별주문 수량만큼 기존고객에 대한 판매가 축소되며 제조원가는 특별주문원가와 동일하다고 가정할 때, ㈜대전물산의 생산능력이 2,000개이므로 기존고객에 대한 판매는 2,000개에서 1,800개로 축소된다. 이에 대한 특별주문에 대한 수락여부를 결정하기 위하여 총액접근법으로 분석하면 다음과 같다.

① 특별주문을 거절할 경우 회사의 영업이익

	단위당		
매출액(2,000개)	₩240		₩480,000
제조원가			
직접재료원가	100	200,000	
직접노무원가	36	72,000	
제조간접원가	40	80,000	
제조원가 소계			352,000
판매비와 관리비	28		56,000
영업이익			₩72,000

② 특별주문을 수락할 경우 회사의 영업이익

	단위당		
매출액	₩240		₩468,000
제조원가			
직접재료원가	100	₩200,000	
직접노무원가	36	72,000	
제조간접원가	40	80,000	
제조원가 소계			352,000
관매비와 관리비	28		56,000
영업이익			₩60,000

※ 매출액 = ₩240×1,800개+₩180×200개 = 468,000

특별주문을 수락할 경우 영업이익이 ₩60,000이고, 특별주문을 거절할 경우 영업이익이 ₩72,000이므로 특별주문을 수락하면 영업이익이 ₩12,000 감소하므로 특별주문을 거절하여야 한다.

4. 제한된 자원이 있는 경우

기업의 경영자는 공장부지, 생산설비, 원재료 및 근로자 등의 물적자원과 인적자원을 활용하여 의사결정을 한다. 그런데 이러한 자원은 한정되어 있기 마련이다. 따라서 경영자는 제한된 자원 하에서 기업의 이익을 극대화할 수 있는 제품과 서비스에 자원을 우선 배분하여야 한다.

이러한 의사결정에서는 기업의 공헌이익을 극대화시키는 제품과 서비스에 제한된 자원을 배분하여야 한다. 이러한 의사결정은 제약조건이 하나인 경우와 둘 이상인 경우로 구분할 수 있다.

(1) 제한된 자원이 하나인 경우

제한된 자원이 하나인 경우는 기업의 공헌이익을 극대화시키기 위하여 제한된 자원 하에서 제한된 자원의 단위당 공헌이익이 가장 큰 제품을 우선적으로 생산하면 된다. 예컨대 직접노동시간이 제한되어 있다면 직접노동시간당 공헌이익이 큰 제품을 우선적으로 생산한다.

(주) 인천산업은 제품 A와 B를 생산, 판매하고 있다. (주)인천산업에는 제품을 생산하기 위하여 3명의 근로자가 일하고 있는데 이들이 월간 일할 수 있는 시간은 520시간이다. 각 제품의 원가 및 수익에 관한 자료는 다음과 같다.

	제품 A	제품 B
단위당 판매가격	₩200	₩280
단위당 변동원가	180	240
단위당 공헌이익	₩20	₩40
단위당 노동시간	2시간	5시간

제품 B를 생산·판매하면 개당 ₩40의 공헌이익이 발생하는데 반해, 제품 A를 생산·판매하면 개당 ₩20의 공헌이익을 얻는데 그친다. 따라서 자원의 제한이 없는 경우에는 단위당 공헌이익이 큰 제품 B를 생산하는 것이 기업의 공헌이익을 극대화하는 방안이다. 그런데 [예제 12-4]에서 월간 최대로 이용할 수 있는 노동시간이 제한되어 있다. 제한요소의 단위당 공헌이익을 계산하면 다음과 같다.

	제품 A	제품 B
단위당 공헌이익	₩20	₩40
단위당 노동시간	2시간	5시간
제한요소 단위당 공헌이익	₩10	₩8

제품 A만을 생산하는 경우 월간 260(520시간/2시간)단위를 생산하여 ₩5,200(260개×₩20)의 공헌이익을 얻을 수 있고, 제품 B만을 생산하는 경우 월간 104(520시간/5시간)단위를 생산하여 ₩4,160(104개×₩40)의 공헌이익을 얻을 수 있다. 제한요소인 노동시간의 단위당 공헌이익을 계산해보면, 제품 A를 생산하는 경우 노동시간의 단위당 공헌이익은 ₩10이나, 제품 B를 생산하는 경우 노동시간의 단위당 공헌이익이 ₩8에 불과하다. 따라서 자원의 제한이 있는 경우 제한요소의 단위당 공헌이익이 큰 제품 A를 생산하는 것이 기업의 공헌이익을 극대화하는 현명한 선택이다.

(2) 제한된 자원이 둘 이상인 경우

제한된 자원이 둘 이상인 경우에는 기업의 공헌이익을 극대화시키기 위해 선형계획법을 이용하여 의사결정 문제를 해결해야 한다. 선형계획법(linear programing method)은 여러 제약 조건 하에서 특정목적을 달성하기 위한 수리적인 기법이다. 선형계획법을 이용하여 의사결정 문제를 해결하는 방법은 다음과 같다.

① 기업이 달성하고자 하는 목적을 함수로 표시한다. 즉, 기업이 달성하고자 하는 목적은 이익극대화, 공헌이익 극대화, 원가최소화 등이 있다.

② 기업의 제한된 자원을 수식으로 표현한다. 즉, 기업의 제한된 자원은 전술한 바와 같이 기업이 이용 가능한 노동시간, 기계시간 등이 있다.

③ 위에서 제시한 제한된 자원의 수식을 그래프로 표시한 후 실행가능영역을 표시한다. 실행가능영역이란 제한된 자원의 조건을 만족하는 영역을 말한다.

④ 실행가능영역에서 목적함수를 최대화 또는 최소화하는 최적해를 구한다.

[예제 12-5]

(주) 대구통상은 제품 A와 B를 생산, 판매하고 있다. 회사는 제품을 생산하기 위하여 월간 이용가능한 기계가동시간은 720시간이고, 노동시간은 600시간이다. 단, 제품 A, B의 수요는 무한하다고 가정하자. 각 제품의 원가와 수익에 관한 자료는 다음과 같다.

	제품 A	제품 B
단위당 공헌이익	₩100	₩140
단위당 기계시간	2시간	1시간
단위당 노동시간	1시간	2시간

먼저 제공된 지료를 활용하여 의사결정모형은 설정하면 다음과 같다.

① 목적함수: Y = 100A + 140B

② 제약조건: $2A + B \leq 720$

$A + 2B \leq 600$

$A, B \geq 0$

이러한 의사결정모형을 그래프로 표시하면 다음과 같다.

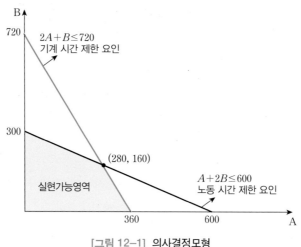

[그림 12-1] 의사결정모형

그림 12-1에서 목적함수인 공헌이익을 최대화할 수 있는 점은 (0, 300), (280, 160), (360, 0) 중 하나이다. 이때 각각의 공헌이익을 계산하면 다음과 같다.

제품 A, B 생산량	공헌이익
(0,300)	₩42,000
(280,160)	₩50,400
(360,0)	₩36,000

따라서 제품 A를 280단위 생산하고 제품 B를 160단위 생산하는 경우가 기업의 공헌이익이 ₩50,400으로 최대화된다.

12.3 원가기준 가격결정

1. 가격결정과 원가의 역할

기업이 무엇을 얼마나 생산하여 얼마에 팔 것인지를 정하는 것은 기업의 이익에 직결되는 매우 중요한 결정이다. 이 중요한 의사결정은 가격결정을 중심으로 이루어지고 있다. 그런데 가격은 시장에서의 경쟁력을 유지하면서 수익성을 보장할 수 있는 수준에서 결정되어야 하는데, 고려하여야 할 요인의 수가 많고 또 다양하기 때문에 효과적인 가격결정은 그렇게 쉬운 일이 아니다. 이러한 가격결정의 문제는 제조기업뿐 아니라 금융·통신·의료 등과 같은 서비스를 제공하는 기업도 똑같이 직면하는 문제이다.

가격은 전통적으로 경제학에서 설명하는 수요·공급의 원리가 작동하는 시장의 영향을 받지만, 현실적 가격결정상황에서는 제품이나 서비스의 생산원가와 다양한 환경적·정책적 요인들에 의해 영향을 받는다. 제품이나 서비스 중에는 거의 절대적으로 시장에서 결정되거나 정부의 규제를 받는 경우도 있다. 이러한 경우 그 기업은 가격에 대한 통제력을 가지지 못하며, 단지 시장가격에 맞추어서 생산을 조정(제품 또는 서비스의 생산량 결정과 원가통제에 대한 결정)할 수 있을 뿐이다. 그런데 대부분의 경우 기업은 가격에 대해 다소의 통제력을 가진다. 이 경우 많은 기업들이 원가를 기준하여 가격을 설정하는 경향이 있다.

기업이 원가보다 낮은 가격에 제품을 판매한다면 그 기업은 이익을 창출하지 못하고 생존경쟁에서 낙오자가 될 수밖에 없다. 따라서 경영자는 가격을 결정하기 전에 제품원가를 알고 있어야 한다. 기업이 시장에서 가격 선도자가 아니라고 하여도 경영자는 주어진 시장가격과 이익, 그리고 설비의 가동을 놓고 생산, 판매될 제품의 최적믹스를 결정해야만 한다. 이러한 최적의 제품믹스를 결정하는 데에 제품원가의 분석이 필요하고, 마케팅 전략을 수립하는데도 제품원가 분석이 필요하다.

원가관리회계 담당자의 중요한 역할은 기업의 경영의사결정에 유용한 원가정보를 제공하는데 있다. 대부분의 원가관리회계담당자들은 최고경영자의 전략적 의사결정이나, 마케팅담당 경영자 및 생산담당 경영자의 전략적 의사결정에 유용한 원가정보를 제공하기 위하여 정기적으로 제품원가보고서를 제공한다.

2. 원가가산 가격결정

대부분의 경영자들은 생산제품의 판매가격을 그 제품의 제조과정에서 발생한 제조원가와 판매비와 관리비를 배부한 원가에 일정한 이익을 가산하여 결정한다.

직접재료원가·직접노무원가·제조간접원가로 구성되는 제조원가에 판매비와 관리비를 배부하여 가산하면 총원가(full cost)가 된다. 이 총원가는 기업이 제품의 판매를 통해 궁극적으로 보상받아야 할 모든 원가를 의미한다. 따라서 기업이 모든 원가를 보상받고 적정한 이익을 얻기 위해서는 총원가에 적당한 이익을 가산하여 가격을 결정하여야 한다.

이렇듯이 원가를 기준으로 가격을 결정하는 경우, 대부분의 기업에서는 제품의 실제 또는 추정원가에 적정이폭을 가산하여 가격을 결정하는 방식을 이용한다. 원가에 적절한 이폭(markup)을 가산하여 가격을 결정한다고 하여 이를 원가가산 가격결정(cost-plus pricing) 또는 이폭가산가격결정(markup pricing)이라고 한다. 이 때 사용되는 원가를 어떻게 정의하느냐에 따라 이폭의 수준이 다르게 결정된다. 즉, 원가가산 판매가격결정에서 이익률의 크기는 어떠한 원가를 기준으로 하느냐에 그 크기가 따라 달라진다. [그림 12-2]는 원가의 구성과 가격과의 관계를 보여주고 있다.

[그림 12-2] 원가의 구성과 가격과의 관계

원가기준 가격결정방법은 여러 가지가 있다. 특히 장기적 가격결정과 단기적 가격결정에서 그 기준이 되는 원가는 다르게 정의되어야 한다. 장기적으로는 변동원가는 물론 고정원가를 포함하는 모든 원가가 보상되는 수준의 가격을 설정하지 않으면 그 기업은 생존할 수 없게 된다. 그런데 단기적으로는 모든 원가를 보상받지 못하더라도 변동원가만 보상받을 수 있는 수준의 가격이라도 수용하여야 하는 경우가 있다. 다시 말하면, 가격결정은 기업이 처한 상황에 따라 다르게 결정될 수 있고, 이 경우 다른 원가기준을 사용하게 된다.

[예제 12-6]

㈜경상산업은 다음과 같은 원가정보를 활용하여 제품의 가격을 결정하고 있다. 회사는 연간 목표이익으로 ₩10,200을 계획하고 있다. 연간 예상 생산량 및 판매량은 2,000단위이다.

변동제조원가	₩96,000
고정제조간접원가	36,000
변동판매비와 관리비	24,000
고정판매비와 관리비	12,000
총원가	₩168,000

(1) 전부원가 접근법

전부원가는 두 가지 개념으로 구분될 수 있다. 첫 번째 개념의 전부원가는 변동제조원가와 고정제조원가만을 포함하는 원가를 말하고, 두 번째 개념은 제조원가에 판매비와 관리비를 포함하는 원가를 말한다. 여기서는 제조원가에 국한한 전부원가개념을 사용한다.

전부원가 접근법에 의한 판매가격은 다음과 같이 결정된다

$$\text{단위당 판매가격} = \text{단위당 전부원가} + \text{단위당 전부원가} \times \text{이익가산율}$$

이익가산율은 단위당 제조원가, 판매비와 관리비를 회수할 수 있을 뿐만 아니라 목표이익을 달성할 수 있어야 한다. 따라서 이익가산율은 다음과 같이 계산할 수 있다.

$$\text{이익가산율} = [\text{판매비와 관리비} + \text{목표이익}] \div \text{전부원가}$$

[예제 12-6]에서 전부원가 접근법에 의한 이익가산율은 다음과 같이 계산된다.

$$\text{이익가산율} = [\text{₩}36,000 + \text{₩}10,200] \div [\text{₩}96,000 + \text{₩}36,000] = 35\%$$

단위당 판매가격은 단위당 변동제조원가가 ₩48(₩96,000÷2,000단위)이고, 단위당 고정제조간접원가가 ₩18(₩36,000÷2,000)이므로 단위당 전부원가가 ₩66이다. 따라서 단위당 판매가격은 ₩89.10(₩66×1.35)이다.

(2) 변동원가 접근법

전부원가 접근법과 마찬가지로 변동원가 접근법에 의한 판매가격은 다음과 같이 표현할 수 있다.

$$\text{단위당 판매가격} = \text{단위당 변동제조원가} + \text{단위당 변동제조원가} \times \text{이익가산율}$$

이익가산율은 제조원가(변동&고정 포함), 판매비와 관리비를 회수할 수 있을 뿐만 아니라 목표이익을 달성할 수 있어야 한다. 따라서 이익가산율은 다음과 같이 계산할 수 있다.

$$\text{이익가산율} = [\text{고정원가} + \text{판매비와 관리비} + \text{목표이익}] \div \text{변동제조원가}$$

[예제 12-6]에서 변동원가 접근법에 의한 이익가산율은 다음과 같이 계산된다.

$$\text{이익가산율} = [\text{₩}36,000 + \text{₩}36,000 + \text{₩}10,200] \div \text{₩}96,000 = 85.625\%$$

단위당 변동제조원가가 ₩48(₩96,000÷2,000단위)이고 이익가산율은 85.625%이므로 단위당 판매가격은 ₩89.10(₩48×1.85625)로 책정된다.

이와 같이 기업의 특정 목표이익을 달성하기 위한 판매가격은 전부원가 접근법을 이용하든, 변동원가 접근법을 이용하든 동일하게 설정된다.

익·힘·문·제

1. 의사결정에서 관련원가와 비관련원가는 무엇을 의미하는지 설명하시오.

2. 변동원가는 항상 관련원가인지에 대해 설명하시오.

3. "모든 미래원가는 의사결정에 있어서 관련원가이다."라는 주장에 동의하는가? 그 이유를 설명하시오.

4. "어느 특정 제품라인이 손실을 보고 있다면 그 제품라인의 생산은 중단되어야 한다."라는 주장에 동의하는가? 그 이유를 설명하시오.

5. 일반적인 고정원가를 제품라인이나 조직의 다른 부문에 배부하는 데 있어서 주의해야할 점은 무엇인가?

연·습·문·제

1. (주)대한은 다음과 같은 3가지 제품을 동일한 생산라인에서 기계작업을 통하여 생산·판매하고 있다. 생산·판매와 관련된 자료는 다음과 같다.

	A제품	B제품	C제품
단위당 판매가격	₩500	₩350	₩500
단위당 변동원가	₩200	₩100	₩100
단위당 기계소요시간	2시간	1시간	2시간
월간 시장수요	150개	270개	40개

(주)대한의 월간 최대기계가동시간은 450시간이며 월 ₩40,000의 고정원가가 발생한다. 현재 (주)대한은 기계를 가장 효율적으로 가동하고 있으며, 새로운 D제품을 생산라인에 추가할 지를 고려하고 있다. D제품의 단위당 변동원가는 ₩300이며 단위당 기계소요시간은 4시간이다. (주)대한이 생산한 제품은 모두 판매할 수 있으며, D제품을 추가하여도 판매가격과 원가의 변동은 없다. D제품을 생산라인에 추가하여서 영업이익을 증가시키고자 한다면, D제품의 단위당 판매가격은 최소한 얼마를 초과하여야 하는가?(세무사1차 2009년)

① ₩700　　　　　　　　② ₩800　　　　　　　　③ ₩900
④ ₩1,000　　　　　　　⑤ ₩1,100

2. (주)부산은 20×1년에 제품A 100,000단위를 생산하여 모두 판매하였다. 20×1년의 제품단위당 판매가격은 ₩5이었으며, 제품A의 생산과 관련하여 투입된 제조원가는 다음과 같다.

항목	금액	단위당 원가
직접재료원가	₩120,000	₩1.2
직접노무원가	150,000	1.5
고정제조간접원가	200,000	2.0
합계	₩470,000	₩4.7

(주)부산의 경영자는 20×2년에 단위당 원가가 ₩1인 직접재료로 교체하고, 판매단가를 ₩4으로 인하하면 판매량이 40,000단위 증가할 것으로 예상하고 있다. 기본원가(prime costs)는 변동원가이며, 제조간접원가는 모두 고정원가라고 가정한다. 경영자의 예상을 따른다면 20×2년의 이익은 20×1년의 이익에 비하여 얼마만큼 증가(혹은 감소)하는가? (단, 20×1년과 20×2년 모두 기초 및 기말 재고자산은 없으며, 제조원가 이외의 원가는 고려하지 않는다.)(세무사1차 2010년)

① ₩48,000 증가　　　　② ₩25,000 감소　　　　③ ₩20,000 감소
④ ₩15,000 증가　　　　⑤ ₩10,000 증가

3. (주)울산은 A, B, C 세 종류의 제품을 생산·판매하고 있다. 20×1년 (주)울산의 제품별 손익을 살펴본 결과 다음과 같이 나타났다.

항목	A제품	B제품	C제품	합계
매출액	₩1,000,000	₩2,000,000	₩1,000,000	₩4,000,000
변동원가	500,000	1,800,000	700,000	3,000,000
공헌이익	₩500,000	₩200,000	₩300,000	₩1,000,000
고정원가	200,000	400,000	200,000	800,000
이익	₩300,000	(₩200,000)	₩100,000	₩200,000

경영자는 손실을 보이고 있는 B제품의 생산중단을 고려하고 있으며, 이에 대한 자료를 다음과 같이 수집하였다. 총고정원가 ₩800,000은 각 제품의 매출액에 비례하여 배부한 것이며, B제품 생산중단시 총고정원가의 10%는 회피가능하고, 또한 C제품의 매출액이 20% 감소할 것으로 예상된다. (주)울산이 B제품의 생산을 중단할 경우 회사전체 이익은 얼마나 감소하는가?(세무사1차 2010년)

① ₩120,000   ② ₩150,000   ③ ₩170,000

④ ₩180,000   ⑤ ₩200,000

4. (주)목포는 갑회사로부터 유휴설비를 1년간 임대해 달라는 요청을 받았다. (주)목포는 설비 임대료와 관련하여 다음과 같이 두 가지 대안을 제시받았다.

- 대안 1 : 갑회사의 연간 제품판매량×₩40 + ₩50,000
- 대안 2 : 갑회사의 연간 제품판매량×₩70

갑회사의 1년간 판매량이 1,000단위일 확률은 40%이며, 2,000단위일 확률은 60%라고 한다. (주)목포의 입장에서 기대이익을 극대화하려면 어느 대안을 선택해야 하며, 그 기대임대료는 얼마인가? (세무사1차 2010년)

① 대안 2, ₩104,000   ② 대안 2, ₩130,000   ③ 대안 2, ₩90,000

④ 대안 1, ₩112,000   ⑤ 대안 1, ₩114,000

5. 선풍기 제조회사인 (주)국세는 소형모터를 자가제조하고 있다. 소형모터 8,000개를 자가제조하는 경우, 단위당 원가는 다음과 같다.

직접재료원가	₩7
직접노무원가	3
변동제조간접원가	2
특수기계 감가상각비	2
공통제조간접원가 배부액	5
제품원가	₩19

(주)한국이 (주)국세에게 소형모터 8,000개를 단위당 ₩18에 공급할 것을 제안하였다. (주)국세가 (주)한국의 공급제안을 수용하는 경우, 소형모터 제작을 위해 사용하던 특수기계는 다른 용도로 사용 및 처분이 불가능하며, 소형모터에 배부된 공통제조간접원가의 40%를 절감할 수 있다. (주)국세가 (주)한국의 공급제안을 수용한다면, 자가제조하는 것 보다 얼마나 유리 또는 불리한가?(세무사1차 2011년)

① ₩24,000 불리 ② ₩32,000 불리 ③ ₩24,000 유리
④ ₩32,000 유리 ⑤ 차이없음

6. (주)국세는 현재 제품 생산에 필요한 부품 10,000단위를 자가제조하여 사용하고 있는데, 최근에 외부의 제조업자가 이 부품을 전량 납품하겠다고 제의하였다. (주)국세가 이러한 제의에 대한 수락 여부를 검토하기 위하여 원가자료를 수집한 결과, 10,000단위의 부품을 제조하는데 발생하는 총제조원가는 다음과 같으며, 최대로 허용 가능한 부품의 단위당 구입가격은 ₩330으로 분석되었다.

직접재료원가	₩1,800,000
직접노무원가	700,000
변동제조간접원가	500,000
고정제조간접원가	500,000
총제조원가	₩3,500,000

이 경우, (주)국세가 회피가능한 고정제조간접원가로 추정한 최대 금액은 얼마인가?(세무사1차 2012년)

① ₩150,000 ② ₩200,000 ③ ₩250,000
④ ₩300,000 ⑤ ₩500,000

7. (주)국세는 야구공을 생산·판매하고 있으며, 월간 최대생산능력은 30,000단위이다. (주)국세가 생산하는 야구공의 단위당 원가자료는 다음과 같다.

직접재료원가	₩200
직접노무원가	100
변동제조간접원가	50
고정제조간접원가	100
변동판매비와관리비	25
고정판매비와관리비	30

(주)국세는 현재 정상주문에 대해 단위당 ₩500의 가격으로 판매를 하고 있는데, 최근 해외사업자로부터 할인된 가격으로 3,000단위를 구입하겠다는 특별주문을 받았다. (주)국세가 이 주문을 수락할 경우에는 생산능력의 제한으로 인하여 기존 정상주문 중 1,200단위의 판매를 포기해야 한다. 그러나 특별주문 수량에 대한 단위당 변동판매비와관리비는 ₩5 만큼 감소할 것으로 예상하고 있다. (주)국세가 해외사업자의 특별주문에 대하여 제시할 수 있는 단위당 최저 판매가격은 얼마인가?(세무사1차 2012년)

① ₩370   ② ₩375   ③ ₩420
④ ₩425   ⑤ ₩500

8. (주)세무는 부품A를 매년 1,000단위씩 자가생산하여 제품 생산에 사용하고 있는데, 부품A 생산과 관련된 원가자료는 다음과 같다.

	단위당 원가
직접재료원가	₩150
직접노무원가	30
변동제조간접원가	20
고정제조간접원가	40
계	₩240

(주)하청이 부품A를 단위당 ₩215에 전량 공급해 주겠다는 제안을 하였다. (주)하청의 제안을 수락하면 부품A의 생산 공간을 부품B 생산에 이용할 수 있어 부품B의 총제조원가를 매년 ₩7,000 절감할 수 있고, 부품A의 고정 기술사용료가 매년 ₩9,000 절감된다.

한편, (주)간청은 (주)세무에게 다른 제안을 하였다. (주)간청의 제안을 수락하면 부품A의 총고정제조간접원가가 매년 10% 절감되나, 부품A의 생산 공간을 부품B 생산에 이용할 수 없어 부품B의 총제조원가는 절감되지 않는다. (주)간청의 기술지도로 인하여 부품A의 고정 기술사용료는 매년 ₩7,000 절감된다.

각 제안별 수락에 따른 영업이익 증감액이 동일하게 되는 (주)간청의 제안가격은?(세무사1차 2013년)

① ₩180   ② ₩198   ③ ₩202
④ ₩210   ⑤ ₩212

9. (주)세무의 정상판매량에 기초한 20×1년 예산손익계산서는 다음과 같다.

매출액(5,000단위 ₩60)	₩300,000
변동매출원가	150,000
변동판매비	60,000
공헌이익	₩90,000
고정제조간접원가	50,000
고정판매비	20,000
영업이익	₩20,000

(주)세무의 연간 최대생산능력은 6,000단위이다. 새로운 고객이 20×1년 초 1,500단위를 단위당 ₩50에 구입하겠다고 제의하였으며, 이 제의는 부분 수락할 수 없다. 이 제의를 수락하고, 정상가격에 의한 기존의 거래를 감소시켜 영업이익을 극대화한다면, 20×1년에 증가되는 영업이익은?(세무사1차 2013년)

① ₩1,000   ② ₩3,000   ③ ₩9,000
④ ₩14,000   ⑤ ₩17,000

10. (주)세무는 세 가지 제품인 A, B, C를 생산·판매하고 있다. 세 가지 제품 각각에 대해 예상되는 월 생산 및 판매와 관련된 자료는 다음과 같다.

	제품A	제품B	제품C
단위당 변동제조원가	₩40.80	₩45.10	₩45.00
단위당 고정제조원가	19.80	27.70	21.00
단위당 총제조원가	₩60.60	₩72.80	₩66.00
단위당 기계소요시간	1.25시간	2.50시간	1.80시간
단위당 판매가격	₩73.00	₩87.00	₩84.00
단위당 변동판매관리비	₩2.20	₩1.90	₩3.00
월 예상 시장수요량	1,000단위	3,000단위	3,000단위

세 가지 제품에 대한 시장의 수요는 충분하여 월 예상 시장수요량을 생산하면 모두 판매가 가능하다고 가정한다. (주)세무의 월 최대 사용가능한 기계시간은 13,650시간이다. (주)세무의 영업이익을 극대화 할 수 있는 월 최적 제품배합은?(세무사1차 2014년)

	제품A	제품B	제품C		제품A	제품B	제품C
①	600단위	3,000단위	3,000단위	②	1,000단위	3,000단위	2,720단위
③	1,000단위	2,800단위	3,000단위	④	1,000단위	3,000단위	3,000단위
⑤	800단위	2,900단위	3,000단위				

11. (주)국세는 부품A를 자가제조하며, 관련된 연간 생산 및 원가자료는 다음과 같다.

직접재료원가	₩10,000
직접노무원가	20,000
변동제조간접원가	10,000
고정제조간접원가	20,000
생산량	250단위

최근에 외부업체로부터 부품A 250단위를 단위당 ₩200에 공급하겠다는 제안을 받았다. 부품A를 전량 외부에서 구입하면 고정제조간접원가 중 ₩10,000이 절감되며, 기존 설비를 임대하여 연간 ₩15,000의 수익을 창출할 수 있다. 외부업체의 제안을 수용하면, 자가제조보다 연간 얼마나 유리(또는 불리)한가?(세무사1차 2015년)

① ₩15,000 유리   ② ₩15,000 불리   ③ ₩25,000 유리
④ ₩25,000 불리   ⑤ ₩35,000 유리

12. (주)국세의 제품 생산과 관련된 자료는 다음과 같다.

	제품A	제품B
연간 최대 판매가능 수량	3,000단위	4,500단위
단위당 공헌이익	₩25	₩30
단위당 소요노무시간	1시간	1.5시간

연간 최대노무시간이 6,000시간일 때, 달성할 수 있는 최대공헌이익은?(세무사1차 2015년)

① ₩75,000   ② ₩95,000   ③ ₩105,000
④ ₩120,000   ⑤ ₩135,000

13. (주)세무는 단일 제품A를 생산·판매하며, 관련범위 내 연간 최대생산능력은 10,000단위이다. ㈜세무는 현재 제품A 7,500단위를 생산하여 단위당 판매가격 ₩400으로 정규시장에 모두 판매한다. 최근 ㈜세무는 ㈜한국으로부터 단위당 가격 ₩350에 제품A 3,000단위를 구입하겠다는 특별주문을 받았다. ㈜한국의 특별주문은 전량 수락하든지 기각하여야 하며, 특별주문 수락시 정규시장 판매를 일부 포기하여야 한다. 제품A의 단위당 직접재료원가는 ₩80, 단위당 직접노무원가는 ₩120, 단위당 변동판매관리비는 ₩00이며, 조업도 수준에 따른 총제조간접원가는 다음과 같다.

조업도 수준	총제조간접원가
최대생산능력의 55%	₩1,755,000
최대생산능력의 65%	1,865,000
최대생산능력의 75%	1,975,000
최대생산능력의 80%	2,030,000

㈜세무가 ㈜한국의 특별주문을 수락한다면, 증가 또는 감소할 영업이익은? (단, 변동제조간접원가의 추정은 고저점법을 이용한다.)(세무사1차 2016년)

① ₩30,000 감소 ② ₩45,000 감소 ③ ₩75,000 증가
④ ₩90,000 증가 ⑤ ₩120,000 증가

14. ㈜세무는 제품A와 제품B를 생산·판매하고 있으며, 두 제품의 단위당 연간 자료는 다음과 같다. 변동제조간접원가는 제품생산에 소요되는 기계시간을 기준으로 계산한다.

구 분	제품A	제품B
판매가격	₩200,000	₩240,000
직접재료원가	85,000	95,000
직접노무원가	10,000	10,000
변동제조간접원가(기계시간당 ₩5,000)	20,000	30,000
변동판매관리비	5,000	15,000
고정제조간접원가	15,000	25,000
고정판매관리비	30,000	20,000
단위당 원가 계	165,000	195,000

㈜세무가 제품A와 제품B의 생산에 사용할 수 있는 최대 기계시간은 연간 3,700시간이다. ㈜세무가 제품을 외부로 판매할 경우 시장의 제한은 없으나, 연간 외부 최대 수요량은 제품A 700개, 제품B 400개이다. ㈜세무가 영업이익을 최대화할 수 있는 제품배합은?(세무사1차 2016년)

	제품A	제품B		제품A	제품B		제품A	제품B
①	700개	100개	②	700개	150개	③	700개	400개
④	250개	400개	⑤	325개	400			

13

CHAPTER

종합예산

모든 기업은 예산을 편성하여야 한다. 예산은 경영자가 미리 계획을 세우고, 나중에 실제 발생한 것을 예산에 계획된 것과 비교함으로써 기업활동을 통제할 수 있도록 도와주는 기능을 한다. 예산은 매출, 가격과 원가에 대한 경영자의 기대치를 공식화하는 기능을 한다. 중소 기업뿐만 아니라 비영리조직도 예산이 제공하는 계획과 통제기능으로부터 다양한 혜택을 받을 수 있다.

이 장에서는 예산의 의의와 기능을 살펴본 후 종합예산의 구성과 그 편성절차에 대하여 설명한다.

1. 예산의 의의와 기능
2. 종합예산의 구성
3. 종합예산 편성절차

13.1 예산의 의의와 기능

13.2 종합예산과 그 편성절차

13.1 예산의 의의와 기능

1. 예산의 의의

예산(budget)이란 조직이 그 목표를 실현하기 위하여 필요한 자원의 취득과 이용 및 그 결과에 대한 모든 경영의사결정의 예상결과를 공식적으로 표현한 것이다. 즉, 예산은 기업의 미래에 대한 계획을 화폐단위로 표시한 것을 말한다

예산은 계획과 통제라는 두 개의 목적을 달성하기 위해 사용된다. 계획(planning)은 미래의 목표를 설정하고 이러한 목표를 달성하기 위한 다양한 방법(예산을 수립하는 것을 포함)을 마련하는 일로 구성된다. 통제(controlling)는 계획이 적절하게 수행되고 있는지, 조직의 제반 기능이 조직의 정책과 부합되는 방향으로 움직이고 있는지 등을 확인하고 피드백(feedback) 정보를 수집하는 것을 포함한다. 훌륭한 예산시스템은 이러한 계획과 통제를 모두 제공하여야 한다. 효과적인 통제가 없이 계획만 훌륭한 것은 시간과 노력의 낭비일 뿐이다.

예산제도는 미래의 일정기간에 대하여 예산을 편성하고, 기업의 목표를 달성할 수 있도록 예산집행에 대한 통제 및 예산과 실적과의 차이분석을 통하여 실적을 평가하는 경영관리 제도이다. 이러한 예산제도는 예산의 편성, 예산집행 활동의 통제, 예산차이 분석과 그 보고 및 개선과 업적평가의 절차로 이루어진다.

2. 예산의 기능과 유효화 조건

예산제도는 기업의 목표 및 환경요인을 참작하여 작성된 예산수치(예산)를 통하여 전반적 경영활동을 종합적으로 조정하고, 예산과 실적과의 차이분석을 통하여 경영활동을 관리 통제하는 것이다. 이러한 관점에서 예산은 계획, 조정, 통제의 세 가지의 경영관리 기능을 보유하고 있다.

(1) 계획기능(planning)

공식적인 예산편성과정은 경영자들에게 미래에 대해 생각하고 계획을 세우도록 촉진한다. 예산편성의 필요성이 없는 상황에서(즉, 예산이 없는 경우), 대부분의 경영자들은 하루 하루의 긴급 상황을 처리하는 데 그들의 대부분의 시간을 소비할 것이다. 따라서 공식적인 예산편성 절차는 그 자체가 또 하나의 시한부 현안문제가 되어서 경영자에게 미래의 불확실한 상황을 예견하고 그에 대비하는 계획을 세우도록 강제하는 기능을 수행한다.

또한 판매, 생산, 구매 및 재무 등의 집행부문은 최고경영자가 제시한 장단기 경영목표를 기초로 하여 각각의 활동을 기업의 전체적인 관점에서 균형화 되게 효율적으로 수행할 수 있도록 구체적인 실행계획을 수립해야 한다. 이는 각 부문의 책임자의 동기화 및 그 업적을 측정, 평가할 수 있는 기준자료로 활용될 수 있다.

(2) 의사소통 및 조정기능(communication and coordination)

조정이란 기업의 각 부문이 다른 부문에 주의를 기울이면서 통일적인 기업의 목표를 달성하도록 하는 과정이다. 그런데 기업이 사업부제를 도입하고, 책임과 권한이 각 부문으로 이양됨에 따라 각 부문간 이해 충돌이 자주 발생하게 되고 따라서 각 부문의 행동을 전체 조직의 목표와 조화시키는 것이 매우 어려워진다. 이러한 문제는 예산제도를 도입함으로써 해소된다. 예산은 여러 부문들간에 존재하는 상호관계를 고려하여 편성하여야 하기 때문에 예산을 편성하는 과정에서 자연히 이들 부문들간의 의사전달과 조정의 역할을 수행하게 된다.

예를 들어, 생산부문에서는 판매부문의 계획을 알아야 하고, 구매부문과 인사부문은 공장의 재료 및 노동력의 소요계획을 알아야 한다. 또한 재무부문은 재고나 시설투자계획을 알아야 그에 요구되는 현금소요액에 대한 계획을 수립할 것이다. 이와 같이 예산제도는 그 편성과 실행과정에서 다양하게 분할된 기능 간의 수직적 · 수평적 의사소통을 통하여 각 부문 간의 목표설정관계를 조정하고, 전사와 부문 간의 목표를 조화시키는 조정기능을 수행하게 된다.

(3) 통제기능(controlling)

통제란 계획과 대비한 실적을 측정하고 만약 계획과 실적에 차이가 있다면 그 원인을 밝혀서 계획에 의한 목표달성이 이루어지도록 차이를 수정하는 활동을 의미한다. 일단 예산이 승인되면 각 경영자나 구성원은 예산을 활동의 지침(guideline)으로 받아들이고 그 실행과 관련된 책임을 부담한다. 따라서 예산은 성과평가의 기준이 되고, 실적과 비교 · 분석하여 피드백을 제공하는 통제기능을 수행한다. 성과가 예산과 일치하지 않을 때 경영자들은 그 차이의 원인을 밝히려고 노력한다. 이때 예외적으로 중요하다고 생각하는 차이에 대해서만 주의를 기울이는 '예외에 의한 관리(management by exception)'가 매우 중요한 의미를 가지게 된다. 계획에 상응하는 성과에 대해서는 특별한 주의를 기울일 필요가 없기 때문이다.

(4) 유효화 조건

앞에서 설명한 예산기능은 예산제도의 도입으로 인하여 조직의 목표달성이 촉진되는 순기능적인 면(functional aspects)만 본 것이다. 그러나 예산제도가 권한에 맞지 않는 책임을 할당하거나, 부문성과에 대한 지나친 강조, 예산부문과 라인부문 간의 역할갈등(role conflict), 의사소통의 지연, 그리고 예산에 의해 불공정한 압박을 받는다고 느끼는 착각 등을 초래함으로써 전체조직의 성과에 역기능적인 영향(dysfunctional impact)을 미칠 수도 있다.

다시 말하면, 예산이 항상 순기능적으로 유효하게 작용하는 것은 아니며, 특히 예산제도 운영에 관련된 조직구성원들이 예산을 어떻게 인식하고, 행동하느냐가 예산의 성패를 좌우하는 매우 중요한 유효화 조건이라고 할 수 있다. 예산기능의 유효화 조건이란 예산의 순기능적인 측면을 높이고 역기능적인 측면을 감소시키는 조건을 의미하며, 기술적 측면(technical aspects)의 조건과 행동적 측면(behavioral aspects)으로 나누어 볼 수 있다.

기술적 관점에서는 예산제도의 기술적 절차를 개발하고 정비함으로써 예산의 순기능을 증대하는 것을 기대할 수 있다. 그런데 궁극적으로는 예산을 편성하고 실행하는 주체는 예산관련 조직구성원들이므로 아무리 예산의 기술적 절차가 잘 개발되었다 하더라도, 그 구성원의 행동반응여하에 따라 그 효과가 달라질 수 있다. 따라서 예산의 기능이 유효하게 작용하기 위해서는 무엇보다 예산관련 조직구성원들의 예산에 대한 관심을 제고하고, 조직의 목표달성을 위한 노력이 촉진될 수 있게 예산제도의 운영여건을 마련하는 것이 필요하다.

조직의 장기적 목표를 달성하고 조직의 성공을 돕는 효과적 예산이 되기 위한 필요조건들은 다음과 같다.

첫째, 전사적 목표(overall goals)가 존재하여야 한다.

둘째, 전사적 목표는 의미있는 하위목표(subgoals)들로 나뉘어야 한다.

셋째, 하위목표들은 전사적 목표와 일치(goal congruence)하여야 하며, 아울러 하위목표들 간에도 서로 일치하여야 한다.

넷째, 조직구성원들이 하위목표를 수용하고, 예산에 의해 부당한 위협을 받아서는 안 된다.

다섯째, 예산은 피드백, 즉 성과평가에 관계되는 것이어야 한다.

3. 예산편성의 이점

조직이 예산편성을 통하여 얻을 수 있는 이점으로는 다음과 같은 것들이 있다.

① 예산은 경영자의 경영계획을 체계적으로 조직전반에 전달한다.

② 예산은 조직의 목표 및 달성방법을 구체화·공식화한다.

③ 예산은 경영자 및 구성원들에게 미래에 대해 생각하고 계획을 세우도록 촉진한다.

④ 예산편성 과정을 통하여 조직의 자원을 가장 효과적으로 사용하는 부문에게 그 자원을 배분할 수 있게 한다.

⑤ 예산은 부문별 계획과 전사적 차원의 계획이 조화될 수 있게 한다.

⑥ 예산은 성과를 평가할 수 있는 기준을 제공한다.

⑦ 예산은 잠재적 문제점들에 대하여 경영자 및 구성원의 주의를 환기시켜 문제가 발생하기 이전에 대처할 수 있게 한다.

4. 예산의 운용형태

예산제도는 그 운용과정에서 구성원의 참여형태와 참여정도에 따라 권위적 예산제도, 참여적 예산제도 그리고 협상예산제도의 세 가지 유형으로 분류된다.

(1) 권위적 예산제도

권위적 예산제도(authoritative budgeting)는 최고경영자가 하위관리자 또는 구성원들과 상의 없이 최종예산을 결정하는 제도이다. 즉, 상위(top)에서 결정하여 하위(down)에 전달하는(top-down) 방식의 예산제도를 말한다. 이 제도는 권한과 책임의 일원화가 잘 형성되고 집권적 의사결정(centralized decision making)이 이루어지는 조직에서 흔히 이용된다. 따라서 이 제도는 제품·기술·시장 등이 안정적인 조직에 적합하지만, 최고경영자가 기업의 모든 활동에 익숙하지 않으면 오히려 비효율적인 제도가 될 수 있다.

(2) 참여적 예산제도

참여적 예산제도(participative budgeting)는 각 계층의 관리자들이 예산편성에 적극적으로 참여하고, 구성원들이 최종예산을 수용할 때까지 예산편성과정이 계속되는 제도이다. 권위적 예산제도와는 달리 하위로부터 적극적으로 전달된 의사를 반영하여 상위에서 결정하는(bottom-up) 방식의 예산을 말한다. 따라서 참여적 예산제도는 기업환경이 변화하는 시기에는 적합하지만, 예산편성과정에서 많은 시간이 소요되고 구성원들의 다양한 견해를 조정하는데 회사의 자원과 시간이 낭비될 수 있다.

참여적 예산제도의 목적은 보다 현실적인 예산을 편성하고, 모든 관리자들이 서로 그리고 조직에 관하여 더 잘 이해하도록 하는 데 있다.

(3) 협상예산제도

협상예산제도(negotiated budgeting)는 권위적 예산제도와 참여적 예산제도를 절충한 제도이다. 두 가지 제도를 절충한 이 제도에서는 보통 예산위원회(budget committee)를 이용한다. 예산위원회는 기업의 각 부문, 즉 생산 · 판매 · 구매 · 재무 · 인사부문 등의 대표들로 구성되며, 예산책임자가 위원장을 맡아 예산을 편성한다. 구체적으로 예산편성이 이루어지는 절차는 다음과 같다.

① 최고경영자가 전략과 장기계획에 근거하여 전사적 목표를 수립한다.

② 전사적 목표를 기준으로 예산위원회에서 기업의 기본적인 경제상황을 예측하고 예산편성지침을 마련하여 각 부문에 전달한다.

③ 각 부문은 전사적 목표와 기본적인 경제상황의 예측과 부문별 상황에 맞추어 구체적인 부문별 예산을 편성하고 이를 예산위원회에 제출한다.

④ 예산위원회는 제출된 예산안을 검토 · 조정하며, 각 부문별 예산에 대하여 승인하거나 수정을 요구한다. 모든 부문의 예산이 승인되면 예산위원회는 종합예산을 확정하게 되며, 이를 각 부문에 활동지침으로 전달한다.

🖳 13.2 종합예산과 그 편성절차

종합예산(master budget)은 기업전체를 대상으로 하여 한 회계기간을 단위로 편성한 예산으로서 판매, 생산, 구매, 재무 등 모든 부문들의 운영계획을 종합한 것이다. 종합예산은 크게 영업예산(운영예산)과 재무예산으로 분류되는데, 영업예산은 판매 및 생산예산 등 손익계산서와 관련된 예산이고, 재무예산은 자금의 조달 및 운용 등 재무상태표와 관련된 예산이다.

종합예산을 편성하기 위한 일반적인 절차는 다음과 같다.

① 기업전략, 경제환경분석, 경쟁사전략 등을 통한 판매계획 및 매출예산의 수립

② 판매계획에 따른 생산계획 수립 및 제조예산의 수립

③ 제조예산을 기초로 직접원재료구입 및 사용, 직접노무원가 및 제조간접원가예산의 수립

④ 재고계획 및 매출원가예산의 수립

⑤ 판매관리비예산의 수립

⑥ 예산손익계산서를 작성

⑦ 현금예산수립

⑧ 예산재무상태표를 작성

이러한 종합예산의 편성절차를 그림으로 나타내면 [그림 13-1]과 같다.

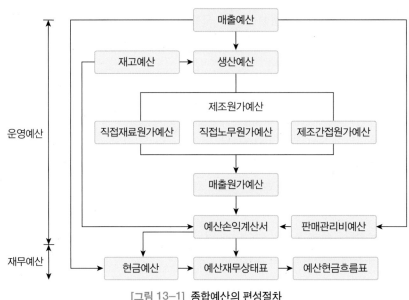

[그림 13-1] 종합예산의 편성절차

종합예산의 편성절차를 살펴보면 제품원가계산의 절차와 정반대라는 것을 알 수 있다. 다시 말하면 제품원가계산은 생산 활동이 이루어지는 순서, 즉 원재료 구입, 제조원가의 투입, 제품의 생산, 제품의 판매 순으로 이루어지지만, 종합예산의 편성은 매출예산, 생산예산, 생산에 필요한 요소투입 및 원재료 구매 예산 순으로 이루어진다. 이는 제품원가계산이 과거활동의 재무적 결과를 산정하는데 중점을 두는 반면, 종합예산은 미래 활동의 재무계획을 예측하는 데 중점을 두기 때문이다.

예제를 통하여 종합예산의 편성절차에 대해서 살펴보면 다음과 같다.

㈜포항은 철강제품을 생산, 판매하는 회사이다. 회사는 20x8년 1월 예산을 수립하고자 한다. 이에 필요한 자료는 다음과 같다.

1) 기초재무상태표

재무상태표
(20×8년 1월 1일 현재)

현 금	₩480,000	매 입 채 무	₩600,000
매 출 채 권	1,050,000	사 채	600,000
원 재 료	135,000	자 본 금	1,800,000
제 품	450,000	자 본 잉 여 금	750,000
유 형 자 산	2,880,000	이 익 잉 여 금	645,000
감가상각누계액	(600,000)		
	₩4,395,000		₩4,395,000

2) 제품의 판매가격은 단위당 ₩600이며, 예상판매량은 1월에 4,000톤, 2월에 5,000톤, 3월에 4,500톤으로 예측되었다. 모든 매출은 외상으로 이루어지며, 매출채권은 판매한 당월에 70%, 다음달에 30%가 회수된다.

3) 제품의 월초 재고량은 1,000톤이며, 제품의 월말 재고량은 다음달 예상판매량의 30% 수준을 유지하도록 한다.

4) 원재료의 월초 재고량은 900톤이며, 월말 재고량은 다음달 제품생산에 필요한 원재료 수량의 20% 수준을 유지하도록 한다. 그리고 월초 및 월말 재공품은 없는 것으로 가정한다. 원재료매입은 단위당 ₩150에 외상으로 이루어지며, 매입채무는 매입한 당월에 60%, 다음달에 40%를 상환한다.

5) 제품 단위당 변동제조원가는 다음과 같다.

직접원재료원가	(2톤×₩150)	₩300
직접노무원가	(2시간×₩45)	90
변동제조간접원가	(1시간×₩30)	30
합 계		₩420

1월에 예상되는 고정제조간접원가예산은 감가상각비 ₩75,000을 포함하여 ₩270,000이다.

6) 변동판매관리비는 톤당 ₩18이며 1월에 예상되는 고정판매관리비는 감가상각비 ₩15,000을 포함하여 ₩78,000이다.

7) 감가상각비를 제외한 모든 비용은 현금지출이 이루어진 비용이다.

1. 운영예산

운영예산(operating budgets)은 기업의 정상적인 영업활동으로 기대되는 수익과 비용에 관한 계획으로 손익계산서에 관련된 예산이다. 이에는 매출예산, 생산예산, 판매 및 일반관리비예산이 포함된다.

(1) 매출예산[1)]

매출예산(sales budget)은 판매수량 및 매출액에 대한 계획으로서 기업의 수익예산이며 예산편성의 출발점으로서 다른 예산에 기초 자료를 제공한다. 따라서 매출예산을 정확히 작성하기 위하여 많은 시간과 노력을 투입하여야 한다. 매출예산은 기업의 전략목표와 경제상황, 경영환경 및 경쟁기업의 전략, 장기적 판매추세 등을 고려하여 국내시장 및 해외시장에서의 시장점유율과 판매가격을 결정한다. 시장점유율과 판매가격에 의하여 판매수량과 매출액을 예측한다.

[예제 13-1]의 자료를 토대로 1월부터 3월까지의 매출예산을 수립하면 〈표 13-1〉과 같다.

〈표 13-1〉 매출예산(1월 ~ 3월)

	1월	2월	3월
예상판매량	4,000톤	5,000톤	4,500톤
단위당 판매가격	₩600	₩600	₩600
매 출 액	₩2,400,000	₩3,000,000	₩2,700,000

(2) 생산예산[2)]

매출예산이 수립되면 판매량과 제품의 수급계획에 의하여 생산예산을 수립한다. 생산예산(production budget)은 제조원가예산, 즉 직접원재료구입 및 사용, 직접노무원가 및 제조간접원가예산의 수립의 출발점으로서 예상판매량과 예상기말제품재고량을 충족시키는 예산기간 동안 생산할 제품수량을 나타내는 예산이다. 예산기간 동안 생산할 제품수량은 다음과 같이 결정된다.

생산할 제품수량 = 예상판매수량 + 예상기말제품재고량 − 기초제품재고량

예제의 자료를 토대로 1월과 2월의 생산예산을 수립하면 〈표 13-2〉와 같다.

---

1) 일부 교재에서는 판매예산이라는 용어를 쓰고 있으나 판매비예산(selling expenses budget)과의 혼동을 피하기 위하여 매출예산이라는 용어로 통일하여 사용한다.
2) 생산예산은 다른 예산과는 달리 물량으로 표시되어 생산량예산이라 일컫기도 한다.

〈표 13-2〉 생산예산(1월 ~ 2월)

	1월	2월	3월
예상판매수량	4,000톤	5,000톤	4,500톤
예상기말(적정)재고량	1,500	1,350	
총필요량	5,500	6,350	
기초재고량	1,000	1,500	
생산해야 할 제품수량	4,500톤	4,850톤	

*예상월말재고량 = 다음달 예상판매량×30%

(3) 제조원가예산

가) 원재료구매예산

생산예산이 수립되면 이에 따라 먼저 원재료구매예산(materials purchases budget)을 수립하여야 한다. 원재료구매예산은 계획된 제품생산량과 기말재고량을 충족시키는 재료소요량을 결정하기 위한 예산이다. 이때 적정재고를 정하는 재고정책은 재료가격의 변동, 안정적인 재료확보 등을 고려하여 결정하여야 한다. 예산기간 동안에 구매할 원재료량과 구매액은 다음과 같이 결정된다.

구매할 원재료량 = 제품생산에 필요한 원재료량 + 예상기말원재료재고량 − 기초원재료재고량
원재료 예상구매액 = 예상원재료단위당가격 × 구입할 원재료량

예제에서 1월과 2월에 생산할 제품수량이 각각 4,500톤과 4,850톤이며, 철강제품 1톤 생산에 원재료 2톤이 소요되므로 1월과 2월의 제품생산에 필요한 필요원재료는 각 9,000톤과 9,700톤이 필요하다. 1월의 예상기말원재료재고량은 2월에 제품생산에 필요한 원재료의 20% 수준이므로 1,940톤(2×4,850톤×20%)이다. 이를 기초로 1월 원재료구매예산을 작성하면 〈표 13-3〉과 같다.

〈표 13-3〉 원재료구매예산(1월)

	1월		비 고
생산해야 할 제품수량	4,500	톤	
생산에 필요한 원재료	9,000	톤	제품 1톤당 원재료 2톤 소요
예상 기말원재료 재고	1,940		2월 생산에 필요한 원재료의 20%
총 재료소요량	10,940	톤	
기초 원재료	900		기초재무상태표
구매할 원재료	10,040	톤	
원재료 단위당 가격	₩150		
예상 원재료 구매액	₩1,506,000		

나) 제조원가예산

생산예산 및 원재료 구매예산이 수립되면 이를 기초로 제조원가예산을 수립한다. 제조원가예산(manufacturing cost budget)이란 예산생산량에 대한 직접원재료원가, 직접노무원가 및 제조간접원가의 예산을 말한다. 제조원가 중 직접재료원가예산, 직접노무원가예산 및 변동제조간접원가예산은 목표생산량에 각각 제품 단위당 직접재료원가, 직접노무원가제조 및 변동제조간접원가배부율을 곱하여 산정하고, 고정제조간접원가의 예산은 총액으로 결정한다.

예제의 자료를 토대로 1월의 제조원가예산을 수립하면 〈표 13-4〉와 같다.

〈표 13-4〉 제조원가예산(1월)

	단위당	1월	비고
직접원재료원가	₩300	₩1,350,000	4,500톤
직접노무원가	90	405,000	4,500톤
변동제조간접원가	30	135,000	4,500톤
고정제조간접원가		270,000	
총제조원가		₩2,160,000	

(4) 매출원가예산

제조원가예산이 수립되면 이를 기초로 매출원가예산을 수립한다. 매출원가예산(cost of goods sold budget)이란 예산기간 동안 판매할 제품의 원가를 나타내는 예산이다. 매출원가는 기초제품재고에 예산기간 동안 생산할 제품의 제조원가를 가산하고 기말제품재고를 차감하여 계산한다.

매출원가예산 = 기초제품재고액 + 예산제품제조원가 − 예산기말제품재고액

제조원가예산에서 재고의 흐름을 선입선출법을 가정하면 1월의 단위당 원가는 ₩480(₩2,160,000/4,500톤)이다. 예제의 자료를 기초로 1월의 매출원가예산을 작성하면 〈표13-5〉와 같다.

〈표 13-5〉 매출원가예산(1월)

	1월	비고
당기제품제조원가	₩2,160,000	〈표 13-4〉
+기초제품재고액	450,000	기초재무상태표
판매가능 제품재고액	₩2,610,000	
−기말제품 재고액	720,000	1,500톤 × ₩480
매출원가	₩1,890,000	

(5) 판매비 및 일반관리비예산

판매비 및 일반관리비예산(selling and administrative expenses budget)은 예산기간 동안에 판매 및 지원업무에서 발생이 예상되는 예산을 말한다. 이는 발생행태에 따라 변동비와 고정비로 구분하여 예산을 수립한다. 변동판매관리비 예산은 예상판매 수량에 제품 단위당 변동판매관리비를 곱하여 산정하고, 고정판매관리비 예산은 총액으로 결정한다. 변동판매관리비는 생산량이 아닌 판매량에 비례하기 때문에, 변동판매관리비의 예산수립은 생산량이 아닌 판매량을 기준으로 한다.

예제의 자료를 기초로 1월의 판매비 및 일반관리비예산을 수립하면 〈표 13-6〉과 같다.

〈표 13-6〉 판매비 및 일반관리비예산 (1월)

	1월
변동판매관리비(4,000톤×₩18)	₩72,000
고정판매관리비	78,000
판매비 및 일반관리비예산	₩150,000

(6) 예산손익계산서

영업예산편성의 마지막 단계에 작성되는 예산손익계산서(budgeted income statement)는 예산기간 동안의 영업활동 결과로 예상되는 매출액, 매출원가, 판매관리비, 영업이익을 나타낸다. 예산손익계산서는 매출예산, 매출원가예산, 판매 및 일반관리비예산을 참조하여 작성한다.

예제의 자료를 기초로 1월의 예산손익계산서를 작성하면 〈표 13-7〉과 같다.

〈표 13-7〉 예산손익계산서

예산손익계산서
20×8년 1월 1일부터 20×8년 1월 31일까지

매출액	₩2,400,000
매출원가	1,890,000
매출총이익	₩510,000
판매관리비	150,000
영업이익	₩360,000

2. 재무예산

재무예산(financial budgets)은 기업의 정상적인 영업활동을 지원하기 위한 재무활동, 즉 자금조달과 운용에 관한 계획으로 현금흐름표와 재무상태표에 관련된 예산이다. 현금예산은 예상된 현금의 유입과 유출을 보여주고 예산재무상태표는 예산기간 말에 예측되는 기업의 재무상태를 나타낸다.

(1) 현금예산

현금예산(cash budget)은 예산기간 동안 현금의 유입과 유출에 관한 예산으로 영업활동 결과가 현금흐름에 미치는 영향을 예측하는 운영계획에서 가장 중요한 예산이다. 기업은 손익계산서 상에 손실이 발생하더라도 운영될 수 있지만, 유동성, 즉 현금이 부족하게 되면 지급불능의 사태가 발생하게 되어 정상적으로 운영될 수 없기 때문이다. 기업에게는 현금흐름의 시기가 매우 중요하기 때문에 현금예산은 연간현금예산보다 가능한 단기간별로 작성한다. 월별 현금예산이 흔하지만, 일부 기업은 주별 또는 일별 기준의 현금예산을 수립하기도 한다.

현금예산을 수립하기 위해서는 먼저 기초의 현금잔액을 확인하고 예산기간 동안 예상되는 현금의 유입액과 유출액을 파악해야 한다. 현금의 유입항목과 유출항목의 예를 들면 〈표 13-8〉과 같다.

〈표 13-8〉 현금 유입항목과 유출항목

유입항목	유출항목
매출채권 회수	매입채무의 상환
자본의 증가(주식발행)	제조원가 및 판매관리비의 지급
이자수익과 배당금수익	이자비용과 배당금의 지급
유형자산의 처분	원재료 및 유형자산의 구입
부채의 차입	부채의 상환

제조원가 및 판매관리비 지급 중에는 감가상각비 등과 같이 현금유출이 수반되지 않는 비용이 있을 경우에는 이를 감안하여 현금유출액을 산정해야 한다. 예산기간 동안 현금의 유입액과 유출액이 파악되면 다음의 식에 의하여 기말현금잔액을 계산할 수 있다.

기말현금 = 기초현금+현금유입−현금유출

이와 같이 추정된 기말현금이 부족할 것으로 예상되면 사채발행 및 증자 등의 자금조달계획을 미리 마련하여야 하며, 현금이 충분할 것으로 예상되면 부채상환이나 설비투자 등과 같은 자금사용계획을 수립하여야 한다.

예제의 자료를 토대로 1월의 현금예산을 수립하면 〈표 13-9〉와 같다.

〈표 13-9〉 현금예산

Ⅰ. 기 초 현 금			₩480,000
Ⅱ. 현 금 유 입			2,730,000
1. 전월매출채권회수		₩1,050,000	
2. 당월매출채권회수(₩2,400,000×70%)		1,680,000	
			2,373,600
Ⅲ. 현 금 유 출			
1. 전월매입채무 지급		₩600,000	
2. 당월매입채무 지급	₩1,506,000×60%	903,600	
3. 직접노무원가 지급	4,500톤×₩90	405,000	
4. 제조간접원가 지급	4,500톤×₩30+(₩270,000−₩75,000)	330,000	
5. 판매관리비 지급	4,000톤×₩18+(₩78,000−₩15,000)	135,000	
Ⅳ. 기 말 현 금			₩836,400

(2) 예산재무상태표

예산재무상태표(budgeted balance sheet)는 예산기간 동안 영업활동과 재무활동 및 투자활동의 결과를 반영한 기말의 기업의 재무상태를 나타내는 표이다. 예산재무상태표는 예산기간 기초의 재무상태에 예산기간 동안의 영업활동 및 재무활동에 의한 각 계정의 증감사항을 반영하여 작성한다.

예제의 자료를 토대로 1월의 예산재무상태표를 작성하면 〈표 13-10〉과 같다.

〈표 13-10〉 예산재무상태표

예산재무상태표
20×8년 1월 31일 현재

현 금	₩836,400	매입채무(₩1,506,000×40%)	₩602,400
매출채권(₩2,400,000×30%)	720,000	사채	600,000
원 재 료(1,940톤×₩150)	291,000	자 본 금	1,800,000
제 품(1,500톤×₩480)	720,000	자본잉여금	750,000
유형자산	2,880,000	이익잉여금	1,005,000
감가상각누계액	(690,000)	(영업이익 360,000포함)	
	₩4,757,400		₩4,757,400

익·힘·문·제

1. 예산이란 무엇인가? 예산통제란 무엇인가?

2. 예산편성의 주요 효익에 대하여 설명하시오.

3. 예산편성과정에서 판매예측이 출발점이 되는 이유를 설명하시오.

4. 일반적으로 계획과 통제는 같은 의미로 사용된다는 말에 동의하는가? 그 이유를 설명하시오.

5. 참여예산이란 무엇인가? 참여예산의 주요한 장점은 무엇이며, 참여예산을 사용할 때 주의해야할 점을 설명하시오.

연·습·문·제

1. 다음 중 예산과 관련된 설명으로 옳지 않은 것은?(세무사1차 2009년)

　① 운영예산(Operating Budget)은 다음 예산연도의 운영계획을 나타내며, 예산대차대조표(또는 예산 재무상태표)에 총괄된다.
　② 종합예산(Master Budget) 편성의 첫 단계는 판매량 예측이다.
　③ 연속갱신예산(Rolling Budget)제도는 예산 기간 말에 근시안적으로 판단하는 것을 방지하는 효과가 있다.
　④ 참여예산(Participative Budget)제도를 운영하는 경우에는 예산수립 참여자의 악용 가능성에 대비하여야 한다.
　⑤ 영기준예산(Zero-based Budget)제도를 운영하는 경우에는 예산편성을 위한 노력이 많이 든다.

2. 다음은 (주)대한의 매출관련 예상 자료이다.

매출액	₩240,000
총변동비	₩135,000
총고정비	₩40,000
판매량	3,000단위

추가판촉행사에 ₩10,000을 투입한다면, 예상 판매량이 400단위 증가할 확률이 60%, 200단위 증가할 확률이 40%이다. 이 판촉행사를 실시하면 영업이익의 기대치가 어떻게 변하는가?(세무사1차 2009년)

　① ₩1,000 감소　　　② ₩1,200 감소　　　③ ₩1,500 감소
　④ ₩1,200 증가　　　⑤ ₩1,500 증가

3. 종업원이 예산편성 과정에 참여하는 참여예산(participative budget)에 관한 설명으로 옳지 않은 것은?(세무사1차 2010년)

　① 종업원들의 다양한 관점과 판단을 예산에 반영할 수 있다.
　② 종업원은 최고경영층에서 일방적으로 하달하는 예산목표보다 참여예산의 목표를 더 잘 달성하려는 유인이 있다.
　③ 예산여유(budgetary slack)를 발생시킬 위험이 있다.
　④ 예산편성을 위한 소요기간이 길어질 수 있다.
　⑤ 예산편성시 조직 전체의 목표는 고려할 필요가 없으며 각 부서의 목표와 방침에 따른다.

4. 단일상품을 구입하여 판매하고 있는 (주)국세는 20×1년 초에 당해 연도 2분기 예산을 편성 중에 있다. 20×1년 4월의 외상매출액은 ₩3,000,000, 5월의 외상매출액은 ₩3,200,000 그리고 6월의 외상매출액은

₩3,600,000으로 예상된다. (주)국세의 매출은 60%가 현금매출이며, 40%가 외상매출이다. 외상매출액은 판매일로부터 1달 뒤에 모두 현금으로 회수된다. (주)국세는 상품을 모두 외상으로 매입하며, 외상매입액은 매입일로부터 1달 뒤에 모두 현금으로 지급한다. (주)국세는 다음 달 총판매량의 20%를 월말재고로 보유하며, 매출총이익률은 20%이다. (주)국세가 20×1년 5월 중 상품 매입대금으로 지급할 현금은 얼마인가? (단, 월별 판매 및 구입단가는 변동이 없다고 가정한다.)(세무사1차 2011년)

① ₩6,000,000   ② ₩6,080,000   ③ ₩6,400,000

④ ₩6,560,000   ⑤ ₩6,600,000

5. (주)국세는 월간예산을 수립하고 있다. 다음 자료를 이용하여 추정한 (주)국세의 20×2년 2월말 현금잔액은 얼마인가?(세무사1차 2012년)

재무상태표
20×2년 1월 1일 현재

자산	
현 금	₩28,000
매출채권(순액)	78,000
상 품	104,000
유형자산(장부금액)	1,132,000
총자산	₩1,342,000
부채 및 자본	
매입채무	₩200,000
자 본 금	800,000
이익잉여금	342,000
총부채 및 자본	₩1,342,000

- 상품의 20×2년 1월 매출액은 ₩260,000, 2월 매출액은 ₩230,000, 그리고 3월 매출액은 ₩210,000으로 각각 추정하고 있다. 모든 매출은 외상으로 이루어지며, 매출채권은 판매한 달에 55%, 다음 달에 40%가 현금으로 회수되고, 5%는 대손처리되어 판매한 당월의 비용으로 처리한다.
- 월별 매출총이익률은 20%이다.
- 상품의 월말재고액은 다음 달 예상매출원가의 50%로 유지한다.
- 모든 매입은 외상으로 이루어지며 매입채무는 매입한 다음 달에 전액 현금으로 상환한다.
- 기타 운영비 ₩21,700은 매월 현금으로 지급한다.
- 감가상각비는 연간 ₩17,000이다.
- 세금은 무시한다.

① ₩18,400   ② ₩27,300   ③ ₩28,100

④ ₩40,100   ⑤ ₩40,800

6. 다음은 (주)세무의 20×1년 분기별 생산량예산의 일부 자료이다. 제품생산을 위하여 단위당 2g의 재료가 균일하게 사용되며, 2분기의 재료구입량은 820g으로 추정된다.

	2분기	3분기
생산량예산	400단위	500단위

(주)세무가 다음 분기 예산 재료사용량의 일정 비율만큼을 분기 말 재고로 유지하는 정책을 사용하고 있다면 그 비율은?(세무사1차 2013년)

① 9%   ② 10%   ③ 11%
④ 12%   ⑤ 13%

7. 상품매매기업인 (주)세무의 20×1년 2분기 월별 매출액 예산은 다음과 같다.

	4월	5월	6월
매출액	₩480,000	₩560,000	₩600,000

(주)세무의 월별 예상 매출총이익률은 45%이다. (주)세무는 월말재고로 그 다음 달 매출원가의 30%를 보유하는 정책을 실시하고 있다. (주)세무의 매월 상품매입 중 30%는 현금매입이며, 70%는 외상매입이다. 외상매입대금은 매입한 달의 다음 달에 전액 지급된다. 매입에누리, 매입환출, 매입할인 등은 발생하지 않는다. 상품매입과 관련하여 (주)세무의 20×1년 5월 예상되는 현금지출액은 얼마인가?(세무사1차 2014년)

① ₩231,420   ② ₩243,060   ③ ₩264,060
④ ₩277,060   ⑤ ₩288,420

8. (주)국세의 월별 상품 매출액 예산은 다음과 같다.

월	매출액 예산
1월	₩5,000
2월	10,000
3월	20,000
4월	40,000

매출액에 대한 매출원가의 비율은 80%이고, 월말재고는 다음 달 예상매출원가의 20%이다. 3월에 예상되는 상품 매입액은?(세무사1차 2015년)

① ₩12,000   ② ₩16,000   ③ ₩18,400
④ ₩19,200   ⑤ ₩20,800

9. (주)관세는 20×1년의 분기별 현금예산을 편성중인데, 동 기간동안의 매출 관련자료는 다음과 같이 예상된다.

	예상 매출액
1분기	₩100,000
2분기	₩120,000
3분기	₩80,000
4분기	₩110,000

매 분기 매출액 가운데 현금매출은 60%이며, 외상매출은 40%이다. 외상매출은 판매된 분기에 30%가 현금으로 회수되고, 그 다음 분기에 나머지 70%가 현금으로 회수된다. 20×1년 3분기의 매출관련 현금유입액은 얼마로 예상되는가?(관세사1차 2011년)

① ₩89,000   ② ₩91,200   ③ ₩94,400
④ ₩95,000   ⑤ ₩96,600

10. 종합예산(master budget) 편성에 관한 설명 중 옳지 않은 것은?(관세사1차 2010년)

① 종합예산은 기업의 판매, 생산, 구매, 재무 등의 모든 측면들을 전체 계획으로 표현한 것이다.
② 자본예산은 비유동자산 취득과 관련되는 설비의 확장 투자 등에 대한 예산으로 예산 손익계산서에 반영된다.
③ 판매예산의 편성은 예산계획의 출발점이며 종합예산의 중요한 기초를 이룬다.
④ 예산편성 시 종업원의 참가 여부에 따라 권위적(authoritative) 예산편성, 참여적(participative) 예산편성 등으로 나눌 수 있다.
⑤ 종합예산 편성 절차의 마지막 단계는 예산 손익계산서, 예산 재무상태표 등의 작성이다.

11. (주)세무는 단일 제품A를 생산하는데 연간 최대생산능력은 70,000단위이며, 20×1년에 제품A를 45,000단위 판매할 계획이다. 원재료는 공정 초에 전량 투입(제품A 1단위 생산에 4kg 투입)되며, 제조과정에서 공손과 감손 등으로 인한 물량 손실은 발생하지 않는다. 20×1년 초 실제재고와 20×1년 말 목표재고는 다음과 같다.

	20×1년 초	20×1년 말
원재료	4,000kg	5,000kg
재공품	1,500단위(완성도 60%)	1,800단위(완성도 30%)
제 품	1,200단위	1,400단위

재공품 계산에 선입선출법을 적용할 경우, ㈜세무가 20×1년에 구입해야 하는 원재료(kg)는?(세무사1차 2016년)

① 180,000kg   ② 182,000kg   ③ 183,000kg
④ 184,000kg   ⑤ 185,600kg

14

CHAPTER

분권화와 성과평가

본 장에서는 분권화의 필요성과 장단점, 그리고 분권화된 조직의 성과평가에 대해서 살펴본다. 분권화의 형태는 위양되는 권한에 따라 다양한데 여기에서는 분권화의 형태 중에서 가장 강력한 권한이 위양되는 투자중심점의 성과평가를 중점적으로 살펴본다. 또한 이러한 분권화된 조직들 간에 거래가 발생하는 경우 조직들 간에 이전되는 제품 및 서비스에 대한 가격(이전가격, 대체가격) 결정방법에 대해서 살펴본다. 또한 비재무적지표를 사용한 평가의 수단인 균형성과표에 대해서 간략히 살펴본다.

1. 분권화의 필요성과 장단점
2. 투자중심점의 성과평가 방법
3. 이전가격 결정방법과 각 방법의 장단점

14.1 분권화

1. 분권화의 의의

본서의 1장에서 최근 경영환경의 변화는 조직으로 하여금 경쟁에서 살아남기 위해서, 즉 자원배분의 효율성을 확보하기 위해서 하위 경영자에게 의사결정권한의 위양이 필요하게 되었음을 밝혔다. 본 장에서는 이에 대해서 살펴본다.

분권화(decentralization)란 기업의 의사결정권한이 최고경영층에 집중되지 않고 의사결정 권한의 일부를 조직전반의 경영자에게 위임하는 것을 말한다. 분권화는 전체 조직을 완전 독립적으로 또는 부분 독립적인 사업부와 같은 조직단위로 재편성함으로써 이루어지며, 각 조직단위는 독립적 경영에 필요한 관리, 생산, 판매 등의 모든 기능을 수행할 수 있다. 반면 의사결정권한이 최고경영층에 집중되어 있는 것을 중앙집권화(centralization)라 한다. 만약 최고경영자가 의사결정권한의 일부를 하위 경영자에게 위양하지 않는다면 의사결정의 효율성이 저하된다. 그러나 의사결정 권한의 일부를 각 사업부문의 경영자에게 위양하면 최고경영자는 성장동력 발굴 및 개발 등의 전략적 의사결정에 집중하여 기업의 미래에 대한 준비와 의사결정의 효율성이 제고될 수 있다.

2. 분권화의 장단점

(1) 분권화의 장점

기업의 의사결정 권한을 사업부문의 경영자에게 위양하고 그 사업부문의 성과로 사업부문의 경영자를 평가하고 보상하는 분권화된 경영관리 제도는 다음과 같은 장점을 가지고 있다.

첫째, 각 사업부문의 경영자에게 관련 사업부문의 의사결정권한을 위임함으로써 최고경영자는 일상적인 업무로부터 벗어나 미래의 성장동력 발굴 등과 같은 전략적 의사결정에 집중할 수 있다.

둘째, 하위 경영자에게 일정한 책임과 권한이 부여됨에 따라 동기부여가 이루어지고 이는 경영자로 하여금 능력을 발휘하게 하여 기업의 성과가 개선된다.

셋째, 각 사업부문의 경영자에게 의사결정에 관한 훈련기회를 갖도록 해줌으로써 미래의 경영자를 양성할 수 있다.

넷째, 의사결정은 문제가 발생하는 사업부의 경영자가 가장 효과적으로 대응할 수 있다. 즉, 특정 사업부문의 경영자가 특정 사업부문에서 발생하는 문제에 관한 정보를 가장 명확히 알고 있기 때문에 적절한 의사결정을 내릴 수 있다.

마지막으로, 의사결정과정의 시간을 단축할 수 있다. 즉, 각 사업부문의 경영자에게 권한이 없을 경우 문제가 발생하면 최고경영층까지 보고가 이루어지고 이와 같이 보고된 정보에 기초하여 의사결정이 이루어지면 결정된 사항을 다시 문제가 발생한 사업부에 지시하는 일련의 과정을 생략할 수 있다.

(2) 분권화의 단점

그러나 분권화는 다음과 같은 문제점을 야기할 수 있다.

첫째, 각 사업부문의 경영자에게 의사결정 권한을 위양하고 그 경영자에 대한 평가를 그 사업부문의 성과에 의해서 평가하기 때문에 기업 전체의 목표보다는 자신의 사업부문의 목표에 일치하는 의사결정을 내릴 수 있다. 따라서 기업 전체 입장에서 최선의 의사결정이 이루어지지 않을 수 있다.

둘째, 각 사업부문별로 동일한 업무가 수행됨에 따라 경영활동의 중복 수행이 이루어 질 수 있다. 따라서 자원의 낭비 및 과다한 정보수집비용을 초래할 수 있다.

셋째, 사업부문간의 내부경쟁이 지나치면 타 사업부문을 다른 기업과 같이 경쟁자로 생각하고 정보를 공유하지 않거나, 타 사업부문이 어려울 때 도움을 주지 않는 등 기업 전체의 입장에서 바람직한 의사결정이 이루어지지 않을 수 있다.

다음 [그림 14-1]은 분권화의 장점 중 의사결정에 유용한 정보의 획득을 강조한 Economist에 실린 HSBC의 광고이다.

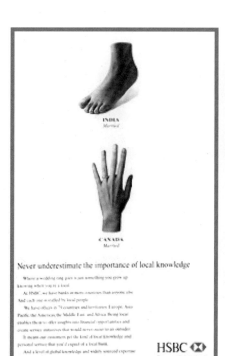

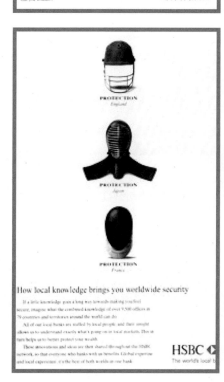

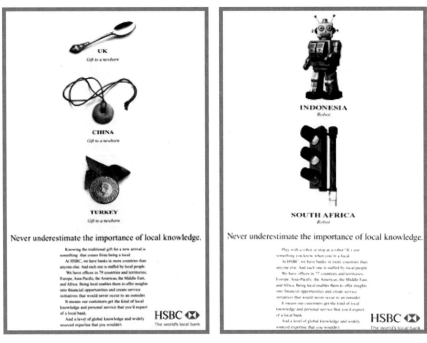

[그림 14-1] 분권화의 장점을 소개한 HSBC은행 광고

출처: Economist

14.2 책임회계제도

1. 책임회계의 의의

책임회계(responsibility accounting)는 기업의 조직 내에 수익과 원가의 발생에 대하여 책임중심점을 설정하고 책임중심점별로 계획과 실적이 반영된 업적을 평가하기 위한 회계제도를 말한다. 책임중심점이란 한 사람의 경영자에게 권한과 책임이 부여된 조직을 말한다. 책임회계의 목적은 경영자별로 책임중심점을 설정하여 권한과 책임을 부여하고, 책임중심점별로 계획과 실적을 반영한 성과보고서를 기초로 성과를 평가하여, 그 결과에 의하여 경영자를 평가함으로써 조직의 성과를 개선시키는 데 있다.

2. 전통적 원가회계와 책임회계의 차이

전통적 원가회계와 책임회계는 다음과 같은 차이가 있다. 첫째, 전통적 원가회계는 제품원가 및 외부이해관계자를 위한 재무보고목적으로 재고자산을 평가하기 위하여 원가자료를 수집하는 반면, 책임회계에서는 특정원가에 대한 책임을 설정하고 그 책임자가 원가를 효율적으로 관리할 수 있도록 원가자료를 수집한다. 둘째, 전통적 원가회계는 자원이 어느 기능을 위하여 소비되었는가를 파악하기 위하여 원가를 직접재료원가, 직접노무원가, 제조간접원가와 판매비 및 관리비로 분류하는 반면, 책임회계에서는 자원에 대한 효율적인 통제를 위하여 자원이 어느 기능을 위하여 소비되었는가보다는 누가 자원을 소비하였는가를 더 강조한다. 셋째, 전통적 원가회계는 원가대상을 제품으로 보고 원가를 제품별로 집계하지만 책임회계는 원가대상을 책임중심점에 두고 책임중심점별로 원가를 집계한다.

3. 책임중심점

책임중심점이란 원가의 발생, 수익의 창출 및 투자결정 등에 대하여 권한과 책임이 부여된 조직이라고 말할 수 있다. 따라서 이러한 책임중심점은 의사결정에 관한 책임의 내용에 따라 원가중심점, 수익중심점, 이익중심점, 투자중심점으로 구분된다.

원가중심점(cost center)은 특정원가의 발생에만 통제책임이 부여된 책임중심점이다. 따라서 원가중심점은 수익의 획득이나 투자규모의 결정에는 아무런 통제책임이 없다. 이러한 원가중심점의 대표적인 예는 생산부서 등을 들 수 있다.

수익중심점(revenue center)은 수익획득에 대해서만 통제책임을 지는 책임중심점이다. 따라서 수익중심점의 경영자에게는 오로지 수익획득에만 통제책임이 주어질 뿐 원가나 이익에 대해서는 책임이 주어지지 않는다. 수익중심점의 대표적인 예는 판매부서를 들 수 있다.

이익중심점(profit center)은 산출의 구성요소인 원가와 수익 모두에 대해 통제책임을 지는 책임중심점이다. 즉, 이익중심점은 제품의 생산뿐만 아니라 판매활동까지도 통제할 수 있다. 이익중심점의 대표적인 예로는 각 지역 영업본부를 들 수 있다.

투자중심점(investment center)은 원가와 수익뿐만 아니라 투자결정까지도 통제책임을 가지고 있는 책임중심점이다. 일반적으로 사업부문의 경영자에게 유형고정자산, 외상매출채권, 재고자산, 신시장진입 등에 관한 통제책임이 부여되어 있는 경우 이를 투자중심점이라고 한다. 투자중심점은 생산 및 마케팅활동을 원활히 수행하기 위하여 필요한 자원을 확보하여야 하기 때문에 독립적인 기업과 마찬가지다.

14.3 투자중심점의 성과평가

책임회계의 목적은 경영자별로 책임중심점을 설정해주고, 책임중심점의 성과에 따라 경영자를 평가함으로써 조직의 성과를 개선시키는데 있기 때문에 책임중심점이 매우 중요하다. 원가중심점의 업적은 사전에 결정된 표준원가와 실제원가와의 차이에 의하여 평가되고, 수익중심점의 업적은 목표매출과 실제 매출과의 차이에 의해 평가된다. 그리고 이익중심점의 업적은 변동예산상의 이익과 실제이익과의 차이에 의하여 평가되어진다. 그러나 투자중심점의 업적은 원가나 이익수치에 의하여 평가하면 투자규모가 고려되지 못하기 때문에 공정한 평가가 되지 못한다. 따라서 투자중심점 평가는 이익을 얻기 위하여 자원을 얼마나 효율적으로 이용하였는가를 평가한다. 평가방법에는 투자이익률과 잔여이익 및 경제적 부가가치가 있다.

1. 투자이익률

투자이익률(return on investment: ROI)은 투자액에 대하여 획득된 이익의 비율을 나타내는 수익성 지표이다. 이를 수식으로 표현하면 다음과 같다.

$$투자이익률 = \frac{순영업이익}{영업자산} = \frac{순영업이익}{매출액} \times \frac{매출액}{영업자산}$$

$$투자이익률 = 매출액이익률 \times 자산회전율$$

투자이익률은 매출액이익률과 자산회전율 두 부분의 결합으로 표현할 수 있다. 즉, 매출액이익률은 매출액에 대한 영업이익의 비율로서 투자중심점의 이익창출활동(영업활동)의 결과를 평가하는 것이며, 자산회전율은 투자중심점에 자산 ₩1을 투자하여 수익을 얼마나 획득하였는가를 평가하는 지표이므로 이는 투자중심점의 투자활동을 평가하는 지표이다. 따라서 투자이익률은 투자중심점의 주요활동이라고 할 수 있는 영업활동과 투자활동을 구분하여 평가할 수 있다.

위의 투자이익률의 식에서 볼 수 있는 바와 같이 경영자는 매출액의 증가, 비용의 감소, 자산의 감소에 의하여 투자이익률을 증가시킬 수 있다. 예를 들어, 어느 투자중심점의 투자이익률 계산을 위한 자료가 다음과 같다고 하자.

순영업이익	₩10,000
매 출 액	100,000
평균영업용자산	50,000

위와 같은 자료를 가지고 투자이익률을 계산하면 다음과 같이 된다.

$$\text{투자이익률} = \frac{\text{순영업이익}}{\text{매출액}} \times \frac{\text{매출액}}{\text{평균영업용자산}}$$

$$= \frac{₩10,000}{₩100,000} \times \frac{₩100,000}{₩50,000}$$

$$= 20\%$$

① 매출액의 증가

위의 자료에서 매출액이 ₩100,000에서 ₩110,000으로 증가하고, 아울러 순영업이익도 ₩10,000에서 ₩12,000으로 증가하였다면, 투자이익률은 다음과 같이 4%가 증가한다.

$$\text{투자이익률} = \frac{₩12,000}{₩110,000} \times \frac{₩110,000}{₩50,000}$$

$$= 24\%$$

투자이익률의 계산공식에서 매출액은 분자와 분모에 동시에 곱해지므로 매출액의 증가는 서로 상쇄되어 투자이익률에 영향을 미치지 않는 것처럼 보인다. 그러나 매출액의 증가는 이익률뿐만 아니라 회전수에도 영향을 미쳐 투자이익률에 영향을 미치게 된다. 예를 들어, 매출액이 증가할 때 비용의 증가비율이 이에 못미친다면 이익률은 상승하게 되고, 매출액이 증가할 때 영업용자산의 변동이 없다면 회전수가 증가하게 된다. 위의 예에서 매출액이 ₩100,000에서 ₩110,000으로 증가할 경우 순영업이익이 ₩10,000에서 ₩12,000으로 증가하였다. 따라서 이익률은 10%에서 10.91%로 증가하였다. 또한 영업용자산은 변동이 없기 때문에 회전수가 2에서 2.2로 증가하였다.

② 비용의 감소

앞의 자료에서 경영자가 비용을 효율적으로 통제하여 ₩1,000만큼 감소시킬 수 있었다고 가정하자. 즉 ₩1,000만큼의 순영업이익이 증가하였다면, 투자이익률은 다음과 같이 2%만큼 증가한다.

$$투자이익률 = \frac{\text{₩}11,000}{\text{₩}100,000} \times \frac{\text{₩}100,000}{\text{₩}50,000}$$
$$= 22\%$$

투자이익률을 증가시키는 방법 중 가장 간단한 방법 중의 하나는 비용을 효율적으로 통제하여 감소시키는 것이다. 비용의 감소는 이익률을 증가시키고 나아가서는 투자이익률을 증가시킨다. 위의 예에서 ₩1,000의 비용감소로 인해 이익률이 10%에서 11%로 상승하였고, 투자이익률은 20%에서 22%로 증가하였다.

③ 자산의 감소

앞의 자료에서 영업용자산이 ₩50,000에서 ₩40,000으로 감소하였다고 가정하면, 투자이익률은 다음과 같이 5%만큼 증가한다.

$$투자이익률 = \frac{\text{₩}10,000}{\text{₩}100,000} \times \frac{\text{₩}100,000}{\text{₩}40,000}$$
$$= 25\%$$

경영자들은 매출액이나 비용의 통제에 비교적 민감하게 반응하지만, 영업용자산의 통제에는 덜 민감하게 반응한다. 이는 과거에 경영자들이 회전수보다는 이익률에 더 많은 관심을 가지고 있었기 때문이다. 그러나 투자이익률에 의한 업적평가는 경영자로 하여금 회전수에도 큰 관심을 갖도록 하였다. 위의 예에서 영업용자산이 ₩50,000에서 ₩40,000으로 ₩10,000만큼 감소하였기 때문에 회전수는 2에서 2.5로 증가하였으며, 투자이익률은 20%에서 25%로 증가하였다.

(1) 투자이익률의 장점

투자이익률에 의하여 투자중심점의 업적을 평가하면 다음과 같은 장점이 있다.

첫째, 투자의 규모와 업종이 상이한 투자중심점이라 하더라도 비율에 의해서 평가하기 때문에 비교평가가 가능하다.

둘째, 순이익 금액이 아닌 투자이익률에 의하여 평가하기 때문에 과잉투자 등과 같은 부작용을 방지할 수 있다.

(2) 투자이익률의 단점

투자이익률을 성과평가기준으로 사용하는 데에 다음과 같은 단점이 있다.

첫째, 투자중심점의 경영자는 자기 책임중심점의 투자이익률만을 극대화하려고 하기 때문에 기업 전체의 투자이익률을 증가시키는 투자안을 부당하게 기각할 가능성이 있다. 즉, 책임중심점의 경영자는 기업 전체의 최저필수이익률보다 높은 수익률이 기대되어 채택되어야 하는 투자안이라 하여도, 그 투자안의 이익률이 자기 투자중심점 평균이익률보다 낮을 경우 이를 기각하게 되어 기업 전체의 이익에 불리한 의사결정을 제공할 수 있다.

둘째, 각 투자중심의 사업내용과 영업이익을 결정하는 회계기준이 상이할 경우 투자이익률에 의해 비교한 성과비교는 무의미하다.

2. 잔여이익

기업전체의 최저필수이익률보다 높지만 투자중심점의 평균이익률 보다 낮아 투자안이 기각되는 투자이익률의 단점은 잔여이익에 의하여 투자중심점의 업적을 평가함으로써 해소될 수 있다. 잔여이익(residual income)이란 영업이익에서 영업자산에 대한 자본 비용을 차감한 금액을 말한다. 이는 다음과 같이 나타낼 수 있다.

> 잔여이익 = 영업이익 − (영업자산 × 자본비용)

여기서 자본비용은 기업이 투자에서 최소한 획득해야 할 이익률을 말하는 것으로 기업의 자본비용이 아니고 기업의 자본비용에 투자중심점의 위험을 반영한 투자중심점의 자본비용을 말한다. 투자중심점의 위험은 기업의 위험과 상이하므로 기업의 위험수준보다 높은 위험을 지닌 투자중심점에는 높은 자본비용을 적용하고 낮은 위험을 지닌 투자중심점에는 낮은 자본비용을 적용한다.

다음 예제에서 각 투자중심점의 자본비용이 10%라고 가정하면 각 투자중심점의 잔여이익은 다음과 같다.

	A투자중심점	B투자중심점	합계
영업이익	₩120	₩180	₩300
영업자산	500	1,000	1,500
영업자산×자본비용	50	100	150
잔여이익	₩70	₩80	₩150

잔여이익은 영업이익에서 투자자산에 대한 자본비용을 차감한 금액으로 표시되기 때문에

책임중심점의 경영자는 잔여이익이 ₩0보다 큰 투자안을 채택할 것이다. 그러나 투자이익률법에 의하여 평가하면 투자이익률이 목표수익률보다 작은 투자안은 기각 될 것이다. 이와 같이 잔여이익에 의한 업적평가가 더 합리적이다. 왜냐하면 기업 전체입장에서 최저필수수익률 보다 큰 투자수익을 가져다주는 투자안이 채택되는 것이 기업의 입장에서 합리적인 의사결정이기 때문이다.

그러나 잔여이익을 성과평가기준으로 사용하는 데에 다음과 같은 단점이 있다. 첫째, 잔여이익계산에 사용되는 자본비용을 어떻게 설정하는가에 따라 각 투자중심점의 업적이 달라질 수 있다. 둘째, 잔여이익에 의한 평가는 금액에 의한 평가이기 때문에 투자중심점간의 투자규모가 큰 차이가 발생할 때 이를 비교할 수 없다. 셋째, 잔여이익 역시 재무적인 측정치라는 측면에선 투자이익률과 유사한 문제점을 지니게 된다.

3. 경제적부가가치

경제적부가가치(economic value added: EVA)란 기업이 고유의 영업활동을 통해 창출한 기업가치의 증가분으로써 세후 순영업이익에서 투자자본에 대한 자본비용을 차감한 잔여이익금액으로 정의된다. 경제적부가가치는 기업의 자본제공자(주주와 채권자)의 자본과 위험부담에 대한 비용, 그리고 공공서비스를 제공하는 국가기간에 대한 공공세금을 영업이익으로부터 차감한 순수한 이익을 말한다. 따라서 경제적부가가치가 양(+)이면 현재시점에서 자본제공자의 기회비용을 초과하여 경제적으로 새로운 가치를 창출하였음을 의미하고 음(−)이면 경제적으로 가치를 창출하지 못하였음을 의미한다. 이를 수식으로 표현하면 다음과 같다.

경제적부가가치 = 세후영업이익−가중평균자본비용 × (총자산−유동부채)

전통적으로 기업의 영업활동에 대한 성과평가 또는 경영자에 대한 성과평가 및 보상의 기준으로 손익계산서상의 당기순이익이 이용되어 왔다. 그러나 손익계산서상의 당기순이익은 발생주의회계가 갖는 문제점을 제외하더라도 타인자본에 대한 이자비용만을 고려하여 산정된 손익이다. 그러므로 기업이 일정기간동안 경영활동에 투입한 자기자본에 대한 비용이 반영되어 있지 않다. 기업이 당기순이익에만 근거하여 영업활동의 성과를 측정, 평가하게 되면 지분투자자들의 입장에서 기대수익에 미치지 못하는 당기순이익이 발생하였음에도 불구하고 좋은 평가를 받는 경우가 발생될 수 있다. 반면 경제적 부가가치가 영업활동의 성과평가 기준으로 이용되면 기업의 목표가 투자자들이 제공한 총자본에 대한 비용 이상의 이익실현으로 설정될 수 있다. 경제적 부가가치는 자기자본비용의 기회비용적 성격을 명확히 설정할 수 있으며, 세후 순영업이익에서 자본비용을 차감한 잔여이익은 기업의 최종적인 위험부담자인 주주에게 귀속시킴으로써 기업재무의 궁극적인 목표인 주주의 부의 극대화로 연결시키는 도구가 된다.

[예제 14-1]

(주)서울은 투자중심점으로 A, B, C 등 3개의 사업부를 운영하고 있다. 이들 사업부와 관련된 이익 및 투자자료는 다음과 같다.

	A사업부	B사업부	C사업부	합 계
총자산	₩5,000,000	₩10,000,000	₩20,000,000	₩35,000,000
유동부채	1,000,000	3,000,000	8,000,000	12,000,000
영업이익	1,000,000	1,700,000	3,000,000	5,700,000
장기타인자본				20,000,000
자기자본				20,000,000

[요구사항]

1. 이익측정치로 영업이익을 사용하고, 투자측정치로 총자산을 사용하여 각 사업부의 투자이익률(ROI)을 계산하시오.
2. 영업이익과 총자산을 이용하고, 최저필수수익률을 12%로 가정할 때 각 사업부의 잔여이익(RI)을 계산하시오.
3. 장기타인자본에 대한 이자율은 10%이고, 자기자본의 비용은 15%이며, 법인세율은 40%로 가정한다. 각 사업부의 경제적 부가가치(EVA)를 계산하시오.

---

1. ROI

$$\text{A사업부 ROI} = \frac{\text{₩}1,000,000}{\text{₩}5,000,000} = 20\%$$

$$\text{B사업부 ROI} = \frac{\text{₩}1,700,000}{\text{₩}10,000,000} = 17\%$$

$$\text{C사업부 ROI} = \frac{\text{₩}3,000,000}{\text{₩}20,000,000} = 15\%$$

2. RI

A사업부 RI = ₩ 1,000,000 − ₩5,000,000×12% = ₩400,000

B사업부 RI = ₩ 1,700,000 − ₩10,000,000×12% = ₩500,000

C사업부 RI = ₩3,000,000 − ₩20,000,000×12% = ₩600,000

3. EVA

(1) 가중평균자본비용

$$\text{WACC}=10\% \times (1-0.4) \times \frac{\text{₩}20,000,000}{\text{₩}40,000,000} + 15\% \times \frac{\text{₩}20,000,000}{\text{₩}40,000,000} = 10.5\%$$

(2) EVA

EVA＝영업이익×(1－법인세율)－(총자산－유동부채)×가중평균자본비용

A사업부: 1,000,000×0.6－(5,000,000－1,000,000)×10.5%＝₩180,000

B사업부: 1,700,000×0.6－(10,000,000－3,000,000)×10.5%＝₩285,000

C사업부: 3,000,000×0.6－(20,000,000－8,000,000)×10.5%＝₩540,000

14.4 균형성과표

1. 재무성과 지표의 문제점

분권화된 조직구조 하에서 기업의 최고경영자의 임무 중의 하나는 목표달성을 위하여 효율적인 성과지표 및 평가시스템을 개발하는 것이다. 성과평가지표는 조직의 목표달성 정도 및 경영자와 종업원에 대한 보상 등에 핵심적으로 사용된다. 그러나 전통적 성과지표를 나타내는 재무성과 지표가 현재의 자동화, JIT, TQM, 공정개선, 제약이론 등 새로운 경영환경 하에서 요구되는 새로운 경영기법에 대한 성과지표로서 부적합하다고 경영자들은 지적하고 있다. 전통적 재무적 성과평가지표로는 새로운 경영기법에 대한 간접적인 성과측정 및 평가는 가능하나 직접적인 성과측정 및 평가가 불가능하다는 것이다.

2. 균형성과표의 등장배경 및 의의

경쟁업체와의 경쟁우위를 품질(quality: Q), 원가(cost: C) 및 시간(time: T)의 측면에서 보유하고 있는 효율성에 의하여 평가하였다. 그러나 오늘날 정보 및 지식사회가 도래하고 세계화가 진전됨에 따라 지식이나 핵심역량과 같은 무형자산의 중요성이 더욱더 부각되고 있다. 결국 향후 기업의 성패여부를 판단하는 기준은 지식과 같은 무형자산의 우수성에 있다. 따라서 경영성과를 평가하는 지표도 지식과 같은 무형자산의 가치가 제대로 반영되고 피드백 될 수 있는 성과지표가 개발될 필요가 있다.

1990년대 초반 재무성과에 의해 평가되는 전통적인 평가시스템의 한계를 지적하고 Kaplan

& Norton이 새로운 성과측평가모형을 개발하였다. 이는 균형성과표(balanced score card: BSC)로서 성과측정에 다양한 비재무적 지표를 활용하여 과거, 현재, 미래의 성과 및 가치를 평가하고, 지식과 같은 무형자산의 가치를 성과측정에 반영하기 위해 다양한 비재무적 성과지표를 도입한 것을 말한다.

균형성과표란 기업이 추구하는 전략적 방향과 목표, 이것을 달성하기 위한 내부운영프로세스, 목표달성여부를 객관적으로 측정, 평가할 수 있는 지표들을 하나의 통합적인 연계망으로 구축하는 지표이다.

3. 균형성과표의 네 가지 관점

균형성과표는 기업성과를 평가함에 있어서 기업의 목표달성에 중요한 성과동인을 네 가지 관점으로 구분하여 제시하고 있다. 이는 재무적 관점, 고객 관점, 내부프로세스 관점 및 학습과 성장 관점이다.

균형성과표는 경영자들로 하여금 네 가지 관점에서 사업을 조명한 후 사업의 전략수립을 효과적으로 추진할 수 있도록 하는 것이다. 이러한 균형성과표의 주요 관점을 간단히 살펴보면 다음과 같다.

첫째, 재무적 관점으로써 '우리는 주주에게 어떻게 보이는가?' 하는 것이며 둘째, 고객 관점에서 '고객들은 우리 회사를 어떻게 보고 있는가?' 하는 것이다. 셋째, 기업의 내부프로세스 관점으로써 '우리 회사는 무엇에 더욱 탁월해야 하는가?' 하는 것이며, 마지막으로는 학습과 성장관점으로서 '우리 회사는 계속해서 가치를 향상시키고 창출해 낼 수 있는가?' 등이다.

이러한 질문의 기본토대는 기업이 추구하는 비전과 전략이다. 즉, 균형성과표에서 비전과 전략은 네 가지 관점에서의 목표들로 표현되고, 각 목표의 달성정도는 세부지표에 의해 평가되며 전략적 중요도에 따라 세부지표에 가중치가 부여되고 이에 의하여 종합지표가 산출된다. 그리고 각 지표의 현재수준은 향후 도달하고자하는 목표수준과 비교된다.

(1) 재무적 관점(financial perspective)

기업이 수행한 모든 활동의 성과를 정량화된 수치로 표현하는 데에는 재무적 측정지표들을 이용하는 것이 효과적이다. 따라서 균형성과표는 기존의 재무적 관점을 유지한다. 재무적 측정지표들은 매출이나 수익성 측면에서 어느 정도의 성과를 달성했는지를 나타내는데 대표적인 재무적 측정지표로는 매출이익률(ROS), 투하자본수익률(ROIC) 및 경제적 부가가치(EVA)등이 있다. 이는 주로 성장이 아니라 수익성에 초점을 맞추고 있다.

(2) 고객 관점(customer perspective)

고객 관점에서는 고객 및 세분화된 시장을 규명하고 목표로 삼은 시장에 대해 성과측정 지표를 결정한다. 여기에는 시간, 품질, 성과, 서비스 및 원가까지 포함하고 있으며 결국 고객의 가치를 창출하는데 필요한 활동 등을 측정하는 것이다. 고객 관점을 파악하는 지표에는 고객만족과 고객유지, 신규고객확보, 고객 수익성, 시장점유율 등이 있다.

(3) 내부프로세스 관점(internal process perspective)

내부프로세스 관점에서는 주로 기업의 가치사슬(value chain)에서 도출되는 각각의 활동을 규명하여 혁신프로세스를 설계하고 관리하는 능력을 창출하는 것이다. 대표적인 활동의 흐름을 보면 제품의 설계나 개발프로세스, 제품의 효율적 흐름, 생산에서 판매에 이르기까지의 효율적 운영 등 다양한 활동들이 포함된다. 이 가치사슬 모형을 보면 아래 [그림 14-2]와 같다. 내부프로세스 관점의 대표적인 측정지표로는 프로세스 타임, 프로세스 품질, 프로세스 원가, 종업원의 능력, 생산성 등이 있다.

〈혁신 프로세스〉　　　　〈운영 프로세스〉　　　　〈판매 후 서비스〉

고객의 욕구파악 → 시장파악 → 제품/서비스 개발 → 제품/서비스 생산 → 제품/서비스 납품 → 고객서비스 → 고객의 욕구파악

[그림 14-2] 가치사슬에 의한 프로세스 모형

(4) 학습과 성장관점(learning and growth perspective)

학습과 성장관점은 장기적인 성장과 개선을 유도하기 위해 구축되어야 할 가장 기본적이고 중요한 도구인데, 주로 사람과 조직시스템에 의하여 좌우된다. 따라서 종업원의 재훈련, 정보기술과 시스템의 강화, 조직과 일의 전략적 연계 등 쉽게 보이지 않는 항목들에 대한 관심과 투자를 증대시켜야 한다고 보는 것이다. 학습과 성장관점에서는 직원의 역량, 정보시스템 역량, 조직역량 등의 세 가지 영역이 존재하며 각 영역별로 세부적인 측정지표들을 개발한다. 각 역량별 대표적인 측정지표로는 종업원 만족도, 전략정보 보급률 및 전략직무 충족도 등이 있다.

4. 성과지표 간의 인과관계

균형성과표에서는 네 가지 관점의 성과지표가 서로 인과관계가 있다고 가정하고 있다. 이러한 인과관계는 [그림 14-3]과 같이 나타낼 수 있다.

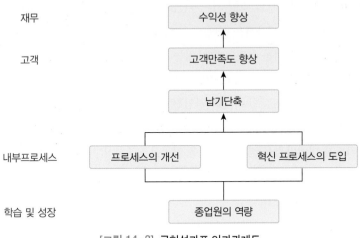

[그림 14-3] **균형성과표 인과관계도**

[그림 14-3]에서 보듯이 성장과 학습측면에서 종업원의 역량이 향상되고 정보시스템이 효율화 되면, 내부프로세스 관점에서 내부프로세스가 효율화 된다. 즉, 종업원의 능력이 향상되고 정보시스템이 효율화되면 이를 활용하여 대 고객활동에서 고객 주문처리 프로세스가 효율화 될 것이고 적시배송이 가능해질 것이다. 이와 같이 내부프로세스 관점에서 효율화 되면 고객측면에서 만족도가 증가하게 된다. 고객만족이 이루어지면 신규고객 유치 및 기존고객 유지가 용이해질 것이다. 목표고객의 만족도가 향상되면 최종적으로 기업의 재무성과는 향상된다.

14.5 대체(이전)가격의 결정

1. 대체가격의 의의

기업이 분권화에 의한 사업부제로 변화함에 따라 하나의 사업부가 기업과 같이 운영되고 있다. 따라서 사업부간 재화와 서비스가 이전되는 거래가 빈번히 발생하고 있다. 이때 이전되는 재화와 서비스의 가격을 대체가격 또는 이전가격(transfer price)이라고 한다.

각 사업부의 성과를 수익, 원가 및 이익에 의하여 평가하고 보상하기 때문에 각 사업부 간에 이전되는 재화나 서비스의 대체가격이 각 사업부의 관점에서 중요한 문제이다. 재화와 서비스를 공급하는 부서의 내부공급여부 결정과 구매부서의 외부구매여부 결정 등이 기업 전체의 성과에 영향을 미치기 때문에 대체가격의사결정은 기업 전체의 관점에서도 중요한 문제이다.

분권화된 기업의 각 사업부의 경영자는 자신들의 성과를 극대화하기 위하여 기업전체의 이익을 극대화시키지 않는 대체가격을 선택할 수 있다. 이와 같이 각 사업부의 관점에서는 최적이지만 기업전체의 관점에서는 최적이 되지 않는 것을 준최적화라 한다.

기업 경영활동의 목표는 기업전체의 이익을 극대화하는 데 있으므로 최고경영자는 각 사업부의 경영자가 사업부의 목표뿐만 아니라 기업전체의 목표도 극대화시키는 대체가격을 결정할 수 있도록 동기를 부여하여야 한다. 이와 같이 각 사업부의 이익뿐만 아니라 기업 전체의 이익을 극대화시키도록 대체가격을 결정하는 것을 기업목표와의 일치라 한다.

(1) 대체가격결정시 고려할 기준

대체가격을 결정하는 것을 매우 어려운 일이다. 따라서 대체가격을 결정할 때에는 다음과 같은 네 가지 기준을 고려해야 한다.

1) 목표일치성기준

목표일치성기준은 각 사업부의 목표뿐만 아니라 기업 전체의 목표도 극대화할 수 있는 방향으로 대체가격을 결정하는 기준이다.

분권화된 조직의 대부분의 사업부는 투자중심점이나 이익중심점으로 운영되기 때문에 각 중심의 경영자들은 자신의 성과를 극대화하기 위하여 기업전체의 이익을 극대화시키지 않는 대체가격을 선택할 수도 있다. 그러나 분권화의 목적은 기업의 규모의 확대 및 사업의 다양화에 고객의 요구 반영 및 신속한 의사결정 등을 통하여 기업의 이익을 극대화하는데 있다. 따라서 최고경영자는 각 사업부의 경영자들이 회사전체의 목표에 일치하는 활동을 하도록 동기를 부여하여야 한다.

2) 성과평가기준

성과평가기준은 각 사업부의 성과평가가 공정하게 이루어질 수 있도록 대체가격을 결정하여야 한다. 대체가격은 공급사업부에게는 수익이 되지만 수요사업부에는 비용이 되므로 대체가격이 얼마로 결정되느냐에 따라 각 사업부의 성과가 크게 달라진다. 그러므로 대체가격이 합리적으로 결정되지 않으면 각 사업부에 대한 평가는 공정성을 상실하게 되고, 이는 각 사업부의 경영자로 하여금 회사전체의 목표에 일치하지 않는 활동을 유발할 수 있다. 따라서 각 사업부의 성과를 공정하게 평가할 수 있도록 대체가격을 결정하여야 하며, 이를 위해서는 내부거래가 이루어지기 전에 대체가격을 협상하는 과정을 거치는 것이 필요하다. 일반적으로 내부거래 되는 재화나 서비스의 시장가격과 비슷한 수준에서 대체가격을 설정하면 된다.

3) 자율성기준

자율성기준은 각 사업부의 경영자에게 자기 사업부의 이익을 향상시킬 수 있도록 자기 사업부와 관련된 의사결정을 자율적으로 내릴 수 있는 권한이 주어져야 하고 이에 따라 대체가격을 결정해야한다는 기준이다.

분권화의 본질은 자율성에 있으므로 최고경영자는 각 사업부의 경영자가 자기 사업부의 목표를 극대화하는 의사결정을 할 수 있도록 자율성을 보장해 주어야 한다. 그러나 의사결정권한을 사업부의 경영자에게 위임한 상황에서는 각 사업부가 결정한 대체가격이 회사전체의 목표에 반하는 경우도 있다 이러한 현상을 앞에서 우리는 준최적화라고 하였다. 이러한 준최적화는 자율성으로 인하여 얻어지는 효익을 위해 지불해야 하는 대가이다.

4) 공기관에 대한 재정관리기준

공기관에 대한 재정관리기준은 국세청 및 물가관리기관 등의 공기관이 인정하는 대체가격의 범위 내에서 기업에 미칠 수 있는 불리한 영향은 최소화하고 유리한 영향을 최대화할수 있도록 대체가격을 결정해야 한다는 기준이다. 사업부가 여러 나라에 분산되어 있는 다국적 기업의 경우 각 나라마다 적용되는 세율 및 법률 등이 서로 다르기 때문에 대체가격을 어떻게 결정하느냐에 따라 회사 전체의 세금이 달라질 수 있으며, 외국기업에 대해 본국에 송금하는 과실송금을 제한하는 경우 대체가격 수준에 따라 본국에 송금하는 금액이 달라진다. 따라서 이러한 세금 등을 통하여 기업의 목표를 극대화하기 위하여 대체가격을 이용한다.

(2) 대체가격의 결정방법

대체가격 결정에 영향을 미치는 요소는 많고 또한 각 사업부의 상황에 따라 각기 다르다. 하지만 대체로, 각 사업부간 대체가격을 결정하는데 사용되는 기준은 ① 시장가격기준 ② 원가기준 ③ 이중가격기준 ④ 협상가격기준 등이 있다.

1) 시장가격기준

시장가격기준은 각 사업부간 이전되는 재화와 서비스의 대체가격을 시장가격으로 결정하는 방법이다. 일반적으로 다음의 조건을 만족할 때 기업의 목표와 일치를 이룰 수 있다.

① 중간제품의 시장이 존재하고 완전경쟁시장이다.

② 각 사업부간의 상호의존도가 낮다.

③ 각 사업부간의 내부거래가 아닌 외부거래에 의하여도 기업의 추가적인 원가나 이익이 발생하지 않는다.

시장가격은 시장에서 형성되는 가장 객관적인 가격이므로 각 사업부의 성과평가를 공정하게 할 수 있지만 재화와 서비스가 거래되는 시장이 존재하지 않아 가격이 존재하지 않을 경우에는 사용할 수 없게 된다.

2) 원가기준

원가기준은 각 사업부간 이전되는 재화와 서비스의 원가를 대체가격으로 결정하는 방법이다. 이는 변동원가 즉, 변동제조원가에 변동판매관리비를 포함하는 금액을 대체가격으로 결정하는 방법, 변동원가에 일정한 이익을 가산하여 대체가격을 결정하는 방법, 전부원가를 대체가격으로 결정하는 방법과 전부원가에 일정한 이익을 가산하여 대체원가를 결정하는 방법이 있다. 원가기준의 대체가격결정방법은 간편하고 이해하기 쉽지만, 준최적화의 문제가 발생할 수 있고, 공급사업부의 성과를 수익사업부로 전가시키며, 합리적인 원가통제가 불가능한 단점을 가지고 있다.

3) 이중가격기준

기업의 일부는 기업전체의 이익 극대화를 위하여 이중가격을 사용하는데 그것은 각 사업부 간에 서로 다른 가격을 결정하는 방법이다. 예를 들면, 수요사업부는 공급사업부의 변동원가에 일정한 이익을 가산한 금액을 대체가격으로 하고, 공급사업부는 완제품이 시장에서 거래되는 가격을 대체가격으로 인식한다. 이중가격을 기준으로 대체가격을 결정하면 목표의 조화를 촉진시킨다. 즉, 수요사업부는 이중가격에 따라 내부 및 외부 어디에서 구매하여도 손해가 발생하지 않기 때문이다. 이중가격은 원가기준의 대체가격결정방법을 사용할 때 발생하는 준최적화 문제를 해결할 수 있음에도 불구하고 실무에서는 별로 이용되지 않는다. 이중가격을 기준으로 대체가격을 결정하는 경우 공급사업부가 원가를 통제하려는 유인이 사라지며, 분권화의 장점을 훼손시킬 수 있다는 단점이 있다.

4) 협상가격기준

협상가격기준은 각 사업부간 이전되는 재화와 서비스의 대체가격을 시장가격 및 원가에 의하여 결정하지 않고 공급사업부와 수요사업부가 협상을 통하여 대체가격을 결정하는 방법이다. 대체가격이 협상에 의하여 결정되기 때문에 협상가격은 시장가격과 원가와는 관계가 없지만 사장가격과 원가에 대한 정보는 협상과정에서 활용된다.

협상은 각 사업부 경영자의 자율성을 향상시켜주고 동기를 부여할 수 있는 장점이 있으나, 협상에 많은 시간이 소요될 가능성이 있고 각 사업부의 이익이 사업부 경영자의 협상능력에 따라 결정될 수 있는 단점이 있다.

(3) 대체가격의 결정범위

사업부간에 이루어지는 재화나 서비스의 대체가격은 기업 전체의 목표를 최적으로 유도하는 것이다. 즉, 회사 전체의 이익도 극대화되면서 개별사업부의 이익도 극대화할 수 있도록 대체가격을 결정하는 것이다. 따라서 기업 최고경영자의 과제중의 하나는 각 사업부의 경영자가 사업부의 목표뿐만 아니라 기업전체의 목표도 극대화 시키는 대체가격을 결정할 수 있도록 동기를 부여하는 것이다. 이와 같이 기업 전체의 목표를 최적으로 유도하는 대체가격 범위를 논할 때는 크게 세 가지 입장에서 분석해야 한다. 수요사업부의 입장 및 공급사업부의 입장에서 각 사업부의 이익을 극대화하는 대체가격 범위를 분석하고, 마지막으로 기업 전체이익을 극대화 시키는 대체가격 범위도 분석해야 한다.

1) 각 사업부가 수용 가능한 대체가격

① 수요사업부의 최대대체가격

수요사업부는 자신의 이익을 극대화하기 위하여 제품을 외부에서 구매하든 내부에서 구매하든 가장 낮은 가격으로 조달하려고 하기 때문에 외부에서 구매할 때 지불하는 가격이상을 내부 구매에서 지불하지 않는다. 따라서 수요사업부에서 허용할 수 있는 최대가격은 수요사업부의 관점에서 볼 때 내부에서 조달하는 부품단위당 지출가능한 원가와 단위당 외부구입가격을 비교하여 낮은 가격이 될 것이다.

> 최대대체가격 = Min [부품단위당 지출가능원가*, 단위당 외부구입가격]
> * 부품단위당 지출가능원가=완제품 판매가격－단위당 추가가공원가

② 공급사업부의 최소대체가격

공급사업부는 자신의 이익을 극대화하기 위하여 생산한 제품을 외부에 판매하든 내부에 판매하든 가능한 가장 높은 가격에 판매하려고 하기 때문에 외부에서 판매되는 가격이하로 내부에 판매하려 하지 않는다. 따라서 외부에 판매할 수 있는 시장이 존재하는 상황에서 내부대체로 인하여 외부판매를 포기하여야 한다면 공급사업자의 입장에서는 부품제조하는 데 소요되는 증분비용과 외부판매를 포기함으로써 발생되는 기회비용까지도 보상 받으려할 것이다. 그러므로 공급사업부가 허용할 수 있는 최소대체가격은 대체시의 단위당 증분원가와 대체시 단위당 기회원가 합으로 이루어진다.

> 최소대체가격 = 대체시 단위당 증분원가＋대체시 단위당 기회원가

2) 기업전체의 이익효과에 미치는 효과

지금까지 수요사업부의 최대대체가격과 공급사업부의 최소대체가격을 살펴보았다. 이를 토대로 대체거래 성립여부가 기업전체의 이익에 미치는 효과에 대하여 설명하기로 한다.

① 공급사업부의 최소대체가격이 수요사업부의 최대대체가격보다 낮은 경우

공급사업부는 가능한 가격을 높여 판매하려고 하기 때문에 수요사업부에게 적어도 최소대체가격 이상을 요구할 것이다. 반면에 수요사업부는 가능한 낮은 가격으로 구입하려고 할 것이기 때문에 공급사업부에게 최대대체가격 이하로 대체받기를 원할 것이다. 따라서 공급사업부의 최소대체가격이 수요사업부의 최대대체가격보다 낮다면 공급사업부와 수요사업부 모두 수용 가능한 대체가격이 존재한다. 이를 그림으로 나타내면 [그림 14-4]와 같다.

[그림 14-4] 대체가격의 범위 1

이러한 상황에서 대체가격이 성립된다면 협상에 의하여 최소대체가격과 최대대체가격의 사이, 즉 그림의 음영 내에서 결정된다. 만약 그림의 A에서 대체가격이 결정된다면 대체거래로 인하여 공급사업부는 대체한 부품 단위당 A와 최소대체가격의 차액만큼 증분이익을 얻게 되고, 수요사업부는 최대대체가격과 A의 차액만큼 증분이익을 얻게 된다. 따라서 기업 전체적으로는 대체거래로 인하여 두 사업부의 증분이익을 합한 금액(최대대체가격－최소대체가격)만큼 증

분이익을 얻게 되므로. 이러한 경우 기업전체의 관점에서는 대체가격에 관계없이 대체하는 것이 유리하다.

② 공급사업부의 최소대체가격이 수요사업부의 최대대체가격보다 높은 경우
이러한 상황에서는 [그림 14-5]에서 보는 바와 같이 두 사업부가 모두 허용가능한 대체가격이 존재하지 않으므로 대체거래는 성립하지 않는다.

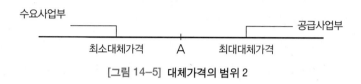

[그림 14-5] 대체가격의 범위 2

그러나 만약 그림에서 A의 대체가격으로 대체거래가 성립된다면 이로 인하여 공급사업부는 대체한 부품 단위당 최소대체가격과 A의 차액만큼 증분손실을 얻게 되고, 수요사업부는 A와 최대대체가격의 차액만큼 증분손실을 합한 금액(최소대체가격－최대대체가격)만큼 증분손실을 얻게 되므로. 이러한 경우 기업전체의 관점에서는 대체가격에 관계없이 대체하지 않는 것이 유리하다.

[예제 14-2]

다음의 예를 통하여 사업부제 기업의 대체가격결정에 대해서 살펴보자.

다음과 같은 두 개의 사업부로 구성된 기업을 가정하자.

① 부품사업부
② 모터사업부

이전가격은 내부판매사업부에서는 수익으로 인식되지만 내부구입사업부에서는 구입원가로 인식하기 때문에 이전가격의 결정은 각 사업부의 업적에 상충되는 영향을 미친다. 즉 이전가격을 높이면 내부판매사업부의 업적에는 유리하게 작용하지만, 내부구매사업부의 업적에는 불리하게 작용한다. 따라서 이전가격은 이러한 측면을 고려하여 공정하게 결정되어져야 한다. 일반적으로 이전가격은 다음과 같이 3가지 기준에 의해 결정된다.

● 원가기준에 의한 이전가격의 결정

이전가격을 대체제품의 제조원가에 의하여 결정하는 기업들이 많지만, 이 방법은 내부판매부서의 이익을 무시하는 방법이다. 또한 제조원가를 기준으로 이전가격을 결정하는 경우에도 제조원가 중 변동원가만 이용할 것인가, 또는 변동원가와 고정원가를 합한 전부원가를 이용할 것인가를 결정해야 한다.

제조원가를 기준으로 이전가격을 결정하는 방법은 상대적으로 간편하고 용이하게 적용할 수 있다는 장점을 가지고 있다. 그러나 이 방법은 여러 가지의 단점도 가지고 있는데 이하에서는 이러한 측면에 대하여 살펴보기로 하자.

부품사업부는 모터를 제조하기 위하여 필요한 부품을 생산하는데 부품사업부는 현재 외부의 고객과 일정하게 판매계약을 체결하여 판매하고 있다. 이러한 부품 1단위당 변동제조원가는 ₩12이고, 1단위를 제조하는 데에 1시간의 직접작업시간이 소요되며, 외부에 ₩20에 판매되고 있다. 이 부품의 생산용량은 1년에 50,000단위이다.

모터사업부에서는 최근에 개발한 신형 모터를 생산하기 위하여 새로운 신형부품을 필요로 하고 있다. 필요한 신형부품을 취득하기 위하여 모터사업부는 다음과 같은 2가지의 대안을 고려하고 있다.

대안 I

필요한 신형부품을 외부 공급업자로부터 단위당 ₩15에 연간 50,000단위씩 구입한다.

대안 II

새로 필요한 신형부품은 부품사업부에서 공급받을 수도 있다. 이렇게 되면 부품사업부는 여유조업 능력이 없기 때문에 현재 판매 중인 구형부품의 생산을 전면 중지하여야 한다. 신형부품 1단위를 생산하는 데에는 구형과 마찬가지로 1시간의 직접작업시간이 소요되며, 변동제조원가는 ₩10이다. 그리고 모터사업부에서 신형모터를 제조하기 위해서는 부품 이외에 추가로 ₩25의 단위당 변동제조원가를 소요해야 하며, 이 모터의 판매단가는 ₩60이다.

위와 같은 상황 하에서 신형 부품을 부품사업부에서 제조해 공급받을 것인가? 아니면 외부 공급업자로부터 구입할 것인가? 또한 내부에서 공급받는 경우에 이전가격은 어떻게 정할 것인가? 만일 내부 이전가격을 신형부품의 변동제조원가인 ₩10으로 정하고 이 가격과 모터사업부가 외부에서 구입하는 가격인 ₩15을 비교해 의사결정 하는 경우라면, 이전가격이 외부 구입가격보다 낮으므로 신형 부품을 내부에서 생산하는 것이 더 유리하다고 판단할 수도 있다. 그러나 이러한 판단은 잘못된 것이다. 이 경우의 올바른 의사결정을 위한 분석결과가 〈표 14-1〉에 제시되어 있다.

표에서 대안 Ⅰ의 경우, 각 사업부의 공헌이익은 각각 ₩400,000과 ₩1,000,000이고, 기업 전체 공헌이익은 ₩1,400,000이다. 그리고 대안 Ⅱ의 경우, 부품사업부의 공헌이익은 ₩0, 모터사업부의 공헌이익은 ₩1,250,000이 되어 기업 전체의 공헌이익은 ₩1,250,000이 된다.

〈표 14-1〉 대체(이전) 의사결정

원가기준에 의한 이전가격 결정의 영향

• 대안 Ⅰ: 모터사업부가 새로이 필요한 부품을 외부에서 ₩15씩에 구입하고, 부품사업부는 기존의 부품을 계속 생산하여 외부에 판매함.

	50,000단위기준(연간)		
매출액(구형부품은 단위당 ₩20, 모터는 ₩60에 판매)	부품사업부	모터사업부	기업전체
	₩1,000,000	₩3,000,000	₩4,000,000
변동제조원가(구형부품은 단위당 ₩12, 모터는 ₩40*)	600,000	2,000,000	2,600,000
공헌이익	₩400,000	₩1,000,000	₩1,400,000

• 대안 Ⅱ: 모터사업부가 신형부품을 부품사업부로부터 구입하고 부품사업부는 구형부품의 생산을 중지함. 이때 이전가격은 부품사업부의 변동제조원가인 ₩10으로 한다.

	50,000단위기준(연간)			
매출액(신형부품은 단위당 ₩10, 모터는 ₩60에 판매)	부품사업부	모터사업부	기업전체	
	₩500,000	₩3,000,000	₩3,000,000	**
변동제조원가(신형부품은 단위당 ₩10, 모터는 ₩35***)	500,000	1,750,000	1,750,000	**
공헌이익	₩0	₩1,250,000	₩1,250,000	

* 외부구입원가 ₩15＋기타 변동제조원가 ₩25 = ₩40.
** ₩500,000의 매출액과 변동제조원가는 내부에서 발생한 것이므로 제외되었음.
*** 내부이전가격 ₩10＋기타 변동제조원가 ₩25 = ₩35.

따라서 대안 Ⅱ는 대안 Ⅰ보다 공헌이익이 ₩150,000 감소한다. 즉 내부대체보다 외부구입이 기업 전체의 공헌이익 측면에서 더 유리함을 알 수 있다.

이상의 예에서 볼 수 있는 바와 같이 제조원가에 의한 이전가격은 경영자들을 오도하여 그릇된 의사결정을 내리게 할 수 있다. 또한 표에서와 같이 제조원가에 의한 이전가격의 결정은 내부에서 구입해 최종제품을 외부에 판매하는 사업부(모터사업부)의 이익만을 증가시킬 뿐 부품사업부와 같은 내부에서 공급하는 사업부의 이익은 ₩0이 되기 때문에 동기부여와 공정한 업적평가의 측면에서 문제점을 지니고 있다. 그리고 제조원가에 의한 이전가격의 결정은 효율적인 원가통제를 이끌어 내지도 못한다. 즉 내부공급사업부는 제조원가만큼 항상 이전가격으로 보장되므로 원가를 효율적으로 통제할 유인을 갖지 못한다.

● 이전가격 결정에 대한 일반식

이전가격 결정에 대한 일반식은 앞에서 설명한 것처럼 제품을 제조하여 내부에 대체하는 사업부의 기회비용을 보장할 수 있도록 결정하는 것이다. 즉 이전가격은 대체되는 제품의 단위당 변동제조원가와 제품을 내부에 대체시킬 경우 포기하는 외부거래에서 벌어들일 수 있는 기회비용을 더하여 다음과 같이 결정된다.

단위당 이전가격 = 단위당 변동제조원가 + 내부대체로 인한 단위당 기회원가

이러한 식을 앞에서 설명한 예에 적용하여 보면, 이전가격은 다음과 같이 결정된다. 즉 새로운 신형부품의 이전가격은 변동제조원가 ₩10에 신형부품 제조 시 포기해야 할 구형부품의 단위당 외부판매이익 ₩8을 더한 ₩18으로 결정된다.

이때 기업 전체의 입장에서 보면, 내부대체시의 이전가격보다 외부구입시의 구입가격이 낮기 때문에 내부대체보다는 외부구입을 하는 것이 더 유리하다. 즉 위와 같이 결정된 이전가격은 내부대체할 것인가 아니면 외부구입할 것인가를 결정하는 기준이 된다. 만일 외부구입가격이 내부이전가격인 ₩18보다 더 높다면 내부대체를 하는 것이 기업전체의 이익을 증가시키는 결과를 가져올 것이다.

이와 같이 이전가격에 대한 일반식은 내부대체와 외부구입에 대한 의사결정의 기준을 제시하여 주고, 나아가서는 내부판매사업부가 내부대체에서 받아야 할 최소한의 가격을 결정해 준다.

● 시장가격에 의한 이전가격의 결정

대체제품의 외부 경쟁시장이 존재할 경우 시장가격은 가장 좋은 이전가격이라고 할 수 있다. 즉 시장가격은 앞에서 설명한 내부대체와 외부구입에 대한 의사결정의 기준이 될 뿐만 아니라 모든 사업부에 공정한 이전가격이 될 수 있다.

시장가격에 의한 이전가격의 결정은 고도로 분권화된 조직에서 적용될 수 있다. 즉 각 사업부들은 독립된 기업처럼 모든 의사결정에 대한 자율권을 지니고 있어야 한다. 예를 들어, 내부구입사업부는 내부대체보다 외부구입이 유리하다고 판단하면 외부에서 구입할 수 있어야 한다. 또한 내부판매사업부도 내부대체보다 외부판매가 유리하다고 판단하면 외부에 판매할 수

있어야 한다.

(1) 구입시장가격과 판매시장가격이 동일한 경우

대체제품이 거래되는 외부구입시장과 외부판매시장이 동일하게 하나의 시장으로 형성된 경우 이전가격은 매우 쉽게 결정된다. 이러한 경우에는 단일의 외부시장가격이 이전가격이 된다. 예를 들어, A와 B 2개의 사업부로 구성된 기업을 가정해 보자. 그리고 A 사업부에서는 외부의 고객에게도 판매할 수 있고, 내부의 B 사업부에게도 판매할 수 있는 제품을 생산하고 있다고 가정하자. 두 사업부의 수익과 원가구조는 다음과 같다.

A 사업부		B 사업부	
외부판매시장가격	₩25	최종제품의 판매가격	₩100
단위당 변동제조원가	15	단위당 추가소요 변동제조원가	40

위와 같은 경우에 A 사업부가 대체제품을 외부에 판매하는 시장가격과 B사업부가 대체제품을 외부에서 구입하는 시장가격이 동일하다면, 이전가격은 간단하게 결정된다. 즉 시장가격 ₩25이 이전가격이다. 이때 앞에서 설명한 이전가격결정의 일반식을 적용하여 계산한 이전가격도 다음과 같이 시장가격과 동일하게 된다.

$$\text{이전가격} = \text{단위당 변동제조원가} + \text{내부대체로 인한 단위당 기회원가}$$
$$= ₩15 + (₩25 - ₩15) = ₩25$$

즉 A사업부가 제품을 외부에 판매하지 않고 내부에 대체함으로써 발생되는 단위당 기회비용은 외부판매로부터 얻을 수 있는 공헌이익이어야 하므로 판매단가 ₩25에서 단위당 변동제조원가 ₩15를 차감한 ₩10이 된다. 이와 같은 방법으로 이전가격을 결정하여 내부대체할 경우 그 결과를 요약하면 다음과 같다.

	사 업 부		
	A	B	기업전체
판매단가	₩25	₩100	₩100
단위당 변동제조원가	15	40	55
단위당 이전가격	—	25	—
단위당 공헌이익	₩10	₩35	₩45

위의 예에서 기업 전체에 실현된 단위당 공헌이익은 ₩45이다. 이 중에서 A 사업부가 기여한 부분은 ₩10이고, B 사업부가 기여한 부분은 ₩35가 된다. 이는 이전가격을 시장가격인 ₩25으로 결정했을 경우에 각 사업부의 업적을 의미한다.

(2) 구입시장가격과 판매시장가격이 상이한 경우

앞에서는 대체제품에 대하여 각 사업부들이 직면하는 시장가격이 동일하다는 가정하에 이전가격의 결정을 설명하였다. 그러나 일반적으로 각 사업부들이 직면하는 시장의 조건은 각기 상이하다. 따라서 앞에서 설명한 예와 같이 구입시장가격과 판매시장가격이 ₩25으로 동일하다는 가정은 비현실적이다.

앞의 예에서 만일 B 사업부가 외부에서 ₩20에 구입할 수 있었다고 하자. 이 경우 B 사업부는 내부에서 구입하지 않고 외부에서 구입해야 할 것인가? 아니면 A 사업부가 이전가격을 ₩20으로 감소시켜야 할 것인가? 이에 대한 해답은 공급사업부인 A 사업부가 현재 여유생산능력을 갖고 조업하고 있는가 아니면 여유생산능력을 갖고 있지 못한가에 달려 있다.

A 사업부가 여유생산능력을 지니고 있지 못한 경우에는 내부대체를 위하여 외부판매를 포기해야 하므로 내부대체로 인한 기회비용이 단위당 ₩10씩 발생한다. 따라서 이전가격은 다음과 같이 결정된다.

$$\text{이전가격} = \text{단위당 변동제조원가} + \text{내부대체로 인한 단위당 기회원가}$$
$$= ₩15 + (₩25 - ₩15) = ₩25$$

이와 같이 일반식에 의하여 결정된 이전가격은 내부공급사업부가 받아야 할 최소한의 이전가격이 된다. 즉 이전가격의 하한치이다. 따라서 A 사업부는 B 사업부에 제품을 판매하기 위하여 가격을 ₩20으로 하락시키지 않을 것이다. 왜냐하면 A 사업부가 가격을 ₩20으로 하락시키면 외부에 판매할 경우보다 단위당 ₩5의 공헌이익이 감소할 것이기 때문이다.

한편 B 사업부의 입장에서 보면 외부에서 구입할 수 있는 가격이 ₩20인데, 이는 B 사업부가 지불하려는 최대가격이 되므로, B 사업부는 ₩20 이상의 가격을 지불하지는 않을 것이다. 따라서 위와 같은 경우에는 내부대체보다는 외부구입이 각 사업부에 모두 유리한 대안이 되고, 나아가서는 기업전체의 이익을 극대화시키는 대안이 된다.

반면에 A 사업부가 여유생산능력을 지니고 있을 경우에는, 즉 외부의 수요를 충당하고도 내부대체제품을 생산할 수 있는 경우에는 내부대체로 인한 기회비용이 없게 된다. 따라서 일반식에 의한 이전가격은 A 사업부의 변동제조원가인 ₩15이 된다. 이는 A 사업부가 받으려고 하는 최소한의 가격을 의미하고 이전가격의 하한치를 의미한다. 한편 B 사업부가 지불하려고 하는 최대가격, 즉 이전가격의 상한치는 ₩20이 된다. 그러므로 이러한 경우의 이전가격은 하한치 ₩15와 상한치 ₩20의 사이에서 양당사자간의 합의에 의해 결정될 것이다. 이 경우 만일 A 사업부는 ₩25 이상을 받으려고 하고, B 사업부는 ₩20 이하로 지불하려고 함으로써 내부대체가 이루어지지 못한다면 기업 전체로는 단위당 ₩20－₩15 = ₩5의 공헌이익의 손실을 초래하게 된다. 이러한 현상은 사업부에게 의사결정의 자율권을 보장해 줌으로써 나타날 수 있는 역기능 중의 하나이다.

●협상에 의한 이전가격의 결정

구입시장가격과 판매시장가격이 동일한 경우에도 시장가격보다 낮은 이전가격이 정당화되는 상황이 존재할 수 있다. 예를 들면, 기업내부에서 대체함으로써 외부판매에 소요되는 판매비가 절감되는 경우 이전가격은 외부시장가격보다 낮아질 수 있다. 또한 이미 설명한 바와 같이 내부공급사업부에서 여유생산능력을 가지고 있는 경우에도 시장가격보다 낮은 이전가격이 정당화될 수 있다. 이와 같이 외부의 구입시장가격보다 일반 공식에 의한 내부이전가격이 낮은 경우의 실제 이전가격은 해당 사업부의 협상에 의하여 이 두 수치의 중간에서 결정되어야 한다.

이러한 협상이전가격이 결정되는 상황을 예를 들어 설명하기로 하자. X와 Y 두 개의 사업부로 구성된 기업을 가정하자. X 사업부는 신제품을 생산하기 위하여 필요한 부품 5,000개를 Y 사업부로부터 구입하려 한다. Y 사업부가 이 부품을 생산하는 데에 소요되는 단위당 변동제조원가는 ₩8이다. 그러나 Y 사업부는 이 부품 5,000개를 생산하기 위하여 현재 생산·판매중인 C 제품 3,500단위를 포기해야 한다. C 제품의 판매단가는 ₩45이고 변동제조원가는 ₩25이다. 이러한 경우 Y 사업부에서 X 사업부로 대체되는 부품의 이전가격은 어떻게 결정되어야 하겠는가? 우선 일반공식에 의한 이전가격을 산출하기 위하여 내부대체로 인한 단위당 기회비용을 계산하면 다음과 같다.

C 제품의 판매단가	₩45
C 제품의 단위당 변동제조원가	25
C 제품의 단위당 공헌이익	20
포기해야 할 C 제품수량	× 3,500
포기해야 할 총공헌이익	₩70,000

따라서 단위당 기회비용은 C 제품의 생산중단으로 인해 포기해야 할 총공헌이익을, 내부대체를 위하여 새로 생산하는 부품의 수량으로 나눈 값인 ₩70,000/5,000 = ₩14이 된다. 그러므로 일반식에 의한 이전가격은 다음과 같다.

$$\text{이전가격} = \text{단위당 변동제조원가} + \text{내부이전으로 인한 단위당 기회원가}$$
$$= ₩8 + ₩14 = ₩22$$

이와 같이 결정된 이전가격은 Y 사업부가 받아야 할 최소한의 가격, 즉 이전가격의 하한치이다. 따라서 Y 사업부는 ₩22 이하의 가격으로는 내부대체용 부품을 생산하지 않을 것이다. 이때 만일 X 사업부가 외부에서 구입할 수 있는 가격이 이 금액보다 높은 ₩30이라면 실제이전가격은 ₩22과 ₩30 사이에서 두 사업부 간의 협상에 의하여 결정될 것이다. 한편 Y 사업부가 여유생산능력을 갖고 있는 경우라면 일반공식에 의한 이전가격은 Y 사업부의 부품생산에 대한 변동제조원가인 ₩8이 된다. 이러한 경우에는 외부구입가격인 ₩30과 일반공식에 의한 이전가격 ₩8과의 사이에서 두 사업부 간의 협상에 의한 실제이전가격이 결정될 것이다.

한국GM 회계감리 받나…"의도적 부실·먹튀" vs "사실무근·오해"

다음은 한국GM이 생산한 차량을 GM본사에 판매하는 경우 판매가격(이전가격) 결정이 한국GM과 GM본사에 어떠한 영향을 미쳤는지를 다룬 기사의 내용이다.

제네럴모터스(GM)가 경영난을 겪는 한국GM을 위해 한국 정부의 지원 가능성을 타진한 가운데, 조만간 한국GM에 대한 금융위원회 등 당국의 회계감리 가능성까지 고조되고 있다. 업계와 정치권 일각에서 본사 GM이 한국GM을 상대로 '고리대금' 장사를 해왔다거나, 부품·제품 거래 과정에서 한국GM이 손해를 보고 이익을 본사나 해외 GM 계열사에 몰아줬다는 등의 의혹이 제기되고 있기 때문이다. 이에 대해 한국GM은 국내 자금 조달이 불가능한 상황, 매출 원가율 산정 방식 차이 등을 고려하지 않은 '오해'라고 반박하고 있다. 하지만 정부로서는 향후 구체적으로 한국GM 지원 여부나 방법 등을 결정하려면, 한국GM의 경영 투명성을 우선 확인해야만 지원의 명분과 타당성을 확보할 수 있는 만큼 어떤 형태로든 한국GM의 회계장부를 면밀히 들여다볼 필요가 있는 상황이다.

◇ "GM, 한국GM에 고리대금" vs "오히려 이자비용 절약"

우선 지난해 정무위 국감 등에서 제기된 의혹은 한국GM이 본사 GM으로 지나치게 많은 이자를 물고 돈을 빌려왔다는 것이다. 한국GM이 운영자금 부족을

이유로 글로벌GM(GM홀딩스)로부터 수년간 2조4천억 원을 차입했는데, 이자율이 연 5%로 높아 해마다 1천억 원이 넘는 과도한 이자를 내고 있다는 주장이다. 일단 한국GM이 2016년까지 4년간 GM관계사로부터 다양한 대여금을 받고 재무제표상 4천620억 원의 이자를 지급한 것은 사실이다. 그러나 한국GM은 결과적으로 5%대 관계사 차입 이자율(고정 연 5.3%)이 산업은행 우선주에 대한 배당률(최고 연 7%)보다 낮기 때문에 합리적 결정이었다는 점을 강조하고 있다.

한국GM이 주주인 GM 관계사들로 돈을 빌린 것은 산업은행이 보유한 1조7천억원(약 15억달러)어치 우선주를 사들이는데(상환) 재원이 필요했기 때문인데, 2012년 10월부터 2017년 10월까지 5년간 산업은행 우선주에 최대 연 7%의 현금배당을 지급해야 했던 상황을 고려하면 오히려 이자율 5.3% 차입으로 15억달러의 1.7%(7-5.3%)에 해당하는 이자비용을 절약했다는 주장이다. 더구나 2014년 이후에도 재무상태 악화로 추가 자금 조달이 필요했지만, 산업은행을 비롯한 국내 금융권이 한국GM의 재무상태가 나쁘다며 자금 대여에 매우 소극적이었기 때문에 GM 관계사로부터 돈을 빌릴 수밖에 없었다고 한국GM은 덧붙였다.

◇ "90%대 원가율, 본사에 차 싸게 판 것" vs "연구개발비 보수적 산정 때문"

한국GM의 매출 대비 원가율이 비정상적으로 높다는 지적도 끊이지 않고 있다.

한국GM의 매출원가율은 2009년부터 90%대에 진입했고, 2015년 무려 97%, 2016년 94%를 기록했다. 일각에서는 매출의 65%를 수출하는 한국GM이 원가에 가까운 가격으로 본사에 차량을 판매, 지나치게 원가율이 높은 것 아니냐는 의혹을 제기하고 있다. 정상

적 이윤을 남겨 장사를 했더라면 이익을 낼 수도 있었는데, '일부러' 적자를 냈다는 주장이다. 한국GM은 이에 대해 "연구개발비 등을 회계상 보수적으로 처리하느냐 등의 차이에 따른 것일 뿐. 매출원가율이 왜 다른 회사처럼 80%대가 아니라 90%대인지는 회사의 본질적 상태(펀더멘탈)와는 아무런 관계가 없다"고 설명하고 있다. 한국GM에 따르면 GM을 비롯한 대다수 글로벌 기업은 연구·개발비를 당해년도 '비용'으로 분류해 처리하고, 연구가 무르익어 성과가 거의 확실해졌을 때 비로소 이 연구·개발비를 '무형자산'으로 계상한다.

한국GM 관계자는 "연구·개발비를 비용이 아니라 자산으로 잡으면 영업이익이 늘어 주가에는 긍정적이지만, 나중에 이렇게 잡은 연구·개발비가 한꺼번에 손실로 처리해야 될 위험이 존재한다"며 "따라서 한국GM은 국내 상장 자동차업체보다는 '보수적'으로 연구·개발비를 비용으로 분류하는 비중이 크기 때문에 매출원가율이 높아지는 것"이라고 해명했다. 예를 들어 연간 6천억원 이상의 연구개발비를 국내 경쟁기업처럼 '자산' 처리하면 90%대가 넘는 매출원가율이 80% 중반까지 낮아진다는 게 한국GM의 주장이다. 아울러 한국GM은 본사 GM이 글로벌 기업으로서 내부 사업체 간 거래와 이전가격 등과 관련해 해당 국가들의 법과 규제를 준수하고 있다는 점을 강조했다. 이전가격은 다국적기업에서 여러 나라에 흩어진 관계회사들이 서로 제품·서비스를 주고받을 때 적용하는 가격을 말한다.

◇ "본사 GM에 연간 수백억원 업무지원비"vs"다국적 기업 일반적 운영방식"

본사 GM이 해마다 업무지원 명목으로 한국GM으로부터 수백억 원을 받는 것도 논란거리다.

그러나 한국GM은 본사가 글로벌 관계사들에 회계·세무·재무·내부감사·인사·정보통신·법무·제조·판매·마케팅·홍보 등 공통적으로 제공할 수 있는 서비스와 경영업무를 지원하는 것은 다국적 기업의 일반적 운영 형태일 뿐이라는 입장이다. 예를 들어 GM은 관계사에 글로벌 구매·물류·회계 시스템을 제공하는데, 이런 서비스는 개별 관계사 운영의 필수 요소인 데다 복수 계열사에 공통 서비스를 지원하면 관계사 비용도 줄일 수 있다는 게 GM측의 설명이다.

한국GM 관계자는 "2014년 7월 한국GM은 본사 GM과 글로벌 서비스 계약을 체결했다"며 "이 계약을 체결하기 앞서 비용과 비용 분담 비율의 적정성을 독립된 외부 기관을 통해 분석한 뒤 이사회의 승인을 받았다"고 밝혔다. '쉐보레 유럽'이 한국GM의 자회사라는 이유로 GM이 유럽 철수비용을 한국GM 부담으로 떠넘기는 것 아니냐는 목소리도 있다. 이에 대해 GM측은 "쉐보레 유럽 사업 철수는 지속가능성을 고려한 불가피한 선택이었다"며 "이 결정으로 한국GM이 재고자산 평가 손실, 유럽 자회사 지분법 손실 등을 통해 막대한 손해를 본 것은 사실"이라고 인정했다. 한국GM 관계자는 "유럽 철수에 따른 생산량 감소 영향 등으로 한국GM의 고정비 부담이 커졌는데, 이를 노사가 슬기롭게 해결할 필요가 있다"고 덧붙였다.

연합뉴스 2018년 2월 11일

익·힘·문·제

1. 분권화와 중앙집권화의 장단점을 설명하시오.

2. 책임회계가 무엇인지 설명하시오.

3. 책임중심점을 종류를 열거하고 각각을 설명하시오.

4. 투자중심점의 성과평가방법을 열거하고 설명하시오.

5. 투자이익률방법의 장단점을 설명하시오.

6. 잔여이익방법의 장단점을 설명하시오.

7. 경제적 부가가치는 어떻게 결정되는지 설명하시오.

8. 균현성과표의 등장 이유를 설명하시오.

9. 균형성과표의 네 가지 관점에 대해서 설명하시오.

10. 균형성과표에서 성과지표들 간의 인과관계에 대해서 설명하시오.

11. 대체가격의 결정이 조직의 성과에 중요한 이유는 무엇인가?

12. 대체가격 결정시 중요하게 고려하여야 할 요소에는 무엇이 있는가?

13. 대체가격 결정방법을 열거하고 각각을 설명하시오.

14. 대체가 이루어지는 경우 대체가격의 상한선과 하한선은 어떻게 결정되어야 하는지 설명하시오.

연·습·문·제

1. (주)대한은 무선비행기생산부문과 엔진생산부문으로 구성되어 있다. 엔진생산부문에서는 무선비행기 생산에 사용하는 엔진을 자체생산하며, 엔진 1개당 ₩100의 변동비가 발생한다. 외부업체가 (주)대한의 무선비행기생산부문에 연간 사용할 20,000개의 엔진을 1개당 ₩90에 납품하겠다고 제의했다. 이 외부 납품 엔진을 사용하면 무선비행기생산부문에서는 연간 ₩100,000의 고정비가 추가로 발생한다. 엔진생산부문은 자체 생산 엔진을 외부에 판매하지 못한다. 각 부문이 부문이익을 최대화하기 위하여 자율적으로 의사결정을 한다면 사내대체가격의 범위에 대한 설명으로 옳은 것은?(세무사1차 2009년)

① 사내대체가격이 ₩85에서 ₩100사이에 존재한다.
② 사내대체가격이 ₩90에서 ₩100사이에 존재한다.
③ 사내대체가격이 ₩95에서 ₩100사이에 존재한다.
④ 사내대체가격의 범위는 존재하지 않는다.
⑤ 엔진생산부문 사내대체가격의 하한은 ₩95이다.

2. (주)강릉은 다음과 같은 3개의 사업부(A, B, C)를 갖고 있다. 다음 자료를 이용하여 각 사업부를 잔여이익으로 평가했을 때 성과가 높은 사업부 순서대로 옳게 배열한 것은?(세무사1차 2010년)

구분	A	B	C
투자액	₩1,300,000	₩1,200,000	₩1,500,000
영업이익	300,000	330,000	350,000
최저필수수익률	15%	19%	16%

① C > A > B   ② C > B > A   ③ B > A > C
④ A > C > B   ⑤ A > B > C

3. 균형성과표(BSC)에 관한 설명으로 옳지 않은 것은?(세무사1차 2011년)

① 조직구성원들이 조직의 전략을 이해하여 달성하도록 만들기 위해, 균형성과표에서는 전략과 정렬된 핵심성과지표(Key Performance Indicators)를 설정한다.
② 전략 달성에 초점을 맞춘 조직을 구성하여, 조직구성원들이 전략을 달성하는데 동참할 수 있도록 유도한다.
③ 조직의 사명과 비전에 근거하여 다양한 관점에서 전략을 도출한 후, 도출된 전략의 인과관계를 도식화한다.
④ 균형성과표에서 전략에 근거하여 도출한 재무적 성과측정치는 비재무적 성과측정치의 선행지표가 된다.
⑤ 조직구성원들은 전략 달성을 위한 의사소통 수단으로 핵심성과지표를 사용한다.

4. (주)국세는 분권화된 세 개의 사업부(X, Y, Z)를 운영하고 있다. 이들은 모두 투자중심점으로 설계되어 있으며, (주)국세의 최저필수수익률은 20%이다. 각 사업부와 관련된 정보는 다음과 같다.

	X	Y	Z
자산회전율	4회	6회	5회
영업이익	₩400,000	₩200,000	₩210,000
매출액	₩4,000,000	₩2,000,000	₩3,000,000

투자수익률(ROI)이 높은 사업부 순서대로 옳게 배열한 것은?(세무사1차 2012년)

① X > Y > Z   ② X > Z > Y   ③ Y > X > Z
④ Y > Z > X   ⑤ Z > Y > X

5. 균형성과표(Balanced Scorecard: BSC)에 대한 내용 중 옳지 않은 것은?(세무사1차 2013년)

① 전사적인 BSC는 하부조직의 BSC를 먼저 수립한 후 하의상달식으로 구축한다.
② BSC에서 관점의 수와 명칭은 조직별로 다를 수 있다.
③ BSC는 대학교나 정부기관과 같은 비영리조직에도 적용된다.
④ 성과지표는 조직의 비전과 전략에 연계되어 선정되어야 한다.
⑤ 전략체계도는 관점 간의 인과관계를 보여준다.

6. (주)세무는 전자제품을 생산·판매하는 회사로서, 세 개의 사업부 A, B, C는 모두 투자중심점으로 설계·운영되고 있다. 회사 및 각 사업부의 최저필수수익률은 20%이며, 각 사업부의 20×1년도 매출액, 영업이익 및 영업자산에 관한 자료는 다음과 같다.

	사업부 A	사업부 B	사업부 C
매출액	₩400,000	₩500,000	₩300,000
영업이익	32,000	30,000	21,000
평균영업자산	100,000	50,000	50,000

현재 사업부 A는 ₩40,000을 투자하면 연간 ₩10,000의 영업이익을 추가로 얻을 수 있는 새로운 투자안을 고려하고 있다. 이 새로운 투자에 소요되는 예산은 현재의 자본비용 수준으로 조달할 수 있다. (주)세무가 투자수익률 혹은 잔여이익으로 사업부를 평가하는 경우, 다음 설명 중 옳지 않은 것은?(세무사1차 2014년)

① 투자수익률로 사업부를 평가하는 경우, 20×1년에는 사업부 B가 가장 우수하다.
② 잔여이익으로 사업부를 평가하는 경우, 20×1년에는 사업부 B가 가장 우수하다.
③ 잔여이익으로 사업부를 평가하는 경우, 사업부 A의 경영자는 동 사업부가 현재 고려 중인 투자안을 채택할 것이다.

④ 투자수익률로 사업부를 평가하는 경우, 사업부 A의 경영자는 동 사업부가 현재 고려 중인 투자안을 채택할 것이다.

⑤ 투자수익률 혹은 잔여이익 중 어느 것으로 사업부를 평가하는 경우라도, 회사전체 관점에서는 사업부 A가 고려 중인 투자안을 채택하는 것이 유리하다.

7. (주)세무는 사업부 A와 사업부 B를 이익중심점으로 운영하고 있다. 사업부 B는 사업부 A에 고급형 제품X를 매월 10,000단위 공급해 줄 것을 요청하였다. 사업부 A는 현재 일반형 제품X를 매월 50,000단위를 생산·판매하고 있으나, 고급형 제품X를 생산하고 있지 않다. 회계부서의 원가분석에 의하면 고급형 제품X의 단위당 변동제조원가는 ₩120, 단위당 포장 및 배송비는 ₩10으로 예상된다. 사업부 A가 고급형 제품X 한 단위를 생산하기 위해서는 일반형 제품X 1.5단위의 생산을 포기하여야 한다. 일반형 제품X는 현재 단위당 ₩400에 판매되고 있으며, 단위당 변동제조원가와 단위당 포장 및 배송비는 각각 ₩180과 ₩60이다. 사업부 A의 월 고정원가 총액은 사업부 B의 요청을 수락하더라도 변동이 없을 것으로 예상된다. 사업부 A가 현재와 동일한 월간 영업이익을 유지하기 위해서는 사업부 B에 부과해야 할 고급형 제품X 한 단위당 최소 판매가격은 얼마인가? (단, 사업부 A의 월초 재고 및 월말 재고는 없다.)(세무사1차 2014년)

① ₩220   ② ₩270   ③ ₩290
④ ₩370   ⑤ ₩390

8. 성과평가 및 보상에 관한 설명으로 옳은 것은?(세무사1차 2015년)

① 투자이익률(return on investment, ROI)은 사업부 또는 하위 사업단위의 성과평가에 적용될 수 있으나, 개별 투자안의 성과평가에는 적용되지 않는다.

② 잔여이익(residual income, RI)은 영업이익으로부터 산출되며, 평가대상의 위험을 반영하지 못한다.

③ 투자이익률(ROI)에 비해 잔여이익(RI)은 투자규모가 서로 다른 사업부의 성과를 비교·평가하기가 용이하다.

④ 상대평가에 비해 절대평가는 인구, 경제상황, 규제정책 등 공통의 통제 불가능한 요소가 성과평가에 미치는 영향을 제거하기 쉽다.

⑤ 경영자가 장기적 성과에 관심을 갖도록 동기부여하기 위해 회사의 주가를 기준으로 보상을 결정하는 방법이 있다.

9. (주)세무는 분권화된 A사업부와 B사업부가 있다. A사업부는 반제품M을 최대 3,000단위 생산할 수 있으며, 현재 단위당 판매가격 ₩600으로 2,850단위를 외부에 판매하고 있다. B사업부는 A사업부에 반제품M 300단위를 요청하였다. A사업부 반제품M의 단위당 변동원가는 ₩300(변동판매관리비는 ₩0)이며, 사내대체를 하여도 외부판매가격과 단위당 변동원가는 변하지 않는다. A사업부는 사내대체를 전량 수락하든지 기각하여야 하며, 사내대체 수락시 외부시장 판매를 일부 포기하여야 한다. A사업부가 사내대체 전 이익을 감소시키지 않기 위해 제시할 수 있는 최소 사내대체가격은?(세무사1차 2016년)

① ₩350   ② ₩400   ③ ₩450
④ ₩500   ⑤ ₩550

10. (주)관세는 분권화된 사업부 A와 사업부 B를 이익중심점으로 운영하고 있다. 사업부 A에서 생산되는 표준형 밸브는 외부시장에 판매하거나 사업부 B에 대체할 수 있다. 사업부 A는 현재 최대생산능력을 이용하여 생산하는 표준형 밸브 전량을 단위당 판매가격 ₩50으로 외부시장에 판매하고 있고, 생산 및 판매와 관련된 자료는 다음과 같다.

연간 최대생산능력	180,000단위
단위당 변동제조원가	₩29
단위당 변동판매관리비	₩4
단위당 고정제조간접원가(연간 180,000단위 기준)	₩7
단위당 고정판매관리비(연간 180,000단위 기준)	₩5

사업부 A가 표준형 밸브를 사업부 B에 사내대체할 경우 단위당 변동제조원가를 ₩2만큼 절감할 수 있으며, 변동판매관리비는 발생하지 않는다. 사업부 A가 외부시장에 판매한 경우와 동일한 이익을 얻기 위한 표준형 밸브의 단위당 사내대체가격은 얼마인가?(관세사 1차 2015년)

① ₩29   ② ₩34   ③ ₩36
④ ₩40   ⑤ ₩44

부록

부록 1. 표준정규분포, $\Phi(z)$

z	−0.09	−0.08	−0.07	−0.06	−0.05	−0.04	−0.03	−0.02	−0.01	0.00
−4.0	0.0000	0.0000	0.0000	0.0000	0.0000	0.0000	0.0000	0.0000	0.0000	0.0000
−3.9	0.0000	0.0000	0.0000	0.0000	0.0000	0.0000	0.0000	0.0000	0.0000	0.0000
−3.8	0.0001	0.0001	0.0001	0.0001	0.0001	0.0001	0.0001	0.0001	0.0001	0.0001
−3.7	0.0001	0.0001	0.0001	0.0001	0.0001	0.0001	0.0001	0.0001	0.0001	0.0001
−3.6	0.0001	0.0001	0.0001	0.0001	0.0001	0.0001	0.0001	0.0001	0.0002	0.0002
−3.5	0.0002	0.0002	0.0002	0.0002	0.0002	0.0002	0.0002	0.0002	0.0002	0.0002
−3.4	0.0002	0.0003	0.0003	0.0003	0.0003	0.0003	0.0003	0.0003	0.0003	0.0003
−3.3	0.0003	0.0004	0.0004	0.0004	0.0004	0.0004	0.0004	0.0005	0.0005	0.0005
−3.2	0.0005	0.0005	0.0005	0.0006	0.0006	0.0006	0.0006	0.0006	0.0007	0.0007
−3.1	0.0007	0.0007	0.0008	0.0008	0.0008	0.0008	0.0009	0.0009	0.0009	0.0010
−3.0	0.0010	0.0010	0.0011	0.0011	0.0011	0.0012	0.0012	0.0013	0.0013	0.0013
−2.9	0.0014	0.0014	0.0015	0.0015	0.0016	0.0016	0.0017	0.0018	0.0018	0.0019
−2.8	0.0019	0.0020	0.0021	0.0021	0.0022	0.0023	0.0023	0.0024	0.0025	0.0026
−2.7	0.0026	0.0027	0.0028	0.0029	0.0030	0.0031	0.0032	0.0033	0.0034	0.0035
−2.6	0.0036	0.0037	0.0038	0.0039	0.0040	0.0041	0.0043	0.0044	0.0045	0.0047
−2.5	0.0048	0.0049	0.0051	0.0052	0.0054	0.0055	0.0057	0.0059	0.0060	0.0062
−2.4	0.0064	0.0066	0.0068	0.0069	0.0071	0.0073	0.0075	0.0078	0.0080	0.0082
−2.3	0.0084	0.0087	0.0089	0.0091	0.0094	0.0096	0.0099	0.0102	0.0104	0.0107
−2.2	0.0110	0.0113	0.0116	0.0119	0.0122	0.0125	0.0129	0.0132	0.0136	0.0139
−2.1	0.0143	0.0146	0.0150	0.0154	0.0158	0.0162	0.0166	0.0170	0.0174	0.0179
−2.0	0.0183	0.0188	0.0192	0.0197	0.0202	0.0207	0.0212	0.0217	0.0222	0.0228
−1.9	0.0233	0.0239	0.0244	0.0250	0.0256	0.0262	0.0268	0.0274	0.0281	0.0287
−1.8	0.0294	0.0301	0.0307	0.0314	0.0322	0.0329	0.0336	0.0344	0.0351	0.0359
−1.7	0.0367	0.0375	0.0384	0.0392	0.0401	0.0409	0.0418	0.0427	0.0436	0.0446
−1.6	0.0455	0.0465	0.0475	0.0485	0.0495	0.0505	0.0516	0.0526	0.0537	0.0548
−1.5	0.0559	0.0571	0.0582	0.0594	0.0606	0.0618	0.0630	0.0643	0.0655	0.0668
−1.4	0.0681	0.0694	0.0708	0.0721	0.0735	0.0749	0.0764	0.0778	0.0793	0.0808
−1.3	0.0823	0.0838	0.0853	0.0869	0.0885	0.0901	0.0918	0.0934	0.0951	0.0968
−1.2	0.0985	0.1003	0.1020	0.1038	0.1056	0.1075	0.1093	0.1112	0.1131	0.1151
−1.1	0.1170	0.1190	0.1210	0.1230	0.1251	0.1271	0.1292	0.1314	0.1335	0.1357
−1.0	0.1379	0.1401	0.1423	0.1446	0.1469	0.1492	0.1515	0.1539	0.1562	0.1587
−0.9	0.1611	0.1635	0.1660	0.1685	0.1711	0.1736	0.1762	0.1788	0.1814	0.1841
−0.8	0.1867	0.1894	0.1922	0.1949	0.1977	0.2005	0.2033	0.2061	0.2090	0.2119
−0.7	0.2148	0.2177	0.2206	0.2236	0.2266	0.2296	0.2327	0.2358	0.2389	0.2420
−0.6	0.2451	0.2483	0.2514	0.2546	0.2578	0.2611	0.2643	0.2676	0.2709	0.2743
−0.5	0.2776	0.2810	0.2843	0.2877	0.2912	0.2946	0.2981	0.3015	0.3050	0.3085
−0.4	0.3121	0.3156	0.3192	0.3228	0.3264	0.3300	0.3336	0.3372	0.3409	0.3446
−0.3	0.3483	0.3520	0.3557	0.3594	0.3632	0.3669	0.3707	0.3745	0.3783	0.3821
−0.2	0.3859	0.3897	0.3936	0.3974	0.4013	0.4052	0.4090	0.4129	0.4168	0.4207
−0.1	0.4247	0.4286	0.4325	0.4364	0.4404	0.4443	0.4483	0.4522	0.4562	0.4602
0.0	0.4641	0.4681	0.4721	0.4761	0.4801	0.4840	0.4880	0.4920	0.4960	0.5000

부록 1. 표준정규분포, $\Phi(z)$

z	0.00	0.01	0.02	0.03	0.04	0.05	0.06	0.07	0.08	0.09
0.0	0.5000	0.5040	0.5080	0.5120	0.5160	0.5199	0.5239	0.5279	0.5319	0.5359
0.1	0.5398	0.5438	0.5478	0.5517	0.5557	0.5596	0.5636	0.5675	0.5714	0.5753
0.2	0.5793	0.5832	0.5871	0.5910	0.5948	0.5987	0.6026	0.6064	0.6103	0.6141
0.3	0.6179	0.6217	0.6255	0.6293	0.6331	0.6368	0.6406	0.6443	0.6480	0.6517
0.4	0.6554	0.6591	0.6628	0.6664	0.6700	0.6736	0.6772	0.6808	0.6844	0.6879
0.5	0.6915	0.6950	0.6985	0.7019	0.7054	0.7088	0.7123	0.7157	0.7190	0.7224
0.6	0.7257	0.7291	0.7324	0.7357	0.7389	0.7422	0.7454	0.7486	0.7517	0.7549
0.7	0.7580	0.7611	0.7642	0.7673	0.7704	0.7734	0.7764	0.7794	0.7823	0.7852
0.8	0.7881	0.7910	0.7939	0.7967	0.7995	0.8023	0.8051	0.8078	0.8106	0.8133
0.9	0.8159	0.8186	0.8212	0.8238	0.8264	0.8289	0.8315	0.8340	0.8365	0.8389
1.0	0.8413	0.8438	0.8461	0.8485	0.8508	0.8531	0.8554	0.8577	0.8599	0.8621
1.1	0.8643	0.8665	0.8686	0.8708	0.8729	0.8749	0.8770	0.8790	0.8810	0.8830
1.2	0.8849	0.8869	0.8888	0.8907	0.8925	0.8944	0.8962	0.8980	0.8997	0.9015
1.3	0.9032	0.9049	0.9066	0.9082	0.9099	0.9115	0.9131	0.9147	0.9162	0.9177
1.4	0.9192	0.9207	0.9222	0.9236	0.9251	0.9265	0.9279	0.9292	0.9306	0.9319
1.5	0.9332	0.9345	0.9357	0.9370	0.9382	0.9394	0.9406	0.9418	0.9429	0.9441
1.6	0.9452	0.9463	0.9474	0.9484	0.9495	0.9505	0.9515	0.9525	0.9535	0.9545
1.7	0.9554	0.9564	0.9573	0.9582	0.9591	0.9599	0.9608	0.9616	0.9625	0.9633
1.8	0.9641	0.9649	0.9656	0.9664	0.9671	0.9678	0.9686	0.9693	0.9699	0.9706
1.9	0.9713	0.9719	0.9726	0.9732	0.9738	0.9744	0.9750	0.9756	0.9761	0.9767
2.0	0.9772	0.9778	0.9783	0.9788	0.9793	0.9798	0.9803	0.9808	0.9812	0.9817
2.1	0.9821	0.9826	0.9830	0.9834	0.9838	0.9842	0.9846	0.9850	0.9854	0.9857
2.2	0.9861	0.9864	0.9868	0.9871	0.9875	0.9878	0.9881	0.9884	0.9887	0.9890
2.3	0.9893	0.9896	0.9898	0.9901	0.9904	0.9906	0.9909	0.9911	0.9913	0.9916
2.4	0.9918	0.9920	0.9922	0.9925	0.9927	0.9929	0.9931	0.9932	0.9934	0.9936
2.5	0.9938	0.9940	0.9941	0.9943	0.9945	0.9946	0.9948	0.9949	0.9951	0.9952
2.6	0.9953	0.9955	0.9956	0.9957	0.9959	0.9960	0.9961	0.9962	0.9963	0.9964
2.7	0.9965	0.9966	0.9967	0.9968	0.9969	0.9970	0.9971	0.9972	0.9973	0.9974
2.8	0.9974	0.9975	0.9976	0.9977	0.9977	0.9978	0.9979	0.9979	0.9980	0.9981
2.9	0.9981	0.9982	0.9982	0.9983	0.9984	0.9984	0.9985	0.9985	0.9986	0.9986
3.0	0.9987	0.9987	0.9987	0.9988	0.9988	0.9989	0.9989	0.9989	0.9990	0.9990
3.1	0.9990	0.9991	0.9991	0.9991	0.9992	0.9992	0.9992	0.9992	0.9993	0.9993
3.2	0.9993	0.9993	0.9994	0.9994	0.9994	0.9994	0.9994	0.9995	0.9995	0.9995
3.3	0.9995	0.9995	0.9995	0.9996	0.9996	0.9996	0.9996	0.9996	0.9996	0.9997
3.4	0.9997	0.9997	0.9997	0.9997	0.9997	0.9997	0.9997	0.9997	0.9997	0.9998
3.5	0.9998	0.9998	0.9998	0.9998	0.9998	0.9998	0.9998	0.9998	0.9998	0.9998
3.6	0.9998	0.9998	0.9999	0.9999	0.9999	0.9999	0.9999	0.9999	0.9999	0.9999
3.7	0.9999	0.9999	0.9999	0.9999	0.9999	0.9999	0.9999	0.9999	0.9999	0.9999
3.8	0.9999	0.9999	0.9999	0.9999	0.9999	0.9999	0.9999	0.9999	0.9999	0.9999
3.9	1.0000	1.0000	1.0000	1.0000	1.0000	1.0000	1.0000	1.0000	1.0000	1.0000
4.0	1.0000	1.0000	1.0000	1.0000	1.0000	1.0000	1.0000	1.0000	1.0000	1.0000

부록 2. 연습문제 정답

3장

문항	1	2	3	4	5	6	7	8	9	10
정답	②	②	⑤	③	②	①	②	①	⑤	①

4장

문항	1	2	3	4	5	6	7	8	9	10
정답	③	⑤	①	①	③	①	④	⑤	③	①

5장

문항	1	2	3	4	5	6	7	8	9	10
정답	⑤	③	③	①	④	②	④	③	①	②

6장

문항	1	2	3	4	5	6	7	8	9	10
정답	⑤	②	①	④	②	①	③	④	⑤	②

7장

문항	1	2	3	4	5	6	7	8	9	10
정답	②	②	⑤	②	③	②	①	⑤	②	④

8장

문항	1	2	3	4	5	6	7	8	9	10
정답	⑤	⑤	①	②	③	③	④	④	④	②

9장

문항	1	2	3	4	5	6	7	8		
정답	⑤	①	⑤	②	⑤	②	①	③		

10장

문항	1	2	3	4	5	6	7	8	9	10	11	12	13	14	15	16
정답	④	④	①	⑤	②	②	③	③	①	①	④	⑤	③	⑤	①	①

11장

문항	1	2	3	4	5	6	7	8	9	10
정답	④	④	⑤	③	④	④	④	④	③	④

12장

문항	1	2	3	4	5	6	7	8	9	10	11	12	13	14
정답	③	③	④	⑤	②	④	③	④	②	③	①	⑤	③	②

13장

문항	1	2	3	4	5	6	7	8	9	10	11
정답	①	④	⑤	②	④	②	⑤	④	②	②	③

14장

문항	1	2	3	4	5	6	7	8	9	10
정답	④	①	④	③	①	④	④	⑤	③	⑤

찾아보기